# 식민지의 기억과 타자의 정치학

-식민지조선에서 태어난 일본인들의 탈향, 망향, 귀향의 서사-

# 식민지의 기억과 타자의 정치학

-식민지조선에서 태어난 일본인들의 탈향, 망향, 귀향의 서사-

초판 1쇄 발행  2016년 6월 30일

지은이 ㅣ 차은정
펴낸이 ㅣ 윤관백
펴낸곳 ㅣ 도서출판 선인

등록 ㅣ 제5-77호(1998.11.4)
주소 ㅣ 서울시 마포구 마포대로 4다길 4 곳마루 B/D 1층
전화 ㅣ 02)718-6252 / 6257    팩스 ㅣ 02)718-6253
E-mail ㅣ sunin72@chol.com
Homepage ㅣ www.suninbook.com

정가  30,000원
ISBN  978-89-5933-983-9 93910

# 식민지의 기억과 타자의 정치학

-식민지조선에서 태어난 일본인들의 탈향, 망향, 귀향의 서사-

차은정

 도서출판 선인

# 책을 내며

식민지조선에서 일본인은 어떻게 살았을까? 나의 연구는 이 막연한 호기심에서 시작되었다. 식민지시대 일본인 교육을 받은 나의 아버지는 살아생전 일본의 전통 노래극인 '나니와부시(浪花節)'를 즐겨들었다. 안방에서 흘러나오는 일본풍의 음악을 들으며 자랐던 나는 일본의 조선식민지배의 역사를 배우는 속에서 반일감정을 느끼면서도 일본문화에 대한 호감을 은밀히 키워나갔다. 이러한 경험은 식민지조선에서 태어난 부모를 둔 세대에게는 그리 특이한 일이 아니다. 우리는 저항의 민족주의와 더불어 신체화된 일본문화를 식민지의 유산으로 물려받았다. 현대한국을 이해하기 위해서 식민지조선의 일본인의 삶을 드러내야 하는 이유가 여기에 있다고 나는 생각한다.

그런데 내가 만난 식민지조선에서 태어난 일본인들은 한결같이 '조선인과 잘 지냈다'고 이야기한다. 그들은 일본이 조선을 식민지배한 역사적 사실을 부정하지 않으면서도 '나는 조선인을 차별하지 않았다'고 말한다. 그리고 그들은 한국을 그리워한다. 이 고백은 내가 배운 한국의 근현대사의 관점에서 '식민지배자로서 잘 살았던 시절에 대한 향수'에 다름 아니다. 한국의 근현대사 교육에서 식민지 담론은 민족의 수탈과 독립운동을 양대 축으로 삼는다. 아무리 그들이 조선인과 잘 지냈다고 회고한다 한들 그것은 그들의 기억일 뿐이며 우리의 기억 속에서 그들은 지배자로 군림하지 않는 가! 그렇다면 이렇게 서로 다른 기억을 어떻게 이해해야 할까?

이제까지 식민지조선의 일본인에 대한 연구는 이 상이한 기억들을 지배 자와 피지배자의 입장차로 간주해왔다. 그러나 이것은 승리한 기억만을 미 화하는 것이 역사의 본성이라 말하는 승리자의 역사관을 되풀이한다는 점 에서 불충분하다. 과거에 대한 기억을 과거로 환원함으로써 역사를 '있었던 사실'로 의심하지 않는 것이야말로 승리자의 역사관이 아니던가! 서로 다른 기억들 앞에서 우리가 해야 하는 것은 그렇게 다른 기억들이 만들어지게 된 경위를 파헤치는 일이다. 다시 말해 식민지를 해명하기에 앞서 식민지 이후의 식민지의 기억을 탐구해야 하는 것은 그것이 바로 '지금'의 기억이 기 때문이다.

그래서 나는 그들의 이야기에서 먼저 두 가지를 해명해보기로 했다. 하 나는 그들이 그토록 한국을 그리워하는 이유이며, 또 하나는 그들이 '조선 인과 잘 지냈다'고 말하는 이유이다. 나는 한국의 근현대사 담론에서 비껴 나 그들의 목소리를 통해 이를 해명해보고 싶었다. 분명 그들의 조선시절 은 한국의 근현대사가 말하지 않은 것들을 말해준다. 그러면서도 그들은 자신의 조선시절을 '그리움'으로 에워싸며 조선인을 차별하지 않았음을 강 조한다. 이처럼 그들의 이야기는 '식민지배자의 향수'로만 치부되지 않는 어떤 역사적 진실을 담고 있으면서도 그 진실을 '식민지배자의 향수'로 가 려놓는다. 그리하여 나는 그들의 이야기를 들으면 들을수록 식민지조선의 일본인의 삶이 더 뿌연 안개 속에 잠기는 것 같았다.

이제는 꽤 알려진 사실이지만, 식민지조선에는 적지 않은 일본인이 살았 다. 1945년 제국일본의 패전 당시 조선의 일본인은 군인을 제외하고 민간인 만 70만여 명에 달했고 서울에서만 인구의 약 30%에 이르렀다. 그럼에도 불구하고 1945년 아시아태평양전쟁의 종결 직후 조선의 거의 모든 일본인들은 연합군총사령부(GHQ)에 의해 '본토'로 귀환했기 때문에 우리는 그들의 삶을 단편적으로 가늠할 뿐이다. 이 인구규모는 20세기 식민지 가운데 '백인 이민 국가'를 제외하고 가장 많은 '본토' 인구가 유입되었던 프랑스령 알제리의 다음 가는 수준이다(우치다 준 2008). 조선의 일본인들 가운데에는 관공리, 정치가, 군인 등의 '정책적 식민자'와는 별도로 민간 차원에서 조선으로 이주한 사람들도 많았다. 따라서 그들 중 일부는 '새로운 생활조건으로의 적응과정'으로서 조선인과 접촉하고 조선문화를 습득했을 것으로 추측된다. 특히 조선에서 태어나고 자란 일본인들은 스스로 조선으로 건너온 1세와 달리 조선문화를 주어진 환경으로서 '무의식적으로' 받아들였을 수 있다. 실제로 조선에서 태어나고 자란 일본인들 중에는 '본토'로 귀환한 후에 '본토'의 문화를 이질적인 것으로 느끼면서 조선문화를 '원체험'으로 인식했다고 말하는 이들도 적지 않다.

그러나 여기서 반드시 고려되어야 하는 것은 조선시절을 기억하는 그들의 '지금', 즉 귀환 후의 삶이다. 그들은 1945년 제국일본의 패전과 함께 '본토'로 귀환한 후 조선시절과는 완전히 다른 삶을 살았다. 그들은 일본인이면서도 일본사회에 새로이 적응해야했을 뿐만 아니라 조선 출신의 일본인으로 자신을 재인식해야 했다. 일본인이되 '본토' 출신이 아니라는 자기인식은 그 반대급부로 조선시절의 기억을 환기시켰다. 이 속에서 그들은 식민지조선에 있었던 일본인 학교의 동창회를 조직하고 그 시절의 기억을 공유하며 한국방문과 '모교' 후원 등의 교류활동을 적극적으로 전개해왔다. 요컨대 그들의 조선시절에 대한 '지금'의 기억은 지난한 실천의 결과물이다.

그러므로 그들의 기억은 '전후일본'의 맥락 속에서 일본과 한국을 교차시킨다. 일본은 1945년 패전 후 7년간의 미군정기를 거쳐 '전후민주주의'를 구축하고 20세기 후반 미국에 이어 두 번째로 세계경제대국에 안착했다. 나아가 일본은 1965년 한국과 정상외교관계를 수립하고 과거 식민지배의 역사를 성공적으로 청산한 것처럼 보였다. 이제 한국과 일본은 한미일 동맹 관계 속에서 새로운 미래로 도약하는 일만 남은 듯하다. 이 속에서 제국-식민지의 역사는 동아시아의 미래를 과거에 붙들어 매는 '남은 앙금'에 불과하다.

자, '조선 출신의 일본인' 또한 제국-식민지의 역사를 말끔하게 청산했을까? 그들은 왜 '조선인과 잘 지냈다'고 강변하는 것일까? '전후일본'의 맥락 속에서 그들은 식민지조선의 어떤 기억을 토해내야 했으며 또 어떤 기억을 감춰야 했을까? 이 기억의 정치학이야말로 식민지 이후에도 식민지가 지속되고 있음을 말해주는 것이 아닌가! 그들은 '전후일본'에서 '식민지조선'을 살아내고 있다. 우리가 진정으로 제국-식민지의 역사를 청산하고자 한다면, 그것은 '지금'의 한국과 일본의 정치적 이해타산에 따른 '정산'이 되어서는 안 된다. 그것은 제국-식민지의 기억을 선별하고 망각을 부추기는 논리를 밝혀냄과 동시에 그 논리에 휘말려 제국-식민지를 청산하지 못하는 사람들의 감춰진 기억을 풀어내는 일일 것이다. 최근 위안부 문제를 둘러싸고 진행된 제국-식민지의 '정산'을 '모의'하는 한국과 일본 양국정부의 정치적 협잡은 여전히 그러한 역사적 청산이 이뤄지지 않았음을 말해준다.

나는 이 책에서 일본풍의 음악을 들으면서 일본이라는 나라에 호감과 반감을 동시에 품었던 나의 어린 시절의 수수께끼를 '한국 출신 일본인'의 귀환 후의 기억과 실천을 통해 풀어내고자 했다. 결론적으로 그들의 기억과 실천은 나의 아버지의 기억과 실천과 동일한 어떤 것을 말해준다. 그것은 제국-식민지의 역사를 청산하지 못한 채 식민지를 살아가게 하는 식민지의 기억의 정치학이며 그 기억을 떠안은 사람들의 삶의 이야기이다.

따라서 이 책은 나 혼자의 힘으로 이 세상에 나온 것이 아니다. 또한 이 책은 시대적 흐름 속에서 제기된 시대적 고민을 안고 만들어진 시대적 산물이다. 그렇게 믿고 싶고 그렇게 평가받길 바란다. 그래서 나는 나의 연구 여정에 함께 했던 사람들에게 나의 고민에 동참해주어 감사하다는 말을 전하고 싶다.

무엇보다 이 책에서 '한국 출신 일본인'이라 칭해지는 사람들, 조선에서 자랐고 1945년 일본으로 돌아간 후에도 조선의 경험을 삶의 밑천으로 삼았으며 그 인연의 끈을 놓지 않고 결국 나에게까지 이어준 사람들에게 감사의 인사를 건네고 싶다. 이 연구를 시작하면서 맨 처음 만난 故 시다 토키하루(志田時晴) 씨와 故 사토 시로(佐藤司郎) 씨 두 분께 먼저 감사의 인사를 드리고 싶다. 한국과 각별한 인연을 지닌 두 분을 만난 것은 내게 행운이었다. 두 분에게서 이 책의 거의 모든 문제의식을 얻었고 이 연구를 계속해나갈 수 있는 힘을 얻었다. 더불어 당신의 연구로 생각하고 인터뷰 현장을 함께 한 이이다 케이이치(飯田恵一) 씨, 오우메 유이치(大梅雄一) 씨, 미츠이시 사다히로(光石禎弘) 씨, 이리에 세이죠(入江精三) 씨, 그리고 〈개나리회〉 간사장이며 경성의 소학교 동창회 회원들을 소개시켜준 마츠다 히데후미(松田秀文) 씨에게 감사의 마음을 전하고 싶다. 오야마 유키코(小山由紀子) 씨, 죠가사키 나기사(城ヶ崎渚) 씨, 나가야마 타카코(永山孝子) 씨, 히바라 요시코(日原芳子) 씨, 카미야 레이(神谷レイ) 씨, 쿠로미즈 츠네오(黒水恒男) 씨, 코지마 쿠니히데(小島国秀) 씨, 그리고 이 자리에서 이름을 밝히지는 않지만 연구자를 따뜻하게 환대해주고 인터뷰에 진심으로 응해준 모든 사람들에게 감사하다.

이 책을 구성하는 논문들은 2012년부터 〈일본식민지연구회〉, 〈제국과 사상 연구회〉, 히토츠바시대학의 〈카스야제미〉, 동경외국어대학의 〈요네타니제미〉, 일본 국립역사민속박물관, 〈현대일본학회〉 등에서 발표하면서 문제의식을 정초해간 것들이다. 나의 연구에 귀 기울여주고 조언을 아끼지 않았던 〈일본식민지연구회〉의 키무라 겐지(木村健二) 선생님, 〈제국과 사상 연구회〉의 우노다 쇼야(宇野田尚哉) 선생님, 〈현대일본학회〉의 김석연 선생님, 동경외국어대학(東京外国語大学)의 요네타니 마사후미(米谷匡史) 선생님, 히토츠바시대학(一橋大学)의 카스야 켄이치(糟谷憲一) 선생님, 그리고 나의 연구에 관심을 가지고 나와 고민을 나누었던 큐슈대학교 조선사연구실의 다나카 미사토(田中美里) 씨, 히토츠바시대학 박사과정의 호시노 히로미(星野博実) 씨, 〈요네타니제미〉의 시미즈 미사토(清水美里) 씨, 서울대 인류학과 대학원 동학들 모두에게 감사하다.

이 책은 지난 2014년 서울대 인류학과의 박사학위청구를 위해 제출한 논문을 수정 보완한 것이다. 박사논문의 심사과정에서 강정원 선생님, 전경수 선생님, 정향진 선생님, 조관자 선생님, 임경택 선생님으로부터 많은 가르침을 받았다. 마지막으로 사람들의 삶에 대한 따뜻한 시선의 학문으로서 인류학을 가르쳐주었던 학부시절의 은사, 서강대 사회학과의 조옥라 선생님에게 감사의 인사를 올린다.

2016년 3월
차은정

# 차례

**결론_ 기억의 영토와 실천의 서사** / 351

# 서론
## 외지인의 고향, 식민지


### 20년만의 귀향

1966년 4월 29일, 일본인 단체관광단을 실은 일본항공 전세기가 하네다 공항을 출발했다. 이들은 1945년 일본의 패전 후 처음으로 민간 차원에서 모집된 한국방문단이었다. 당시 한국의 주요 언론에서는 '한국에서 학교를 나왔거나 한국과 인연이 있는 일본인들이 20년 만에 서울을 찾는다'는 내용으로 이들의 방한소식을 알렸다. 『동아일보』에서는 "「京中」(舊京城中學=현서울중고교) 동창회원(日本人)들이 「제2의 고향」인 서울을 향해 떠났다"고 보도하면서 "공항에는 崔文卿(최문경), 朴斗秉(박두병) 씨 등 20여 명의 동창회원들이 이들을 마중했다"는 기사와 함께 김포공항에 도착한 일본인들의 모습을 사진에 담아 게재했다.[1]

---

1) 『동아일보』1966년 4월 29일자 3면 "피크…日人의 訪韓 「붐」 「京中」 同窓會員 등 무더기로 傳貰機까지"; 『경향신문』1966년 4월 29일자 3면 "來韓 붐—日人觀光 서울中學출신 百31名 동창회 次" 기사 참조.

1966년 4월 29일에서 5월 2일까지 3박4일간 한국을 단체 방문한 경성중학교 동창회는 이때의 소회를 동창회지인 『慶熙』[경희](창간호, 1969년 9월)에 다음과 같이 밝혀놓았다. "쇼와41년(1966년) 일한복교(한일수교) 후 제1진의 항공기 전세에 의한 대형관광여행단(122명)이 현지에서 큰 반향을 일으키며 대환영을 받았다. 구 모교, 현 서울고등학교를 방문하여 7만원(약 10만엔)을 장학금으로 기부하고 재한경중졸업생들과 만나 재회의 기쁨을 나누었다." 당시 7만 원은 일반 공무원의 일 년 급료를 웃도는 금액이고 쌀 스무 가마의 시세와 맞먹었다. 경성중학교 동창회는 이후로도 매년 서울을 단체 방문했고 그때마다 서울고등학교에 장학금 및 각종 물품을 기증했다. 뿐만 아니라 1979년 11월 24일에는 한국이 정치적으로 매우 불안정했음에도 불구하고 서울고등학교 강당에서 102명의 동창회원들이 참석한 가운데 '경중 개교 70주년 기념식'을 치렀다.

1965년 6월 22일 한일협정이 체결된 후 한국을 방문하여 다양한 방식으로 '모교'와 교류한 '한국 출신 일본인'은 경성중학교 동창회원들만이 아니다. 위의 『동아일보』 기사에도 "城大(京城帝大=현 서울大) 동창회, 심지어「히노데」(日出=현 서울 日新국민교) 소학교 동창회원들까지 방한계획을 서두르고 있"다는 내용이 언급되어 있다. 1980년을 기준으로 일본에서 활동 중인 한국 소재의 학교 동창회는 모두 73개이며, 그 중에서 서울 소재의 학교 동창회는 40개교의 37개에 이른다. 고등교육기관이 10개교, 중등교육기관이 16개교, 초등교육기관이 14개교로 식민지조선에서 일본인이 다닌 학교의 동창회가 빠짐없이 조직되어 있었다.[2] 이 동창회들은 경성중학교 동창회와 마찬가지로 저마다 전국적으로 네트워크를 조직하고 회지 발간, 대회 개최, 한국 및 '모교' 방문 등의 활동을 꾸준히 전개해왔다.

그들은 왜 한일수교가 이뤄지자마자 누구보다도 먼저 한국을 찾았으며

---

2) 『경성공립중학교 동창회 명부』, 1980년 1월 1일, 477-9쪽(〈표 1〉 참조).

그 후로도 꾸준히 '모교'를 방문한 것일까? 그들로 하여금 이토록 한국과 '모교'를 찾게 한 그리움의 실체는 무엇일까? 일본의 조선사학자 카지무라 히데키(梶村秀樹)는 '조선 출신의 일본인의 조선에 대한 향수는 식민자의 역사적 체험의 재생의 회로를 담고 있다'(1992[1974]: 242)고 말한다. 또 재일코리안 학자 윤건차(尹健次)는 "식민자 2세를 중심으로 하는 귀환자의 망향(望鄕)"은 "어디까지나 '옛 일본'에 대한 그리움일 것"(2013: 87)이라고 표현한다. 이들에 따르면, '한국 출신 일본인'은 옛 제국주의 시대의 향수에 이끌려 한국을 다시 찾은 것이며, 이 향수는 '식민자'로 회항하려는 갈망에 다름 아니다. 그렇다면 그들은 과연 '모교'와의 교류를 통해 식민지적 권력관계의 우월한 지위를 재현하고 향유했을까?

경성중학교 동창회원들은 1966년 이후 매년 서울고등학교를 방문하여 재학생들과 단체사진을 촬영하는가 하면 서울고등학교의 교사들 및 학부모들을 일본으로 초대하는 등 동문 자격으로 '모교'와 일련의 교류를 지속했다. 그런데 그들은 1980년 서울고등학교가 경희궁터에서 서울 강남의 신교사(新校舍)로 이전하자 그 후로는 더 이상 '모교'를 단체방문하지 않았고, 대신 경성중학교가 자리했던 경희궁터와 그 주변을 배회하며 학창시절을 추억했다. 그러는 사이 그들과 서울고등학교의 관계는 점차 소원해졌다. 서울고등학교 당국에서도 1960~70년대 경성중학교 동창회의 '모교' 방문이 잦았을 즈음에는 학교 연혁에 경성중학교의 개교년도를 추가했던 것과 달리,[3] 2015년 현재 공식적으로 경성중학교를 자신의 전신(前身)으로 표방하지 않고 있다.[4] 이는 서울고등학교 당국이 한때 경성중학교 동창회의 방문을 환영하고 선배로 예우한 것이 경성중학교를 공식적으로 자신의 전신으로

---

3) 『慶熙』(7호, 1976년 12월)에는 1909년 경성중학교의 개교년도를 학교연혁에 기재한 서울고등학교 요람의 일부 내용을 옮겨놓았다. 이에 따르면, 1946년 2월 개교한 서울공립중학교의 교명은 경성중학교를 개명한 것이며 1951년 9월 개교한 서울고등학교는 그 후신이 된다.
4) 서울고등학교 홈페이지 학교연혁(2015년 현재) 참조.

인정해서가 아니라 한일수교 이후 '한국 출신 일본인'의 방한 러시의 사회 분위기에 편승한 것임을 반증한다.

이러한 시대적 맥락을 경성중학교 동창회도 인지 못했던 것은 아니다.[5] 경성중학교 동창회는 서울고등학교가 경희궁터를 떠나자 서울고등학교의 이러저러한 근황에서 경희궁 복원사업으로 관심의 초점을 옮겨 경희궁터 일대의 변화상을 꼼꼼하게 기록하여 『慶熙』가 1996년 26호로 잠정 중단될 때까지 매호에 그 기록을 게재했다. 경희궁 사업이 진전됨에 따라 경희궁터에 남아있던 경성중학교의 자취 또한 사라져갔다. 마침내 그들은 '모교'를 한국의 그 어느 곳에서도 찾을 수 없으며 자신들의 기억 속에서만 존재하는 '마음의 고향(心の故郷)'으로 의미화하기에 이른다.

이처럼 경성중학교 동창회가 서울고등학교의 교사이전(校舍移轉) 후 서울고등학교와의 유대감의 실체를 상실하고 '모교'를 '마음의 고향'으로 회수한 것은 서울고등학교가 경성중학교의 흔적을 간직한 한에서 그들의 '모교'임을 말해준다. 다시 말해, 그들이 서울고등학교의 동문이고자 한 것은 서울고등학교가 경성중학교 자리에 들어섰기 때문이다. 그러므로 경성중학교 동창회의 '모교' 방문은 옛 시절에 대한 추억 그 자체에 의해 견인된 것이지, 서울고등학교가 경성중학교의 학풍을 계승하여 경성중학교의 식민지적 위상을 복원하리라 기대했기 때문이라고 말할 수 없다. 그리하여 서울고등학교 교정에 경성중학교의 흔적을 더 이상 찾을 수 없고 서울고등학교의 공식 연혁에 그들에 관한 어떤 기록도 사라진 현재에 이르러 그들의 '모교'

---

5) 서울고등학교는 해방직후 옛 경성중학교 자리에 들어섰을 뿐 신설교로 설립된 까닭에 경성중학교의 한국인 졸업생들을 동문으로 여기지 않았으며 해방 직후 학교강당을 빌려달라는 그들의 요구도 거절했다. 그런데 그로부터 십수년 후 경성중학교 한국인 졸업생들이 육군 장성, 장관, 상공회의소 회장 등 각계각층의 주요요직을 점하자 이번에는 거꾸로 서울고등학교 측에서 경성중학교 한국인 동창회 측에 서울고등학교 동창회와 합치자고 요청했다. 경성중학교 동창회는 이 경위를 상세하게 보고한다(『慶熙』 3호, 1972년 11월, 49쪽).

사토라는 관념을 구축해왔던 것이다. 그리고 이러한 후루사토의 '공동성'은 '일본인론'이라는 민족문화의 일부로 자리잡으면서 국민적 동일성의 장치로 기능해왔다.[12] 일본의 민속학자인 미야모토 츠네이치(宮本常一)는 후루사토의 연원을 에도시대까지 거슬러 찾아내었다. 그는 에도시대에 도회지로 나온 사무라이의 '생국의식(生國意識)'이 근대일본으로 면면히 이어져 도시의 '출향자(出鄕者)'가 출신지와의 유대를 지속하게 하는 힘으로 발휘해왔다고 말한다(宮本常一 1964: 17-23). 즉 근대일본에서 후루사토는 태어나서 자란 곳에 대한 관념에서 출발하여 도시민과 출신지의 유대관계로 이어지는 가운데 일본인이라는 정체성을 지탱해왔다. 그리고 이러한 후루사토의 담론에서 '한국 출신 일본인'은 외지인(外地人)과 동일시된다.

　여기서 우리가 주의해야 하는 것은 패전국 일본의 '일본인론'의 관념에서 외지인이 제국의 유산이라는 점이다. 즉 외지인은 '내지-외지'로 구획된 제국일본의 영토관념에서 도출된 것으로 패전국 일본의 영토에 대응하지 않는다. 1945년 이후 한국은 이제 제국일본의 외지가 아니고 패전국 일본의 타국(他國)임에도 불구하고, 후루사토의 담론에서 조선에서 귀환한 일본인은 여전히 1945년 이전의 영토관념에 따라 외지인으로 소환된다. 고야스 노부쿠니(子安宣邦)는 제국일본의 '일본민족' 개념, 즉 "'본토-외지'라는 제국적 판도의 체험은 국토, 민족, 언어에 대한 '내부-외부'라는 의식의 이중화체험"이었고, "외부를 포섭하면서 외부는 여전히 외부로 남아있어야만 하는 것으로서 내부의 존엄화와 절대화가 제국일본인의 의식과 담론 속에서 수행되고 있었다"고 주장한다.[13] 그리고 그는 이러한 이중화의식이 제국의 패망 이후 좌절된 것이 아니라 그 이중성을 변용하면서 재생해왔다고 말한다. 다시 말해, 일본의 '내부-외부'의 이중화의식은 '본토-외지'의 제국적 판도 속

---

12) 成田龍一, 『「故鄕」という物語』, 吉川弘文館, 1998년.
13) 고야스 노부쿠니(송석원 옮김), 『일본 내셔널리즘의 해부』, 그린비출판사, 2011년, 134쪽.

에서 체험된 것이며, 패전 후에도 일본사회는 그 의식과 단절하지 않았다. 그래서 우리는 '한국 출신 일본인'을 외지인으로 구획하는 '일본인론'의 후루사토를 통해 패전국 일본의 이중화의식의 변용과 재생을 읽어낼 수 있다.

1910년 카가와현(香川県)에서 태어나 6세 되던 해에 조선으로 건너가 소학교와 중학교 시절을 조선에서 보낸 소설가 유아사 카츠에(湯浅克衛)는 1946년 11월에 출간한 자신의 소설집인 『カンナニ』(간난이)에서 스스로를 "조선의 2세"로 규정하고 "일본과 조선의 이음새로 의식하고 그것을 숙명과 같이 생각한다"고 했다. 그는 1945년 전쟁이 끝난 직후 경성에서 사람들이 슬퍼하는 자와 기뻐하는 자로 갈리는 모습을 목도한다. 바로 어제까지만 해도 조선인 특공대원의 활약을 선전하던 조선반도에서 오늘에 이르러 한쪽에서는 전쟁에 패해 슬퍼하고 다른 한쪽에서는 해방을 맞아 기뻐한다. 그는 이러한 광경의 한가운데에서 패전과 함께 일본으로 귀환해야 하는 일본인의 처지에 슬퍼하면서도 조선의 독립에 기뻐하는 조선인의 심정에 공감을 표한다. 나아가 그는 자신이 자란 조선 그리고 떨어져 있어도 한시도 잊은 적 없었던 일본을 동시에 사랑한다고 고백한다. 그런데 그런 그가 경기도 수원을 고향이라 기재하는 자신을 바라보는 일본인 검열관에게서 의심과 증오의 눈초리를 느끼는 순간, 조선과 일본을 동시에 사랑하는 자신에게서 어떤 모순을 감지한다.[14] 그리고 그는 이 시선을 조선과 일본의 공존이 자아내는 자신의 내적인 풍경에 투사한다. 그의 경험세계에서 조선과 일본은 전쟁이 끝난 후 기뻐하는 자와 슬퍼하는 자로 갈리면서도 공존할 수 있었다. 그는 이 공존의 풍경을 낯설어하면서도 받아들이고 납득했다. 그러나 그는 내지인의 시선에서 이 공존의 불가능성을 감지한다. 전쟁에 패배한 일본은 조선과 공존할 수 없다. 그렇기 때문에 내지인은 조선과 공존할 수 있는 외지인을 의심하고 증오하며, 외지인은 자신을 향한 내지인의 시선을

---

14) 湯浅克衛, 『カンナニ』, 講談社, 1946년 11월, 229쪽.

일본과 조선의 공존에 내재된 모순으로 인식한다. 분명히 말하자면, 조선 출신의 일본인 소설가가 귀환 직후 감지한 모순은 조선에 대한 '애착'과 '식민자'라는 자신의 존재근거 사이에 있는 것이 아니라 조선과 일본을 동시에 사랑하는 자신과 그러한 자신을 의심하고 증오하는 내지인 사이에서 드러난다.

　일본의 사회학자인 오사와 마사치(大澤真幸)는 '전후일본'이 패전의 역사를 배제하고 그 배제를 억압하는 '자기부정의 구조'로서 일본인의 정체성을 확립했다고 주장한다. 오사와에 따르면, 종전(終戰)은 승자와 패자로 나뉘는 입장차 속에서 양측 모두에게 배제라는 표현의 곤란함으로 체험되고, 패자의 경우에는 패배한 사실 그 자체를 억압하는 기제가 추가적으로 작동된다. 억압은 마음의 표상을 의식에서 무의식으로 밀어버리는 것이고 배제는 마음의 표상에 그러한 기술조차 일어나지 않는 것이라고 한다. 전쟁의 패배는 패자에게 배제에 억압을 가하는 이중조작을 일으킨다는 것이다.[15] 그의 논의에 의거하면, 일본의 패전을 조선의 독립과 함께 기억하는 외지인의 경험세계는 일본인의 의식에서 배제되어야 한다. 실제로 내지인은 외지인을 의심과 증오의 시선으로 바라보며 일본인의 주변부로 밀어내었다.

　그렇지만 조선 출신의 외지인은 조선과 일본이 공존하는 자신의 경험세계를 포기할 수 없다. 결국 내지인의 시선에 의해 외지인의 경험세계는 조선과 일본으로 분열되고 만다. 1924년 조선에서 태어나 경성중학교를 졸업한 무라마츠 다케시(村松武司)가 "조선에서 태어났을 때부터 일본인이라 생각했다. 그러나 일본에 돌아왔을 때 처음으로 내가 일본인이 아니라는 것을 깨달았다. 즉 과거에도 현재에도 나는 반(半)일본인・반(半)조선인이다"(1994 [1972]: 236)라고 한 것은 내지인의 시선에 의해 외지인의 경험세계가 분열되었음을 표명한 것에 다름 아니다. 이제 우리는 '한국 출신 일본인'이 귀환

---

15) 오사와 마사치(서동주 외 옮김), 『전후 일본의 사상 공간』, 어문학사, 2010년, 33-5쪽.

후에야 '자신의 경험이 내지인과 다르다'고 말한 까닭을 이해할 수 있다.

그것은 식민지조선의 일본인이 정말로 내지인과는 완전히 다른 문화생활을 영위해서가 아니다. 실제로는 조선에 이주한 일본인들은 식민화 초기부터 조선인화(朝鮮人化)를 태만화(怠慢化)의 상징으로 간주하고 조선의 생활양식을 받아들이기를 주저했으며, 조선의 현지풍토에 적응하기 위해 온돌 등 조선식의 문화요소를 부분적으로 수용하면서도 멸시의 대상으로 인식했다(木村健二 1996: 57). 또 그들의 5분의 4는 도시생활자로 "자신들만의 일본인 구역을 만들고 거의 조선인과 직접적으로 접촉하지 않은 형태로 일상생활을 지내는 경향이 있었다"(윤건차 2013: 53). 더구나 경성에서는 시내를 중심으로 도쿄, 오사카, 고베 같은 주요 도시의 유행을 좇아 거리를 조성한 탓에(田村栄章 2012: 208), 일시적으로 조선에 머무는 내지인 가족의 경우 일본의 지방도시에서 지내는 것과 별다른 차이가 없는 생활을 누릴 수 있었다(梶村秀樹 1992[1978]: 230). 그런데도 '한국 출신 일본인'이 귀환 후 '자신의 감각의 모체가 조선에 있다'고 자각한 것은 내지인과 대면한 순간 자신의 경험세계에서 '조선적인 것'이 '일본적인 것'과 분리되었기 때문이다. 그렇게 그들은 자신의 경험세계에서 '조선적인 것'을 추출하여 자신을 '반조선인'으로 규정했다. 그래서 윤건차는 이렇게 구성되는 그들의 조선화가 직접적이고 대면적인 조선의 경험을 가리키는 것이 아니라고 말한 것이다(2013: 80-1). 그러나 바로 그러하기 때문에 '한국 출신 일본인'의 조선화에서 주목되어야 하는 것은 그 실증적 내용의 빈약함보다 그것을 구성하는 내적 논리이다.

'한국 출신 일본인'은 귀환 후 "외지에서는 특권적인 내지인이었지만 내지에서는 '외지에서 자란' 자신이 내지인과 다르다는 것을 확인했다"(沢井理恵 1996: 11). 즉 조선화란 '내지-외지'의 제국의 이중구조가 패전 후 일본인의 '중심부-주변부'의 이중화의식으로 변주되면서 일본인의 주변부로 밀려난 외지인이 그와 동일한 논리로 자신의 경험세계를 재구조화하는 자기

규정의 담론이다.

이와 같이 '한국 출신 일본인'의 조선화의 논리가 과거의 시간적 차원을 갖는다면, 그들의 식민지적 역사의식은 시대의 변화에 조응해가는 미래의 시간적 차원을 갖는다. 그렇다면 후자에서 조선화와 식민지적 역사의식 간에 어떠한 모순이 발생하는지를 살펴볼 필요가 있다. 이를 통해 패전국 일본의 이중화의식 속에서 조선/한국이 어떻게 타자화되는지가 드러날 것이다.

## '식민자'의 조선화와 역사의식

1945년 제국일본의 패망과 함께 조선, 대만, 만주, 중국, 동남아시아, 남태평양제도 등지에서 귀환한 일본인은 3,185,988명으로 추산된다.[16] 이중 조선에서 귀환한 일본인은 군인을 제외하고 70만여 명에 달했고, 조선 출생의 일본인은 그의 약 30%를 차지했다.[17] 조선 출신의 일본인이 귀환 후 조선을 어떻게 인식했는지에 대해 윤건차는 그들의 의식이 "가해자로서의 식민자, 피해자로서의 피식민자라고 하는 단순한 도식을 용인하지 않는 굴절된 회로를 필요로 했다"(2013: 78)고 말한다. 고바야시 마사루(小林勝), 무라마츠 다케시(村松武司), 하타다 다카시(旗田巍) 등 전후일본의 문학과 역사학 분야에서 활약한 식민지2세는 귀환 후 조선을 고향으로 그리워하면서도 이 그리움이 '식민자'라는 자신의 존재근거와 모순에 부딪지 않을 수 없었다. 사물의 원형으로 '순진무구하게' 기억되는 조선의 풍경과 그 풍경에 배태된 식민지적 지배·피지배 관계와의 모순에 의해, 그들은 제국일본의 식민지배의 '총체적 역사'와 '개체의 의식구조' 사이를 미로처럼 헤매었다.

그렇지만 식민지2세의 망향(望鄕)은 비역사적 감성의 산물이라며 '조선을

---

16) 若槻泰雄, 『戰後引揚げの記錄』, 時事通信社, 1991년.
17) 森田芳夫, 『朝鮮終戰の記錄 : 米ソ両軍の進駐と日本人の引揚』, 巖南堂書店, 1964년.

그리워해서는 안된다'고 단언한 조선 출신의 일본인 소설가 고바야시 마사루조차 처음부터 조선에 대한 그리움을 '식민자'의 자의식과 대치시키지 않았다. 고바야시의 귀환 직후의 작품세계에서 조선에 대한 그리움은 식민지배의 역사의식 속에서 헤맨 것이 아니라 오히려 자신을 '귀환자'로 규정하는 패전국 일본에 대한 절망과 얽혀있다.[18] 1924년 경성에서 태어나 경성중학교를 졸업한 무라마츠 다케시가 귀환 후 '가설(假說)'이자 '이상(理想)'으로 품었던 '일본'을 직접 맞닥뜨린 후 그 실상에 절망한 것처럼,[19] 1924년 만주에서 태어난 센다 가코(千田夏光)가 내지로 돌아온 직후 아름다울 것이라 기대했던 내지의 예상 밖의 모습에 좌절하고 외지로 돌아가고 싶어한 것처럼,[20] 적어도 귀환 직후 식민지2세의 외지에 대한 향수는 '귀환자'로서 그들이 처한 현실과 직접적으로 맞닿아 있었다. 따라서 조선 출신의 일본인이 조선을 고향으로 그리워한 것과, 이 그리움이 '식민자'의 자의식과 모순관계에 놓인 것 사이에는 일정한 시차(時差)가 존재하며 이 시차는 시대적 흐름에 대응한다는 가설이 성립된다.

주지하다시피 한국과 중국 등 동아시아에서 일본의 전쟁책임이 외교문제로 비화되기 시작한 것은 1990년대 이후이다. 1989년 베를린장벽이 무너지고 1991년 소련이 해체됨으로써 냉전체제가 붕괴된 이후에야 동아시아 사회에서 위안부문제와 강제징병·징용 등의 제국일본의 전쟁범죄가 수면 위로 떠올랐고 그와 동시에 일본사회 내부에서 국가적 차원의 전쟁보상과 공식사죄의 문제가 공론화되었다(高橋哲哉 2001; 白井聰 2013). 1945년 패전 직후 일본사회는 동아시아의 각국으로부터 어떠한 전쟁보상도 요구받지 않았으며 7년간의 '미군정기'를 거쳐 '전후민주주의'로 안착했을 따름이다. 일본의 역사학자인 다카하시 테츠야(高橋哲哉)는 일본의 전쟁책임의식이

---

18) 小林勝, 『小林勝著作集』 전5권, 白川書院, 1975-1976년 참조.
19) 村松武司, 『朝鮮植民者』, 三省堂, 1972년.
20) 千田夏光, 『植民地少年ノート』, 日中出版, 1980년.

히로시마·나가사키 원폭의 '희생의 레토릭'이라는 '희생자의 논리'로 봉인되었다고 주장한다.[21] 패전 후 일본사회에서는 1960년대 '안보투쟁'을 거쳐 1970년대에 들어서야 '우리는 침략전쟁의 주체'라는 가해자 사관이 제기되었고 국민적 여론을 지배했던 '우리는 전쟁의 피해자'라는 피해자 사관과 비로소 대치되었다(笠井潔·白井聡 2014: 188-9). 이와 동일한 맥락에서 외지에서 귀환한 '히키아게샤(引揚者)'[22] 역시 패전 직후에는 가해자 의식, 즉 '식민자'의 자의식을 갖지 않았다. 나리타 류이치(成田龍一)에 따르면, 1950년대를 전후하여 출간된 '히키아게샤'의 수기에서는 가해자 의식을 전혀 찾아볼 수 없고, 그것은 다만 피해자의 입장에서 제국의 상처를 체현한 사람들의 제국을 옹호하는 기술에 불과했다. 일본사회에서 '제국의 역사'에 대한 책임의식의 무자각이 제기되기 시작한 것은 1970년대를 전후한 시기에 이르러서였다(成田龍一 2010: 189-95).

그렇다면 왜 전쟁이 끝난 후 20년이 지난 즈음에서 일본의 전쟁책임의식이 공론화된 것일까? 나리타는 제국일본의 식민지배와 전쟁에 대한 책임의식이 일본사회 내부에서 자발적으로 제기된 것이 아니라 1965년의 한일협정과 1972년의 중일공동성명과 미국의 오키나와 시정권 반환 등 동아시아의 정세변화에 의해 추동된 것이기 때문이라고 말한다. 한마디로 말하면, 전후 일본사회에서 '제국의 역사'에 대한 성찰은 외부와의 '접촉'에 의해 촉발되었다. 카지무라 히데키는 1965년 발표한 「現代の「日本ナショナリズム」

21) 다카하시 테츠야(高橋哲哉)는 패전 직후 미군정하의 일본에서 히로시마·나가사키 원폭의 담론이 '천벌'의 논리에서 '신의 섭리'를 거쳐 '신의 은혜'라는 '희생자'의 논리로 바뀌어간다고 주장한다. 이 속에서 원폭의 피해자는 '천벌'을 받은 자였다가 마치 예수의 피로 인간의 죄가 사해지듯 제국일본의 죄를 대신 짊어지고 그 죄를 사하게 하는 '신의 은혜'를 입은 자로 탈바꿈된다(高橋哲哉, 『国家と犠牲』, 日本放送出版協会, 2005년, 제3장 참조).
22) 1945년 일본제국의 패망과 함께 구식민지의 일본인의 귀환이 전면적으로 시행되었는데, 이때 군인의 귀환은 '후쿠인(復員)', 민간인의 귀환은 '히키아게(引揚げ)'라고 했다. 패전국 일본에서 '히키아게샤(引揚者)'는 구식민지에서 귀환한 일본인을 통칭한다.

論について」[현대의 '일본내셔널리즘'론에 대해서]라는 논문에서 한일회담에 임하는 일본정부의 태도에 제국주의적 이데올로기의 혐의가 있으며 대중의 의식에서 제국일본의 내셔널리즘이 다시금 표면화되고 있다고 주장한다. 그는 '일본의 민족의식'이 전전(戰前)과 단절하지 못하고 전후(戰後) 20년간 향토 혹은 일상의 자연으로 형상화되어온 가운데 한일협정 체결을 코앞에 둔 시점에서 '진정한 내셔널리즘'으로 등장하여 제국주의의 부활을 조장하고 있다고 말한다(梶村秀樹 1965: 62). 패전 후 한국, 중국 등과 외교관계가 정상화되기까지 일본은 동아시아의 '타자'를 전혀 의식하지 않았고 '제국의 역사'를 충분히 성찰하지 않았다. 그러나 이제 일본은 동아시아의 '타자'를 의식하지 않으면 안되었고 '제국의 역사'를 비판적으로 재고해야했다. 카지무라의 위의 논문에서 언급한 '강한 제국주의의 이데올로기적 상황'이란 동아시아 정세의 지각변동에 직면한 일본의 위기의식의 표출에 다름 아니다.

나리타는 조선 출신의 식민지2세가 그러한 시대적 요청에 누구보다도 먼저 부응하여 '대일본제국'에 대한 역사적 성찰에 타자라는 논점을 부여함으로써 일본인의 식민지배에 대한 무의식과 무자각을 집어낼 수 있었다고 말한다. 그리고 나리타에 의하면, 그들이 그러할 수 있었던 것은 그들 자신의 경험에 내재한 '균열' 때문이다. 그들은 조선에서 일본어를 사용했으면서도 정작 감각의 모체는 조선의 자연과 풍물에 있었음을 깨닫고 이 모순으로부터 자신과 조선이라는 타자와의 관계를 탐구했으며 제국일본과 식민지조선 간의 비대칭적 권력관계를 문제시하는 데에까지 나아갈 수 있었다는 것이다(成田龍一 같은 책).

그런데 나리타가 식민지2세에서 포착한 '균열'은 패전 후에 벌어진 것이고, 카지무라가 향토 혹은 일상의 자연으로 형상화되어왔다고 한 일본의 '민족의식의 원형(proto-nation)'으로서 후루사토 속에 잠재되어 있었다. 이 '균열'이 1970년대를 전후하여 일본이 동아시아의 '타자'를 의식해야했던 국면에서 표면화된 것이며, 이 '균열'에 의한 식민지2세의 타자 인식이 일본인의

'제국의 역사'에 대한 무책임의 자각으로 이어졌다는 것이다. 카지무라는 외지의 일본인이 '일본국민을 대표하는 식민자'로서 '내지사람(內地の者)'의 '권위에의 귀속의식, 이기적 · 독단적 국가의식과 아시아의식'을 최전선에서 체험했기 때문에 그들의 생활사를 통해 '내지사람'의 식민지배의 심층의식을 파헤칠 수 있다고 했다. 그는 '히키아게샤'의 수기의 대부분에서 발견되는, '개별의 일본인은 조선인을 차별하지 않았다'는 이른바 '사악한 국가권력과 선량한 서민'이라는 도식적 담론이 외지의 일본인의 허상을 만들어 이 도식적 담론으로부터 식민지배의 구조성을 드러내고 제국일본의 '아래로부터의 침략'의 구체적 실상을 밝혀내고자 했다(1992[1974]: 193-7).

여기서 한 가지 의문이 생긴다. 일본인은 왜 스스로 '제국의식'을 자각하지 못하는가? 일본인의 의식이 외지인의 경험세계를 투과하지 않고서는 '제국의식'을 걸러내지 못하는 것이 단지 식민지배를 경험하지 않았으며 그 실상을 알지 못하기 때문일까? 그러나 '내지사람'의 식민지배의 심층의식, 즉 '제국의식'이란 '다른 민족을 지배하는 제국의 중심에 속한다는 의식'이다 (윤건차 2013: 86). 고야스가 주장한 대로 이 의식이 패전국 일본에서 이중화의식으로 잔존해왔다면 내지인의 의식에서도 타자적 성찰에 의해 '제국의식'이 충분히 규명되고도 남는다. 그런데도 일본인이 '제국의식'을 규명해줄 특정대상으로서 외지인을 지목하는 것은 패전 직후 외지인을 의심과 증오의 시선으로 바라보았던 내지인의 시선처럼 외지인을 배제함으로써 일본인의 이중화의식을 재생산하고자 한 때문이 아닐까?

앞서 논한 것과 같이, 패전 후 일본사회에서 후루사토는 일본인을 내지인과 외지인으로 구획함으로써 그 의식 속에 '중심부-주변부'의 동심원적 이중구조를 구축해왔다. 내지인은 외지인을 일본인의 주변부로 밀어냄으로써 자신을 중심부로 의식할 수 있었다. 달리 말해, 내지인은 외지인이 자신의 주변부에 있어야만 일본인의 중심부에 존재할 수 있다. 이렇게 일본인의 주변부에 위치한 외지인은 일본인의 경계를 표지한다. 이 속에서 식민지2세의 '균열'이란 일본인과 그 경계 너머의 타자 사이의 틈새에 다름 아니다.

패전 후 일본의 '민족의식'과 동아시아의 타자가 만나는 시점에서 식민지 2세는 외지인의 '균열'을 드러내었다. 이 '균열'이 '제국의식'을 규명해낼 수 있다면, 그것은 과거 내지인이 체험하지 않은 식민지를 식민지2세가 체험했기 때문이 아니라 지금의 일본인이 여전히 '제국의식'에 의해 범주화되기 때문일 것이다. 이처럼 식민지2세의 '균열'은 일본인과 동아시아의 타자 간의 모순을 대리 표상한다.


## 외지에서 식민지로: 내부의 타자에서 외부의 타자로

일본이 동아시아의 다른 나라들을 '타자'로 인식한다는 것은 무엇을 뜻하는가? 타자는 언제나 나를 초월한다. 타자는 나의 세계의 너머에 있기 때문에 타자이다(가라타니 고진 2013[2010]: 134-5). 내가 누군가를 미지의 존재로 느낄 때, 바로 그 누군가가 내게 타자가 된다. 내가 누군가를 '알 수 없다'고 느끼지 않는다면 내가 그 누군가를 알 수 없다 해도 그 누군가는 내게 타자가 아니다. 내가 누군가를 타자로 인식하는 것은 '누군가'를 안다는 것이 아니라 '누군가를 모른다'는 것을 아는 것이다. 1970년대를 전후하여 일본은 과거 자신의 식민지였던 동아시아의 여러 나라들을 타자로 인식하기 시작했다. 그것은 일본이 비로소 동아시아의 다른 나라들을 둘러보기 시작했을 뿐만 아니라 그 나라들을 모른다는 자기인식에 도달했음을 뜻한다. 이를테면 일본은 그제야 패전 후 국민적 여론으로 형성되어온 '우리는 전쟁의 피해자'라는 피해자 사관이 동아시아의 다른 나라들로부터 부인된다는 것을 인식한다. 아시아를 서구로부터 지켜주었다는 제국일본의 전쟁관이 동아시아의 타자의 관점에서는 가해자 사관에 불과하다. 동아시아의 타자의 관점에서 제국일본의 전쟁관이 피해자 사관에서 가해자 사관으로 뒤집히는 순간, 일본은 자신의 입장과 타자의 입장이 다르며 나아가 제국 일본이 동아시아의 타자를 지배의 대상으로 삼았을 뿐 타자에 대한 무지를 무지인지도 모르고 타자를 알려하지도 않았다는 것을 깨닫는다.

이러한 일본의 타자 인식은 식민지2세인 무라마츠 다케시의 고백적인 글에서 분명하게 드러난다. 무라마츠는 조선을, 만나기로 했지만 만나지 못한 친구에 비유한다. 무라마츠 자신은 혹여 길이 어긋나 만나지 못하는 것은 아닌지 약속장소를 배회하지만 끝내 친구를 만나지 못한다. 아니, 그는 친구가 약속장소에 나왔을 수도 있다며 이미 약속장소를 지나쳐간 친구의 뒷모습을 보았을지도 모른다고 되뇐다(1994[1972]: 235). 여기서 그는 귀환 후 자신을 '반조선인'으로 규정하면서도 여태 조선을 만나지 못하고 있음을 고백한다. 물론 이 접선의 실패는 일본과 동아시아의 타자 간의 입장차를 표상한다. 그리고 이 입장차는 식민지2세에게 '제국의 역사'를 되돌아볼 것을 촉구한다.

이를테면 식민지조선에서 구현된 제국의 신민사상은 식민주의의 프리즘에 비추면 식민권력의 지배논리에 다름 아니다. 조선총독부의 내선일체 정책, 조선인의 창씨개명과 일본군 징병제도 등은 제국의 침탈에 불과하다. 미즈노 나오키(水野直樹)는 식민주의의 일본적 특질을 '동화'와 '배제'의 이중성으로 규정한다. 서구 식민주의가 문명-미개의 이항대립적 인식을 내포하는 '문명화'(혹은 '야만화')와 '차이화'의 이중성으로 표상된다면, 일본 식민주의는 '서구적인 것'에 더해 '일본적인 것'을 피식민자에게 이식하여 '동화'를 강제하면서도 '민족성'을 본질적인 차이로 놓아두어 식민지를 제국으로부터 '배제'하고자 하는 굴절된 이중성으로 표상된다(水野直樹 2004: 15).

이때 조선의 일본인은 이러한 제국과 식민지 간의 갈등과 모순을 가장 최전선에서 증폭시키는 존재로 위치지어진다. 다카사키 소우지(高崎宗司)는 『植民地朝鮮の日本人』[식민지조선의 일본인](2002)에서 군인, 관료, 학자 등의 '정책적 식민자'뿐만 아니라 수많은 서민계층이 조선으로 도항함으로써 '풀

뿌리 식민지배(草の根の植民地支配)'가 이루어졌다고 주장한다. 그는 조선의 일본인을 식민권력과 동일시하여 '풀뿌리 침략자'로 규정한다. 나아가 우치다 준은 「총력전 시기 재조선 일본인의 '내선일체' 정책에 대한 협력」(2008)이라는 논문에서 조선의 일본인을 "자신들의 이해관계 때문에 국가와 대립하고 있다 하더라도 피식민자의 민족주의에 대해서는 국가 권력과 바로 결탁"(2008: 15)하는 전략적 행위자로 묘사한다. 그는 조선의 일본인이 제국 앞에서는 선량한 신민으로 행사하면서도 조선인에 대해서는 '시민권'을 뺏기지 않으려는 뒤틀린 정신구조를 가지고 있었다고 주장하며, 이 구조를 통해 제국과 식민지 간의 경합을 그려내고자 했다. 조선의 일본인은 조선인을 단지 "일본인에게 복종해야 할 존재"라고 보았다는 것이다. 그래서 그 대다수는 조선인이 자신과 같은 신분을 얻게 될 것을 염려한 탓에 조선인의 창씨개명과 일본군 징병제에 상당수가 찬성하지 않았다고 한다(윤건차 2013: 85). 이처럼 전후일본의 역사적 담론의 장에서 조선의 일본인은 제국일본의 '가해자의 역사'의 산증인으로 현시된다.

그런데 카지무라가 주장한 것과 같이, 과연 일본사회가 외지인의 행적을 파헤쳐 식민주의로 엄단함으로써 자신의 내부에 잠재된 '제국의식'을 성찰하고 전쟁책임의식을 통감했는지는 알 수 없는 일이다. 일본사회는 동아시아의 타자의 관점에서 '제국의 역사'를 되돌아본다고 했지만, 식민지를 외지인과 피식민지인의 각축장으로 축소함으로써 결과적으로 자신의 '제국의식'을 보존하지 않았던가? 패전 후 70년이 지난 아직까지도 위안부문제와 강제징병·징용 등의 전쟁범죄에 대한 국가차원의 사죄와 보상이 이뤄지지 않는 것은 왜일까? 사카이 나오키(酒井直樹)는 아시아를 타자로 규정함으로써 자신을 보편자로 인식하는 일본인의 사고방식은 제국일본의 아시아 인식 방식과 동일하다고 주장했다(2003[1995]: 245-50). 사실상 일본사회는 제국일본의 식민지배의 규명을 외지인에게 떠넘김으로써 그 실상에 대해 여전히 무지한 채로 남아있을 수 있었다. '제국의 역사'를 뒤집는 타자의 관점은 그것을 제기한 식민지2세에게 되돌려지고, 일본사회는 여전히 타자의 관점에 무지하며 그 무지에 무감각하다. 일본사회는 타자의 관점을 외지인의 경험세계에 한정함으로써 결과적으로 패전국 일본의 '내지-외지'라는 관념적 영토를 타자의 관점으로부터 방어했다.

그러므로 우리가 '한국 출신 일본인'의 경험세계에서 이끌어내어야 하는 것은 외지에서 표출된 식민지적 모순과 패전 후에도 잔존해온 모순의 표출양상뿐만 아니라 외지, 즉 식민지의 실상을 요청하는 시대적 흐름 속에서 그들이 그 모순을 어떻게 해명해 가는지에 대한 과정일 것이다. 1932년부터 41년까지 조선총독부 식산국장(殖産局長)을 역임한 호즈미 신로쿠로(穗積真六郎)[23]는 당시 '조선인도 황국신민이 되면 기뻐할 것으로 생각했다'고 회고했다. 그는 '이민족을 자국의 신민으로 만들어 일본의 천황을 숭상하게 하려 한 것' 자체가 일본인의 우월감의 발현이었음을 패전 후에야 깨달았다고 털어놓았다. 이민족의 자존감을 무시하고 자신의 의지대로 이끈 것이 일본인의 오만함에서 비롯되었다고 말이다.[24] 여기서 그가 자신을 '식민지 배자'로 시인한 데에는 '이민족(異民族)'으로서의 조선에 대한 재인식이 자리한다. 그는 조선을 이민족으로 인식한 후에야 제국일본을 '가해자의 역사'로 바라볼 수 있었다. 즉 그는 이민족이라는 타자의 관점을 매개로 자신의 경험을 식민주의의 관점에서 성찰할 수 있었다.

이처럼 '한국 출신 일본인'에게 조선의 기억은 패전국 일본의 시대적 모순을 풀어가는 열쇠로 자리한다. 그리고 1965년 한일협정 이후 전개된 '한

---

23) 호즈미 신로쿠로(穗積真六郎, 1889~1970)는 1913년 7월 동경제국대학 법과대학을 졸업한 후 1914년 11월 조선총독부 시보(試補)로 부임한 이후 조선의 식민관료로 활약했다. 1932년 식산국장(殖産局長)에 취임했고, 1941년 식산국장을 사임하고 그 해 12월 동경으로 돌아갔다가 1943년 경성전기회사 사장 및 조선상공회의소 회두(會頭)로 취임하여 다시 조선에 온다. 귀환 후 히키아게샤 단체 전국연합회 부위원장, 우방협회 이사를 역임했다.

24) 穗積真六郎, 『わが生涯を朝鮮に』, 東京: ゆまに書房, 2010년[1974년].

국 출신 일본인'의 한국 및 '모교'와의 교류활동은 이 모순을 해명하는 과정에 다름 아니다. 그들은 조선/한국이라는 타자의 관점을 통해 자신의 경험 세계를 외지에서 식민지로 전환했고, 한국과 일본 양국이 서로의 진정한 타자로서 서로를 마주하는 길을 모색하고자 했다. 이 책은 그들의 실천에 대한 보고서이다.


## 연구방법론과 책의 구성

이 책은 '한국 출신 일본인', 그 중에서도 한국과 교류활동을 활발히 전개한 '경성 출신 동창회'라는 특정 집단의 사람들의 기억(memory)과 서사(narrative)를 다룬다.

주지하다시피 기억은 과거를 선택적으로 회수하는 현재적 실천이다 (Bruner 2003: 41). 다시 말해, 기억은 과거 그 자체의 기록이 아니라 과거와 현재를 연결하는 경험적 구성물(empirical construct)이다. 그리고 그 구성의 도식적 기초는 일반적으로 제도와 관습에서 구해진다(Bartlett 1995[1932]: 255). 서사는 바로 이러한 기억의 관습적 구성을 산출하는 시간적 방식이다. 즉 서사는 기억을 시간적으로 구성한다. 여기서 시간은 실재적 연속성이라기보다 사건의 의미화된 선후관계를 가리킨다. 서사는 시간의 흐름 속에서 전개되고 시간의 흐름은 서사 속에서만 감지된다. 그리하여 서사가 갖는 '경험의 시간적 성질'은 "우리의 시간적 경험, 혼잡하고 형태가 없고 말이 없는 경험"을 형상화한다(리쾨르 2002[1986]: 2-10).

'말이 없는 경험'에 의미를 부여하는 서사의 실천적 지향성은 집단의 기억을 공유함으로써 얻어진다(Tulving 1983: 1-3). 기억은 집단의 정체성을 형성하고, 이 속에서 오늘의 나는 어제의 나를 기억하는 집단의 타자에 의해 승인된다. 이렇듯 기억은 자기 일관성과 타자의 승인을 동시에 보증한다.

나아가 기억의 상호구성성은 서사를 통해 개인의 경험을 집단의 경험으로 만든다. 제임스 워치(James Wertsh)는 기억을 '집단 내의 기억(memory in the group)' 과 '집단의 기억(memory of the group)'으로 구분한다. 그는 '집단의 기억'이 '집합 적 기억(collective memory)'을 표명하거나 거부하는 등의 강한 형태를 구성하는 반면, '집단 내의 기억'은 '협업의 기억(collaborative memory)'임을 강조한다. 이 속에서 서사는 '집합적 기억'의 텍스트적 자원이다. 그는 서사의 분석적 층 위를 '특정한 서사'와 '도식적인 서사 표본'으로 나눈 다음, 후자의 추상적인 구조들이 인물, 시각, 환경 등의 고유명으로 묘사되는 전자의 기초를 이루 면서 집합적 기억이 만들어진다고 주장한다(Wertsh 2008: 121-4). "집합적 기 억의 서사는 특정한 서사들에서 그것들이 예증하는 서사의 표본으로 변화 하며 조직화된다."(앞의 책: 123)

서사는 경험에 의미와 가치를 부여함과 동시에 그것을 집단의 기억으로 공유하는 속에서 세계를 구성한다. 제롬 브루너(Jerome Bruner)는 세계에 대한 지식이 단선적이지도 단일하지도 않으며 개인이 관여하는 지식체계와 사회 적 연망으로부터 불특정하게 주어진다고 했다. 그리하여 개인은 서사를 매 개로 세계와 상호작용하는데, 이때 서사는 실증성보다 '그럴듯함(verisimilitude)' 의 속성을 띠며 다성성(多聲性)을 갖는다(Bruner 1991: 1-3). '투명한 진실'의 헤게모니를 누린 역사가의 역사조차도 서사의 관점에서 보면 언어라는 동일한 차원에 놓인 또 다른 서사에 불과하다. 실제로 역사가는 모든 사 건을 말할 수 없고 '말할 만큼 가치 있는' 사건만을 선별해낸다.[25] 따라서 역사는 역사가의 '선택'에 따라 얼마든지 '관점의 전환(perspective shift)'이 가능 하다. 예를 들어 1970년대 이후 등장한 오리엔탈리즘, 포스트콜로니얼리즘,

---

25) 일본의 역사철학자 노에 케이이치(野家啓一)에 따르면, "역사는 말에 의해 전승 되어 남겨진 기록"이다. 그는 "문자가 없는 곳에서는 구전에 의한 역사가 성립할 수 있지만, 말이 없는 곳에서 역사는 존재할 수 없다"고 말한다(野家啓一, 「歷史 を書くという行為」『歷史／物語の哲学』, 岩波書店, 2009년, 서장 참조).

페미니즘 등은 역사에 또 다른 관점을 부여함으로써 새로운 서사적 지평을 열어주었다(野家啓一 2009: 서장).

　그런데 역사가의 '선택'에 의한 '관점의 전환'은 시대의 전환과 맞닿아있다. 가령 서구의 지적패권주의에 대한 성찰적 논의를 이끌어낸 에드워드 사이드(Edward Said)의 『오리엔탈리즘』(1978)은 서구 중심의 지적 패러다임의 시대가 종료했음을 시사한다. 오리엔탈리즘은 서구의 사상으로부터 정치적 근대성을 경험했던 비서구 사회가 스스로의 관점에서 역사와 지식을 재정립하려는 주제의식을 함축하며 포스트콜로니얼리즘이라는 연구 분야를 개척했다(Williams and Chrisman 1994; Young 2003). 여기서 포스트콜로니얼리즘의 '포스트'는 두 가지 의미를 갖는다. 하나는 식민지 '이후(after)'의 시대를 가리키는 사후(aftermath)이며, 또 하나는 식민주의 '너머(beyond)'의 문화, 담론, 비평 등을 가리키는 비평(critical)이다(Blunt and McEwan 2002: 3). '포스트'의 이론들은 '포스트-냉전'과 같이 한 시대가 끝나고 새로운 시대가 도래했음을 표방하는 시대적 언명들과 동시기에 출현했다(Shohat 1992: 101). 쇼핫(Ella Shohat)에 따르면, 1980년대 후반에 등장한 '포스트-콜로니얼(post-colonial)'은 '제3세계(Third World)'의 패러다임의 퇴조에 상응하며 그것을 대체했다. 1950년대부터 70년대까지 '제3세계'의 문제의식이 반식민지 민족주의 운동의 국제적 흐름을 담아내었다면, 80년대 이후 세계의 중심부(서구, 제1세계)와 주변부(비서구, 제3세계)의 경계가 허물어지고 다양한 관점의 모순이 표출되면서 점차 '포스트콜러니얼'의 문제의식이 그 자리를 이어받았다(1992: 100-3).

　그러므로 '한국 출신 일본인'의 기억과 서사는 크게 두 측면에서 접근될 필요가 있다. 하나는 '귀환자'의 정체성을 집합적으로 구성해가는 측면이고, 다른 하나는 동아시아의 정세 변화에 따른 일본사회의 시대인식과 상호 교섭하는 측면이다. 그들에게 이 두 측면은 모두 조선/한국이라는 타자를 둘러싸고 전개된다. 이에 따라 이 책의 본론은 크게 2부로 구성된다. 1부에서는 집합적 기억의 구성적 측면에서 '한국 출신 일본인'의 조선화의 내용과 논리를 검토한다. 2부에서는 그것과 맞물린 시대적 전환의 논리가 한국 및 '모교' 방문을 통해 실천적으로 어떻게 재구성되는지를 살펴본다. 이로써 전전(戰前)과 전후(戰後)로 분절된 '한국 출신 일본인'의 경험세계가 기억과 실천의 정치학을 매개로 이어 붙여질 것이며, 결론적으로 패전국 일본의 제국의식과 역사의식의 관계 논리가 규명될 것이다.

# 1부

# '한국 출신 일본인'의
# 조선화와 제국의식

# ▌ '한국 출신 일본인'의 원류: 연구과정 및 연구대상 개괄

    주지하다시피 '한국 출신 일본인'은 일본으로 귀환한 후 출신 학교를 중심으로 식민지기의 네트워크를 재조직했다. 그 중에서도 경성[1] 출신의 일본인이 조직한 소학교[2] 동창회는 총 14개이다(〈표 1〉 참조). 1982년에는 경성의 14개 소학교 동창회에 영등포소학교, 수원소학교, 강남국민학교 등의 동창회가 가세하여 연합동창회가 결성되었다. 〈개나리회〉(連翹の会, '렌교우노 카이')라는 이름의 이 연합동창회는 결성 이래 지금까지 매해 친목회[懇親会]를 개최해왔다. 1990년대만 해도 참가자 수가 300여 명 가까이 되었으나, 그 후로 점차 수가 줄어 2012년 열린 제39회 대회에는 110명이 참가했으며 2015년 제42회 대회를 끝으로 공식적으로 해산되었다. 학교별 각 동창회 또한 회원들의 연로함으로 인해 거의 대부분이 활동을 종료했고, 다만 지역별·동기별 소모임만이 현재까지 그 명맥을 이어오고 있다.

---

1) 경성(京城)은 1910년 10월 10일 '조선총독부령 11호'에 의해 '한성부'가 '경성부'로 개칭된 후 1945년 해방직후까지 서울의 공식 행정명칭으로 사용되었다. 경성이라는 말은 정한론(征韓論)의 주창자였던 모리야마 시게루(森山茂)와 히로츠 히로노부(広津弘信)가 처음 사용한 이래 메이지유신 정권과 막부에 유통되었으며 1876년 강화도조약에서 서울의 호칭으로 사용되었다(梶村秀樹「京城という言葉」『朝鮮研究』102: 17-21, 1971년 2월). 본 글에서는 식민지기 서울의 지리적·행정적 명칭으로 경성을 사용하고자 한다.

2) 1941년 4월 1일 조선총독부 칙령 148호의 '국민학교령'에 의해 소학교는 국민학교로 명칭 변경되었으나, 본서에서는 경성의 일본인 소학교를 국민학교와 구분하지 않고 소학교로 일괄통칭하기로 한다.

<표 1> '경성 출신 일본인'의 동창회 일람

| 연번 | 학교명 | 동창회명 |
|---|---|---|
| 1 | 경성제국대학(京城帝國大學) | 紺碧會 |
| 2 | 경성고등상업학교(京城高等商業學校) | 崇陵會 |
| 3 | 경성경제전문학교(京城經濟專門學校) | |
| 4 | 경성공업전문학교(京城工業專門學校) | 東崇工業會 |
| 5 | 경성광업전문학교(京城鑛業專門學校) | |
| 6 | 경성공업학교(京城工業學校) | |
| 7 | 경성의학전문학교(京城醫學專門學校) | 有隣會 |
| 8 | 경성치과의학전문학교(京城齒科醫學專門學校) | |
| 9 | 경성약학전문학교(京城藥學專門學校) | 藥窓會 |
| 10 | 경성법학전문학교(京城法學專門學校) | |
| 11 | 경성사범학교(京城師範學校) | 醇和會 |
| 12 | 경성공립중학교(京城公立中學校) | 京中會 |
| 13 | 용산공립중학교(龍山公立中學校) | 龍中クラブ |
| 14 | 성동공립중학교(城東公立中學校) | 京城 城中會 |
| 15 | 아사히가오카공립중학교(旭ヶ丘公立中學校) | |
| 16 | 경성공립상업학교(京城公立商業學校) | |
| 17 | 선린상업학교(善隣商業學校) | |
| 18 | 경성여자사범학교(京城女子師範學校) | 明鏡會 |
| 19 | 경성제일공립고등여학교(京城第一公立高等女學校) | 白楊會 |
| 20 | 경성제이공립고등여학교(京城第二公立高等女學校) | ときわ會 |
| 21 | 경성제삼공립고등여학교(京城第三公立高等女學校) | |
| 22 | 경성무학고등여학교(京城舞鶴高等女學校) | |
| 23 | 경성용곡고등여학교(京城龍谷高等女學校) | 藤蔭會 |
| 24 | 경성창덕고등여학교(京城彰德高等女學校) | |
| 25 | 경성여자실업학교(京城女子實業學校) | ふたば會 |
| 26 | 경성여자기예학교(京城女子技藝學校) | 芳蘭會 |
| 27 | 경성남산소학교(京城南山小學校) | |
| 28 | 경성히노데소학교(京城日出小學校) | 京城日出會 |
| 29 | 경성사쿠라이소학교(京城桜井小學校) | |
| 30 | 경성동대문소학교(京城東大門小學校) | |
| 31 | 경성남대문소학교(京城南大門小學校) | |
| 32 | 경성서대문소학교(京城西大門小學校) | |
| 33 | 경성용산소학교(京城龍山小學校) | 龍會 |
| 34 | 경성모토마치소학교(京城元町小學校) | |
| 35 | 경성미사카소학교(京城三坂小學校) | 三坂會 |
| 36 | 경성아오바소학교(京城靑葉小學校) | 京城靑葉會 |
| 37 | 경성사쿠라오카소학교(京城桜ヶ丘小學校) | |
| 38 | 경성창덕소학교(京城昌慶小學校) | |
| 39 | 경성종로소학교(京城鐘路小學校) | |
| 40 | 경성사범학교부속소학교(京城師範學校附屬小學校) | |

*출처:『경성공립중학교 동창회 명부』, 1980년 1월 1일, 477-9쪽 참조.
*동창회명이 기재되지 않은 것은 별칭이 없는 것임.

필자가 '한국 출신 일본인'의 존재를 처음으로 접한 때는 2009년 여름이다. 식민지 관련 자료수집 차 큐슈대학교 한국연구센터의 방문연구원으로 재직 중이던 당시 필자는 우연히 조선에서 태어난 어느 일본인을 만나 그에게서 조선 시절의 이야기를 듣게 되었다. 그는 '조선에 살았을 때에는 조선인과 잘 지냈고, 패전 직후 조선인의 도움을 받아 개성을 떠나 38선을 넘어 무사히 경성까지 걸어 내려와 일본으로 귀환할 수 있었으며, 귀환 후 주변의 냉대와 생활의 빈곤함으로 살기 어려웠고, 그래서 조선 시절이 그립고 고맙다'고 했다. 그의 이야기 속의 일본인은 필자가 알고 있던 '조선인을 폭력적으로 억압하는 식민지배자'의 이미지와는 거리가 멀었다. 그래서 필자는 '식민지배자'라는 역사적 규정만으로는 해명되지 않는 그들의 경험세계가 있을 것이라 생각했고 그것을 당사자의 목소리를 통해 밝혀내고 싶었다. 그렇게 해서 필자는 2010년 가을부터 본격적으로 한국과 일본을 오가며 '한국 출신 일본인'의 회고담을 채록하고 자료를 수집했다. 2012년 4월부터 약 1년간 일본에 체류하면서 인터뷰 조사에 집중했고, 바로 이때 〈개나리회〉 간사장을 만나 그를 통해 학교별 동창회의 각 간사들을 비롯하여 주요 제보자들을 소개받는 한편 지역별·동기별 소모임에 초대되어 개인 및 그룹 인터뷰를 수행할 수 있었다. 필자는 2013년 10월 15일 〈개나리회〉의 제39회 친목회에서 전체 회원들에게 정식으로 소개된 후로는 간사들뿐만 아니라 일반회원들까지 다양한 경험을 가진 이들의 이야기를 들을 수 있었다. 이렇게 해서 45명의 가족사 및 생애사가 수집되었다. 이들 대부분은 1920년대 중반에서 30년대 초중반 사이에 조선에서 출생하여 1930년대에서 45년 패전까지 경성의 일본인 소학교를 다녔거나 소학교 졸업 후 중학교까지 다녔다. 이들의 출생년도, 출신 소학교 및 그 외 학력, 부모의 이주 시기와 직업 등에 관한 인적사항은 다음의 〈표 2〉와 같다.

## 〈표 2〉 제보자 일람

| 연번 | 출생년도/<br>출생지 | 출신소학교 | 성별 | 부모의 직업·근무처 | (조)부모의<br>이주시기 | 그 외 학력<br>및 비고사항 |
|---|---|---|---|---|---|---|
| 1 | 1918년 히로시마 | 경성사범부속소학교 | 남 | 하치요(八千代)생명보험 경성지점장으로 부임, 1923년 사직 후 무직(父) '동인조산원'(同仁助産院) 운영(母) | 1920년 5월 (가족) | 경성사범학교 졸업 |
| 2 | 1918년 충청북도 청산(靑山) | 청산보통학교 | 남 | 잡화상(父) | 1910년(父) | 경성사범학교 졸업 |
| 3 | 1929년 경성 | 아오바(靑葉) 소학교 | 여 | 조선은행(父) | 1928년(母) | 경성제이고녀 (京城第二高女) |
| 4 | 1935년 경성 | 아오바소학교 | 여 | 조선은행(父) | 1923년(母) | – |
| 5 | 1928년 오카야마현 (岡山県) | 경성사범 부속소학교 | 남 | 내과소아과 의원(父) (광화문 부근) | 1930년 봄 (가족) | 인천중학교 졸업 |
| 6 | 1924년 경성 | 히노데(日出) 소학교 | 남 | 소학교·보통학교 훈도 (訓導)(父) | 1918년(父) | 경성중학교, 경성 제국대학 이과교 원양성소 |
| 7 | 1930년 경성 | 동대문소학교 | 여 | 경성제일고등보통학교 교원촉탁(教員嘱託)(父) | 1923년(가족) | 경성제삼고녀 (京城第三高女) |
| 8 | 1929년 야마가타현 (山形県) | 고저(庫底) 소학교 (강원도) | 남 | 경성부 직원(父) 소학교·보통학교 훈도(母) | 1935년(가족) | 경성중학교 |
| 9 | 1928년 평양 | 남대문소학교 | 남 | 조양광업(朝揚鑛業)(父) | 1910년(父) | 1940년 귀일 |
| 10 | 1923년 제주 | 서대문소학교 | 남 | 제주읍회 의원, 제주도 실업협회장 등(父) | 1910년(父) | 경성사범학교 졸업 |
| 11 | 1934년 인천 | 아오바소학교 | 남 | 조선총독부 곡물검사소(父) | 1930년(가족) | ※'개나리회' 간사장 |
| 12 | 1932년 경성 | 서대문소학교 | 남 | 경성부회 의원 사료회사 등(父) | 1903년(父) | 경성중학교 |
| 13 | 1933년 니이가타현 (新潟県) | 경성사범부속소학교 | 남 | 체신국(父) | 1930년(父) | – |
| 14 | 1932년 경성 | 서대문소학교 | 남 | 소학교·보통학교 훈도 (訓導)(父) | 1924년(父) | 경성중학교 |
| 15 | 1931년 경성 | 미사카(三坂) 소학교 | 남 | 상점 운영(父) | 1925년(가족) | 경성중학교 |
| 16 | 1932년 야마가타현 (山形県) | 서대문소학교 | 여 | 강원도 창도(昌道)의 농장 경영(父) | 1938년(가족) | 경성제일고녀 (京城第一高女) |
| 17 | 1932년 니이가타현 (新潟県) | 서대문소학교 | 여 | 제국사장기약연구소(父) | 1943년(가족) | 경성제일고녀 1946년 3월 귀환 |
| 18 | 1932년 경성 | 서대문소학교 | 여 | 조선총독부 직원(父) | ? | 경성제일고녀 |
| 19 | 1932년 경성 | 서대문소학교 | 여 | | | 경성제일고녀 |
| 20 | 1932년 경성 | 서대문소학교 | 여 | | | 경성제일고녀 |
| 21 | 1930년 평양 | 아오바소학교 | 남 | 상점 운영, 일선해운주식 회사 등(父) | 1918년(父) | 용산중학교 |

| | 부모 도항시기 | 학교 | 성별 | 부모 직업 | 도항시기 | 비고 |
|---|---|---|---|---|---|---|
| 22 | 1936년 경성 | 미사카소학교 | 남 | 금강산전기철도주식회사(父) | 1929년(父) 1904년(祖父) | - |
| 23 | 1933년 경성 | 미사카소학교 | 남 | 성환권농(成歡勸農)(父) (충청남도) | 1904년(祖父) | |
| 24 | 1929년 경성 | 종로소학교 | 여 | 제약업(父) | 1921년(父) | 경성제일고녀 |
| 25 | 1926년 인천 | 수원소학교 | 남 | 수원 동산농장(東山農場) 금성광업주식회사(父) | 1904년(祖父) | 경성중학교 경성제국대학 |
| 26 | 1924년 가고시마(鹿児島) | 종로소학교 | 여 | 숙명여전(淑明女專) 교장(父) | 1910년(父) | 경성제일고녀 숙명여전 |
| 27 | 1930년 경성 | 종로소학교 | 남 | 경찰(父) | 1905년(가족) | 경성중학교 |
| 28 | 1933년 경성 | 미사카소학교 강남국민학교 | 여 | 조선철도국 기수(技手) 웨스트상회 운영(父) | 1904년(祖父) | - |
| 29 | 1935년 경성 | 강남국민학교 | 남 | 연번 28과 동일 | 1904년(祖父) | |
| 30 | 1934년 동경 | 경성사범 부속소학교 | 남 | 시미즈쿠미(清水組) 경성지점(父) | 1938년(가족) | |
| 31 | 1927년 경성 | 미사카소학교 | 여 | 자전거포 운영 가마니제조판매(父) | 1920년(가족) | 1944년 만주로 이주, 1946년 귀환 |
| 32 | 1932년 경성 | 서대문소학교 | 남 | 경성방송국 업무과장(父) | 1925년(가족) | |
| 33 | 1933년 경성 | 미사카소학교 | 남 | | | - |
| 34 | 1934년 경성 | 미사카소학교 | 남 | | | |
| 35 | 1933년 경성 | 미사카소학교 | 여 | | | |
| 36 | 1933년 군산 | 미사카소학교 | 여 | 마츠바상점 점주(祖父) 군산작업주식회사 이사 | 1910년(祖父) | |
| 37 | 1933년 경성 | 미사카소학교 | 여 | 철도우체국 서기 | 1921년(父) | |
| 38 | 1932년 경성 | 모토마치(元町) 소학교 | 여 | | | 경성제일고녀 |
| 39 | 1929년 경성 | 사쿠라오카(桜丘) 소학교 | 여 | | | |
| 40 | 1933년 경성 | 강남국민학교 | 여 | | | - |
| 41 | 1929년 경성 | 종로소학교 | 여 | | | |
| 42 | 1937년 경성 | 금곡(金谷)보통학교 (경기도양주) | 남 | 소학교·보통학교 훈도(訓導)(父) | 1920년 5월(父) | - |
| 43 | 1938년 대전 | - | 남 | 중선일보(中鮮日報) 기자 | 1919년 2월(父) | - |
| 44 | 1927년 흥남(興南) | 부산제일상업학교 | 남 | 진동(鎭東)수산어업조합 조선질소화약(朝鮮窒素火藥) | | 1946년 6월 귀환 ※비교참조 |
| 45 | 1927년 부산 | 부산제일상업학교 | 남 | | | ※비교참조 |

※위의 표에서 부모의 도항시기 란의 "?"는 '모른다'는 답을 나타낸다. 실제로 식민지2세의 상당수가 부모의 이주이력을 구체적으로 알지 못한다. 이는 그들이 조선에서 태어나 10대의 청소년기를 보내는 동안에는 가족의 이주내력에 둔감했고 그렇게 가족사에 무지한 채 일본으로 귀환한 후에는 더더욱 부모로부터 가족사에 관한 어떤 이야기도 듣지 못했기 때문이다.
※부모의 직업란과 도항시기의 공란은 가족사에 대한 인터뷰조사가 이뤄지지 않았음을 가리킨다.

앞의 〈표 2〉에서 제보자의 부모 혹은 조부모의 이주 시기를 보면, 1910년 한일합방 이전까지 거슬러 올라가는 경우가 몇몇 있다. 역사적으로 19세기 이후 조선에 일본인이 거주하기 시작한 것은 1876년 강화도조약[朝日修好條規]이 체결된 이후이며, 서울에

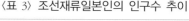

〈표 3〉 조선재류일본인의 인구수 추이

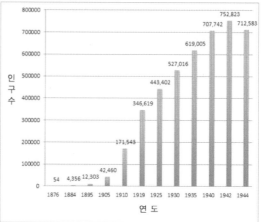

일본 민간인이 유입되기 시작한 것은 1880년 4월 한성(漢城)에 일본공사관(日本公使館)이 들어서고 1884년 10월 영사관(領事館)이 설치됨과 더불어 남산(진고개) 일대가 일본인 거류지로 지정되면서이다.[3] 이렇게 조선에 유입된 일본인 수는 1876년에 54명이었던 것에서 1884년에는 4,356명으로 증가했고, 1905년 러일전쟁을 기점으로 매년 기하급수적으로 늘어나 1910년 말에는 171,543명에 달했다(〈표 3〉 참조).

이와 같이 한일합방 이전부터 조선의 일본인 인구규모가 빠르게 불어난 데에는 1900년을 전후하여 일본에서 일었던 '한국이민'의 붐이 주요하게 작용했다. 당시 '한국이민'은 일본 본토의 과잉인구의 유출뿐만 아니라 러일전쟁에 대비한 자국민의 한반도 이식을 목적으로 했다(高崎宗司 2002: 47). 러일전쟁 이전 일본 민간인의 조선 체류가 '한탕주의'를 목적으로 하는 일시적인 거주가 대부분이었던 것에 비해, 그 이후에는 장기 거주를 목적으로 하는 이들이 상당수를 차지했다(권숙인 2006: 190). 1906년 『統監府第一次統計年報』[통감부 제1차 통계연보]에 따르면, 조선재류일본인 77,912명의 본적지

---

3) 京城居留民團役所, 『京城發達史』, 일한인쇄주식회사, 1912년, 335쪽.

중 나가사키(長崎), 야마구치(山口), 후쿠오카(福岡), 오이타(大分), 구마모토(熊本) 등 서일본 지역이 약 60%에 이른다. 또 1910년 『朝鮮總督府統計年報』[조선총독부 통계연보]에 따르면, 조선재류일본인 171,543명 중 상업에 종사한 이가 48,802명으로 일본인의 직업구성에서 가장 많은 비중을 차지했다. 이는 다양한 본적지의 관공리가 업종별 분포에서 최다를 차지했던 대만의 일본인 인구구성과는 확연히 다른 양상이다(木村健二 1989: 13-5). 키무라(木村健二)에 따르면, 1877년 '부산개항' 이후 조선으로 건너간 일본인은 자국에서 하층에 속한 이들로 신분상승과 부의 축적의 새로운 기회를 찾아 나선 '신도래자(新渡来者)'였다. 무역상, 잡화상, 도매상 등에 종사한 이들의 다수는 총독부관료를 비롯한 관공리, 기술직, 군인 등의 '정책적 식민자'와 달리 조선에 이주할 때부터 '정착이민'을 의도했다. 1910년 말에 조선의 일본인 소학교가 128개에 이르렀음을 볼 때(高崎宗司 2002: 97), 식민통치 이전에 이미 일본인의 '정착이민'이 어느 정도 자리를 잡았음을 추측할 수 있다. 일본의 식민통치 하에서 조선의 일본인의 인구수는 1942년에 752,823명으로 최고조에 달했다(〈표 3〉 참조). 특히 일본인의 '정착이민'이 궤도에 오른 1930년대에는 부산, 대구, 군산 등의 주요 도시부의 일본인이 각 도시 인구의 25~30%를 차지했고, 1930년 경성에서도 일본인이 전체인구(394,240명)의 27%를 점했다.[4] 나아가 조선에서 태어난 일본인도 1930년대에는 조선의 일본인 전체 인구의 약 30%를 차지했으며,[5] 당시 언론에서 '모험심을 가진'

---

4) 1942년 조선의 총인구수는 26,361,401명이었고, 이중에서 일본인은 752,823명, 외국인은 83,169명이었다. 외국인의 대다수는 중국인이었다(『朝鮮總督府統計年報』[조선총독부 통계연보], 1942년, 조선총독부). 1935년 경성의 인구수는 444,088명이고 이중 일본인은 124,155명으로 약 28%를 차지했다(『昭和十年朝鮮國勢調査』[쇼와10년 조선국세조사], 1935년, 조선총독부). 경성 인구에서 일본인이 차지한 비율은 1945년까지 대략 이와 비슷한 수준을 유지했다.

5) 『昭和五年朝鮮國勢調査報告全鮮編』[쇼와5년 조선국세조사보고 조선편](1930년)에 따르면, 1930년 527,016명의 조선의 일본인 중 조선 출생자가 154,954명으로 29.4%에 달했다.

부모세대와 달리 '부모의 성공에 안주하는 무기력한' 세대로 묘사되면서 '조선자(朝鮮子)'로 범주화되기에 이르렀다.[6] 이러한 식민지조선에서의 2,3세대 일본인의 출현은 '전후일본'에서 그들만의 고유한 집단성을 형성할 수 있는 인구학적 토대가 되었다.

〈표 2〉에서와 같이 실제로도 동창회 활동에 참여하는 이들의 상당수는 조부모 혹은 부모 세대부터 한반도에 살기 시작해서 한반도에서 태어난 2,3세들이다. 심지어 이들 중에는 조부모 혹은 부모의 이주 시기가 1905년의 러일전쟁 이전까지 거슬러 올라가는 경우도 있다. 이들의 조부모 혹은 부모의 직업을 살펴보면, 상업과 공무자유업인 경우가 대부분을 차지하고 농업에 종사하는 경우는 거의 없다. 이것은 1930년 경성의 일본인의 직업별 분포에서 상업과 공무자유업이 다수를 차지했던 사실을 그대로 반영하는 것이며,[7] 그들이 식민지조선에서 중류층 이상의 생활을 누렸음을 짐작케 한다.

1945년 제국일본의 패전을 맞아 조선의 거의 모든 일본인은 일본으로 귀환했다. 조선인과 결혼한 일본인을 제외하고 조선에 잔류한 사례는 적어도

---

6) 『綠旗』[녹기](5호, 1936년 9월)에는 각계각층의 명사들이 젊은이들에게 해주고 싶은 말들을 모아놓은 「朝鮮生れの內地娘に與へる言葉」[조선태생의 내지의 딸에게 해주는 말]이라는 제목의 글이 있는데, 여기에서 조선에서 태어난 일본인은 부모 세대와 달리 진취성이 부족하고 내지를 제대로 알지 못한다고 평가된다.

7)
〈표 4〉 1930년 경성부의 민족별 직업 인구분포

| | 일본인 | | 조선인 | |
|---|---|---|---|---|
| 경성부의 총인구 | 105,639 | 100% | 279,885 | 100% |
| 농업 | 412 | 0.4% | 2,021 | 0.7% |
| 수산업 | 12 | 0.0% | 6 | 0.0% |
| 광업 | 94 | 0.1% | 259 | 0.1% |
| 공업 | 7,447 | 7.0% | 21,339 | 7.6% |
| 상업 | 11,782 | 11.2% | 26,585 | 9.5% |
| 교통업 | 2,532 | 2.4% | 5,934 | 2.1% |
| 공무자유업 | 16,820 | 15.9% | 7,736 | 2.8% |
| 가사사용인 | 1,148 | 1.1% | 11,632 | 4.2% |
| 기타유업자 | 1,183 | 1.1% | 13,244 | 4.7% |
| 무직 | 64,190 | 60.8% | 191,718 | 68.5% |

※출처: 『昭和五年朝鮮國勢調査』[쇼와5년 조선국세조사](1930).

한국에서 공식적으로 확인된 바 없다. 1945년 9월부터 시작된 '히키아게'는 1948년 7월 〈부산세화회(世話会)〉 활동의 공식적인 종료 선언까지 약 3년간 계속되었는데(최형호 2013), 필자가 만난 이들은 모두 1945년 10월부터 1946년 3월 사이에 귀환했다.[8] 그들 중 일부는 1945년 8월 15일 '패전의 날'로부터 일본으로 귀환하기 전까지 한국어를 습득하는 등 조선에 잔류할 준비를 했고, 또 일부는 일본인 귀화를 돕는 〈세화회〉 활동에 적극적으로 참여했다. 〈표 2〉의 제보자들 가운데 8월 15일 직후 조선인으로부터 습격을 받아 가재도구를 전부 내놓는 조건으로 목숨을 가까스로 보존한 뒤 서둘러 귀환한 이들도 있지만, 대부분은 조선인의 '따뜻한 배웅'을 받으며 안타까움을 안은 채 조선을 떠났다고 회고한다.

그들은 조선에 가산(家産)을 두고 일본으로 귀환한 후 '본가(本家)' 혹은 외가에서 짧게는 6개월, 길게는 3년 이상 '더부살이'를 했다고 말해주었다. 이때는 본토의 식량난으로 먹을 것이 없어 가장 힘든 시기였다고 한다. 더욱이 식민초기 혹은 식민시기 이전 조선에 건너간 일본인의 자식세대의 경우 귀환 전까지 내지의 친인척과 거의 왕래하지 않았던 탓에 낯선 친척집의 '더부살이'에 '눈칫밥'을 먹어야 했다. 그렇다고 무일푼으로 돌아온 부모에게 의탁할 수도 없는 노릇이었다. 어느 제보자의 부친은 큐슈제국대학을

---

8) 1946년 8월 15일 일본의 패전과 동시에 한반도가 38도선을 경계로 남과 북이 각각 미군과 소련군의 점령하에 놓이게 되면서, 소련군 점령 하의 북에서 일본인은 억류되어 남하할 수 없었다. 이와 달리 미군 점령하의 남쪽의 일본인의 귀환은 순조롭게 진행되어 1945년 말 거의 완료되었으며 늦어도 특별한 사정이 없는 한 1946년 3월을 넘기지 않았다. 북쪽의 일본인의 귀환은 소련군의 감시를 피해 38선을 걸어 내려오는 힘난한 과정 끝에 그 이듬해인 1946년 4월부터 본격화되었다(「引揚げ港·博多を考える集い」『博多港引揚』, 監修図書出版のぶ工房, 2011년, 74-5쪽 참조). 이 과정에서 기아와 한파로 사망한 일본인은 군인을 포함하여 3만5천명으로 추정되며 이 가운데 민간인은 2만6천명에 이른다. 패전 당시 북조선에 재류한 일본인은 만주의 피난민을 합쳐 약 30만 명이므로, 그중에 약 8%가 사망한 것으로 추산된다(「引揚げ港·博多を考える集い」『戰後50年 引揚げを憶う』, 1995년, 9쪽 참조).

졸업하자마자 조선으로 건너가 정착했기 때문에 1946년 일본으로 귀환한 후 1958년 사망할 때까지 직업을 얻지 못했다고 한다. 그의 부친은 일본으로 귀환하기 직전 조선인에게 가산을 맡겨두었고 그 조선인으로부터 '제가 책임지고 일본에 보내주겠소'라는 이야기를 들었지만 끝내 짐이 오지 않았다면서 그러나 그것은 어쩔 수 없는 일이라는 말을 자주 했다고 한다(〈표 2〉의 연번 9의 사례).

그들은 1945년 일본으로 돌아온 후 경제적인 어려움을 겪어야 했을 뿐만 아니라 '히키아게샤'라는 '차별의 딱지'를 감내해야 했다. 그런데 이 '차별의 딱지'는 '외지'에 살았다는 이유만으로 붙여진 것이 아니다. 반례로, 태평양전쟁이 발발하기 전인 1940년 일본으로 귀환한 어느 제보자는 1941년 전학 간 동경의 어느 소학교에서 '조선에서 전학 온 일본인'이라는 이유만으로 어떠한 차별도 받지 않았고 오히려 급우들과 선생으로부터 호기심어린 시선을 받았다고 했다. 그는 다음과 같이 말해주었다.

> 동경의 소학교는 한반에 30명인가 40명의 학생이 있었어요. 선생님이 '시바타 군, 앞에 나와서 경성에서 어떻게 지냈는지, 조선에 대해 이야기해봐'라고 했어요. 저는 서울에서 친구들과 놀았던 이런저런 이야기를 해주었어요. 급우들 모두 제 얘기에 열중했어요. 저처럼 아버지의 직업관계로 조선에서 태어나서 자란 경우가 드물었으니까요. '조선에는 이런저런 음식이 있고 2월에는 조선인 이웃이 떡을 나눠주었어요. 맛있었어요.' 이런 이야기를 하면, 친구들이 재밌어했어요. 지금도 그때의 기억이 선합니다. (1928년 평양 출생, 남, 남대문소학교, 1940년 귀일, 2011년 7월 7일 채록)

그러나 1945년 이후 귀환한 이들의 사정은 이와 전혀 달랐다. 일부 제보자들은 내지의 소학교 혹은 중학교에서 일본인 급우들과 섞이지 못하고 따돌림을 당했다고 한다. 어느 제보자는 '외지에서 귀환한 히키아게샤'라는 이유로 차별받은 것은 아니라고 하면서도, 경성의 일본어가 표준어라는 것과 자신이 귀환 후 정착한 '고쿠라(小倉: 북규슈지방)'의 말이 방언이라는 것 때문에 언어상의 차이로 따돌림을 받은 것 같다고 말해주었다(〈표 2〉의 연번 15의 사례). 또 어느 제보자는 "가고시마(鹿児島)가 시골이라 아이들이 그룹을 지어 나를 소외시켰어요. 경성중학교 시절이 좋았던 것은 아니지만, 가고시마에서 받은 따돌림은 그보다 더 좋지 않은 기억으로 남아 있습니다. 역시 다르기 때문에 차별받은 것이지요"(2012년 11월 26일 인터뷰에서 채록)라고 말했다(〈표 2〉의 연번 27의 사례). 또 다른 제보자는 이 차별이 패전의 책임을 외지의 일본인에게 전가함으로써 내지의 일본인은 그 책임으로부터 벗어나기 위한 것이라고 해명해주었다. 그는 "일본으로 귀환 후에 힘들었어요. 역시 [우리에게] '히키아게샤'라는 딱지가 붙여졌죠. '너희들은 조선반도 혹은 만주에서 왔다'고 하고는 자신들의 무리에서 나를 소외시켰어요. '벌을 받아야 돼'라는 그런 시선을 받았습니다."(2012년 5월 25일 인터뷰에서 채록)라고 말했다(〈표 2〉의 연번 12의 사례). 이와 같이 외지 출신의 일본인이 귀환 후 느낀 감각은 패전국 일본의 제국일본의 패망에 대한 감각과 중첩된다. 그리고 그들은 동창회에서 이 감각을 공유하면서 강한 결속력을 다져왔다.

> 경성의 소학교 동창회는 커넥션이 강합니다. 왜냐하면, 우리는 평범하게 모인 것이 아니라 그 나름의 고난의 사연을 공유하기 때문입니다. 그리고 또 출신학교가 없어졌기 때문이에요. 이것이 크다고 생각합니다. 후배가 없으니까. 우리들이 끝이니까. (1933년 경성 출생, 남, 경성사범 부속소학교, 2012년 6월 11일 채록)

1부에서는 이러한 연대의식 속에서 그들이 공유한 조선의 기억을 검토한다. 1부에서 인용된 구술 자료는 2010년 이후의 시점에서 현재적 해석을 거친 것들이다.[9] 동창회지에 실린 회고담은 대략 1970년대부터 2000년대 초

---

9) 구술채록에 수반되는 해석적 행위(an act of interpretation)는 세 측면에서 행해진다. 우선 과거를 회상하고 재구성하는 구술자의 현재적 조건이 과거에 개입하여

반까지의 시기에 공유된 기억의 산물이다. 이것들은 회원들에게 공유되고 그것에 또 다른 이야기가 덧붙여지는 공정 작업을 거친 것임을 유념해둔다.

---

의미화 되는 측면이다. 두 번째로 구술의 일부를 연구 자료로 선택하고 이해하는 연구자의 관점이다. 마지막으로 구술의 현장에서 연행하는 구술자와 채록하는 연구자가 상호작용하는 관계적 차원이다(Donald Braid 1996).

### '원체험(原體驗)'의 자각

> 서울에서 태어나 종전(終戰)까지 서울에서 자란 나는 까마귀라고 하면
> 까치, 까치가 까마귀과의 모든 새를 대표한다고 생각했다. 이렇게 어렸
> 을 때의 기억은 잊히지 않는다.[1]

경성의 일본인 소학교의 동창회지에서 발췌한 위의 글에서 '한국 출신 일
본인'은 조선시절의 경험을 '원체험'으로 규정한다.[2] '원체험'은 첫째, 그들
이 조선의 사물을 모든 사물의 '원형'으로 지각했으며 둘째, '원형'의 사물은
선택된 것이 아니라 주어진 것으로 셋째, 그 경험이 잊히지 않음을 의미한
다. 그러나 무엇보다도 그들이 '원체험'이라는 표현을 통해 말하고자 하는
것은 그것이 '원체험'이라는 것을 귀환 후에야 깨달았다는 사실이다. 까치
가 까마귀보다 흔했던 경성에서와 달리 까마귀가 더 흔한 일본에서 그들은
까마귀와 까치의 다름을 발견하고 이 다름에 의해 까치를 까마귀의 '원형'
으로 알았던 조선시절의 경험의 고유함을 자각했다. 요컨대 '한국 출신 일

---

1) 『敦義』13호, 京城西大門小学校同窓会, 2002년 9월, 48쪽. 위의 인용된 원문에서
   '까치'는 '까치'의 일본어인 "카사사기"(カササギ)가 아닌 "까치카라스"(カチカラス
   까치까마귀)로 표기되고 있다. "까치카라스"는 조선어와 일본어의 혼종적 조어의
   하나로 '한국 출신 일본인'이 기억하는 조선어의 혼종적 특질을 보여준다.
2) 『青葉』창간호, 京城青葉会, 1976년 12월, 36쪽.

본인'은 '조선적인 것'과 '일본적인 것'과의 차이를 통해 조선시절을 재인식했다.

따라서 그들에게 '조선적인 것'은 '일본적인 것'과의 차이에 의해서만 의미를 갖는다. 그리하여 그들에게 조선은 일본에 대한 그들의 인식이며 일본 안에서의 그들 자신에 대한 인식이다. 나아가 그들이 조선의 풍물과 습속을 일본에서 찾을 수 없는 먼 과거의 것으로 다루며 마치 '구제민속지(救濟民俗誌 salvage ethnography)'를 작성하듯 집요하게 기록해왔다는 것은 그것이 일본사회가 말해야 하지만 말하지 않은 무엇을 말해주고 있음을 시사한다. 바로 그 무엇을 밝혀내는 것이 본 장의 목적이다.

일본사회가 말하지 않는 그것, 즉 '한국 출신 일본인'의 '조선적인 것'은 니시 준죠(西順蔵)가 '일시동인(一視同仁)'이라는 동화정책으로도 일본에 흡수되지 않는 '진짜(本物)'라고 느꼈던 그것에서 출발한다.[3] 이와 같이 '한국 출신 일본인'에게 '조선적인 것'은 다만 지식의 습득의 차원에 머물지 않는다. 그들은 '조선적인 것'을 알고 있을 뿐만 아니라 직접 체험했음을 강조한다. 이 '진짜'의 체험으로부터 그들은 말할 '자격'을 얻는다. 즉 '조선민속지'의 '조선적인 것'은 '한국 출신 일본인'의 자기 구성적 요소로서 그들의 경험적 특질을 드러낸다.

그런데 그들은 왜 그토록 조선인에 대한 차별의 감각에 대해 질문을 받아야했고 그에 답해야 했을까? '조선인에 대한 차별의식이 없었으며 소위 민족모순을 일상 속에서 감지하지 않았다'는 그들의 답변은 무엇을 해명하고자 한 것일까?[4] 식민지의 기억이 민족차별에 대한 일본인의 감각을 내포

---

3) 西順蔵『日本と朝鮮の間 : 京城生活の断片, その他』[일본과 조선 사이: 경성생활의 단편, 그 외] 影書房, 1983년, 17-24쪽 참조. 니시 준죠(1914~1984)는 도쿄제국대학에서 중국문학을 전공한 후 1942년부터 패전까지 경성제국대학 문학부 교수로 재직했다. 귀환 후 히토츠바시대학 등에서 사회학 교수를 역임했다.
4) '한국 출신 일본인'의 회고록 및 구술에서 '조선인을 차별하지 않았다'는 언명은 주요하게 언급되는 레퍼토리 중의 하나이다(咲本和子 1998: 85). 이와 더불어 식

하기 때문일까? 분명한 것은 조선인과의 관계에 관한 그들의 사후진술이 한국인뿐만 아니라 일본인에게도 향해있다는 점이다. 이 점에서 '조선민속지'에 서술된 일본인과 조선인의 관계는 그들 자신의 일본인에 대한 감각, 그들 자신에 대한 일본인의 감각을 대리 표명한다. 그렇다면 그들은 이 감각을 어떻게 풀어내고자 했을까?

이를 규명하기 위해 본 장에서는 먼저 '조선민속지'에 묘사된 식민도시 경성의 일본인의 생활세계를 재구성해보겠다. 이 생활세계는 '조선적인 것'의 시공간적 맥락이자 세상 어디에도 존재하지 않는 기억의 장이다. 이 '잃어버린 세계'의 감각은 그 세계에 속한 이들의 집합적 정체성의 기초를 이룬다. 그들은 조선에서 '무의식적으로' 습득한 '조선적인 것'을 공유하면서 그들만의 또 다른 세계를 구축해왔다. 이 세계 속에서 식민지가 어떻게 형상화되는지를 살펴보겠다. 물론 그것은 식민지의 이야기일 뿐만 아니라 식민지를 기억하는 그들 자신의 이야기를 담고 있다. 그러므로 이 세계에서 그려지는 조선인과 일본인의 관계는 식민지를 기억하는 일본인과 그렇지 않은 일본인의 관계를 밑그림으로 깔고 있다. 본 장에서는 '조선민속지'에서 재구조화되는 조선인과 일본인의 관계를 분석함으로써 '한국 출신 일본인'과 일본인의 관계의 논리를 밝혀보고자 한다.

민지조선에서 조선인에 대한 일본인의 민족차별의식은 식민지 연구의 주요한 항목 중 하나이다. 재일코리안의 민족교육론을 연구한 오자와 유사쿠는 식민지조선에서 "일본인의 교육이 식민지의 지배민족으로 자기 형성하도록 전력을 기울였다. 스스로가 스스로에게 타민족을 열등시하고 우수한 민족이라는 자부심을 갖도록 설교가 행해졌다"고 주장한다(小沢有作, 「植民地の教育」『現代教育学 5』, 岩波書店, 1962년, 341쪽).

## '원체험'의 시공간, 경성의 기억도(記憶圖)

1933년 발간된 젠쇼 에이스케(善生永助) 총괄의 생활실태조사보고서 『朝鮮の聚落』[조선의 취락]에서 경성은 "황금정통(黃金町通, 을지로)을 경계로 남부는 일본인 마을, 북부는 조선인 마을이라 칭할 만하고, 서소문정(西小門町) 부근은 지나인(支那人)[중국인] 마을, 정동(貞洞) 및 죽첨정(竹添町) 일부는 서양인 마을이라 볼 수 있으며, 성외(城外)의 용산은 내지인(內地人)에 의해 새롭게 발전했다"(843쪽)라고 묘사되어 있다. 또 1980년 일본에서 출간된 사진집 『望鄕朝鮮』[망향조선](渡部学·梅田正, 国書刊行会, 1980년)에서 경성의 모습은 다음과 같이 묘사된다. "경성의 시가지는 남산을 기준으로 하면 북쪽의 옛 성 안에 있는 시역(市域)과 남쪽의 용산일대로 나뉜다. 옛 성 안은 경성의 거의 중앙부를 동서로 가로지르며 흐르는 청계천의 남단 대로인 황금정(黃金町)을 기점으로 남산까지의 일대에는 일본인의 중심가가, 청계천의 북단 대로인 종로통(鐘路通)을 중심축으로 해서 조선인의 시가(市街)가 펼쳐져 있다. 종로통의 북측에는 왕궁구역을 제외하고 북악산의 중턱까지 전통적인 조선인의 거리가 뻗어있으며 경성의 고급주택가 특유의 광경을 연출했다." 이처럼 경성은 옛 조선의 수도 상권의 중심지인 종로와 신시가지인 본정(本町, '혼마치')이 조선인과 일본인 각각의 주거지의 중심지이자 상권의 중심부로서 식민도시적 공간구성의 양대 중심축을 형성했다.

'한국 출신 일본인'은 귀환 후 기억에 의거하여 경성에 관한 다양한 '문화지도'를 작성해왔는데, 그중에서도 특히 1977년 제작된 「京城本町復元: 昭和12年当時の記憶図」[경성 본정 복원: 쇼와12년[1937년] 당시의 기억도](〈그림 1〉)는 본정 일대를 세밀하게 재현해내었다. 이 기억도는 1918년생으로 경성사범학교를 졸업한 故 사토 노부노리(佐藤喜徳) 씨가 작성한 것으로, 본정 일대의 주요 시설과 상점가가 상세하게 표시되어 있다. 〈그림 1〉은 2015년 현재 대략 을지로에서 퇴계로 사이의 명동 일대에 해당하고(〈그림 3〉의 사각선 내

부), 〈그림 1〉의 중앙을 관통하는 본정통(本町通)(〈그림 1〉의 회색선: ※회색선
은 필자에 의함)은 현 충무로(〈그림 3〉의 검정선)에 해당한다.

〈사진 1〉 한강철교와 한강의 모습(1934년)
※출처: 이이다 케이이치(1937년 경성 출생)

〈사진 2〉 노 젓는 조선인(1934년)
※출처: 이이다 케이이치(1937년 경성 출생)

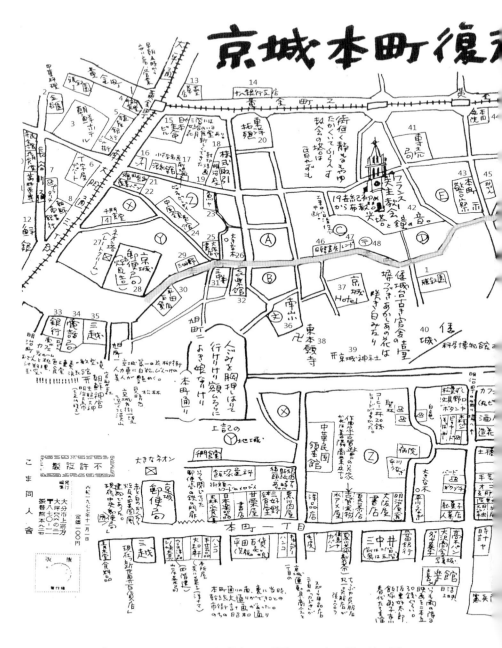

〈그림 1〉「京城本町復元：昭和12年當時の記憶図」(1977년 11월 1일 발행)

〈그림 2〉 「想い出の本町入口付近」(1984년 1월 25일 배포)

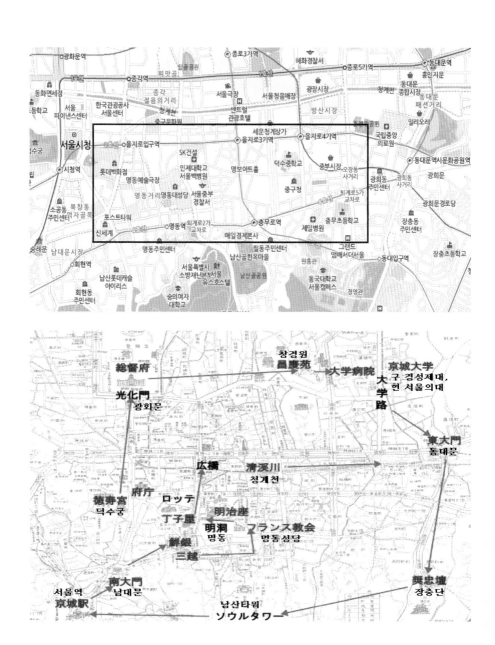

〈그림 3〉 그림 1의 현재구역(사각선 내부)(上)과 이 구역을 중심으로 한 경성권역(下)
(※하단 그림의 출처: 사쿠라이소학교 동창회)

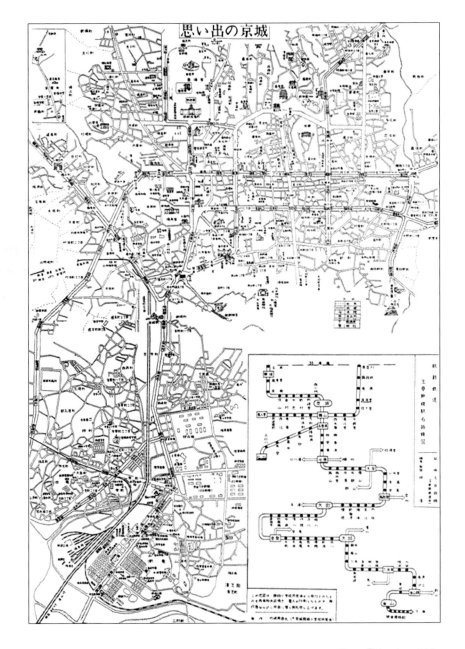

〈그림 4〉「思い出の京城」

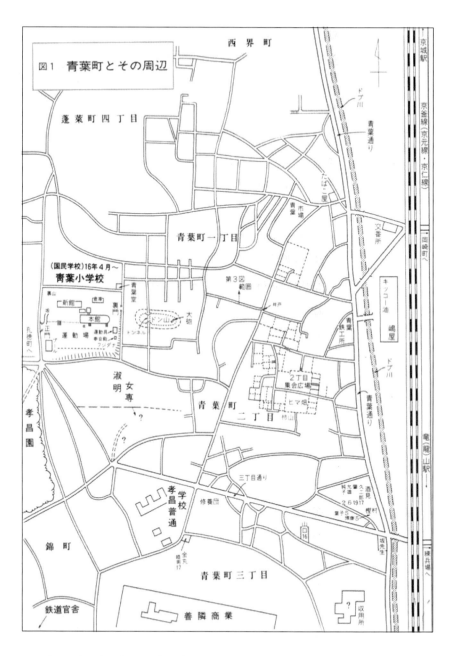

図1　青葉町とその周辺

西界町

蓬莱町四丁目

青葉町一丁目

(国民学校)16年4月〜
青葉小学校

淑明女専

孝昌園

孝昌普通学校

錦町

青葉町

二丁目

青葉町三丁目

鉄道官舎

善隣商業

京城駅
京釜線(京元線・京仁線)
岡崎町へ
竜(龍)山駅
練兵場へ

〈그림 5〉 아오바소학교 동창회에서 제작한 청엽정(青葉町 '아오바쵸')일대 문화지도

〈그림 1〉의 상단부의 「京城本町復元」[경성 본정 복원]을 살펴보면, 황금정(黃金町), 본정(本町), 남대문통(南大門通), 화원정통(花園町通) 등의 지명과 전차노선 및 역명이 있고, 본정의 1정목(一丁目)에서 5정목(五丁目)까지 백화점을 비롯한 각종 상점과 은행, 우체국, 목욕탕, 극장, 병원, 식당, 서점 등의 편의시설 및 유흥시설이 있다. 또 조선은행, 조선상업은행, 조선식산은행, 조선호텔, 경성호텔, 경성우편국, 미츠코시백화점, 조지아백화점, 미나카이백화점, 프랑스천주교회[명동성당], 본정경찰서, 동양척식주식회사 등이 표시되어 있으며, 각 장소에 얽힌 이야기들이 부가적으로 덧붙여져 있다. 〈그림 1〉의 상단부 지도에서 회색선으로 표시된 본정의 1정목에서 5정목까지 이어진 도로 가운데 1정목과 2정목에 위치한 상점들의 이름과 위치는 하단부의 「本町一, 二丁目詳細図」[본정 1·2정목 상세도]에 자세하게 기술되어 있다. 이 외에도 본정의 기억도는 1984년 종로소학교 동창회에서 제작한 「想い出の本町入口付近」[추억의 본정 입구 부근](〈그림 2〉)과 「旧本町四·五丁目店舗復原図(昭和一五年頃)」[옛 본정 4·5정목 점포복원도, 1940년경]가 있다. 종로소학교 동창회에서는 이뿐만 아니라 경성의 도시 전체의 기억도인 「思い出の京城」[추억의 경성](〈그림 4〉)을 제작해서 종로소학교 동창회 및 기타 동창회의 회원들에게 배포했다. 또 아오바소학교 동창회에서는 청엽(青葉, 아오바: 현 청파동) 일대의 주요 건물과 회원들의 옛 가옥의 위치가 표시된 지도를 만들어 동창회지에 실었다(〈그림 5〉).

그런데 이들 지도에는 당시 모든 외부환경이 표시된 것이 아니고 특정 대상만이 표기되어 있다. 본 절에서는 「京城本町復元」[경성 본정 복원](〈그림 1〉)을 중심으로 본정의 기억도에 표시된 항목과 내용을 검토함으로써 기억도가 무엇을 재현하려 했으며 그 재현이 의미하는 것은 무엇인지를 논해보고자 한다. 먼저 〈그림 1〉 상단부의 「京城本町復元」[경성 본정 복원]의 각 표시항목에 매겨진 일련번호대로 목록화한 다음의 〈표 5〉를 참조해보자.

<표 5> 「京城本町復元」[경성 본정 복원](〈그림 1〉)의 표시항 목록

| 연번 | 표시항 | 부기내용 | 〈그림 2〉 참조 | 비고 |
|---|---|---|---|---|
| 1 | 雅敍園(아서원) | 중화요리(中華料理) | | 1925년 4월 17일 조선공산당 결성장소 |
| 2 | 金谷園(금곡원) | 중화요리(中華料理) | | 1927년 4월 16일 중국국민당 경성지부 발회장소 |
| 3 | 朝鮮ホテル(조선호텔) | | 朝鮮ホテル(조선호텔) | 현재 웨스턴 조선호텔 |
| 4 | 千門食堂(천문식당) | 아침5시부터 영업, 싼 가게 | | |
| 5 | 殖産銀行(식산은행) | | 朝鮮殖産銀行 | |
| 6 | 丁字屋デパート(조지아백화점) | | 丁字屋百貨店(조지아백화점) | 현재 롯데백화점 |
| 7 | プラタ-ヌ(프라타-누) | 喫茶店(다방) | | |
| 8 | 朝鮮商業銀行(조선상업은행) | | 朝鮮商業銀行(조선상업은행) | 현재 우리은행종로지점 |
| 9 | 市民会館(시민회관) | | 公会堂(공회당) | 현재 서울시의회 별관 |
| 10 | 花月食堂(화월식당) | | | |
| 11 | 歯科医專(치과의전) | | 歯科医專(치과의전) | 경성치과의학전문학교 (1929~1946) |
| 12 | 鮮銀(선은) | | 朝鮮銀行本店(조선은행 본점) | 현재 한국은행 화폐박물관 |
| 13 | 薬草店(약초점) | | | |
| 14 | 十八銀行支店(죠우하치은행 지점) | | | |
| 15 | 日本生命ビル(일본생명빌딩) | 3층에는 여급이 있는 花月食堂이 있음 | | |
| 16 | プント(분트) | | | |
| 17 | 浪花館(낭화관) | 작은 명화극장 | 浪花館(낭화관) 洋画・那画の二流館(서양영화, 중국영화의 2류관) | |
| 18 | 株式取引(주식시장) | | | |
| 19 | 明治座(명치좌) | 새로 생긴 양화(洋画) 개봉관 | 明治座(명치좌) 松竹映画の封切館(마츠다케영화의 개봉관) | |
| 20 | 東洋拓殖(동양척식) | | 東洋拓殖 トウタク (동양척식 "토우타쿠") | |
| 21 | 増田食品(마츠다식품) | | 食品マーケット(市場) 식품마켓(시장) | |
| 22 | 建業パン(건업빵) | | | |
| 23 | 魚や(생선가게) | | 川長(うなぎ)카와쵸(장어) | |
| 24 | 中国領事館(중국영사관) | | 支那領事館(중국영사관) | |
| 25 | 大阪屋書店(오사카야서점) | | | |
| 26 | 大きな木[큰 나무] | | | |
| 27 | ネオン塔(レートクリーム)(네온탑 "레-토 크리무") | | レートクリーム("레-토 크리무") | "レートクレーム" 화장품 회사 '레토'의 '크림'의 1938년 광고판 |

| | | | | |
|---|---|---|---|---|
| 28 | 京城郵便局(경성우편국) | 빨강과 하양의 벽돌로 지은 이국풍의 건물. 지금은 중앙우체국. | 中央郵便局(通称本局)(경성우편국 통칭본국) | 현재 서울지방우정청 |
| 29 | 三好野食堂本店(미요시노식당본점) | | ニコニコ食堂(니코니코식당) | |
| 30 | 平田百貨(히라타백화) | 웃는 얼굴의 여점원 | 平田百貨店(히라타백화점) | |
| 31 | 三中井(미나카이) | 앞은 2층, 안은 5층 | 三中井百貨店(미나카이백화점)(문화영화극장: 뉴스, 만화영화 전문) | |
| 32 | 喜樂館(희락관) | 日活上映 영화 두 편에 약 30전 | 喜樂館 日活映画の2流館(희락관 일본영화의 2류관) | |
| 33 | 蓄銀行(축은행) | | 朝鮮貯蓄銀行(조선저축은행) | |
| 34 | 電話局(전화국) | | | |
| 35 | 三越(미츠코시) | 현재 신세계백화점 | 三越百貨店(미츠코시백화점) | 현재 신세계백화점 |
| 36 | 南山小(남산소학교) | | | 현재 남산초등학교 |
| 37 | 京城ホテル(경성호텔) | | | |
| 38 | 東本願寺(동본원사) | | | |
| 39 | 京城神社(경성신사) | | | |
| 40 | 倭城(왜성) | 왜성 태고의 관사의 높은 담. 담을 타고 붉게 피는 저 꽃이 시들기도. | | |
| 41 | 専売局(전매국) | | | |
| 42 | フランス天主教会(프랑스천주교회) | 19세기부터 포교, 광탑과 종소리 | フランス教会(프랑스교회) | 현 명동성당 |
| 43 | 本町警察署(본정경찰서) | | 本町警察署(본정경찰서) | 현 서울중부경찰서 자리 |
| 44 | 本田病院(혼다병원) | | | |
| 45 | おでん(오뎅) | | 息子店(무스코점) | |
| 46 | 日韓書房(일한서방) | | 日韓書房(일한서방) | |
| 47 | レコード(레코드) | | 山口楽器店(야마구치악기점) | |
| 48 | 〒 | | 本町郵便局(본정우편국) | |
| 49 | 西本願寺(서본원사) | | 西本願寺(서본원사) | |
| 50 | グリルワンタン(그릴 완탕) | | | |
| 51 | おきな("오키나") | 세 개의 콩의 맛 | | |
| 52 | 甲州屋ハンコ(코슈야인장) | | | 인장제조 1932년 설립 (경성부 본정 4정목 108) ※출처 : 한국사데이터베이스 |
| 53 | 日ノ出小(히노데소학교) | | 日の出小学校(히노데소학교) | |
| 54 | 三好野支店(미요시노지점) | 親子丼 30전 (오야코덮밥) | ニコニコ食堂支店(니코니코식당지점) | |

| | | | | |
|---|---|---|---|---|
| 55 | 若劇(약극) | | 若草劇場(약초극장)<br>東宝映画(토호영화)<br>(洋画の封切館 서양영화의 개봉관) | |
| 56 | 黄金座(황금좌) | | 黄金座(황금좌)<br>(後の宝塚劇場 후에 다카라즈카극장) | |
| 57 | 大正館(대정관) | | | |
| 58 | 桜井小(사쿠라이소학교) | | | |
| 59 | 花園市場(화원극장) | | | |
| 60 | 交番(파출소) | | | |
| 61 | 太田マムシ(오타장어밥) | | 太田マムシ店(오타장어밥점) | |
| 62 | 作州館(사쿠슈관) | 下宿や(하숙집) | | |
| 63 | 憲兵隊本部(헌병대본부) | | | |
| 64 | 平和食堂(평화식당) | | | |
| 65 | 鈴木材木(스즈키목재) | | 材木や | |
| 66 | 大東湯(대동탕) | | 大東湯(대동탕) | |
| 67 | 写真館(사진관) | 사범 앨범 작성 | | |
| 68 | 白ボタン(흰 버튼) | | | |
| 69 | 焼とり(고기집) | | | |
| 70 | 夜なきウドン(밤이 없는 우동) | | | |
| 71 | 赤煉瓦の家(붉은 기와집) | | | |
| 72 | 曹渓寺(조계사) | | | |
| 73 | 酒屋(술집) | 銘酒 "福迎" 醸造場<br>(명주 "복영" 양조장) | 難波酒醸(난파주양) | |
| 74 | 布木店(포목점) | | | |
| 75 | 朝日座(조일좌) | | 朝日座(조일좌) | |
| 76 | 신정(新町) | | | |
| 77 | チャンパン(찬팡) | 脱柵[담넘기]의 행선지는 여기 | | 경성의 길거리 음식,<br>지금의 "호떡"과 유사 |
| 78 | 黄金町郵便局(황금정우편국) | 학생 저금의 局 | | |
| 79 | たばこ専売局(담배전매국) | | | |
| 80 | 前川タイコマン | | | |
| 81 | まるきや(마루키야) | 우유 한 잔 20전,<br>당시는 고가 | | |
| 82 | カシ(카시) | 반 모임의 다과를<br>자주 주문했다. | | |

〈그림 1〉의 「京城本町復元」[경성 본정 복원]에서 표기된 건물 중 증축과 개축을 거쳐 지금까지 보존되어 있는 것은 조선호텔(현재 웨스턴 조선호텔), 조지아백화점(현재 롯데백화점), 조선상업은행(현재 우리은행 종로지점), 시민회관(현재 서울시의회 별관), 조선은행(현재 한국은행 화폐박물관), 경성우편국(현재 서울지방 우정청), 미쓰코시백화점(현재 신세계백화점), 남산소학교(남산초등학교), 프랑스천주교회(명동성당) 등이다. 건물은 사라졌으나 건물이 있었던 장소의 용도가 과거 그대로인 경우는 본정경찰서로 현재 그 자리에 서울중부경찰서가 들어서있다.

〈사진 3〉 난파주조장(難波酒造場)
※출처: 한국사데이터베이스

그런데 〈그림 1〉에는 다만 건물의 위치와 용도뿐만 아니라 각각의 장소에 얽힌 사연들이 간략하게 부기되어 있다. 그림 속 "酒屋"[술집] 옆에 "銘酒「福迎」醸造場"(명주 '복영' 양조장)이라고 쓰인 글귀는 그 곳이 술을 만들어 파는 곳이었을 뿐만 아니라 그곳에서 생산된 술이 명주(銘酒)였음을 말해준다.

물론 당시 문헌에는 난파주조장(難波酒造場)에 관한 기록이 존재한다. 실제로 '복영(福迎)'이라는 상호명의 술을 생산한 난파주조장은 1924년 경성부 본정 5정목에 설립된 합자회사로 주류 양조판매 및 임대업을 했다.5) 그러나 그곳에서 만들어낸 술의 맛과 유명세는 당시를 살았던 사람들의 기억 속에서만 존재한다. 이와 마찬가지로 "浪花館"(양화관), "明治座"(명치좌), "喜樂館"(희락관), "若草劇場"(약초극장), "黃金座"(황금좌) 등의 극장에서 상영했던 영화에 대한 감흥과 "千門食堂"(천문식당), "三好野支店"(미요시노지점), "まるきや"(마루키야), "カシ"(카시) 등의 음식점에서 내놓은 음식의 맛은 당시 그곳을 살았던 사람들만이 알고 있다. 이렇듯 경성의 기억도에 빼곡히 들어찬 장소들은 당시의 시공간을 재현할 뿐만 아니라 또 하나의 경험적 공간을 창출한다. 이 기억의 공간에서 그들은 지금도 옷을 사고 영화를 보고 식사를 한다. 〈그림 1〉의 하단부의 「本町一·二丁目詳細図」(본정 1·2정목 상세도)에서 "黑河肉屋"(쿠로가와 고깃간)이라는 항 위에 조그맣게 부기된 "개고기 있음 혹은 개 한 마리 있음이라고 적힌 종이가 붙여있다"라는 글귀는 경성의 시공간적 고유성을 적시한다. 또 "聖林"(성림)이라는 항 옆에 "커피 한 잔 20전, 레코드가 많았다"는 글귀는 그곳을 이용한 사람들에게 그곳에서 마셨던 커피의 향미와 들었던 음악을 떠올리게 한다. "졸업하고 부임 전야, 북조선(北朝鮮)으로 발령받은 조(組)는 여기서 마셨다"라는 글귀는 기억도의 작성자 개인의 사연을 말해주면서도 그곳을 이용한 사람들에게 그 모습을 쉽게 떠올리게 한다.

---

5) 『朝鮮銀行會社組合要錄』(조선은행 회사조합 요록), 東亞經濟時報社編, 1927년, 171쪽.

이처럼 기억도는 사라진 생활세계를 기억 속에 복원한다. 그렇기 때문에 경성의 기억도는 경성 일대의 모든 공간과 장소를 망라하지 않는다. 예를 들어 〈그림 1〉의 기억도에 사쿠라이소학교는 있는 반면 그 인근에 위치했던 조선인 학교인 인현공립보통학교는 없다. 기억도의 표기대상은 사라진 세계이므로 사라지지 않은 인현공립보통학교는 기억도에 없다. 물론 지금까지 보존된 식민지시대의 건물들 중 일부가 기억도에 표기되어 있다. 그러나 기억도에서 그것들은 지금과는 전혀 다른 세계를 구성한다. 경성의 일본인의 생활세계의 일부를 구성하는 백화점, 영화관, 은행, 우편국 등의 건물들이

〈사진 4〉 본정의 여느 일본인 가옥의 모습
(경성부 본정 4정목 43번지)
※출처: 이이다 케이이치(1937년 경성 출생)
※이 사진의 하단부에는 "귀환 후 1950년 7월 북조선군의 침투 후 몇 번이나 전란에 휩싸였던 경성에 과연 이 집이 남아 있을까?"라는 글귀가 적혀 있다. 이 글은 출처자의 부친이 써놓은 것이다.

지금까지 건재할지라도 지금의 그것들이 당시의 시공간을 구현할 수는 없다. 즉 기억도가 재현하는 일본인의 생활세계는 식민도시 경성의 시공간에 한정된다.

그러므로 이 기억도는 조선인의 생활세계를 드러내지 않는다. 만약 경성에서 일본인이 '조선인 술집'을 가지 않고서는 술을 마실 수 없었다면 '조선인 술집'은 그들의 생활세계의 일부였을 터이고 기억도에 표기되었을 것이다. 그런데 그들은 '일본인 술집'에서 술을 마셨다. 이처럼 경성의 기억도에서 일본인의 생활세계가 자기 완결적으로 구축될 만큼 일본인과 조선인의

〈사진 5〉 경성의 어느 일본인 가족

(1935년 경성 고시정(古市町, '후루이치쵸': 현 중구 동자동)

※사진 상단부 왼쪽에 "自転車特約店"(자전거특약점)이라고 쓰인 간판이 보인다. 사진
　의 가장 왼쪽에 서 있는 여자아이가 출처자이다.

※출처: 아사오 에이코(浅尾英子)(1927년 경성 출생, 여, 미사카소학교)

일상은 각기 다른 궤도를 순환했다고 말할 수 있다. 다시 말해 경성의 일본
인과 조선인은 같은 '공간(space)'에서 일정한 간극을 두고 서로 다른 '장소
(place)'를 구성했다.6) 이 간극은 일본인의 생활세계가 소멸되어도 조선인의

---

6) 지리학자 이-푸 투안(Yi-Fu Tuan)에 따르면, '공간(space)'과 '장소(place)'는 인문지
　리의 환경적 요소로서 경험세계를 구성하는 상대적인 개념이다. 그는 '공간'이
　'장소'보다 추상적인 개념이라고 말한다. '장소'가 안정적이며 고정적이라면 '공간'
　은 개방적이며 유동적이다(1977: 6). 그는 또 '공간'에 친숙해지는 순간 '공간'은
　'장소'가 된다고 했다(앞의 책: 73) 이를테면 가장 친숙한 '장소'는 집이며, '장소'의
　범주는 다양하게 존재한다(앞의 책: 144-9). 즉 '장소'는 경험적으로 구성되며 인
　간과 '공간'의 유대를 나타낸다. 그러나 '장소적 실천'에 의해 '공간'이 재구성된다
　는 점에서, 앞서 규정한 '장소'와 '공간'의 각각의 속성은 뒤바뀔 수 있다(de Certau
　1984: 117). 본고에서는 지리학의 일반적인 개념으로서 투안의 논의에 준거하여,
　'공간'과 '장소'를 각각 주어진 것과 구성적인 것으로 규정한다.

생활세계는 소멸되지 않을 만큼의 간극이며, 일본인의 생활세계에 조선인이 존재하면서도 그 조선인이 일본인의 생활세계에 관여하지 않을 만큼의 간극이다. 그렇다면 이제 경성에서 자란 일본인이 이러한 일본인의 생활세계에서 어떤 '조선적인 것'을 경험했으며, 그것을 귀환 후 어떻게 형상화해 왔는지를 살펴보아야겠다.


## '다민족'의 풍경

앞서 살펴본 것과 같이 본정 일대는 일본인 상권의 중심지로서 일본식의 신시가지로 조성되었다. 그렇다고 해서 본정 일대가 일본인에 의해 배타적으로 점유된 것은 아니다. 1938년의 어느 기사에 따르면, 1932년과 1937년의 어느 일요일에 본정을 통행한 여성 중에서 화복(和服)을 입은 여성이 62.5%(1932년)~73.3%(1937년), 조선복(朝鮮服)을 입은 여성이 18%(1937년)~26%(1932년)로 집계되었다.[7] 실제로 1930년대 경성의 민족별 인구분포를 보면, 조선인과 일본인의 거주 공간이 완전히 분리된 것이 아니라 구역별로 '집거(集居)' 혹은 '잡거(雜居)'의 경향을 보였다. 일찍부터 일본인 거류민이 자리 잡았던 용산일대에는 일본인이, 옛 한성의 전통적인 주거지였던 서북부지역에는 조선인이 각각 '집거'의 경향을 나타내는 가운데, 본정 일대는 일본인의 우세 속에서 '잡거'의 경향을 보였다. 이혜은(1984)에 따르면, 1935년 경성에서 조선인만 거주한 행정동(洞)·정(町)은 '훈이동(薰井洞)' 한 개뿐이었다. 그러니까 조선인은 경성의 모든 구역에, 일본인은 훈이동을 제외한 모든 구역에 거주했다고 말할 수 있다. 이혜은의 논거에 준하면, 경성에서 조선인과 일본인의 주거지가 청계천을 경계로 남북으로 양분되었다는 통념은 경향적 분포의 담론화이다.[8]

---

7) 「街で拾った学問」『綠旗』[녹기], 1938년 3월호.

〈사진 6〉 경성 금정(錦町, ‘니시키쵸’: 현 효창동) 철도관사 전경
※출처: 『青葉』5호

경성의 이러한 민족별 거주분포양상은 ‘한국 출신 일본인’의 기억에서 구
역별로 편차를 띠는 ‘잡거’로 나타난다. 조선인의 전통적 주거지였던 경성
의 서북부지역에 살았던 어느 제보자는 ‘이웃’에 일본인보다 조선인이 많았
다고 하고,[9] 조선인과 일본인의 주거지가 혼재된 황금정에 살았던 어느 제

---

8) 김종근(2010)은 경성의 민족별 주거지 분화담론인 ‘이중도시론’이 인식론적으로
   ‘자아’의 정체성 확립을 위해 ‘타자’를 설정하고 그 설정된 ‘타자’를 본질화 함으로
   써 ‘자아’를 본질화 하는 서구의 근대적 담론을 식민도시에 그대로 이입한 것에
   기인하며, 조선인에게는 차별을 부각하는 담론으로 수용되었다고 주장한다. 요
   컨대 ‘이중도시론’은 식민도시의 심상지리(心象地理, imaginative geographies)이다.
9) “대체로 하나의 집단으로 굳어져 여기는 일본인이 살고 여기는 한국인이 살고 그런
   것은 별로 없었습니다. 내가 사는 곳은 특히 이웃이 전부 한국인이었어요.”(2012년
   5월 25일) “집은 교남정(橋南町)에 있었어요. 주변의 송월정(松月町)이나 평동정
   (平洞町)에 일본인이 물론 있었지만, 우리 동네에는 압도적으로 한국인이 많았어
   요. 나의 소년시절은 한국인 친구뿐이에요.”(1932년생, 서대문소학교, 남, 교남정
   (橋南町: 현 교남동) 거주, 2012년 6월 8일 채록).

보자는 일본인과 조선인 상점이 섞여있었으며 공중목욕탕도 조선인과 함께 사용했다고 말해주었다.[10] 반면 경성의 신흥주택지로 조성되면서 관사 등이 들어선 남부지역에 살았던 이들은 조선인과 일본인의 거주구역이 뚜렷이 구분되었고 '이웃'의 조선인과 일상적으로 교류하지 않았다고 회고한다.[11] 이러한 편차에도 불구하고, 그들 모두는 경성이 민족별로 거주지가 뚜렷이 양분되지 않았고 지역에 따라 부분적인 '집거' 혹은 '잡거'의 경향을 보였을 뿐이라고 회고하면서, 경성의 일본인 거주지가 '독거'(獨居)'[12]였다거

10) "한국인 가옥도 있었고 과자점 등 이런저런 가게가 있었고 섞여있었어요. 목욕탕도 있었고요. 목욕탕은 일본인만 이용했던 것이 아니고 한국인과 함께 이용했어요. 한국인도 있었어요, 편리하니까."(1928년생, 경성사범부속소학교, 남, 황금정(黃金町, 현 을지로) 거주, 2010년 10월 30일 인터뷰에서 채록); "조선 사람도 있었고, 나와 같이 놀았던 아이들하고는 그다지 그런 구별이, 더욱이 내가 사는 곳에서는 없었습니다. '조선'이라는 말도 별로 쓰지 않았어요. 뭐라더라, '친구'라 말하기도 했어요. 그러니까 섞여 있었어요. 어느 쪽이 많았냐고 하면, 조선인이 많았습니다. 동네[町內] 대항 아이들 씨름대회[相撲大会]에서는, 근처 소학교 아이들과 함께 했어요. 지금과 같은 일본인, 조선인의 구별 없이, 힘센 아이가 선발되었습니다."(1933년생, 경성사범부속소학교, 남, 황금정(黃金町: 현 을지로) 거주, 2012년 6월 11일 채록).

11) "산 중턱에 한국인이 많이 살았고, 개발된 후에 산 위쪽으로 점차 집이 들어서면서, 거기에 일본인이 사는 지역이 만들어졌어요. 주택가였기 때문에. … [필자: 조선인과 놀았나요?] 놀았던 적은 별로 없어요. 딱 우리 동네는 일본인만이 사는 곳이었고 그 사람들과 놀았기 때문에, 조선인과는 사귈 기회가 없었어요."(1934년생, 아오바소학교, 남, 청엽정(靑葉町, '아오바쵸': 현 청파동) 거주, 2012년 5월 21일 채록); "그렇게 말하자면, 일본인 마을, 여기는 조선인 마을. 그렇게 구분한다면, 대체로 우리가 사는 곳에는 조선인이 없었어요."(1928년생, 남대문소학교, 남, 원정(元町, '모토마치': 현 원효로) 거주, 2011년 7월 7일 인터뷰에서 채록); "조선인이 많았습니다. '미사카통'(三坂通) 같은 곳에는 많았습니다. 그래서 우리 주변은 섞여있었어요. 조선은행의 사택 같은 곳에는 조선인이 적었고, '요시노쵸'(吉野町)에는 조선인이 많았습니다. [필자: 특별히 조선인과 일본인이 함께 사는 곳이 없었나요?] 글쎄요, 조선 사람보다 일본인이 많았어요, 우리 주변은. 그러니까 아마도 일본인 동네가 생기면서 조선인이 사는 동네가 점차 변해간 것이 아닐까 생각합니다. 특히 '미사카통' 위쪽은 일본인 동네였어요. 높은 곳에 조선은행 사택이라든가."(1931년생, 미사카소학교, 남, 길노정(吉野町, '요시노쵸': 현 남영동) 거주, 2012년 7월 25일 채록).

12) 당시 경성에 소재했던 '관사'(官舍)는 일본인 '집거'의 지표로서 동(洞)·정(町)의

나 폐쇄적이었다고 말하지 않는다. 나아가 조선인의 '집거지(集居地)'에 거주하면서 조선인과 빈번하게 교류했다는 일본인이 있는가 하면,[13] '조선인 마을'에 살았다는 일본인도 있다.[14] 또 일본인의 '집거지'에 살면서 조선인 아이들과 교우 관계를 맺었다고 회고하는 일본인도 있다.[15] 이러한 진술들은 카지무라의 "대·중도시에서 일본인은 자신들만의 일본인 마을을 만들어 살았고, 조선인과는 직접적으로 접촉하지 않으면서 일상생활을 지내는 경향이 있었다"(1992[1978]: 230)는 주장과 일견 모순된다. 그렇다면 '한국 출신 일본인'의 '잡거'의 기억은 경성의 일본인과 조선인의 관계가 일상적인 상호소통의 직접적인 유대관계가 아니라 일정한 거리를 두고 서로를 주시하는 관찰자적 관계였음을 말해주는 것이라 이해해볼 수 있다.

　1928년생으로 효자동에 거주했고 종로소학교와 경성중학교를 졸업한 타카하시 켄야(高橋乾也)는 문예동인지 『潮流』[조류]에서 「京城の街角で」[경성의 거리에서]라는 제목 하에 당시 일상적으로 관찰한 조선인의 모습을 다음과

민족별 주거비율과 관련이 있었다(이준식 2007). 예를 들어, 삼판통(三坂通 '미사카토오리')에 가장 많은 일본인이 살았던 것은 그곳에 '선은관사'(鮮銀官舍, 조선은행 관사)가 소재했기 때문이었다(이혜은 1984). 그러나 '관사'가 곧 일본인의 폐쇄적인 공간을 가리켰던 것은 아니다. 금정(錦町, '니시키쵸')의 철도관사(鐵道官舍)에 거주했던 어느 일본인은 "관사 주변에는 일반주택과 조선인의 주택과 상점도 있었다"(『靑葉』 최종호, 1999년 6월)고 회고했다.

13) 1930년생으로 서대문소학교를 졸업한 타케우치 아키라(竹內晃)는 서울의 전통적인 시가지였던 종로에 거주하며 조선인과 가깝게 지냈다고 회고했다. "아버지는 주거지를 일본인 동네에 잡지 않고, 가족의 교육을 위해 한국인과 사귈 수 있는 장소를 일부러 선택했다. 이웃의 한국인과 가깝게 교류할 수 있었던 사직정(社稷町)이 그리운 우리 동네였다"(『敦義』 15호, 2007년 11월).

14) 1924년생으로 서대문소학교와 경성사범학교를 졸업한 우마미야 츠토무(馬宮勉)는 '가난한' 조선인의 집거촌인 아현리에서 조선인에게 둘러싸여 살았다고 회고한다(『追憶の大地』, 1993년 8월).

15) 1922년생으로 미사카소학교를 졸업한 시미즈 미츠하루(淸水光春)는 다음과 같이 말했다. "우리 집은 경성부 '아오바쵸' 2정목이었다. 한일합방 이후 이곳에 정착했던 아버지 곁에 있었던 사람들은 대부분 조선인이었다. 내가 소학교에 입학하기 전 같이 놀던 친구도 활발한 조선인 아이들이 많았다"(『鉄石と千草』, 1983년 11월 5일, 347쪽).

같이 상세하게 기술했다.

　저녁 무렵 사람들이 일터에서 귀가하여 저녁식사를 하기 전의 느긋한 때에, 남자들이 집 앞 도로변에서 다리를 벌리고 그 사이에 세숫대야를 놓고 열심히 목을 씻는 장면을 자주 보았다. 물론 바지는 입었고 완전히 벌거벗은 것은 아니다. 그렇지만 상반신은 벗은 상태이고, 그 외의 기억은 정확하지 않다. 턱을 내밀고 손바닥으로 물을 떠서 오른쪽 목을 씻고, 또 물을 떠서 왼쪽을 씻는다. 이 모양새는 정말로 만화의 한 장면처럼 평화롭고 여유롭다. 이것은 일본인이 마당 앞에서 간단히 몸을 씻는 것과 완전히 같은 것이다. 다른 점은 일본인은 사람 앞에서는 그렇게 하지 않는 반면, 그들은 사람들의 시선을 신경 쓰지 않는다는 점이다. 그것은 씻는 부위가 다르기 때문이기도 한데, 왜 목일까 라는 의문은 아직까지 풀리지 않는다. 내 고향은 농촌이어서 반드시 발을 씻는다. 발의 피로를 푼다는 것인데, 목은 씻지 않는다. 목부터 감기가 들기 때문에 목을 소중하게 여긴다. 여기에 답이 있지 않을까. 목을 씻었던 이들은 도로변에 사는 영세한 사람들이었다. 대문이 있는 집에 사는 양반이 문 앞에서 씻는 모습은 보지 못했다. 양반은 역시 자기 집 앞마당에서 했던 것일까? (『潮流』 9호, 2004년 7월 31일, 64쪽)

　효자동에서 궁정정(宮井町)으로 빠지는 길목에 '복덕방'이라 쓰인 흰 천이 걸린 가게가 있었다. 유리문 넘어 작은 방 한 가운데에 탁자가 있었고, 사람들이 출입하는 것을 본 적은 없다. 그러나 언제나 백발의 노인이 앉아 긴 담뱃대로 담배를 피우고 있었다. 때로는 코에 거는 안경으로 노란 표지의 책을 읽고 있는 노인의 모습을 본 적이 있다. 무언가를 가르치는 사람인가보다 했다. 나중에 부동산이라는 것을 알았다. 시내 여기저기에 있었다. 어떤 사람들이 어떤 거래를 했는가는 지금도 알지 못한다. 이와 비슷하게 '전당포'라는 곳이 있다. 대출업이라고 들었다. 여기도 역시 사람의 출입이 거의 없어서 장사하는 모습을 볼 수 없었다. 다만 그 처마 밑에서 남자들이 모여서 대충 손으로 만든 장기판으로 한국풍의 장기를 하고 있는 것을 자주 보았다. 동그랗게 잘라 만든 큰 장기알이었다. 복덕방이든 전당포이든 가정집이 연달아 이어지는 곳의 좁고 구부러진 골목에서는 유유자적하는 한국풍의 정취가 빚어내는 독특한 풍경을 볼 수 있었다. (『潮流』 12호, 2006년 11월 25일, 68쪽)

※출처: 『61年前に消滅した朝鮮
  の残像』[61년 전에 소멸한 조
  선의 잔상](2006년 4월). 이 삽
  화사진집은 후루야 세이기(古
  屋正義)(1945년 용산소학교 졸
  업) 씨가 카사이(笠井) 씨(원산
  중학교 졸업)의 화집(畵集)인
  『元山の思い出』[원산의 추억]
  의 일부를 원용하고 경성의 옛
  사진을 첨부하여 편집한 삽화
  사진집이다. 이 그림들은 여러
  동창회지에 종종 등장한다.

  위의 글에서, 도로변에서 목을 씻는 남자, 복덕방을 지키는 백발의 노인,
전당포 앞에서 장기를 두는 남자는 경성에 사는 일본인이라면 누구라도 보
았음직한 조선인 모습이다. 이처럼 경성 출신의 일본인은 조선인의 생활을
일상적으로 관찰할 수 있었고 그 관찰한 모습이 기억에 남았기 때문에 조
선인과 일본인의 공간이 완전히 분리되었다고 생각하지 않는 것이다. 그러
면서도 위의 글에서 조선인이 왜 목 부위를 씻는지에 대해 지금까지 영문
을 모른다고 한 부분과 '복덕방'과 '전당포'가 겉모습만으로는 무엇을 하는
곳인지 알 수 없었다고 하는 부분은 관찰자로서의 그들의 위치를 말해준
다. 그래서 그들은 다만 조선과 조선인을 '풍경'으로 그려낼 뿐이다.

## '조선적인 것'의 경험, 조선화의 구축

다음으로 '한국 출신 일본인'이 경험한 '조선적인 것'이 무엇인지를 살펴보겠다. 이를 위해 먼저 동창회지에 가타카나로 표기된 한국어에 주목했다. 동창회지에 한자어 혹은 일본어로 부가설명되지 않고 오로지 한국어 발음의 가타카나만으로 표기되는 것은, 그것이 동창회 회원들이 익히 알고 있는 '조선적인 것'이며 또 그렇게 표기되어야만 의미가 통하는 것임을 뜻한다. 다시 말해 이렇게 표기된 것들에서 '한국 출신 일본인'의 집합적 경험이 발굴될 수 있다. 동창회지는 서대문소학교의 『敦義』[돈의], 경성사범부속소학교의 『蔦』[담쟁이, '츠타'], 아오바소학교의 『靑葉』[청엽, '아오바']를 주요자료로 삼았다. 서대문소학교는 서울의 전통적 주거지인 정동(貞洞)에 위치했고, 경성에서 히노데(日出), 용산, 남대문, 사쿠라이(櫻井)에 이어 다섯 번째로 1914년에 설립된 일본인 소학교이다. 경성사범부속소학교는 1922년 경성사범학교와 동시에 황금정에 설립되었는데, 황금정은 조선인 '집거지'와 맞닿아있으면서도 식민초기부터 일본인이 거주했던 곳이다. 아오바소학교는 1937년 경성의 일본인 소학교의 15번째이자 마지막으로 설립된 학교로, 소위 일본인의 신흥주택지인 청엽정(靑葉町 '아오바쵸')에 위치했다.[16] 특히 경성사범부속소학교는 경성사범학교의 '실험교'로서 여러 개의 학년을 한 학급으로 편성한 단급학교와 일본인의 제1소학교와 조선인의 제2보통학교로 구성되었고, 경성의 전 지역의 아동을 대상으로 입학시험을 시행하여 학생을 선발했다. 경성사범부속학교 동창회의 회원은 단급학교와 제1소학교 출신자들이다. 이들의 동창회지에서 추출한 한국어 목록은 다음의 〈표 6〉과 같다. 이에 기초해서 '한국 출신 일본인'의 조선화의 요소와 그 특질을 분석해보자.

---

16) 『朝鮮諸學校一覽』[조선제학교일람], 조선총독부 학무국, 1934년 참조.

〈표 6〉 동창회지 속 한국어

| 연번 | 가타카나로 표기된 한국어 | 『青葉』 호·쪽 | 년·월 | 『敦義』 호·쪽 | 년·월 | 『蔦』 호·쪽 | 년·월 | 비고 |
|---|---|---|---|---|---|---|---|---|
| 1 | サボン | 1호8쪽 | 1976.12 | 9호56쪽 | 1995.9 | 3호3쪽 | 1974.6 | 사범(師範) |
| 2 | マンセイマンセイ | 1호12쪽 | 1976.12 | 1호3쪽 | 1977.12 | 8호12쪽 | 1979.11 | 만세 만세 |
| | | 10호17쪽 | 1993.4 | | | | | (万歳万歳) |
| 3 | オンドル | 2호4쪽 | 1977.12 | 1호16쪽 | 1977.12 | 12호5쪽 | 1983.10 | 온돌 |
| | | 7호18쪽 | 1985.5 | 3호15쪽 | 1981.11 | 13호10쪽 | 1984.9 | |
| | | 8호9쪽 | 1987.3 | 6호19쪽 | 1987.12 | 20호17쪽 | 1991.11 | |
| | | 9호8쪽 | 1989.5 | 10호34쪽 | 1997.9 | 35호2쪽 | 2006.11 | |
| | | 10호14쪽 | 1993.4 | 11호47쪽 | 1998.9 | | | |
| | | | | 12호29쪽 | 2000.9 | | | |
| | | | | 12호53쪽 | 2000.9 | | | |
| 4 | キーセン・キーサン | 2호13쪽 | 1977.12 | 11호47쪽 | 1998.9 | | | 기생(妓生) |
| 5 | アリラン | 4호8쪽 | 1980.4 | 9호35쪽 | 1995.9 | 5호2쪽 | 1976.10 | 아리랑 |
| | | 6호9쪽 | 1983.6 | 11호47쪽 | 1998.9 | 7호13쪽 | 1978.10 | |
| | | 7호18쪽 | 1985.5 | | | 20호17쪽 | 1991.11 | |
| | | 9호7쪽 | 1989.5 | | | 28호1쪽 | 1999.10 | |
| | | 9호29쪽 | 1989.5 | | | 28호4쪽 | 1999.10 | |
| 6 | ハングル | 8호9쪽 | 1987.3 | 1호6쪽 | 1977.12 | 17호12쪽 | 1988.10 | 한글 |
| | | | | 8호26쪽 | 1993.9 | 29호4쪽 | 2000.10 | |
| | | | | 10호46쪽 | 1997.9 | 28호6쪽 | 2000.10 | |
| 7 | キムチ | 7호18쪽 | 1985.5 | 8호19쪽 | 1993.9 | 2호8쪽 | 1973.6 | 김치 |
| | | 8호9쪽 | 1987.3 | 12호51쪽 | 2000.9 | 13호10쪽 | 1984.9 | |
| | | 9호8쪽 | 1989.5 | 13호30쪽 | 2002.9 | 14호16쪽 | 1985.10 | |
| | | | | | | 17호8쪽 | 1988.10 | |
| | | | | | | 21호5쪽 | 1992.10 | |
| | | | | | | 28호4쪽 | 1999.10 | |
| | | | | | | 30호8쪽 | 2001.12 | |
| 8 | ヤンバン | 9호3쪽 | 1989.5 | 10호38쪽 | 1997.9 | 35호2쪽 | 2006.11 | 양반(兩班) |
| | | | | 10호43쪽 | 1997.9 | | | |
| | | | | 15호25쪽 | 2007.11 | | | |
| 9 | オモニ (オモニー) | 9호11쪽 | 1989.5 | 3호5쪽 | 1981.11 | 2호8쪽 | 1973.6 | 어머니 |
| | | 11호8쪽 | 1999.6 | 3호10쪽 | 1981.11 | 5호4쪽 | 1976.10 | |
| | | | | 3호15쪽 | 1981.11 | 11호4쪽 | 1982.10 | |
| | | | | 10호59쪽 | 1997.9 | 13호10쪽 | 1984.9 | |
| | | | | 12호29쪽 | 2000.9 | 30호8쪽 | 2001.12 | |
| | | | | 12호57쪽 | 2000.9 | 31호19쪽 | 2002.10 | |
| | | | | 13호31쪽 | 2002.9 | 35호2쪽 | 2006.11 | |

| | | | | | | | | |
|---|---|---|---|---|---|---|---|---|
| 10 | チゲ | 7호17쪽 | 1985.5 | 9호54쪽 | 1995.9 | | | 지게 |
| | | 9호11쪽 | 1989.5 | 12호29쪽 | 2000.9 | | | |
| 11 | アボヂ | 6호15쪽 | 1983.6 | 3호10쪽 | 1981.11 | 35호2쪽 | 2006.11 | 아버지 |
| | | 9호11쪽 | 1989.5 | | | | | |
| 12 | パカチ | 9호11쪽 | 1989.5 | 1호6쪽 | 1977.12 | 2호8쪽 | 1973.6 | 바가지 |
| | | | | | | 11호4쪽 | 1982.10 | |
| 13 | カンジャンチビ | 10호2쪽 | 1993.4 | | | | | 간장집 |
| 14 | タンダニ コウマブスミニダ | 10호14쪽 | 1993.4 | 11호19쪽 | 1998.9 | | | 단단히 고맙습니다 |
| 15 | イルボンサラム | 10호17쪽 | 1993.4 | | | 4호11쪽 | 1975.5 | 일본사람 |
| 16 | ナカンダー (ナッカンダー) | 11호8쪽 | 1999.6 | 13호53쪽 | 2002.9 | 2호3쪽 | 1973.6 | 나간다 |
| 17 | アイゴウ | 11호35쪽 | 1999.6 | 13호49쪽 | 2002.9 | | | 아이고 |
| 18 | チマ | | | 3호10쪽 | 1981.11 | 2호8쪽 | 1973.6 | 치마 |
| | | | | 7호16쪽 | 1989.11 | 11호4쪽 | 1982.10 | |
| | | | | 9호35쪽 | 1995.9 | 16호2쪽 | 1987.10 | |
| | | | | 12호10쪽 | 2000.9 | 28호1쪽 | 1999.10 | |
| | | | | 12호71쪽 | 2000.9 | | | |
| 19 | チョゴリ | | | 3호10쪽 | 1981.11 | 2호8쪽 | 1973.6 | 저고리 |
| | | | | 3호20쪽 | 1981.11 | 11호4쪽 | 1982.10 | |
| | | | | 7호16쪽 | 1989.11 | 16호2쪽 | 1987.10 | |
| | | | | 9호35쪽 | 1995.9 | 28호1쪽 | 1999.10 | |
| | | | | 12호10쪽 | 2000.9 | 28호4쪽 | 1999.10 | |
| | | | | 12호71쪽 | 2000.9 | | | |
| 20 | パジ | | | 3호10쪽 | 1981.11 | | | 바지 |
| 21 | アンニョンヒ チュウムムショッスムニ | | | 3호16쪽 | 1981.11 | | | 안녕히 주무셨습니까 |
| 22 | チョンギー | | | 3호17쪽 | 1981.11 | 2호3쪽 | 1973.6 | 제기 |
| | | | | 10호18쪽 | 1997.9 | | | |
| 23 | チャッチギ | | | 3호17쪽 | 1981.11 | | | 자치기 |
| | | | | 13호55쪽 | 2002.9 | | | |
| 24 | チャンパン | | | 6호20쪽 | 1987.12 | 3호8쪽 | 1974.6 | |
| | | | | 9호70쪽 | 1995.6 | 5호4쪽 | 1976.10 | |
| | | | | 10호38쪽 | 1997.9 | 5호9쪽 | 1976.10 | |
| | | | | 10호41쪽 | 1997.9 | 8호4쪽 | 1979.11 | |
| | | | | 11호51쪽 | 1998.6 | 12호5쪽 | 1983.10 | |
| | | | | 13호49쪽 | 2002.9 | 26호2쪽 | 1997.10 | |
| | | | | | | 27호12쪽 | 1998.10 | |
| | | | | | | 31호3쪽 | 2002.10 | |
| | | | | | | 31호7쪽 | 2002.10 | |

| 25 | ソデェムムン | | 6호23쪽 | 1987.12 | | | 서대문 (西大門) |
|---|---|---|---|---|---|---|---|
| 26 | アンニョンハセヨ | | 6호27쪽 | 1987.12 | 12호5쪽 | 1983.10 | 안녕하세요 |
| | アンニョンハシムムニッか | | 11호40쪽 | 1999.9 | 2호3쪽 | 1973.6 | 안녕하십니까 |
| | | | | | 11호40쪽 | 1998.9 | |
| 27 | ハルモニ | | 6호27쪽 | 1987.12 | | | 할머니 |
| 28 | トナミダー | | 8호24쪽 | 1993.9 | | | 떠납니다 |
| 29 | カムサハムニダ | | 9호35쪽 | 1995.9 | 28호14쪽 | 1999.10 | 감사합니다 |
| | | | 10호18쪽 | 1997.9 | | | |
| 30 | ドラジ | | 9호35쪽 | 1995.9 | 5호2쪽 | 1976.10 | 도라지 [桔梗] |
| | | | 11호47쪽 | 1998.9 | 7호13쪽 | 1978.10 | |
| | | | 12호71쪽 | 2000.9 | 28호1쪽 | 1999.10 | |
| 31 | チョコマンサラム | | 9호51쪽 | 1995.9 | | | 조그만 사람 [小さな人] |
| 32 | ワッタカッタ | | 11호19쪽 | 1998.9 | | | 왔다갔다 [行ったり來たり] |
| 33 | モントングリ | | 11호19쪽 | 1998.9 | 13호5쪽 | 1984.9 | 멍텅구리 [馬鹿] |
| | | | | | 19호7쪽 | 1990.12 | |
| 34 | チョッタチョッタ | | 11호47쪽 | 1998.9 | 3호8쪽 | 1974.6 | 좋다좋다 [よいよい] |
| 35 | オンリャッタ | | 13호53쪽 | 2002.9 | | | 올랐다 [上がった] |
| 36 | コンギ | | | | 2호3쪽 | 1973.6 | 공기놀이 |
| | | | | | 12호5쪽 | 1983.10 | |
| 37 | 何モゴ | | | | 2호3쪽 | 1973.6 | 뭐 먹어 |
| 38 | スリチビ | | | | 5호4쪽 | 1976.10 | 술집 |
| | | | | | 6호9쪽 | 1977.10 | |
| 39 | マッカリ | | | | 5호4쪽 | 1976.10 | 막걸리 |
| 40 | ビンデット | | | | 5호4쪽 | 1976.10 | 빈대떡 |
| 41 | ソロンタン | | | | 6호9쪽 | 1977.10 | 설렁탕 |
| 42 | チョンガー | | | | 7호15쪽 | 1978.10 | 총각[鮮童] |
| 43 | シルトツ | | | | 30호8쪽 | 2001.12 | 시루떡 |
| 44 | キジベ | | | | 35호2쪽 | 2006.11 | 계집애 |

※출처: 『青葉』(京城青葉会) 1976.12(창간호)~1996.6(11호(최종호))
　　　『敦義』(京城西大門小学校同窓会) 1977.12(창간호)~2007.11(15호(최종호))
　　　『蔦』(京城師範学校附属小学校同窓会) 1972.3.18(창간호)~2010.11.19(39호)
※위의 표에서 세 학교의 동창회지의 '한국어' 수의 차이가 있음을 알 수 있다. 이는 사는 지역에 따라 '조선'의 경험의 편차가 존재함을 말해준다.

## 귀로 익힌 한국어

먼저 확인해두어야 할 것은 경성의 일본인 소학교에 조선어 과목이 없었다는 점이다.[17] 그러므로 위의 표에서 가타카나로 표기된 한국어는 제도교육을 통해 습득된 것이 아니라 일상생활에서 '자연스럽게' 귀에 익은 것들이다. 필자의 조사에 의하면, '한국 출신 일본인'의 한국어 습득 정도는 대체로 위의 표에 나온 한국어 어휘를 이해하는 수준에서 크게 벗어나지 않았다. 한국어 문장까지 기억해낸 경우는 소수에 불과하다. 단적으로 1929년생으로 종로소학교를 졸업한 어느 제보자는 어린 시절의 기억나는 한국어 문장이 "누나, 나랑 놀아"라고 말해주었다. 이 말은 그녀의 어린 시절 그녀의 집에 기거한 조선인 남자아이가 자신에게 자주 했던 말이라고 한다. 그녀는 "누나, 나랑 놀아"를 정확한 발음으로 필자에게 들려주었던 반면, 이 문장의 의미는 칠순을 넘긴 나이에 한국어를 공부하면서 알게 되었다고 했다. 또 1932년생(1938년 조선으로 이주)으로 서대문소학교를 졸업한 제보자가 기억해낸 한국어 문장은 "일본말 몰라요"뿐이었다. 1930년생의 아오바소학교를 졸업한 제보자는 "일본말 알으십니까"라는 문장만이 기억에 남는다고 했다. 1933년생으로 미사카소학교를 거쳐 강남국민학교에서 6학년 재학중 패전을 맞이한 제보자는 "우리 조선말 몰라요"라는 문장만이 기억난다고 했다. 그녀는 조선인 할머니들이 말을 걸어올 때마다 늘 "우리 조선말 몰라요"라는 말로 응대했다고 한다. 그들과 달리, 조선인학교에 다닌 어느 제보자는 조선인 아이들과 자유자재로 의사소통이 가능했다고 회고한다.[18] 물

---

17) 조선어는 일본인 소학교 고등과의 선택과목이었고, 지방의 몇몇 일본인 소학교에서 조선어 과목을 시행했음이 확인되나, 경성의 일본인 소학교에서는 조선어 과목이 없었다(稲葉継雄 2005: 77-8).

18) "조선 아이들과 함께 가까운 산에 놀러 가서 전쟁놀이를 하거나, 또 여름에는 학교 뒤 개울에 가서 모두 함께 수영을 하거나 했어요. 운동장 앞은 밭 천지였는데, 배추나 무가 심겨 있었어요. 거기 무를 뽑아서 이로 깨물어먹는다거나. … 시골

론 조선인마을에서 유년기를 보낸 일본인이라 해도 그 주변 환경에 따라 한국어 습득의 정도에 차이가 있을 수 있다. 바로 앞의 사례는 조선인학교를 다닌 탓에 한국어를 일상회화의 수준에까지 익힐 수 있었지만, 시골의 작은 읍내에 살았다 해도 일본인학교에 다니며 조선인과 어울리지 않은 경우에는 경성의 일본인학교에 다닌 경우와 마찬가지로 귀로 익힌 몇 마디 정도 외에는 한국어를 습득하지 못했다. 강원도의 어느 읍내에서 어린 시절을 보낸 한 제보자는 일본인학교를 다녔기 탓에 한국어 회화가 불가능했다. 그는 "서울이나 강원도 고저(庫底)에서 '어머니'가 많이 있는 시장에서 장을 봤습니다. 대화는 나누지 않았지만 시장에 자주 다닌 탓에 낯이 익어 웃는 얼굴로 대해주었습니다. 말은 통하지 않았지만 '얼마요' 등의 말은 지금도 기억하고 있습니다."(1929년생, 남, 고저소학교·경성중학교, 2012년 9월 2일 편지에서)라고 회고했다.

일본인이 일상생활 속에서 한국어를 귀로 익힌 정황을 살펴보기 위해 1932년 경성에서 태어나 조선인의 전통적인 거주지 중의 한 곳인 교남정(橋南町)에 거주했던 오우메 유이치(大梅雄一) 씨의 이야기를 들어보자. 그의 이야기에서 그의 발음 그대로 인용한 경우에는 작은 따옴표(")안에 넣어 표기했다.

　　역시 나 같은 경우에는 그[조선] 아이들이, 이쪽으로 와, '이리와'라든가 그런 예의 없는 말, '이리와, 밥 먹어라'와 같은. 진짜 경어는 사용한 적도 없고 잘 몰라요. 공부하지 않았어요. 한국 사람도 일본 교육을 강제로라도 배웠기 때문에 좋든 싫든 일본인다운 일본의 교육을 받아들였지요. 게다가 일본과 한국을 하나로 합치는 말들이 그때는 많았어요. '아따마[머리], 꼴통, 케이죠우[경성], 야부리'. 이런 말들을 자주 사용했어요. '오카

로 말하자면, 일본인도 조선인도 없는 세계였어요. 동료처럼. 아이들과 함께 섞여 놀면서 욕도 했고 '돌대가리'라는 말도 했어요. 아이들이 쓰는 말로 '어이'라든가 '이놈의 자식'이라든가 '멍텅구리'라든가 자주 말했어요."(1932년생, 남, 곤지암보통학교·서대문소학교, 2012년 6월 18일 채록).

네가 코로코로 테구리 가네'. 친구의 누이와 모래밭에 가서 '두껍아, 두껍
아, 헌집 줄게, 새집 다오'. 엄마가 아이에게 '우리애기 자장자장'. 확실히
기억납니다. 시골 사람을 바보라고 놀릴 때 '시골 떼기 골 떼기'. 그것 말
고도 더 있는데, 잊어버렸어요. 그리고 제가 우리 집 길 건너편의 한국인
친구들과 한국어로 말하고 있으면, 지나가던 여자아이가, 제 옷에 서대
문소학교라고 쓰여 있잖아요. 얼굴도 [조선인과 일본인이] 똑같이 생겼
기 때문에 '어, 이 사람 일본사람인데 한국말을 잘한다'라고 하면서 멈춰
서서 저를 쳐다본 적도 있었고요. 저는 의식하지 않았지만, 한국말을 꽤
잘했어요. (2012년 5월 25일 채록)

그는 조선인 아이들과 어울리며 한국어를 습득했다고 말한다. 그는 어린
시절 '두껍이 집짓기 놀이'를 했던 것인데, "헌집 줄게, 새집 다오"에 얽힌 한
국의 전래동화는 알지 못하면서도 '두껍아 두껍아'라는 동요의 구절과 가락
은 정확하게 구사해내었다. 그는 조선인 아이들과 이야기를 나눌 때 '한국
어로 말했다가 일본어로 말했다가 반반'이었으며 '일본어 교육을 했기 때문
에 한국인 친구들도 한국어로 말했다가 일본어로 말했고, 나도 일본어로
말했다가 한국어로 말했다'(2012년 7월 25일 인터뷰에서 채록)고 말해주었
다. 특히 그의 이야기에서 주목되는 부분은 '오카네가 코로코로 테구리 가
네'와 같이 아이들 사이에서 언어혼종의 '말장난'이 연행되었다는 점이다.
그는 이 '말장난'에서 한국어와 일본어의 조합방식과 의미를 정확히 알고
있었다. 뿐만 아니라 그는 집 주변에서 들려오는 노점상(露店商)이나 행상(行商)
의 '물건 파는 소리' 혹은 조선인 친구와 함께 놀러간 극장에서 들리는 '야
유소리'를 기억해내었다.

교남동(橋南洞)의 내가 사는 집의 길 건너편에 야시(夜店)가 늘어섰어
요. 매일 선 것은 아니고. 어느 때에 노점이 들어섰는데, 즐겁게 보러 다
녔죠. … 이런 저런 사람들이 섞여 있었어요. 한국인도 있었고 일본인도
있었고. 갖은 물건을 팔았어요. 꽤 즐거웠어요. 무엇을 팔았냐면, 역시
먹거리. 그리고 할아버지가 뭔가 한국의 옛 역사를 한국어로 읊으면서

책을 팔았어요, 가락을 붙여서. 슬프게도 하고 기쁘게도 하는 가락을. (2012년 6월 8일 채록)

우리 집 바로 앞에서, 아침이면 배추를 파는 야채상이 있었어요, 내 방 바로 밖에. 내 방이 1층이었는데, '다섯이로다, 여섯이로다, 넷이라네'라는 소리에 잠을 깼어요. '하나, 둘, 셋, 넷, 다섯', 5엔이다, 6엔이다 라는 뜻인지는 모르겠지만. '다섯이로다, 여섯이로다, 넷이라네'를 하나의 가락으로. 일본의 시장 같은 데서 하는 것처럼 그렇게 물건을, 배추를 팔았어요. 그 야채상이 한 것이라고 생각해요, 확실히는 모르지만. (2012년 6월 8일 채록)

지금의 세종로, 옛날에는 광화문이라고 했어요. 여기에 극장, 동양극장이 있었어요. 한국 사람의 연극이 섰어요. 한국인 친구와 일본 군대 영화를 보러 가서, 영화관에서 영화 두 편을 보여주잖아요. 그런데 한 통의 필름에 한 편의 영화를 다 담을 수 없으니까 일곱 여덟 개의 통으로 나눠 담았어요. 옛날에는 영화기사가 그것들을 이어주었는데, 방심하다 보면 부드럽게 넘어가지를 않아요. 영화 중간에 끊긴다고요. 그러면 뭐라고 말했는지 아세요? '일 친다, 일 친다'라고 했어요. 나도 한국 사람하고 같이 2층 객석에서 그렇게 말하곤 했어요. (2012년 5월 25일 채록)

물론 오우메 씨처럼 어린 시절 한국어를 일상적으로 구사할 수 있었던 일본인은 극히 드물다. 그러나 그의 이야기는 조선인과 '어울리지 않았던' 일본인이더라도 일상적으로 한국어를 들을 수 있는 환경에 놓여있었음을 짐작하게 한다. '이웃'의 조선인 상인은 한국어로 물건을 팔았다. 그것은 조선인의 일부만이 일본어 교육을 받았고 그 일부 외에는 일본어를 자유자재로 구사할 수 없었던 데다가[19] 공적인 장에서 일본어가 강제된 반면 그 외

---

19) 1930년 조사에 따르면, 6세 이상의 조선인 중 19%가 조선어를 읽고 쓸 수 있었고, 8.4%가 일본어를 읽고 쓸 수 있었으며, 72.6%가 조선어도 일본어도 쓸 수 없었다(『昭和五年朝鮮國勢調査』[쇼와5년 조선국세조사] 참조). 또한 1937년 조선인의 보통학교 취학률이 31.2%에 그친 것을 볼 때, 조선인의 상위 계층 외의 다수는 일본어로 의사소통이 원활하지 못했음을 알 수 있다(『學事參考資料』[학사참고자

에는 여전히 한국어가 일상어였던 탓이다. 일본인의 신흥주택지인 청엽정(靑葉町, '아오바쵸')에 거주했던 어느 자매(1929년생, 1935년생)는 조선인 행상이 자전거에 야채나 생선을 싣고 집안까지 들어와 툇마루에서 생선을 손질해주었다고 말해주었다. "조선 사람이 '배추 사려, 무 사려'라고 하며 팔러 다녔고" 한국어를 모르는 일본인도 '배추 사려, 무 사려'가 무슨 뜻인지 알아들었다고 한다(2010년 10월 29일 인터뷰에서 채록). 그들은 그렇게 어린 시절에 '주워들었던' 편린의 한국어를 잊지 않고 있었다. 또 1930년 경성에서 출생하여 동대문소학교를 졸업한 제보자는 '이웃'의 조선인 장례식에서 들려오던 '아이고, 아이고'라는 한국어가 기억에 남는다고 했다(2010년 10월 29일 인터뷰에서 채록). 〈표 6〉의 "トナミダー"(떠납니다)(연번 28)는 통학 전차에서 늘 듣던 차장의 "トナミダー, 動きまーす"(떠납니다, 우고키마스)라는 '안내방송'의 일부였다. '動きます'("우고키마스")라는 일본어와 차 내부에 퍼지는 마늘 냄새, 부인의 머릿기름 냄새, 남대문에서 조선신궁으로 돌아가는 차창 밖 풍경은 당시의 한 장면을 연출한다. 이와 마찬가지로 〈표 6〉의 "ナカンダー"(나간다)(연번 16)와 "オンリャッタ"(올랐다)(연번 35)는 연싸움 놀이에서 상대편 연의 실을 끊어낼 때 하는 추임새인데, 일본인 아이들은 뜻도 모른 채 그 말을 따라하며 연싸움을 놀았다. 이와 같이 경성에서 일본인은 조선인과 한국어로 의사소통을 하지 않더라도 일상적으로 한국어를 귀로 익힐 수 있었고, 이렇게 귀에 익은 한국어는 의사소통의 수단으로 기능하지 않고 어린 시절의 추억을 형상화한다. 나아가 이 한국어는 '한국 출신 일본인' 간의 공동의 유대감을 형성하고 재확인하는 매체로 기능해왔다(〈표 6〉의 연

---

료), 조선총독부학무국학무과, 1937년 11월 참조). 조선인 가정부에게 일본어를 가르쳐주었다는 한 제보자는 다음과 같이 말했다. "가정부(女中さん)가 있었어요, 내가 소학교 때. 시골에서 온 사람이었어요. 그 사람이 학교에 다니질 않았어요. 내가 히라가나와 가타카나를 가르쳐주었지요. 그때 시골사람들은 일본어를 못했거든요. 그래서 '이것은 뭐라고 합니까' 같은 것을 일본어로 가르쳐주었어요."(1933년생, 남, 경성사범부속소학교, 2012년 10월 15일 채록).

번 14, 32, 33[20] 참조).

### 한국어와 일본어의 혼종성(hybridity)

앞서 우리는 한국어와 일본어가 혼종성[21]의 형태로 조합된 문장에 주목
했다. '오카네가 코로코로 테구리 가네'는 돈(金)의 일본어 발음과 '가네'의
한국어 발음, '테구리(手繰り)'의 일본어발음과 데굴데굴[コロコロ]의 한국어
발음의 유사성을 활용한 언어유희이다. 이 문장의 뜻은 '동전이 데굴데굴
차례차례 굴러 가네'인데, 양쪽의 언어를 다 알고 있는 이들에게는 재밌는
말놀이가 된다. 동창회지에 여러 번 나타나는 "アホ、マホ、エイトウホ、チ
ンチクリンのチンナンポ"('아호, 마호, 에이토우호, 친치구린노 친남포')(『敦義』13호,
2002년 9월, 49쪽;『靑葉』9호, 1989년 5월, 25쪽;『鉄石と千草』1983년 11월, 293쪽)도 앞서와
유사한 조어방식을 보여준다. 뜻은 '바보, 마포, 영등포, 땅딸보의 진남포'
('阿呆, 麻浦, 永登浦, チンチクリンの鎭南浦)로 풀이되며, '마포(麻浦)'와 '영등포(永登
浦)'는 일본어 발음으로, '진남포(鎭南浦)'는 한국어 발음으로 하여 운율의 재
미를 붙였다. 이와 같은 혼종적 언어형태는 조선인과 일본인의 아이들이
어울리며 양쪽의 언어를 섞어 사용하다가 출현한 것이리라 추정된다. 그렇
기 때문에 이러한 말놀이의 수준은 저차원적이다. 가령 '야부리'는 '破り'의
일본어 발음에서 따온 것으로 입을 함부로 놀린다는 뜻의 한국어인 '나불나

---

20) "이야기 중에 '고맙습니다', '왔다갔다' 혹은 '멍텅구리' 등 잊고 있었던 조선어가
불쑥 튀어나와, 숙연해지다가 크게 웃다가 끝도 없이 이야기가 이어지다 보면 어
느새 시간이 훌쩍 지나갔다."(『敦義』11호, 1998년 9월).
21) 혼종성(hybridity)은 '크레올화(creolization)'의 문화현상을 다루면서 발전된 개념이
다. 크레올화는 카리브해와 라틴아메리카에서 인종과 언어가 섞이며 새로운 문
화형태가 창출되는 현상을 가리키는 용어였는데, 문화연구자들에 의해 서로 다
른 문화가 섞여 새로운 문화가 만들어지는 현상일반을 가리키는 용어로 정립되
었다. 크레올화의 '크레올'은 식민지의 역사적 맥락 속에서 고찰될 수 있고, 탈식
민지 후에는 국민국가 형성에서 민주주의의 외연이자 배제의 이데올로기로 활용
되고 있다(Stephan Palmié 2006).

불'과의 발음의 유사성을 활용해서 만들어진 일종의 속어이다. 제국일본의 '공통어'인 일본어와 '지방어'인 한국어의 명확한 위계질서 속에서 혼종적인 언어 형태는 명확한 체계를 갖추는 데까지는 나아가지 못하고 속어와 은어의 세계에 머물렀다. 즉 이 혼종성의 언어들은 단편적이며 불특정하다. 1923년생이며 서대문소학교를 거쳐 경성사범학교를 졸업한 어느 제보자의 이야기는 이 언어혼종의 수준이 어느 정도였는지를 보여준다.

> 기억나는 것이 있어요. '여기서 만난 것이 햐쿠넨메(百年目), 아버지의 아다(仇) 각오하라'라는 말이 있어요. 무슨 뜻인지 알겠어요? '여기서 만난 것이 백년전', 'ここで会ったのが百年目, 親父の仇, 覚悟しろ'라고. [변사개] 통역하기 어려운 것은 일본어로 했어요. '여기서 만난 것이 햐쿠넨메(百年目), 아버지의 아다(仇) 각오하라'라고. 이 말을 지금도 기억해요. 우리에게는 당연한 말이었어요. (2012년 4월 28일 채록)

위의 이야기는 일본어 자막의 무성영화를 조선인 변사가 한국어와 일본어를 섞어 음성을 입혀주면 청중은 그것을 당연하게 받아들였다는 내용을 담고 있다. 이 이야기는 한국어와 일본어의 두 언어가 동시에 발화되는 상황을 묘사한다. 공적인 장에서 일본인은 한국어를 습득하지 않았으나 그 외의 일상적인 공간에서 일본어가 능숙하지 않은 조선인 상인에게서 물건을 사거나 극장에서 조선인과 함께 영화를 보거나 조선인 아이들과 어울려 놀면서 한국어에 '노출'되었다. 그 결과 어느 한쪽의 언어만으로는 의사소통이 가능하지 않는 상황이 발생했고, 그 순간에 만들어진 혼종어구가 언어유희로 반복되며 전파된 것이다. 이 혼종성의 경험이야말로 어떠한 역사담론으로도 논리화되지 않는 그들만의 '진정성'을 보증한다. 조선과 일본, 그 어느 한쪽의 문화만으로 '일방통행'하지 않았던 식민지적 문화경험은 이항적 역사의식으로는 포착되지 않을 뿐만 아니라 양방의 문화를 넘나들 수 있는 그들만의 경험적 역량을 산출한다. 바로 이 때문에 그들은 조선화의 실내용의 빈약함에도 불구하고 조선화로 자신들의 고유한 집단성을 견지하며 한국과 일본을 넘나드는 한일교류의 실천을 감행할 수 있었다.

## 번역되지 않는 조선화

이와 같이 조선화를 구성하는 '조선적인 것'들은 사람들 각각의 경험치만큼의 무게를 갖는다. 이 '조선적인 것'들은 한일교류의 과정을 거치면서 한국의 문화요소로 재규정되는데, 〈표 6〉의 한국어 목록을 중심으로 테스케와 넬슨(Teske and Nelson 1974)이 범주화한 문화요소에 따라 그것들을 분류하면 다음과 같다.[22]

- ●물질적 특질: 온돌(オンドル), 김치(キムチ), 지게(チゲ), 바가지(パカチ), 치마(チマ), 저고리(チョゴリ), 바지(パジ), 제기(チョンギ-), 자치기(チャッチギ), 찬팡(チャンパン), 공기(コンギ), 막걸리(マッカリ), 빈대떡(ビンデット), 설렁탕(ソロンタン), 시루떡(シルトツ), 간장집(カンジャンチビ), 술집(スリチビ)
- ●행 위 패 턴: 만세(マンセイ), 나간다(ナカンダ), 아이고(アイゴ), 아리랑(アリラン), 도라지(ドラジ)
- ●규　　　범: 양반(ヤンバン)
- ●제도적 변화: 사범(サボン), 한글(ハングル)
- ●역 할 가 치: 기생(キーセン), 어머니(オモニ), 아버지(アボヂ), 일본사람(イルボンサラム), 할머니(ハルモニ), 조그만 사람(チョコマンサラム), 멍텅구리(モントングリ), 총각(チョンガー), 기집애(キジベ)

---

22) 테스케와 넬슨(Teske and Nelson 1974)에 따르면, 문화요소는 물질적 특질(material trait), 행위 패턴(behavior pattern), 규범(norms), 제도적 변화(institutional change), 가치(values) 등의 범주로 분류된다.

물론 위의 분류에서 하나의 어휘가 하나의 문화요소만을 가리키지 않는다. 가령 규범의 문화요소로 분류된 '양반(ヤンバン)'은 '한국 출신 일본인'에게 잔존된 조선시대의 신분제도로 간주되면서도 조선인의 계층적 가치체계를 함축한다. 또 '제기(チェギ)', '자치기(チャッチギ)', '공기(コンギ)' 등은 놀이도구를 가리키면서도 행위 패턴을 뜻하고, '어머니(オモニ)'와 '아버지(アボヂ)'는 조선인에게 가족의 역할가치로 범주화되는 반면, 일본인에게는 가족의 역할 가치가 탈각되고 새롭게 전유(appropriation)[23]된 가치를 담고 있다.

그 외 물질적 특질의 항목에 속하는 어휘들을 살펴보면, 조선의 고유한 의식주를 나타내는 '온돌(オンドル)', '김치(キムチ)', '치마(チマ)', '저고리(チョゴリ)', '바지(バジ)', '막걸리(マッカリ)', '빈대떡(ビンデット)', '설렁탕(ソロンタン)', '시루떡(シルツ)', '간장집(カンジャンチビ)', '술집(スリチビ)' 등이 있고, 조선인 짐꾼 혹은 짐 싣는 도구를 가리키는 '지게(チゲ)', 조선의 아녀자들의 가사도구인 '바가지(バカチ)', 경성의 길거리음식이었던 '찬팡(チャンパン)'이 있다.

'온돌'은 조선의 혹한을 견디기 위해 반드시 필요한 난방장치였다. 필자의 조사에 따르면, 경성에서 일본인은 대개 가옥의 방 하나를 온돌방으로 개조했다.[24] 1933년 경성에서 태어난 오야마 유키코(小山由紀子) 씨는 1938년

---

23) 앤드류 슬러이터(Andrew Sluyter)에 따르면, 전유(appropriation)는 문명과 야만, 사회와 자연, 진보와 전통 등의 식민지적 범주화(colonial categorization)에 의한 표상의 전용을 뜻한다(2002: 146). 본 글에서 전유는 타자의 맥락으로부터 표상을 떼어내어 자아를 구성하는 과정을 가리킨다.

24) 1925년 경성의 주택통계에 따르면, 온돌을 사용하는 조선인 주택이 총 53,580동 중에 51,743동, 일본인 주택이 총 18,811동 중에 4,590동이었다(『동아일보』 1925년 10월 31일자 3면 기사 참조). 또 1922년 조선의 일본인 건축기술자들을 중심으로 설립된 조선건축회에서 일본인주택의 난방장치로서 온돌개량의 문제를 본격적으로 다룬 것으로 보아 1920년대에 들어서면 이미 온돌방은 조선의 일본인의 주거문화의 일부로 자리잡은 것으로 보인다. 키무라(木村健二)는 조선의 일본인 주택은 계층에 따라 큰 차이를 보인다고 했다. 상류층에서는 서양식으로 주택을 짓고 스토브를 두었고, '봉임관(奉任官)' 이하 '판관(判任)'까지의 관사와 은행, 회사의 사택은 대체로 일본식이었다. 상류층의 경우 난방장치를 일본식, 서양식, 조선식으로 병존할 수 있게 했다(1996: 389). '한국 출신 일본인'의 회고록에서도 온

〈사진 7〉 온돌방을 갖춘 일본식 가옥
(1940년 상도정(上道町: 현 상도동))
※출처: 오야마 유키코(1933년, 경성 출생)
※사진의 상단 우측에 온돌방 굴뚝이 보인다.

한강 이남의 상도정(上道町: 현 상도동)에 부친이 직접 가옥을 신축했을 때, 두 개의 온돌방을 만들었다고 말해주었다(〈사진 7〉 참조). 온돌방은 한겨울에는 혹한의 추위를 피해 가족 모두가 모여 잠을 자는 곳이었고 이들에게는 '따뜻한 놀이장소'(『靑葉』 7호, 18쪽)였다. 이러한 온돌의 '따뜻함'은 일본의 난방장치와 비교되면서 조선 시절을 추억하는 감각적 매개로 작용한다.[25] 이와 더불어 겨울철 김장김치는 '온돌의 따뜻함과 함께 잊을 수 없는 맛'(『靑葉』 2호, 4쪽)으로 회고된다.

---

돌방에 대한 묘사는 심심찮게 볼 수 있다. 미사카통(三坂通り)의 조선은행('鮮銀') 사택에 거주했던 어느 일본인은 집의 구조를 다음과 같이 묘사했다. "선은사택(鮮銀社宅)은 다이쇼시대에 지어진 서양식의 이층 건물로, 옥상에는 발코니가 있으며 지하에는 보일러실이 있고 집 안에는 스팀난방이 되어있었다. 자주 집으로 석탄이 배달되어 부엌의 구멍으로 지하실에 옮기는 일이 힘들었던 기억이 있다. 집 안에는 응접실만이 서양식이었고 그 외에는 전부 일본식이었다."(『鉄石と千草』, 1983년 11월, 228쪽). 〈사진 7〉의 제보자 또한 사진 속 가옥의 지하실에 보일러를 두고 집 전체에 '스팀'을 통하게 하면서 온돌방과 일본식의 난로를 함께 두었다고 한다.

[25] "일본이 이렇게 추운 곳이었나 했어. [조선에서는] 밖이 추워도 온돌방에 있으면 집안은 따뜻했거든. 그래서 귀환 후에 경성 꿈을 자주 꿨어. 따뜻한 집. 지금은 일본이 잘 살아도 그때는 집에 화로밖에 없었어. 코타츠와 화로. 외풍이 샜지. 일본이 왜 추운 거지, 기온은 조선보다 높잖아. 내가 자란 곳은 겨울에는 영하 십 몇 도였고, 한강이 얼어서 스케이트장이 되었을 정도로 추웠는데도, 일본이 춥구나 했지."(1933년생, 여, 미사카소학교·강남국민학교, 2013년 1월 9일 채록).

'찬팡(チャンパン)'에 관해서는 1910년대부터 1930년대 후반에 출생한 사람들에게서 두루 이야기되는 것으로 보아, 1930~40년대 경성의 흔한 '길거리 음식'이었던 것으로 짐작된다. 또 가게가 명치정(明治町: 현 명동)과 황금정(黃金町: 현 을지로)과 서대문 부근에 위치했다는 것으로 보아, 경성의 시내에서 주로 소비되었던 것 같다. 동창회지에서는 주로 중국인26)이 팔았던 '찬팡'이 중국의 산동지방의 옛떡인 '糖餠[táng bǐ]에서 기원하는 것으로 설명되는가하면(『蔦』 31호, 2002년 10월, 7쪽), 당시 '찬팡'의 크기와 가격과 만드는 방법까지 소상하게 기술되는가하면(『敦義』 6호, 1987년 12월, 20쪽), '지금은 호떡(ホ-トック)이라 불리며 서울 시내 곳곳에서 팔리고 있다'라면서 서울에서 직접 시식하는 모습까지 사진에 담아 게재해놓았다(『敦義』 9호, 1994년 6월, 70쪽). '찬팡'은 경성 출신만이 공유할 수 있는 경험의 매개체로서, 미시카소학교 1935년 졸업생의 '오사카찬팡회(大阪チャンパン会)'와 같이 개별 모임의 별칭으로도 사용되었다.27) '찬팡' 외에도 '멍텅구리'와 같은 속어가 경성의 럭비부 출신자들의 모임인 '멍텅구리회(モントングリ会)'(1972년 결성)처럼 모임의 별칭으로 사용되었다.28) 이렇듯 '한국 출신 일본인'의 경험이 농축된 한국어는 그들만의 '은어'로서 동창회 모임의 인사말을 대신하기도 한다.29)

마지막으로, 행위패턴, 제도, 규범에 관한 항목의 어휘를 살펴보면, '아리랑', '도라지'는 조선의 전통 민요를, '양반'은 조선의 전통적인 신분제도 및 부유층을 가리킨다. 이 어휘들 또한 그들 사이에서 한국어 발음으로 표기되어야만 의미가 상통하는 것들이다. 그들은 한글을 습득하지 않은 탓에

---

26) 1935년 경성의 인구(444,088명) 중 중국인은 6,871명으로 경성 인구의 1.5%를 차지했고 주로 상업에 종사하였다(『昭和十年朝鮮國勢調査報告』[쇼와10년 조선국세조사보고] 참조).
27) 『鉄石と千草』, 京城三坂小学校記念文集, 三坂会事務局, 1983년 11월 5일, 155쪽.
28) 『蔦』 13호, 1989년 9월, 5쪽.
29) 『蔦』 19호, 1990년 12월, 7쪽.

이 어휘들을 가타카나로 표기할 수밖에 없다. 다음으로 한국어 발음으로만 통용되는 조선시절의 경험이 표상하는 것이 무엇인지를 본격적으로 논해 보겠다.

## 조선인의 표상: '어머니'의 기억

'한국 출신 일본인'의 기억 속의 조선인의 표상을 논하기에 앞서, 식민지 경성에서 일본인의 '집거지'였던 용산일대에 유독 조선인 여성의 주거 비율이 높았던 점에 주목해보자. 이 점에 대해 이혜은은 일본인 가정에서 조선인 가사사용인(家事使用人)을 두었기 때문으로 풀이했다(1984: 27). 가사사용인이란 가사나 육아를 돕는 일에 종사하는 사람을 가리키는 직업적 용어로, 1927년 신문에서는 '식민지기 매년 조선인의 생활고에 의해 일본인 가정으로 일하러 가는 조선인 젊은 여성이 증가하고 있으며 직업소개소를 거쳐 고용된다'라고 소개되고 있다. 그리고 지원자 3,300여 명 중 1,300여 명이 고용되었다는 기사내용으로 미루어볼 때,[30] 수요보다 공급이 많았던 직종으로 유추된다. 1929년생과 1935년생의 어느 일본인 자매는 '써 달라'고 부탁하는 조선인이 많았고 그들을 가사사용인으로 고용해주면 무척 고마워했다고 말했다. 조선은행에서 근무하는 부친과 소학교 교사인 모친을 둔 이들 자매는 비교적 부유한 가정형편 때문인지 일본인을 가사사용인으로 들인 적도 있다고 했다.[31] 실제로 가사사용인 중에는 조선인뿐만 아니라 일

---

30) 「京城で內地人に雇われた朝鮮下女一千三百名」[경성에서 내지인에 고용된 조선 하녀 1300명]『朝鮮思想通信社』1927년 1월 17일자.
31) "우리 집에 가정부라고 할까 한국 사람이 있었고 일본 사람도 있었고, 가정부가 한 사람 있었습니다." "한 사람 있기 때문에 어머니가 더 안 받는다고 거절해도 써 달라고 한국 사람이 부탁을 해요. 그렇게 사람이 오면 쭉 같이 살았어요. 가족처럼 우리와 가깝게 지내요. 그리고 나이가 어느 정도 차면 시집을 보내요. 모든

본인도 있었다. 그렇지만 1930년 직업별 인구구성을 보면, 120,287명의 가사
사용인 중 일본인은 3,536명으로 약 3%에 불과했다.[32] 또 가사사용인이 고
용주의 집에 기거하는 경우, 1941년 기준으로 일본인의 평균월급은 20엔,
조선인은 10.75엔이었다.[33] 따라서 최상위층을 제외한 일본인 가정에서는
대부분 조선인 가사사용인을 고용했을 것으로 짐작된다.[34] 1934년생의 한
제보자는 부친이 조선총독부의 하급관료였고 지금의 월급쟁이 수준의 가
계수입이었다고 하면서, 밥 짓는 일을 도와주는 '죠츄우상(女中さん 식모)'이
있었다고 했다.[35] 1932년생의 또 다른 제보자는 '죠츄우상'이라고 하면 미
혼의 조선인 여성을 의미한다고 말해주었다.[36] 또 '죠츄우상'인 조선인 여
성이 결혼하면 그녀를 고용한 일본인이 결혼비용을 대주는 것이 관례였고
그만큼 '죠츄우상'과 일본인은 '가족처럼 지내는 사이'였다고 한다.

경비를 우리 부모님이 지원을 해주니까 매우 기뻐하는 것을 아이인 내가 봐도 알
수 있었어요. 그러면 또 다음 사람이 자기를 써 달라고 해요. 서로 가정부를 써
달라고 했어요."(2010년 10월 29일 채록).

32) 『昭和五年朝鮮國勢調査報告』[쇼와5년 조선국세조사보고] 참조.
33) 「賃金表(昭和十六年平均)」『京城府勢一班·昭和十七年版』, 京城府, 1942년, 70쪽.
34) 1927년 경성에서 태어나 미사카소학교를 졸업한 후쿠다 미치코 씨는 그의 자서
전에 "일본인 가정에는 조선인 '죠츄우상(女中さん, 식모)'이나 일하는 사람을 두
는 것이 보통이었기 때문에 우리들은 그것을 당연하게 여겼다"고 써놓았다.(福田
迪子『京城回想』精興社 2012년 2월 17일(비판매), 19쪽)
35) 1934년생, 남, 아오바소학교, 2012년 5월 21일 인터뷰에서.
36) "'기지배'가 우리 집으로 일을 도와주러 왔었어요. 지금 일본에서는 '오테츠다이상
(お手伝いさん, 파출부)'이라고 말하지만요, 그 때는 '죠츄우상(女中さん, 식모)'이
라고 했어요. '죠츄우상'이라고 하면 모두 '기지배'였어요. 여하튼 '기지배'라고 했
어요, 이상하게도."(1932년생, 여, 서대문소학교, 2012년 7월 24일 채록); 1933년생,
남, 경성사범부속소학교, 2012년 6월 11일 인터뷰에서.

〈사진 8〉 어느 일본인 가족과 '옥순이'
(1940년 창경궁 식물원)
※출처: 오야마 유키코(1933년 경성 출생)

그런데 일본인 가정에서는 조선인 가사사용인에 대한 호칭이 정해져 있었다. 기혼의 여성은 '어머니', 미혼의 여성은 '기지배'로 불렸다. 제주도에서는 '기지배'의 제주도 방언인 '지집아이'라는 호칭을 사용되었고,[37] 평양에서는 처녀의 평안도 방언인 '체네'로 불렸으며,[38] '오네에상(お姉さん, 누나·언니)'

---

[37] "일해 주러 집에 온 가정부가 한 사람 있었을 때도 있고, 두 사람이 있었을 때도 있고. 제주에서는 '지집아이'라고 했어요. 경성에서 고용했을 때는 "기지배"라고 했고요. 청소를 한다거나, 욕조청소." (1923년생, 남, 서대문소학교, 경성사범학교, 2012년 4월 28일 채록)

[38] "집에 일하는 여자가 두 명 있었습니다. 나이든 사람과 젊은 사람. '어머니'라고 하면 마흔살, 지금 생각해보면, 4,50대 정도일 겁니다. 아직 건강하고. 그리고 소녀 정도의 여자. 설거지를 했어요. 집에서 함께 살았어요. 방이 따로 있었고요. 나이든 사람에게는 '어머니', 젊은 사람에게는 '체네'라고 했어요. (1928년생, 남, 남대문소학교, 2011년 7월 7일 채록)

이라는 일본의 친족호칭으로 불리는 등의 한 사례들이 발견되지만,[39] 경성에서는 대체로 '기지배'라는 호칭이 사용되었던 것으로 보인다.[40] '어머니'와 '기지배'는 일본인 가정에서 가사뿐만 아니라 육아에도 참여했으며,[41] 때로는 일본인 가족들과 함께 나들이를 나서기도 했다(〈사진 8〉 참조). 이처럼 가사고용인은 경성의 일본인이 가장 가깝게 접하는 조선인이었다. 그래서 동창회지에는 '어머니'에 얽힌 어린 시절의 회고담이 자주 등장한다. 그들은 '어머니'의 집에서 조선음식을 먹고, '어머니'와 함께 목욕탕에 갔다.[42] 남산소학교의 경우, 학교 가까운 곳에 상권이 위치한 탓에 상인인 학부형이 많아 '어머니'의 돌봄을 받는 학생이 많았다. 남산소학교 동창회지에서 '어머니'는 '유모'와 같은 존재로 기억된다.[43]

나아가 '어머니'는 '조선적인 것'의 기억을 매개한다. 특히 '어머니'와의 추억에는 늘 김치의 기억이 부착된다. 동창회지에서는 조선과 내지의 생활상의 가장 큰 차이로 '어머니'가 만들어준 김치를 꼽는다.[44] '어머니'와 김치는

---

39) "나의 어머니는 그 무렵부터 민주주의 교육을 했던 것 같다. 가정부를 누나·언니(お姉さん)라고 부르게 했다"(『敦義』 12호, 2000년 9월, 53쪽).

40) "한국에서는 여자를 '기지배', 어머니를 '어머니'라고 하는데, 내지인의 가정에서 아이돌보는 일 또는 가정부의 일에 고용된 이에게 '하루코'(春子)라든지 '오타케'(お竹)라든지 일본이름을 붙여서 부르기도 했지만, 대개의 가정에서는 아이돌보는 소녀를 '기지배', 중년의 여성은 '어머니'라 불렀다(『鐘路』 11호, 1978년 11월, 4쪽).

41) "가정부가 있었어요. 귀여운 여자아이 두 명과 '어머니'라고 했던 중년의 여성. 이름도 기억해요. '옥순이'라고 했어요. 말하자면 가정부인데, 학교에서 집까지 거리가 좀 됐어요. 내가 1학년 때 오빠가 6학년이었으니까 등교할 때는 같이 가고, 하교할 때는 가정부가 데리러 왔어요."(1933년생, 미사카소학교·강남국민학교, 여, 2013년 1월 9일 채록).

42) "소학교 1학년 무렵, 나의 가족은 집 가까운 곳의 대중목욕탕을 자주 이용했다. 4학년의 누이와 나, 내 동생, 거기에 어머니까지 네 명이 함께 갔다. 할머니의 의미로 어머니라 부른 그 사람은 막 결혼한 젊은 사람이었다."(『潮流』 9호, 2003년 7월 31일, 82쪽).

43) 『坂道とポプラと碧い空と』(경성남상공립심상소학교 창립70주년 기념지), 경성남산소학교 동창회, 1996년 8월 30일, 131쪽.

44) "'한국에서는 뭘 먹었어?'라고 누가 물어오면 '내지의 일본인과 조금도 다르지 않

불가분한 관계에 놓인 가장 조선적인 기억이다. 1930년 경성 출신의 어느 제보자는 매해 초겨울 무렵 독에 가득 재워 겨울 내내 먹던 김장 김치의 맛을, 김치 담그는 '어머니'의 모습과 함께 기억해내었다.[45] 이웃의 '어머니'는 김치를 함께 담가주며 김치 담그는 법을 가르쳐주었다.[46] 그렇게 해서 맛본 김치는 일본의 시중에서 파는 김치와 맛이 다르다.[47] 1936년부터 45년까지 약 10년간 전라북도의 조선인 학교에서 교사생활을 했던 이토 이사무(伊藤勇) 씨는 귀환 후 조선에서 먹었던 김치와 돼지고기 수육의 맛을 잊지 못해 시중에 파는 조선김치(朝鮮漬)를 사서 예전처럼 만들어 먹어보지만 그 본래의 맛을 맛볼 수 없었다.[48] '어머니'가 만들어준 김치야말로 '진짜 김치'이다. 그래서 그들은 '기무치', '김치'를 분명하게 구별한다. 이때 김치는 '한

---

아라고 답하지만, 차이가 있다면 김치를 만들어 먹었다는 것이겠지요. 마당 한편에 사람이 들어갈 정도로 구멍을 파서 겨울이 되면 거기에 김치나 야채, 양념 등을 얼지 않게 저장해두었어요. 김치의 맛과 색은 기억이 가물가물하면서도, 매일 아침 파 놓은 구멍에서 김치를 꺼내던 어머니의 모습은 왠지 선명하게 인상에 남아있습니다. … 김치는 한국에서 생활했던 일본인이 일상의 식사에서 빼놓지 않은 유일한 한국요리가 아니었을까요."(『蔦』 30호, 2001년 12월 1일, 8쪽).

45) 1930년생, 남, 아오바소학교, 2012년 8월 16일 인터뷰에서.

46) "김치 담그는 방법을 모르잖아요. 그래서 '어머니상'이 김치를 담글 때 도우러 왔어요. 몇 명인가 와서 이런 대야에 갖가지 야채, 배추를 담그는 거에요. 그러고 나서 또 대야에 무를 잘라서 집어넣고. 여하튼 그 사람들이 어머니를 도와주었어요. 그렇게 해서 나는 김치를 항상 먹을 수 있었어요. 그래서 지금도 김치를 아주 좋아합니다."(1932년생, 여, 서대문소학교, 2012년 7월 24일 채록); "김치가 맛있잖아요. 우리 어머니는 한국의 이웃에게서 김치 만드는 방법을 배웠어요. 배추 사이에 갖가지 것들을 넣잖아요. 잣이라든가 맛있는 것. 우리 어머니가 김치를 담갔어요. 한국 사람들에게 배워서 만들었습니다."(1932년생, 남, 서대문소학교, 2012년 5월 25일 채록)

47) "어머니가 매년 이른바 현지의 김치를 담가서 보일러가 있는 지하실에 김칫독에 저장해두었어요. 그래서 지금 슈퍼에서 김치를 팔고 있지만, 역시 진짜 김치는 아니지요. … 김장김치 담그는 계절이 오면, 한꺼번에 많이 담갔던 것이 기억납니다. 그 안에 다양한 재료를 넣는 것도 보았고요. 매년 김치를 담갔어요. 언 김치를 온돌방에서 서걱서걱 먹었던 것이 참 맛있었어요."(1933년생, 여, 미사카소학교·강남국민학교, 2013년 1월 9일 채록).

48) 伊藤勇, 『私の中の朝鮮』, 晧星社, 1982년, 68쪽.

국 출신 일본인'이라는 집단을 구획하며 집합적 기억을 표상한다. '우리의 김치'와 '그들의 기무치'의 차이는 '우리'와 '그들'을 대비한다.

'어머니'의 기억으로부터 조선의 경험세계는 확장된다. '어머니'는 마을의 공동우물에서 빨래를 하거나 물을 긷는 조선의 일상의 풍경,[49] 가사와 육아를 돕는 이웃의 어머니로 묘사된다.[50] 이제 '어머니'는 기혼의 조선인 가사사용인뿐만 아니라 조선인 여성 일반을 가리키게 된다. 패전 후의 한국방문에서 그들은 서울의 거리에서 마주친 행상을 '어머니'라 칭하고,[51] 동창회 모임에서 조선의 전통적인 의상을 입는 '어머니'의 '코스프레'를 행한다.[52]

〈사진 9〉 어느 일본인 가족과 '어머니'
(1939년 정월)
※ 출처: 이이다 케이이치(1937년 경성 출생)

---

49) "집 바로 뒤편에 공동의 우물이 있어서, '어머니'들로 늘 떠들썩했다. 마치 싸움이라도 하는 것처럼 큰 목소리로 회의를 하고, 빨래를 하거나 야채를 씻는다거나 양동이의 물을 멜대에 매고 집까지 옮긴다거나, 정말 일을 많이 했다."(『青葉』 최종호, 1999년 6월, 8쪽).

50) "우리 집은 형제가 일곱인 대식구. 일 많이 하는 우리 어머니도 아이들이 한창 클 때에는 이웃의 '어머니'의 왕래로 가사 일의 도움을 받았다."(『敦義』 3호, 1981년 11월, 15쪽); "집안일은 숙달된 '어머니'로부터 많은 도움을 받았다."(『敦義』 10호, 1996년 9월, 59쪽).

51) 『敦義』 13호, 2002년 9월, 31쪽.

52) "칼라색의 치마, 저고리 모습의 '어머니'와 바지, 저고리에 한국 왕조시대의 향수 어린 모자'관'을 쓰고, 특유의 긴 담뱃대를 문 '아버지'가 팔짱을 끼고 등장한다."(『敦義』 3호, 1981년 11월, 10쪽).

그런데 처음에 어떻게 해서 기혼의 조선인 가사사용인을 '어머니'라 부르게 되었을까? 이 질문에 대해 현 수준의 문헌과 구술 자료로는 답하기가 쉽지 않다. 다만 1918년생이며 경성사범학교를 졸업한 후 조선에서 교사를 지냈던 故 사토 시로(佐藤司郎) 씨는 그 이유에 대해 '누구의 어머니'이므로 그렇게 부른 것 같다고 풀이해주었다. 또 다른 제보자는 '어머니'가 자신을 보살펴주는 친어머니와 같은 존재이기 때문에 그렇게 부른 것이 아니겠냐고 반문했다. 이들의 이야기로부터 추론 가능한 것은, 직접적이고 인격적인 관계가 아닌 '누군가의 어머니'라는 간접적인 관계 설정에서 기혼의 조선인 가사사용인에게 '어머니'라는 호칭이 부여된 것이 아닐까 하는 것이다.[53] 그리고 일본인 사이에서 '어머니'가 조선인 가사사용인을 지칭하면서부터 '어머니'는 가사사용인이라는 직업의 조선인 여성을 뜻하게 된 것으로 추측된다. 나아가 함께 생활하는 유일한 조선인 여성이 '어머니'인 까닭에 어느 때부터인가 일본인에게 '어머니'는 특정한 직업군에 한정되지 않고 조선인 여성 일반을 가리키게 되었다. 요컨대 조선의 일본인은 조선인의 어머니에게서 '어머니'라는 한국어를 가져와 가사사용인의 호칭으로 사용했고, 그 기의를 조선인 여성 일반에까지 변용하고 확장했다.

이렇게 일본인이 가사사용인의 호칭이었던 '어머니'의 기의를 조선인 여성 일반에까지 확장하면, 조선인 여성 일반은 일본인의 용법에 따라 잠재적인 가사사용인이 된다. 그리고 식민지조선의 지배민족인 일본인이 갖는 '어머니'의 기의는 일본인 사이에 한정되지 않고 피지배민족인 조선인에까지 영향력을 끼치게 되어 조선인의 저항을 불러일으켰던 것은 당연한 귀결이다.[54] 조선인이 '어머니'라고 하는 것은 자신의 어머니를 뜻하지만, 일본

---

53) 키무라(木村健二)에 따르면, 일본인이 처음에 멸시의 의도를 가지고 사용한 조선인에 대한 호칭이 나중에는 일본인 사이에 정착되어 무의식적으로 통용되었다 (2001: 86).
54) "내지인 사이에는 독특한 대명사가 유행하고 있다. 예를 들면, '여보'와 '어머니'이다. 여보라고 하면 조선인을 뜻한다. 게다가 주로 하층계급을 가리키는 것 같다.

인이 '어머니'라고 하는 것은 (잠재적인) 가사사용인을 가리키므로, 조선인에게는 그것이 모성의 가치와 가족관계가 담긴 한국어를 '오염'시키는 것이 된다. 동일한 어휘가 민족에 따라 상이한 기의를 갖게 되면서 민족 간 위계를 드러낸 것이다.

문제는 '어머니'의 돌봄과 함께 성장했던 일본인에게 '어머니'가 특정 직업군의 여성이 아닌 한국의 기혼여성 전반을 뜻하는 일반명사로 자리 잡으면서, 그들의 기억에서 '어머니'라는 어휘에 잠재된 민족 간 위계가 배제된다는 점이다. 그것은 그들을 업어서 재워주고 먹을 것을 챙겨주던 '어머니'와 그들의 관계가 조선인 가사사용인과 일본인 고용주라는 형식적인 관계로 환원될 수 없기 때문이 아니다.[55] 그들은 더 이상 '어머니'가 가사사용인을 뜻하지 않는 변화된 시대상황에서 자신이 태어나고 자란 조선을 추억하는 중심적인 매개체로 '어머니'를 불러들이기 때문이다. 이 과정에 대해서는 다음 절에서 좀 더 상세히 설명해보겠다.


## '식민지배의 무자각'의 조건

앞서 언급했다시피, 1930년 경성의 민족별 직업구성에서 일본인은 공무자유업과 상업에 종사하는 이가 가장 많았던 반면, 조선인은 상공업과 가

---

… 조선인이라고 하면 곧 여보, 선인(鮮人), 어머니, 가정부, 총각(鮮童), 직공, 노동자, 고용인, 사무원, 소작인, 지게꾼 등을 연상하는 한, 내선일여(內鮮一如)의 길은 멀고 험할 것이라고 생각한다."(「朝鮮人より內地人へ內地人より朝鮮人へ」 『綠旗』, 1937년 4월호).

55) 1933년 경성 출생의 어느 제보자는 어릴 때 '어머니'의 등에 자주 업혔다고 회고해주었다(2012년 10월 17일 인터뷰에서). 이처럼 그들의 기억에서 '어머니'는 친밀한 존재이다. "경성에서 태어나 경성에서 자란 나와 사형제 중 첫째인 나는 어머니 손에서 컸지만, 동생들은 '어머니'라는 가정부 손에서 컸다. '어머니'는 아가를 등에 업고 자신의 집에 데리고 가 자신의 아이들과 함께 돌보았다."(『鉄石と千草』 경성미사카소학교기념문집, 1983년 11월 5일, 351쪽).

사사용인이 다수를 차지했다. 이와 같은 민족별 비대칭적 직업편제구조는 경성뿐만 아니라 전 조선에 걸쳐 나타났다(〈표 7〉 참조).[56] 그런데 경성의 경우는 민족별 직업편제구성이 이와는 조금 상이하다. 1930년 조선의 농업 인구가 전체 유업인구(有業人口)의 78.5%를 차지한 것에 비해 경성에서는 2.3%에 불과했다. 경성의 조선인의 직업구성에서는 상공업에 종사하는 이가 유업자의 54%로 가장 많았다. 또한 무직 또는 직업을 신고하지 않은 자들 가운데 빈곤자와 부랑자가 다수를 차지하는 것이 소비도시 경성의 특징이다.[57] 즉 경성의 민족별 직업편제구조는 크게 도시생활자인 일본인과 그 편의를 제공하는 조선인으로 가름된다. 그래서 경성 출신의 일본인의 회고담에는 하층의 직업군의 조선인이 자주 등장한다. 앞서 일부 인용했던 『潮流』[조류]의 「京城の街角で」[경성의 거리에서]라는 연재 글에서도 생선이나 야채를 파는 행상, 낡은 구두나 고장 난 우산을 수선하는 수리공, '굴뚝공', '땜쟁이', '칼갈이' 등의 조선인(혹은 중국인)이 묘사되어 있다. 경성에서 '쿠츠-나오시'[구두, 고쳐요], '코-모리카사, 나오시'[우산, 고쳐요]는 그에게 매일같이 들려오는 귀에 익은 소리였다. 그는 길거리에서 동네 아녀자들과 가볍게 농담을 주고받으며 도구 일체를 펼쳐놓고 일하는 수리공의 모습을 흔하게 보았다고 회고한다.[58] 그는 자신의 집에서 자신의 어머니와 조선인 행상이 "안녕하세요, 또 왔어요" "오늘은 뭐가 있나요" "정어리에 가다랑어, 방어에 고등어, 넙치, 낙지, 다 있지요" "그럼, 고등어 토막과 가다랑어를 회로 사볼까요" "고맙습니다" 등의 대화를 주고받는 모습을 일상적으로 관찰할 수 있

---

56)                              〈표 7〉 1942년 조선의 민족별 직업구성비

| 직업 | 총비 | 농업 | 수산업 | 광업 | 공업 | 상업 | 교통업 | 공무자유업 | 기타유업자 | 무업 |
|------|------|------|--------|------|------|------|--------|-----------|-----------|------|
| 조선인 | 100 | 68.1 | 2.0 | 2.1 | 4.6 | 6.9 | 1.4 | 3.9 | 8.9 | 2.1 |
| 일본인 | 100 | 3.9 | 1.2 | 3.1 | 18.7 | 18.2 | 7.2 | 39.5 | 4.3 | 3.9 |

※출처: 『조선총독부통계연보』 조선총독부, 1942년.

57) 『朝鮮の聚落』, 조선총독부 편, 1933년, 881쪽.

58) 『潮流』 8호, 2003년 7월 31일, 50쪽.

었다.[59] 그는 일본어가 서툴면서도 장사수완이 좋았던 조선인들의 모습을 떠올리면서 "이렇게 경성 거리에서는 일을 부탁하고 받는 사람들이 서로의 편의를 맞춰가며 상부상조하는 도시의 짜임새를 자연스럽게 만들었다"[60] 고 회고한다.

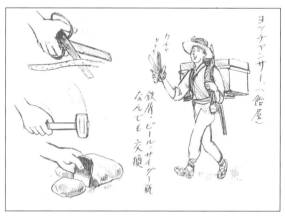

〈그림 7〉 엿장수
※출처:『61年前に消滅した朝鮮の殘像』(2006년 4월)

〈그림 8〉 지게꾼과 물장수
※출처:『61年前に消滅した朝鮮の殘像』(2006년 4월)

---

59)『潮流』11호, 2006년 3월 15일, 52쪽.
60)『潮流』8호, 2003년 7월 31일, 50쪽.

동창회지에도 조선인 행상에 대한 회고담이 종종 출현한다. 생선, 야채, 두부 등의 식료품뿐만 아니라 금붕어, 벌레장, 바구니 등의 온갖 물건을 팔러 다니는 행상의 모습은 경성의 시공간의 일부를 구성하며 독특한 풍경을 자아낸다.[61] 그중에서도 엿장수에 대한 묘사가 가장 많은 비중을 차지하는데, 이는 엿장수가 주로 아이들을 상대로 장사를 했기 때문이다. 경성 출신의 많은 일본인 아이들은 빈병이나 철사못과 같은 고철을 가져다가 엿과 바꿔먹었다.[62] 때로는 부모의 눈을 피해 집안의 고철을 가져다가 엿과 바꿔먹었고, 고철이 없을 때에는 돈 1전으로 엿을 사먹었다.[63] 이 엿장수의 추억은 귀환 후 일본에서는 다시는 경험할 수 없는 것으로서 더욱 '조선적인 것'으로 묘사된다. 엿장수의 큰 가위, 엿장수가 내는 찰캉찰캉 방울소리 등은 그들만이 아는 '조선적인 것'의 고유한 감각을 이룬다.[64] 엿장수의 계층적 지위는 일본의 사회문화적 맥락에서 가늠되지 않으며 가늠될 필요도 없다. 엿장수의 기억은 '조선적인 것'의 감각만을 담고 있다. 다시 말해 엿

---

[61] "경성에는 일본인 거리와 조선인 거리가 있었지만, 어디서부터 어디까지라고 분명하게 구분되지는 않았다. 일본인은 명치정(明治町)부터 본정(本町)방면이 가장 많이 살았던 것 같다. 앵정정(桜井町)에 살았던 때에는 일본인을 상대하는 행상이 많았다. 리어카 위에 서랍처럼 상자를 붙이고 그 안에 두부를 넣어 팔러 다니는 행상인이나, 여름에는 풍경, 금붕어, 벌레장을 짊어지고 팔러 다니는 행상인의 모습을 볼 수 있었다."(종로소학교 동창회창립 30주년 기념지, 1931년 졸, 2001년 6월, 6쪽).

[62] "때때로 리어카에 엿장수가 오면, 맥주나 사이다의 빈병을 가지고 나가 엿과 바꿔먹었다. 엿을 조금 당기면 늘어난다. 늘리면 늘릴 수록 잘 늘어난다. 비틀고 비틀어서 가위로 조금 자른다. 가위가 엄청 커서 엿이 가위보다 작았다. … 귀환 후 그런 큰 가위를 본 적이 없다. 참깨가 붙은 엿, 대추로 장식한 엿 모두 맛있었다."(『青葉』 7호, 1985년 5월, 17쪽).

[63] "확실히 그때는 1전으로 엿을 사먹을 수 있었다. 1전이 없을 때, 철사, 못 종류를 가지고 가서 엿과 바꿨다. 부모의 눈을 피해 스릴을 느껴가며 엿을 사먹었던 것이 기억난다."(『青葉』 6호, 1985년 6월, 15쪽).

[64] "언덕을 올라갈 때 찰캉찰캉 어디선가 갑자기 소리가 들렸다. 엿 자르는 큰 가위였다. 그리웠다. 그 소리를 들으면 추울 때에도 달려 나갔고, 리어카에 한 판 가득 있어야 할 엿이 없으면 쓸쓸한 느낌이 들었다."(『青葉』 9호, 1989년 5월, 9쪽).

장수는 식민도시 경성의 민족별 직업편제구조에서 탈각되어 다만 어린 시절의 '조선적인 것'을 특징짓는다.

이러한 엿장수의 기억의 속성은 지게꾼, 수리공, 행상, 물장수 등 그들이 추억하는 조선인 모두에게 해당된다. 돌이켜보면, "상투를 올린 노인이나 지게를 짊어진 남자가 거리 여기저기서 모여 있거나 독특한 앉음새를 하고 긴 곰방대로 뻐끔뻐끔 담배 피우는 모습이 아이의 눈에는 이상하게 비쳐졌던 것"[65]인데, 귀환 후에는 그 세계를 경험한 자신이 이상하게 비쳐진다. 짐을 산처럼 짊어지고 다니는 지게꾼의 모습, 그 모습을 흉내 낸 어린 시절의 추억[66]은 '일본'과 대비되면서도, 식민지의 민족차별의 직업편제구조를 고려하지 않는다. 이렇게 엿장수, 지게꾼, 수리공, 행상, 물장수 등은 '조선'이라는 고유한 세계의 보편적인 존재로서 '아버지'로 보통명사화 된다.[67] '한국 출신 일본인'에게 '아버지'는 '어머니'와 마찬가지로 친족관계를 나타내는 것이 아니라 조선의 성인남성 일반을 가리키며 '조선'의 기억을 매개한다.[68]

---

65) 『敦義』 9호, 1994년 9월, 54쪽.
66) "지게에 산더미처럼 야채를 싣고, 작대기를 비스듬히 짚고 구부린 자세로 지나가는 모습을 매일 볼 수 있었다. 또 등나무나 대나무로 만든 대야와 같은 큰 그릇에 여러 가지 물건을 넣고 머리에 이고 가는 모습도 매일 볼 수 있었다. 행상하는 사람도 있었다. 허리에는 천으로 만든 주머니를 차고 스윽 하고 끈을 풀고 돈을 꺼내면 혹은 주머니를 내리면 자연스럽게 죄어졌다. … 우리들은 그 모습이 재밌어서 머리에 이는 흉내를 내며 놀기도 했다."(『青葉』 7호, 1985년 5월, 17쪽)
67) "조선복을 입은 소사가 있었습니다. 아이들의 눈에는 할아버지로 보였지만 아직 쉰 살 전후였다고 하지요. 모두들 '아버지'로 불렀습니다. 예전에는 어느 마을의 읍장이었다고 들었는데 확실하지는 않습니다. '나막신을 신고 들어가면 안되는' 운동장에 들어가는 아이들이 있으면, 큰 소리로 주의를 주어 쫓아냈습니다. 그러나 그 어투에는 성의가 담겨있어서 반항하는 아이들이 거의 없었고, 선생님이 말한 것도 있어서 '아버지'가 혼내면 따르는 분위기였고, 아이들이 '아버지'를 좋아했습니다."(『鉄石と千草』, 1983년 11월, 32쪽).
68) "'아버지'는 조선어이며, 정확하게는 부친을 이르는 말이다. 그러나 재선일본인(在鮮日本人) 사이에서는 대개 성인남자 혹은 노인의 뜻으로 사용되었다. 우리들에게 '아버지'는 '이봐, 할배야(おい、じいさんよ) 쯤의 가벼운 말로 받아들여졌

그런데 한 가지 의문이 남는다. 경성에서 일본인 아이들이 접했던 조선인 중에는 소위 '양반'으로 불리는 상층의 조선인도 있었을 것이다. 다음의 〈표 8〉을 보면, 비록 소수이긴 하나 일본인 소학교에 다니는 조선인이 존재했다.[69]

〈표 8〉 1934년 경성의 관공립 소학교 민족별 학생 수

| 학교명 | 남자 | | 여자 | |
|---|---|---|---|---|
| | 일본인 | 조선인 | 일본인 | 조선인 |
| 히노데소학교(出尋常小學校) | 694 | – | 688 | – |
| 용산소학교(龍山尋常小學校) | 871 | 4 | 780 | 2 |
| 남대문소학교(南大門尋常小學校) | 817 | 2 | 826 | 1 |
| 사쿠라이소학교(桜井尋常小學校) | 834 | 22 | 839 | 1 |
| 서대문소학교(西大門尋常小學校) | 568 | 6 | 506 | 2 |
| 동대문소학교(東大門尋常小學校) | 911 | 6 | 895 | 1 |
| 미사카소학교(三坂尋常小學校) | 990 | 2 | 932 | – |
| 남산소학교(南山尋常小學校) | 565 | – | 575 | 1 |
| 경성사범부속소학교 (京城師範学校付属小學校) | 289 | 6 | 292 | 2 |
| 종로소학교(鐘路尋常小學校) | 370 | 15 | 685 | 5 |
| 모토마치소학교(元町尋常小學校) | 803 | 2 | 860 | 1 |
| 합계 | 7712 | 65 | 7878 | 16 |

※출처: 『朝鮮諸學校一覽』[조선제학교일람](조선총독부 학무국, 1934년)

이들 '양반자제'는 일본인 교육을 받아 일본어가 능통했으며 겉모습만으로는 일본인과 구별되지 않았다. 학교 밖이 아니고서는 '양반자제'에게서 '조선적인 것'이 드러나기가 어려웠다.[70] 반면, 거리에서 만난 하층의 조선

---

다."(『自分勝手史』, 1991년, 137쪽).

69) 조선인이 일본인 학교에 다니기 위해서는 식민지조선에서 심상소학교는 일본인의 '학교조합'에 의해 운영되었다. 그래서 '학교조합'에 가입하지 않은 조선인은 심상소학교에 다니려면 일본인의 2, 3배에 달하는 학비를 부담해야했다. 이런 까닭에 조선인 중에서도 그 정도의 학비를 감당할 수 있는 부유한 '양반의 자제'만이 일본인 소학교를 다닐 수 있었다(『朝鮮教育の概観』, 朝鮮総督府学務局学務課, 1939년, 20쪽).

70) "서대문소학교는 한 반에 한국인이 두 명 뿐이었어요. 집이 부유했죠. 지금도 나

인은 제도 교육을 받지 못해 일본어가 능통하지 못한데다가 식민도시의 근
대적인 생활방식을 구현할만한 경제력을 갖추지 못하여 과거의 전통적인
생활방식인 '조선적인 것'을 그대로 내보였다. 이에 따라 경성의 일본인 아
이들은 '양반자제'가 아닌 하층의 조선인에게서 '조선적인 것'을 감지할 수
있었다. 만약 그들이 식민사회의 성인으로 성장해서 '정책적 식민자'의 위
치에까지 이르렀다면 조선인과의 관계에서 식민지성을 파악했을지도 모른
다. 그러나 어린 아이가 냇가에서 방망이로 옷감을 두드려가며 빨래하는
'어머니', 온갖 물건을 지게에 지고 다니는 지게꾼, 야채와 생선을 이곳저곳
팔러 다니는 행상 등의 모습에서 식민지적 민족별 편제구조를 간파하기란
쉽지 않았을 것이다. 단지 그들은 귀환 후에 한국의 문화요소로 재인식할
만큼의 '조선적인 것'의 경험치를 기억의 공간에 담아 두었을 따름이다.


## 외지의 내지인에서 내지의 외지인으로

식민도시 경성의 일본인들은 조선인들과 같은 공간을 공유하면서도 자
신들만의 생활세계를 구축했다. 그 속에서 일본인과 조선인은 고용주와 종
업원, 고용주 가족과 가사사용인, 도시생활자와 그 편의를 제공하는 수선
공, 행상, 노점상 등의 관계형식을 통해 교차되었다. 경성 출신의 일본인이

---

는 양반사람이라고 말해요. 양반사람 두 명이 왔어요. 일본어가 능숙해서 한국인
인지 전혀 알 수 없어요. … 내가 아는 한, 1,2학년 때는 반에 한국인이 없었어요.
4,5학년이 되어서야. 모두 사이좋게 지냈어요. 다만 한 가지, 수업료, 월사(月謝)
봉투색이 달랐어요. 불그스름했어요. 이것도 차별이지요. 그래서 모두가 이건 뭐
야 라고 했어요. 수업료가 비쌌기 때문에. … 한국사람 중에서 어떻게 해서라도
일본 교육을 받으려는 사람이 한 반에 두 명 정도 있었고, 그 사람들은 앞서 말했
던 것처럼 굉장한 양반사람으로 일본어에 전혀 지장이 없었어요. 소학교에 다니
는 한국 사람은 한정되었습니다."(1932년생, 남, 서대문소학교, 2012년 5월 25일
채록).

기억하는 '조선적인 것'은 바로 이 교차지점에서 조선 전래의 언어와 몸짓을 연행하는 하층의 조선인에게서 습득한 것이다.

그들은 귀환 후 자신이 '외지에서는 내지인이었지만 내지에서는 내지인과 다른 외지인'임을 인식했다. 이 인식은 내지와 외지의 경험적 차이에서 비롯된 것으로 '원체험'의 자각으로 의미화 되며 '일본에는 원체험의 출처를 찾을 수 없다'는 실천적 문제의식으로 이어진다. 그리하여 그들은 '동향(同鄕)'의 동창회를 조직하고 '원체험'의 기억을 공유해왔던 것이다. 이러한 동창회의 서사적 실천에 대해 만주출신의 일본인 동창회를 연구한 사카베 쇼우코(坂部晶子)는 '과거의 동결된 일상세계를 신체적 감각이라는 내적 거점을 통해 유지하려는 담론 공간'이라고 규정한다(2008: 82-4). 그런데 조선출신의 일본인은 식민지조선에서 대부분의 일본인이 직업적 서열에서 상위를 점했다는 사실을 귀환 후 '하층의 직업군에 종사하는 일본인'을 보았을 때 자각했을 터인데,[71] 왜 조선의 기억에서 그러한 민족별 직업편제의 차별적

---

71) "쇼와 15년[1940년] 고향을 방문한 부모를 따라 처음으로 내지(內地)에 갔을 때, 역의 '아카보시'(赤帽)(역에서 수화물을 나르는 짐꾼)나 택시의 운전수, 하물며 거지까지 일본인이었던 것에 놀라움을 금치 못했던 기억이 있다. 그런 것은 조선인이 한다고 생각했었다. 가정부의 '어머니'나 아이돌보는 '기지배'가 집에 있었던 기억을 가진 사람이 많을 것이다. 나는 '어머니'나 아이돌보는 이의 집에 놀러갔을 때 그 가난함에 놀랐던 기억이 있다."(『鉄石と千草』, 1983년, 354쪽); "조선인 교사나 그 친구들과 인종문제, 식민지 문제 등 이러저러한 불만부족을 포함해서, 조선인의 마음 깊은 곳에 담긴 이야기까지 들을 수 있었다. 물론 가리는 것이 있었겠지만. 일본의 점령 하의 그들의 마음을 다소 이해했다고 생각했지만, 기이한 것이 조국일본으로 귀환한 후 노동자를 보면 조선인이 보이고, 밭에 퇴비를 주는 사람을 보면 중국인이 보였던 것은 왜일까. 확실히 일본인의 우월감이 귀환한 나의 마음속에 아직 남아있기 때문일 것이다. 관념적으로 이해했다 해도 그 이해는 얄팍했다."(『尚友』, 1987년, 32쪽) 이처럼 식민지조선의 직업편제에 의한 민족 차별의 구조는 귀환 후 '식민지 인식'의 주요한 계기가 작용했으며, 다음의 인터뷰에서도 확인할 수 있다. "A: 그때 나는 어린아이였고, 귀환했을 때, 일본에 돌아와서 놀랐던 것 중의 하나가 일본인이 육체노동을 한다는 것이었어. 경성에 있을 때는 본 적이 없었거든. B: 예를 들어 그때는 아직 구식 화장실이었기 때문에 분뇨를 처리하는 사람이 따로 있었어요. [귀환 후] 일본인이 그런 일을 하는 것을 보고 깜짝 놀랐고, 또 [조선에서는] 전차의 운전수나 차장도 한국인이 했던 것으

구조를 성찰하지 않는 것일까?

우선 조선화에서 그 이유를 찾아볼 수 있다. '한국 출신 일본인'은 귀환 후 '조선적인 것'을 '일본적인 것'과 대비되는 경험적 특질로 위치지으면서 민족차별의 식민지적 구조로부터 떼어내어 탈맥락화한다. 그들은 식민지조선에서 패전국 일본으로 귀환한 것이지만, 그들에게 이러한 시대적 이행은 관념상의 개념일 뿐으로 실제로는 태어나서 자란 외지를 떠나 낯선 내지로 정착하는 '이주'로 경험된다. 나아가 패전국 일본에서 외지 출신의 일본인은 '히키아게샤'의 국민적 동일성으로의 재편과정에서(浅野豊子 2004) 내지 출신과 외지출신의 이중구조 속에 안착했다. 이 구조에서 조선화의 '조선적인 것'은 내지의 문화로 완전히 흡수되지 않으며 내지인과 변별되는 이질적인 요소로서만 그 의미를 갖게 된다.

또 다른 이유로는 '한국 출신 일본인'이 1945년 이후 한국에 살지 않는다는 점을 들 수 있다. 이제 경성의 일본인은 조선인과 더 이상 같은 공간을 공유할 수 없다. 따라서 그들의 기억은 한국과 동시대적으로 소통할 수 없는 기억이다. 이처럼 타자와의 상호주관적인 시간(intersubjective time)을 허용하지 않는 기억은 타자에 대해 특권적 지위를 갖는다(Fabian 1984).[72] 우리는 시간의 흐름 속에 사건을 배정하고 서사를 구성할 때에 '나'와 시간을 공유하는 '너'의 서사를 '나'의 서사에 끊임없이 개입하며 재구성한다. 반면, 시간을 공유하지 않는 '너'에 대한 '나'의 서사에서 '나'는 '너'의 개입을 허용하

---

로 기억해요. [귀환 후] 일본인이 그런 일을 하는 것을 보고 깜짝 놀랐어요." (A: 1935년생, 남, 강남국민학교, B: 1933년생, 여, 미사카소학교 · 강남국민학교, 2013년 1월 9일 채록).

72) 파비안(Johannes Fabian)에 따르면, 타자와의 상호주관적인 시간(intersubjective time)에 대한 인식은 규정상 타자와 어떤 종류의 거리도 허용하지 않는다. 사회적 상호작용은 실제로 어떠하든지 간에 이러한 상호주관성을 전제한다. 이에 따라 타자와의 상호소통은 공유된 시간(shared time)을 창출하는 한편, 시간적인 거리두기를 통해 대상성(objectivity)을 남겨둔다. 즉 시간을 공유하는 것 같은 상호소통의 순간에서조차 시간적 거리두기의 장치가 작동된다(1984: 30-1).

지 않는 특권적 지위를 가진다. '한국 출신 일본인' 또한 조선화에서 조선이라는 타자의 개입을 허용하지 않는다. 조선화에서 '조선적인 것'은 타자와의 상호작용의 맥락을 잃고 또 다른 기억의 장인 '잃어버린 세계'를 구성한다. 이처럼 관찰자의 관찰대상과의 시간적 거리두기는 관찰대상의 시간을 공간화하여 관찰자의 공간으로부터 시간적 거리만큼 관찰대상의 공간을 배치한다. 그 결과 관찰대상은 관찰자와의 관계에서 시간적 관계성 —공유된 시간과 서사의 상호개입의 긴장성—을 잃고 그 대신 공간적 관계성 —중심부와 주변부라는 공간적 관념의 요소—을 얻는다.

그런데 시간적 관계성을 대체하는 공간적 관계성의 문제는 자신이 속하지 않은 사회(식민지)를 자신이 속한 사회(제국)의 독자들에게 알리는 것을 사명으로 삼아온 20세기 인류학자의 특수한 지위(Geertz 1973c)와 관련된 것이며, 포스트콜로니얼의 국면에 이르러 연구대상에게 '침묵의 언어(silent language)' (E. T. Hall 1959)를 강요해왔던 인류학적 방법론의 성찰적 지점에서 제기된 것이다(Marcus 1986; Kuper 1999). '실천에 대한 실천적 관계를 실천에 대한 관찰자의 관계'로 대체해왔던 인류학은 '역사 없는 사람들'(Wolf 1982)이 '목소리'를 내면서부터, 문명/미개의 '제국주의 담론'(酒井直樹 2005[1997]: 222-33)과 공모해왔음이 발각된 것이다.

물론 '한국 출신 일본인'이 조선화의 서사에서 취하는 관찰자적 입장은 20세기의 인류학자의 지위와 그 조건을 달리한다. 20세기의 인류학자가 현지에 일시적으로 체류했다가 본국으로 복귀했다면, '한국 출신 일본인'은 '익숙한 곳'에서 '낯선 곳'으로 '이주'했다. 그러나 시간적 관계성을 대체하는 공간적 관계성의 관점에서 20세기의 인류학과 '한국 출신 일본인'의 조선화는 동일한 차원에 놓인다. 20세기의 인류학자가 현지문화를 본국의 독자들에게 알리기 위해 시간적 관계성을 거부한 것처럼 '한국 출신 일본인' 또한 일본어로 조선을 서사화하면서 시간적 관계성을 잃어버렸다. 그리하여 조선화의 서사에서 일본인과 조선인은 시간적 관계성 대신 공간적 관계성에 의해 중심부과 주변부로 위치지어진다. 식민지조선은 패전국 일본과의 시간적 거리만큼 멀리 있다. 조선에 대한 '잃어버린 세계'의 감각은 조선을 일본의 주변부로 밀어낸다. 결과적으로 이것은 패전국 일본에서 내지와 외지의 감각을 온존시킨다.

이 속에서 '한국 출신 일본인'은 조선을 일본으로부터 멀리 밀어내면서도 그들 자신의 외부가 아닌 내부에 놓아둔다. 이것은 일본의 국민적 동일성 속에서 외지인이 취하는 위치의 이중성을 보여준다. 외지인은 외지의 경험을 내지로부터 멀리 밀어내면서 내지에 진입하였지만 그 대가로 외지를 경험한 자신마저 내지에 가까이 다가갈 수 없다. '한국 출신 일본인'이 조선을 멀리 밀어내면서도 자신의 내부에 놓아두듯이, 일본에서 그들은 일본인으로 존재하면서도 일본인의 주변부로 밀려난다.

# 3 조선화의 신체와 타자성

## 기억의 신체화

본 장에서는 '한국 출신 일본인'의 기억에서 '조선적인 것'이 한국의 문화 요소로 재규정되는 과정을 탐구한다.

앞서의 장에서 '한국 출신 일본인'의 조선화가 패전 후에도 지속되는 일본의 국민적 동일성(national identification)의 이중구조로서의 내지와 외지의 차이화이며 이 차이화에 의한 자기구성물(self-construction)이라는 것을 밝혀내었다. 그런데 조선화의 '조선적인 것'이 관찰자적 경험의 산물인 까닭에 조선화는 타자에 대한 기억으로부터 자기 자신을 구성한다는 역설을 내포한다. 그리고 이 조선화의 역설은 신체를 통해 구현된다. 다시 말해 '한국 출신 일본인'이 관찰자적 거리두기에서 경험한 '조선적인 것'으로 자기를 구성할 수 있는 것은 그 기억이 신체화하기 때문이다. 본 장에서는 '한국 출신 일본인'의 기억이 신체로 스며드는 경험적 조건을 살펴본 후, 이러한 신체화의 서사를 노스탤지어(nostalgia)의 관점에서 분석해보고자 한다.

신체화의 서사를 분석하는 데에 노스탤지어의 관점이 주요한 이유는 노스탤지어가 본래 신체적 질병의 진단학이었다는 사실에서 설명된다. 노스탤지어는 18세기 이후 유럽의 군인과 이농민에게 일반적으로 나타나는 사회적 현상으로 고찰될 때에도 신체의 외부에서 주어지는 것이 아니라 내부에서 감지되는 것이었다.[1] 노스탤지어는 과거를 실제의 과거보다 더욱 아름답게 기억하는 신체의 감각적 기제이다. 이로 인해 노스탤지어는 과거를 거짓으로 만들고 그 거짓된 과거를 그리워하는 잔존의 감정으로 폄하되어 왔다.[2] 그럼에도 불구하고 1990년대 이후 노스탤지어가 문화영역의 분석적 개념으로 정초된 데에는 그것이 과거를 현재에 재현하는 방식뿐만 아니라 현재의 상실, 변화, 아노미에 효과적으로 대처하는 실천의 방식에 관여한다는 통념이 자리한다(Behlmer 2000: 7). 노스탤지어는 '잃어버린 세계'의 관념을 신체의 감각으로 보존하면서 과거의 상실을 보상한다. 즉 노스탤지어의 관점에서 신체는 과거의 현재적 연행의 장이다.

그리하여 과거는 신체를 통해 현재에 전시되고 현재와 교섭한다. 과거를 현재에 연행하는 노스탤지어의 시간적 차원은 '한국 출신 일본인'의 조선화의 서사를 두 측면에서 접근가능하게 한다. 하나는 조선의 기억을 신체의 감각으로 재구성하는 회귀적 측면이며, 또 하나는 그러한 조선을 한국의 문화요소로 재인식하는 성찰적 측면이다.[3] 전자의 측면에서 조선화는 그

---

1) 노스탤지어(nostalgia)는 본래 '귀가하다'를 뜻하는 'notos'와 '그리워하다'를 뜻하는 'algia'의 합성어로, 1688년 스위스의 어느 의대생이 고국을 떠난 사람들에게서 보이는 우울증과 식욕부진을 동반하는 심신허약의 가벼운 증상을 가리키는 병명으로 만들어낸 의학적 용어이다. 이 용어는 18세기 유럽에서 오랜 해외원정에 지친 군인들에게서 광범위하게 나타나는 증상을 가리켰고, 19세기에는 군인뿐만 아니라 이주노동자, 공장근로자 등 도시화ㆍ산업화 과정에서 고향을 떠난 사람들이 겪는 극심한 향수병을 의미했다(Smith 2000; Boym 2001; 2007)

2) 노스탤지어는 급속한 도시화 과정에서 소실된 전근대적인 전통 사회를 조화로운 공동체로 상상하게 하거나(Hutcheon 1988: Chase and Shaw 1989), 제국주의의 식민통치로 사라져간 비서구의 '부족사회'를 통합된 사회로 미화하며 제국의 죄의식을 상쇄하는(Rosaldo 1989) 감정적 기제로 규정되어왔다.

3) 보임(Svelana Boym)은 그리움과 상실의 감각으로서 서사를 구성하는 노스탤지어의 플롯의 유형을 '회귀적 노스탤지어(restorative nostalgia)'와 '성찰적 노스탤지어(reflective nostalgia)'로 구분한다. '회귀적 노스탤지어'가 'notos'를 강조하며 잃어버린 고향을 초역사적으로 구성한다면, '성찰적 노스탤지어'는 'algia'를 맴돌며 귀향을 지연한다. 전자가 고향 그 자체를 불변의 진실로 보존하려 하는 반면, 후자는

들 내부의 타자성에 대한 인식이고, 후자의 측면에서는 그러한 타자성에 대한 시대적 인식이다.

바로 이 지점에서 '한국 출신 일본인'의 조선화는 외지인의 '이민(移民)'의 역사를 드러낸다. 귀환 후에도 조선을 기억해내는 그들의 신체야말로 그들이 조선에서 살았음을 입증한다. 오카베 마키오(岡部牧夫)는 메이지 유신 이래 일본인의 해외로의 이주활동 전반을 '이민'의 개념으로 아우르고자 했다. 그는 '이민'이 이주하는 사람 자신을 가리키고 '이민하다'의 자동사가 이주자의 능동성을 표현하는 반면, '식민(植民)'은 사람을 가리키는 것이 아니어서 타동사의 '식민하다'가 이주자를 이식된 객체로 간주하기 때문에 현지(식민지)와의 능동적 관계의 다양함에 유의할 수 없다고 주장했다(2002: 7-8). 물론 '이민'의 개념이 제국일본의 세력권(식민지 혹은 점령지)을 기준으로 분류되는 이주지의 유형을 포괄하는 상위 개념인가에 대해서는 좀 더 면밀하고 비판적인 검토가 필요하다. 식민정부의 비호를 받은 일본인의 우월한 정치적·경제적 지위는 일본인이 식민사회와 관계하는 방식을 제도적으로 결정짓기 때문이다. 다만 외지인의 귀환의 역사에서 오카베가 제기한 '이민'의 개념이 유효할 수 있다면, 그것은 '외지의 문화요소를 습득했다'는 외지인의 서사가 '이민'의 특질을 부각한다는 데에 있다.

특히 '한국 출신 일본인'은 조선의 놀이를 스스로 습득했음을 강조하며 조선의 놀이를 자신의 신체에 귀속시켜왔다. 그렇게 그들은 타문화 습득의 경험으로부터 자문화와의 이질감을 표출해왔다. 여기서 문제는 그들이 습득한 타문화와 그들 자신의 관계이다. 이제까지 '이주'가 자문화와 이주자와의 관계를 논해왔다면, 그들의 '이주'는 타문화와의 관계로부터 해명된다.

---

고향을 끊임없이 되돌아보고 회의한다. 즉 전자는 기원의 복원에 주력하고, 후자는 그 복원에 관여하지는 않는 대신 개인과 집단의 시간의 흐름과 역사를 중개하는 데에 집중한다. 노스탤지어의 이 두 플롯은 서로를 참조하면서도 각각 독자적으로 구성된다(2001: 13-5).

일본민속학에서 '이주'는 주로 출신지와의 지속적인 사회관계 혹은 정서적 유대감 속에서 이해되어왔다. 즉 출신지의 시선에서 '이주'는 궁극적으로 귀향을 상정하는 '여행'의 개념으로 자기 규정되고 이 속에서 출신지는 도시민의 동향집단의 공동성을 제공한다(成田龍一 1998; 松崎憲三 2002; 松田睦彦 2010). 이에 반해, '한국 출신 일본인'은 '자문화의 내지'로 귀환한 후 돌아갈 수 없는 '타문화의 외지'를 출신지로 삼아왔다. 그리고 그들은 조선으로 돌아가지 못하고 자신의 신체로 귀향한다. 이는 20세기 동아시아에서 제국-식민지의 역사와 함께 전개된 일본인의 이동이 '이농(離農)'을 둘러싸고 전개되어온 본토의 '이주'의 논리만으로는 충분히 해명될 수 없음을 시사한다. 내지를 떠나 외지에 정착했고 다시 내지로 돌아온 외지인의 '이주'는 내지인의 '이주'와는 완전히 다른 양상을 띤다. 내지인이 출신지를 떠난 후 '잃어버린 나'를 일본인의 관념 속에서 재생해왔다면(石井淸輝 2007: 149-50) 외지인은 귀환 후 내지인과 다름을 인식하며 일본인의 관념에 타자성을 주입해왔다. 따라서 조선화의 타자성은 일본인의 타자성을 대리 표상한다고 말할 수 있다. 본 장에서는 '한국 출신 일본인'의 기억의 신체화 과정을 고찰함으로써, 조선화의 타자성, 나아가 일본인의 타자성을 규명해보겠다.

## '경성내기(京城っ子)'[4]의 놀이

경성에서 아이들은 어떻게 놀았을까? 경성에서 일본인 아이들은 조선의 놀이로 놀았을까, 일본의 놀이로 놀았을까? '한국 출신 일본인'은 어린 시절

---

4) '경성내기(京城っ子)'는 어린 시절을 경성에서 보낸 일본인을 자칭하는 말로, 내지에서 성장한 일본인과는 다른 경험을 가지고 있음을 뜻한다(『敦義』 6호, 1987년 12월, 20쪽; 13호, 2000년 9월, 52쪽). 일본어에서 접미사 '子'는 보통 '江戸っ子'[에도내기], '末っ子'[막내] 등에서와 같이 특정한 인성 혹은 기질을 그 사람의 배경과 연관지어 지시하는 조어로 활용된다.

일본의 놀이로도 조선의 놀이로도 놀았다고 회고한다. 그리고 그들은 자신의 어린 시절의 놀이가 내지의 놀이와 다르다고 말하며 그 놀이를 구체적으로 묘사한다. 그들에게 어린 시절의 놀이는 꾸며낼 수 없는 '진짜 경험'을 측정하는 리트머스이다.

본 절에서는 경성 출신의 일본인이 조선의 놀이의 서사를 통해 내지인과 어떠한 신체적 감각의 차이를 만들어내는지를 논하고자 한다. 먼저 동창회지에서 회고되는 경성의 놀이를 검토하고 그 가운데 조선의 놀이를 추출한 다음, 그것의 놀이도구와 놀이방식 등에 관한 내용을 구체적으로 살펴보겠다. 이를 위해 남산소학교 동창회지에서 회고되는 '경성내기'의 놀이를 〈표 9〉에서와 같이 목록화했다. 조선의 전래놀이는 "*"를 앞에 붙여 표기했다.

〈표 9〉 '경성내기'의 놀이(1924~45년)

| 연번 | 놀이종목 | 놀이시기(년도) | 비고 |
|---|---|---|---|
| 1 | 오랏말놀이<br>(石けり, '이시케리') | 1924/1930 | |
| 2 | 구술치기<br>(ビー玉, '삐-다마') | 1924/1932/1940 | |
| 3 | 삼각베이스볼<br>(三角ベース) | 1924/1928/1935/1939 | 삼각형 필드의 간이야구 |
| 4 | 전쟁놀이<br>(駆逐水雷, '쿠치쿠스이라이') | 1924/1928/1939 | |
| 5 | 오자미놀이<br>(お手玉, '오테다마') | 1924/1927/1931/1940 | '오자미'(おじゃみ)는 '"오테다마"의 일본의 일부지역의 방언이다. |
| 6 | 바위타기<br>(象岩登り, '죠이와노보리') | 1924 | |
| 7 | 산속 연못에서 올챙이 잡기<br>(山麓池のオタマ捕り) | 1924 | |
| 8 | 구슬놀이<br>(おはじき, '오하지키') | 1925/1927/1928/1929 | |
| 9 | 인형놀이<br>(お人形遊び・着せ替え人形) | 1925/1931/1940 | |
| 10 | 죽방울놀이<br>(けん玉, '켄다마') | 1925 | |
| 11 | 피구<br>(ドッジボール, '터치볼') | 1925/1927/1935/1938/1942/1944 | |

| 12 | 땅따먹기<br>(陣取り, '진토리') | 1925/1930/1931 | |
|---|---|---|---|
| 13 | 줄넘기<br>(繩跳び, '나와토비') | 1925/1927/1939 | 일본에서 줄넘기는 1878년 〈체조전습소〉(體操傳習所)를 통해 독일인 교사로부터 전해졌다. |
| 14 | 뒷문 근처 개천에서 물놀이<br>(裏門近くのどぶ川の跳び越し) | 1925 | |
| 15 | 운동장에서 자전거 타기<br>(運動場での自転車乗り) | 1925 | |
| 16 | 경성신사·조선신궁의 능선걷기<br>(京城神社·朝鮮神宮の尾根歩き) | 1925 | |
| 17 | 실뜨기(あやとり, '아야토리') | 1926/1928/1941 | |
| 18 | 고무공야구<br>(ゴムマリ野球, '고무마리야구') | 1926 | 〈교토소년야구연구회〉(1916년 결성)에서 아동에게 적합한 야구공으로서 1917년 고무야구공을 고안했다. |
| 19 | 연극놀이<br>(お芝居ごっこ) | 1926 | |
| 20 | 칼싸움 놀이<br>(チャンバラ, '찬바라') | 1926 | |
| 21 | 눈싸움<br>(ユキ合戦) | 1926 | |
| 22 | *썰매타기<br>(ソリ遊び·竹ゾリ) | 1926/1930/1938 | |
| 23 | '백인일수'<br>(百人一首, '햐쿠닌잇슈') | 1926 | 주로 정월에 노는 카드 짝 맞추기 놀이 |
| 24 | 딱지치기<br>(パッチン·メンコ) | 1927/1931/1940/1943 | |
| 25 | 숨바꼭질<br>(かくれんぼ, '카쿠렌보') | 1927/1929/1932/1939 | |
| 26 | 탁구<br>(草球) | 1927 | |
| 27 | 미끄럼틀 타기<br>(滑り台) | 1927/1940 | |
| 28 | 고무줄 놀이<br>(ゴム遊び) | 1928/1931/1932/1938/1943/1944 | |
| 29 | 스케이트<br>(下駄スケート·スケート) | 1926/1928/1930/1936/1938 | |
| 30 | 실꼬기 놀이<br>(リリアンの紐編み) | 1929 | '리리안'(リリアン)은 1923년 교토의 직능인이 개발 등록한 인조견(레이온) 실의 상표이다. |
| 31 | 잎줄기 끊기놀이<br>(葉柄切り合い) | 1929/1934/1936/1942 | 상대편의 잎줄기에 자신의 잎줄기를 걸고 당겨서 끊어먹는 놀이. 잎줄기는 주로 포프라, 은행나무, 플라타너스를 사용했다. |
| 32 | *연날리기<br>(凧揚げ, '타코아게') | 1929 | |

| 33 | *제기차기<br>(チョンギ, '천기') | 1929/1932/1936<br>/1940 | |
|---|---|---|---|
| 34 | 군사놀이<br>(兵隊ごっこ) | 1929/1932/1942 | |
| 35 | 카드 놀이<br>(トランプ, '트럼프') | 1931/1932/1943 | |
| 36 | *팽이치기<br>(朝鮮ゴマ, '조선고마') | 1931/1941 | |
| 37 | *"소금 사려"<br>(塩サーリョ) | 1931 | |
| 38 | 새총놀이<br>(輪ゴムで紙弾の撃ちあい) | 1932 | |
| 39 | 말뚝박기<br>(馬跳び) | 1932/1934/1944 | |
| 40 | 자전거 바퀴 굴리기<br>(自転車の輪回し) | 1932 | |
| 41 | '스모'<br>(相撲) | 1938/1942 | |
| 42 | 까막잡기<br>(カゴメ, '카고메') | 1939 | |
| 43 | '하나이치몬메'<br>(花いちもんめ) | 1939/1941 | |
| 44 | 字かくし | 1939 | 지면에 글자를 새기고 흙을 엷게 덮은 후 상대방에게 숨어있는 글자를 찾아내게 하는 놀이 |
| 45 | *공기놀이<br>(コンギ, '공기') | 1939/1943 | |
| 46 | 그네타기<br>(ブランコ) | 1940 | |
| 47 | *자치기<br>(朝鮮野球, '조선야구') | 1940/1943 | |
| 48 | 스키<br>(竹スキー) | 1940 | 대나무로 스키를 만들어 언덕에서 타고 내려오는 놀이 |
| 49 | 모형비행기만들기<br>(模型飛行機作り) | 1941 | |
| 50 | 깡통차기<br>(缶けり, '캉케리') | 1941/1943 | |
| 51 | 챠타기<br>(チッタギ) | 1943 | ? |

※출처: 『坂道とポプラと碧い空と』(경성남산공립소학교70주년기념지, 1996년 5월 30일), 103쪽 참조.

위의 표에서 1924년부터 1945년까지 약 20년 간 남산소학교의 출신자들이 즐겨 놀았다는 50여 가지의 놀이에는 일본과 조선 각각의 전래놀이, 주변의 자연환경과 어울리며 노는 놀이, 근대 이후 서구로부터 전해지거나

식은 다음과 같다. 노는 무리를 귀신과 아이들의 두 편으로 나눈 후, 아이
들이 팔짱을 끼고 횡렬로 노래를 부르며 귀신에게 다가가 '뭐 하냐'고 물으
면 귀신은 '밥 먹는다'고 답한다. 그 다음 아이들이 '뭐 먹냐'고 물으면 귀신
은 특정 음식의 이름을 대면서 아이들을 잡는다. 이때 잡히는 아이는 귀신
편이 되고, 아이들은 귀신에게서 그 아이를 다시 데려오기 위해 귀신에게
다가간다. '하나이치몬메'에서 불리는 노래는 내지의 동요에서 따왔다.[10]
또 딱지치기는 '내지'에서 '멩코'라고 했던 것과 달리 '빠친'이라고 했고,[11]
오랫말놀이(연번 1)와 깡통차기(연번 50)의 놀이방식은 내지보다 조선에 더
가까웠다.[12] 그밖에 일본의 전래놀이로는 오자미 놀이(연번 5), 죽방울 놀
이(연번 10), 실뜨기(연번 17), 정월에 주로 하는 문장 맞추기 카드놀이인
'백인일수(百人一首)'(연번 23), '스모'(연번 41) 등을 들 수 있다.

경성에서 연행된 일본인의 가장 큰 세시풍속은 단연 '마츠리(祭り)'였다.
'경성신사대제(京城神社大祭)'라고 했던 경성의 '마츠리'는 매년 10월 중순경 경
성신자(京城神社)를 중심으로 치러졌으며 그 규모 또한 매우 방대했다. 동창
회지에 서술된 '마츠리'에 관한 내용을 살펴보면, '마츠리'의 수레인 '오미코
시(御神輿)'는 각 정(町)별로 제작되었는데 정에 따라 그 제작형태의 지방색이
제각각이었다. 이를테면 "욱정(旭町)은 교토의 기원(祇園) 마츠리의 풍으로,
황금정(黃金町)은 나가사키 풍으로, 본정 3정목(本町三丁目)은 오사카 풍으로,
영락정(永楽町)은 큰 북을 장착한 오미코시(아마도 고쿠라(小倉)의 기원풍) 등의 일

---

10) 福田迪子, 『京城回想』, 精興社 2012년 2월 17일(비판매), 64-65쪽 참조.
11) '빠친'의 경우처럼 '내지'의 놀이와 동일한 방식이라 해도 놀이명이 다른 경우가
    있다. 그리고 그들은 이 차이를 귀환 후에 알게 되었다고 했다(『敦義』13호, 2002
    년, 55쪽). 인터뷰 조사에서는 딱지치기를 왜 '멩코'가 아닌 '빠친'이라고 했는지에
    대해 그 이유를 찾지 못했다. 다만 제보자들은 '빠친'이 딱지를 내려질 때의 소리
    를 흉내 낸 의성어를 차용한 것으로 추정하며, 귀환 후 조선과도 다르고 '내지'와
    도 다른 놀이명이 있다는 것에 그들 스스로도 놀랐다고 말했다.
12) 「対談 "南山っ子"の遊び」『坂道とポプラと碧い空と』1996년 5월, 97-100쪽; 「昭
    和十年前のあそび-おとこの子おんなの子-」『蔦』5호, 1976년 10월, 6쪽.

〈사진 10〉 '마츠리'의 전통의상(法被, "핫피")을 입은 일본인 아이들
(1939년 경성 고시정(古市町))
※출처: 아사오 에이코(1927년 경성 출생)

본 각지의 오미코시의 축소판을 보는 것과 같았다."[13] 또 '마츠리'에서 '오미코시'를 따르는 사람들의 행렬의 모습은 그 자체가 큰 구경거리였다. 동창회지의 어느 회고에 따르면, 1928년 경성의 '마츠리'에서는 '게이샤(芸者)'와 '기생'이 총출동하여 '오미코시'의 행렬을 이루었다.[14] 경성의 일본인 아이들 또한 어린이 스모대회, 어린이 '미코시(神輿)' 행렬에 직접 참여했다.[15] 경성 출신의 일본인에게 경성의 '마츠리'는 일본인의 세시풍속으로 연행되었다고 해도 내지에서는 맛볼 수 없는 그들만의 경험으로 기억된다.[16]

---

13) 『坂道とポプラと碧い空と』경성남산공립소학교 70주년기념지, 1996년 5월 30일, 232쪽.

14) "10월 17일·18일에는 경성의 가을 마츠리가 있었다. 올해(1928년)는 몇 년 만의 마츠리로 거리가 술렁였고, 경성역 앞의 광장에는 큰 행사가 열렸다. …(중략)… 일본 측에는 욱정(旭町)의 게이샤(芸者)가 총출동하여 제례의 춤을 추고, 조선 쪽에는 기생의 행렬이 운집했다"(『鉄石と千草』, 148쪽).

15) "가을의 경성신사의 축제에는, 수십 수백 명의 무사들과 각 정(町)별의 오미코시(御神輿)와 수십 명의 아이들과 아이들의 수발을 드는 이들(대체로 부모가 많았다)의 행렬이 계속되었다. 아이의 눈에 비친 규모의 놀랄만한 거대함이 잊어지지 않는다. 오미코시에는 두 줄의 밧줄이 연결되어 아이들이 그 줄을 잡고 오미코시와 함께 걸으며 상가(商家)나 큰 집에 들렀다. 아이들은 감주(甘酒)와 과자, 어른들은 신주(御神酒)를 얻어먹으며 기세 좋게 다녔다"(『敦義』 9호, 1994년 9월, 32쪽).

16) "오미코시를 장식하는 은가루가 뿌려졌다. 장난꾸러기가 무리지어 다니며 나는 은가루를 묻히며 나는 후타바야마(双葉山: 스모 선수), 나는 아키노우미(安芸の海: 스모 선수)라고 했다. 까인 무릎을 안고 우는 아이들의 소동. 날이 어두워지면 광장에는 밤새 모닥불이 지펴졌다. 나가사키 아이에게 걸터앉아 모닥불 앞에 앉아 어른들의 괴담에 몸을 움츠리면서도, 고구마나 밤을 구워먹는 것이 큰 즐거움이었다."

그렇지만 '한국 출신 일본인'이 경성에서 어린 시절을 보낸 사실을 입증해주는 것은 무엇보다도 조선의 놀이이다. 그들이 추억하는 조선의 전래놀이로는 썰매타기, 연날리기, 제기차기, 팽이치기, 공기놀이, 자치기 등이 있다. 〈표 9〉에서 '소금사려(塩サーリョ)'(연번 37)는 '소금 사려'의 한국어 발음을 그대로 따온 놀이로 오줌싸개에게 소금을 얻어오게 했던 조선의 습속을 모방했다.

다음으로 이러한 조선의 놀이가 귀환 후 어떻게 의미화 되는지를 검토해보겠다. 당시 조선인 아이들의 놀이양태와의 비교참조를 위해 1941년 조선총독부 학무국에서 발행한『朝鮮の郷土娯楽』[조선의 향토오락][17]을 참조한다.

## '경성내기'의 조선의 놀이: 놀이의 전래구조와 변용

동창회지에서 조선의 놀이로 가장 많이 회고되는 종목은 제기이다. 제기는 알다시피 정월에 남자아이들이 즐겨하던 놀이이다. 제기차기는 "엽전을 종이로 포장하듯 양쪽으로 뚫린 구멍에 종이를 끼어 넣고 깃털 모양으로 만들어 발 옆면으로 차 올려 땅에 떨어뜨리지 않고 몇 번을 차는지로 승패를 정한다. 또한 상대와 어느 정도 거리를 두고 교대로 차올려 땅에 떨어뜨리는 자가 진다."[18] 이 놀이를 일본인 아이들은 '천기'라고 했다. 1918년 히로시마 출생으로 1920년 경성으로 이주한 후 조선에서 유년시절과 청년시절을 보낸 故 시다 토키하루(志田時晴)는 '천기'의 본래 놀이명이 '제기'라는 것을 그때에도 알고 있었다고 했다.[19] 그렇지만 거의 대부분의 동창회지에

---

17) 『朝鮮の郷土娯楽』은 1936년 조선총독부가 조선 각지의 보통학교[조선인 초등학교]의 교사에게 일괄적으로 민속놀이의 조사를 의뢰하여 1941년 출간한 보고서이다.
18) 『朝鮮の郷土娯楽』, 1941년.
19) 『自分勝手史』, 1987년, 33쪽.

서 제기는 '천기'로 표기
된다. 아마도 일본인 아
이들은 대개 '천기'라고
불렀고, 그 중 일부만이
한국어로 '제기'라는 것
을 알고 있었던 것으로
추측된다.

어떻게 해서 일본인
아이들이 제기를 '천기'
로 불렀는지에 대해서는
〈그림 9〉의 '제기의 한
국어발음이 일본인에게
어려웠고 천기로 들렸
다'고 한 설명에서처럼,

〈그림 9〉 제기
※출처: 『61年前に消滅した朝鮮の殘像』
※그림의 양편에는 "천기라고도 들린다. 발음이 어렵다"
"이쪽은 보통, 이렇게 할 수 있으면 명인. 이것은 중국
인의 아이들도 했다"라는 설명이 덧붙여져 있다.

현재로서는 일본인에게 들리는 발음대로 제기의 놀이명이 전래되었기 때
문이라고 말할 수밖에 없다. 나아가 제기차기가 어떻게 조선인에게서 일본
인으로 전래되었는지에 대해서는 아직까지 문헌상으로 그 기록을 찾지 못
했다. 제보자들 또한 '이웃의 조선인 아이들과 가깝게 지내며 조선의 놀이
를 자연스럽게 익힌 일본인 아이가 또 다른 일본인 아이에게 전해주었을
것'이라고 짐작할 따름이다. 그러면서도 그들은 '천기'가 조선의 놀이라는
것을 그 당시 분명히 알고 있었다고 말한다.[20] 일본인 아이들은 조선인과

20) [필자: 그때 천기가 조선의 놀이라는 인식이 있었나요?] "알고 있었어요. 그도 그
럴 것이 놀이 방법을 [조선인으로부터] 전수받았으니까요. 가령 일본인 아이들끼
리 모였다 해도 한국의 놀이를 했었고, 원조를 가르쳐주었던 것은 조선인이었어
요."(1933년생, 남, 경성사범부속소학교, 2012년 6월 11일 채록); "내가 살았던 동
네는 일본인이 대부분이었기 때문에 조선인과 사귀지 않았어요. [필자: 조선의
놀이는요?] 약간 있었어요. '천기', 동전 구멍에 흰 종이를 끼어서 만들었어요. 그

어울리지 않더라도 일본인들끼리 어울리면서 조선의 놀이를 자연스럽게 터득할 수 있었다. 경성의 일본인 남자 아이라면 누구라도 '천기'를 만들 수 있었다. 아이들은 제기의 발이 되는 종이에 파란색이나 빨간색의 잉크를 덧칠하는 등의 치장을 하고, 제기를 잘 차기 위해 발 옆에 두꺼운 종이를 대어 연습했다. 이렇게 해서 제기를 잘 차게 된 아이는 또래들 사이에서 유명세를 얻었다.[21]

제기만큼이나 경성의 일본인 남자아이들 사이에서 자주 연행된 놀이에는 '잣치기(チャッチギ)'가 있다. '잣치기'는 조선전래의 놀이인 자치기 혹은 장치기(杖치기)를 가리킨다. 자치기는 본래 고려시대의 '격구(擊毬)'에서 유래한 농민의 농한기 놀이이다. 자치기는 "무리를 두 개 조로 나누어 각자 구부린 막대를 가지고 중앙에서 양쪽으로 같은 거리의 지점에 골을 정해 나무로 만든 공을 막대로 쳐내어 골에 넣으면 이기는"[22] 놀이이다. 10cm 가량의 짧은 나뭇가지를 공으로 삼고 50cm 가량의 긴 나뭇가지의 막대로 짧은 나뭇가지의 공을 쳐내어 멀리 날아가게 하여 상대의 골에 집어넣는 놀이이다. 일본인 아이들은 '잣치기'를 '조선야구(朝鮮野球)'라고도 불렀다. 동창회지에서는 '잣치기'가 '조선야구'로 불린 이유를 아웃에 의한 공수교대 등 야구의 경기규칙과의 유사함으로 설명한다.[23]

---

때 우리들은 '천기'라고 했어요. 한국의 놀이로 알고 있었어요. 그것과 비슷한 놀이로 깡통차기가 있었어요. 그건 일본의 놀이였어요."(1934년생, 남, 아오바소학교, 2012년 5월 21일 채록)

21) 『坂道とポプラと碧い空と』, 1996년 5월, 98쪽.
22) 『朝鮮の郷土娯楽』, 1941년, 253쪽.
23) "10cm 전후의 나뭇가지를 공으로 하고 60cm 전후의 나뭇가지를 방망이로 해서, A(공격측)와 B(수비측)의 2인이 한다. 대략의 규칙은 ① A가 지면에 길게 파놓은 구멍에 누인 공을 방망이로 힘껏 쳐내 올려 멀리 날린다. 낙하지점으로부터 B가 공을 던져 구멍에 직각으로 놓인 방망이를 명중하면 아웃으로 공수교대. ② A가 날린 공의 낙하지점에서 B가 공을 던지면 (A는 공을 받아쳐서) 구멍의 반경 1m 이내에 떨어지면 아웃. ③ A가 구멍에 세운 공의 끝을 방망이로 두드려 공중에 들어 올려 친다. 낙하지점까지 방망이로 하나, 둘 잰 거리로 득점을 한다. ①, ②, ③의 모든 공격에서 B가 공을 공중에서 잡으면 A는 아웃으로 공수교대"(『坂道と

ペンイ
独楽

布のついた棒で独楽をたゝく

〈그림 10〉 팽이
※출처:『61年前に消滅した朝鮮の残像』
※그림의 오른편에는 "천의 채찍으로 팽이를 돌린다"는 설명이 덧붙여져 있다.

그러나 『朝鮮の郷土娛樂』에 기록된 자치기의 경기방식은 지금의 스포츠종목에 견주어보면 야구보다는 축구에 가깝다. 사실상 '잣치기'의 공수교대와 방망이로 공을 쳐내는 경기방식은 자치기 본래의 경기방식과 다르다. 그렇다면 일본인 아이들이 단지 경기방식의 유사함 때문에 '잣치기'를 '조선야구'로 인식했다고 보기는 어렵다. 오히려 내지로부터 전래된 야구의 하위범주로 '잣치기'를 포섭하면서 경기방식을 야구와 유사한 방식으로 변용한 것일 수 있다. 조선의 농민들의 농한기의 민속놀이였던 '자치기'가 경성의 일본인 아이들에게 전수되면서 본래의 맥락이 누락된 채 야구의 경기방식이 가미되고 변용되어 연행되었던 것으로 보는 편이 더욱 타당할 것이다. 이와 유사한 또 다른 사례로 씨름을 들 수 있다. 물론 일본인 아이들은 씨름을 연행하지 않았기 때문에 씨름의 경기방식을 변용하지 않았지만, 씨름을 '스모'의 하위범주로 포섭해서 조선식 스모로 인식했고 '조선스모(朝鮮相撲)'라고 불렀다.

씨름을 '조선스모'로 불렀던 것과 같이, 놀이방식은 조선의 것을 따르되 놀이명은 내지의 놀이의 하위범주로 포섭하여 이름붙인 또 다른 사례로 팽이를 들 수 있다. 팽이는 일본인 아이들 사이에서 한국어 발음 그대로 '팽이'라고도 불렸고 팽이의 일본어인 '코마(独楽)'에서 이름을 빌려와 '조선코마

ポプラと碧い空と』, 1996년 5월, 100쪽).

(朝鮮コマ)'라고도 불렸다. 그러면서도 '조선코마'의 놀이방식은『朝鮮の郷土娛樂』에서 팽이에 관한 기술[24] 그대로이다. 동창회지에서는 일본인 아이들도 조선인 아이들과 같은 방식으로 팽이놀이를 했다고 하며, 나아가 조선의 팽이와 일본의 팽이의 차이를 상세하게 기술해놓고 있다. 우선 생김새부터 다르다. 일본의 팽이는 원반형인 반면에 조선의 팽이는 원뿔형이다. 놀이방식에서도 일본의 팽이는 놀이판을 벗어나지 않으면서 더 오래 도는 쪽이 이기는 반면, 조선의 팽이는 주로 겨울철 빙상에서 행해지기 때문에 놀이판이 별도로 필요하지 않고 채찍질은 한번으로 끝나는 것이 아니라 연이어 팽이를 패서 돌리게 할 수 있다.

그런데 '경성내기'는 일본의 팽이를 놀아본 적이 없다. 1932년생의 어느 제보자는 필자에게 조선의 팽이와 일본의 팽이를 비교설명하면서, 일본의 팽이는 귀환 후에 미디어를 통해 알게 되었다고 말해주었다.[25] 그러니까 이 제보자는 조선식과 일본식의 양쪽을 다 경험한 후에 그 차이를 인식한 것이 아니다. 귀환 후 일본의 팽이를 보고 자신이 놀았던 팽이가 '조선적인 것'임을 발견한 것이다. 여기서 일본의 팽이는 조선의 팽이의 비교항으로서 조선의 팽이의 특징을 부각한다.

이와 마찬가지로 '경성내기'의 연날리기의 서사는 조선과 일본의 대조를 통해 조선의 놀이의 특징을 더욱 분명하게 드러낸다. 일본의 연날리기(凧揚げ, '타코아게')가 단지 연을 날리는 놀이인 반면 조선의 연날리기는 "나간다

---

24) 팽이는 "원추형으로 깎은 나무 팽이에 끈을 둘둘 말아 연결된 채찍을 잡아당겨 돌린다. 길거리 혹은 얼음판에서 그 수명의 길이를 경쟁하며 노는 것"(『朝鮮の郷土娛樂』, 1941년, 3쪽)이다.

25) "조선 팽이는 쇠구슬을 박아 넣어, 이렇게 끝에. 잘 돌아갈 수 있게. 일본 팽이는 여러 가지 모양이 있어요. 이렇게 둥그렇고 가운데 심이 있어. 이것을 손으로 돌려요. '베-코마(貝独楽)'라고, 해본 적은 없지만. 쇳덩어리 같이 이런 모양으로. 끈을 감아서 해요. 놀이판에 던져서 상대의 팽이에 맞혀 판을 벗어나면 지는 것이에요. 이런 팽이는 해본 적이 없어요. 조선에서는 했지만."(1932년생, 남, 곤지암 보통학교·서대문소학교, 2012년 9월 24일 채록).

큰 소리를 내며 실이 끊어진 춤추는 연을 쫓는 겨울의 놀이"[26]로서 "대나무로 장방형의 뼈대를 만들어 종이를 붙이고 중앙에 구멍을 내고 실을 단 종이 연을 얼레로 조종해서 하늘 높이 날려 높이를 다툰다거나 상대의 연줄을 끊어 떨어뜨리며 흥겨워하는"[27] 놀이로 행해졌다. 특히 정월대보름에 연날리기는 자신의 생년월일을 연에 적어 날려 보냄으로써 일 년의 액운을 막는 연례행사로 치러졌다. '경성내기'는 조선인 아이들과 섞여 어느 것이 누구의 연인지도 모르면서 하늘 높이 올라간 연의 줄을 끊어 연을 떨어뜨리는 연싸움을 즐겼다.[28] 그들은 연이 하늘로 올라가면 '올랐다, 올랐다'라고 소리치고, 상대방의 연줄이 끊어져 연이 땅으로 떨어지면 '나간다, 나간다'라고 소리쳤다. 경성의 일본인 아이들은 이 말이 무슨 뜻인지도 모르면서 조선인 아이들이 큰 소리로 떠드는 것을 그대로 따라했다.[29] 동창회지에서 그들은 '나간다'가 아니고 본디 '돌아간다'인데 '간다'로 들린 것이라고 하면서, 연싸움에 이기기 위해 연과 연줄을 질기게 만들었다고 회고한다.[30]

---

26) 『鳶』 2호, 1973년 6월, 3쪽.

27) 『朝鮮の郷土娛樂』, 1941년, 2쪽.

28) "명절이 끝나갈 즈음 하늘에는 연이 나부낀다. 연날리기의 계절이다. 한 가운데에 구멍이 있는 조선의 연이다. 밝은 치마색의 기생연이 오르면 실을 늘여 가까이 붙인다. 도망친다. 쫓는다. 위에서 아래로. 오른쪽에서 왼쪽으로. 무엇보다 속도는 대단해. 쫓고 쫓기며 넓은 하늘을 가로지른다. 이 기술이 키 포인트. 상대의 연을 위에서 거는 것이 필승법. 유리한 위치를 찾아서 마음과 기술을 집중해서 걸어 당겨야 한다. 올랐다, 올랐다. 아이들이 뛰며 몰려다닌다. 끊어진 연을 찾으면 자기 것이 되기 때문이다. 나간다, 나간다, 나간다. 실이 끊어진 연은 둥실둥실 파도를 그리며 까치처럼 날아다닌다."(『敎義』 13호, 2002년 9월, 53쪽).

29) "날씨가 좋은 날에 연날리기도 즐거움 중의 하나였다. 여기저기서 수많은 연이 하늘높이 날고 있다. 모두 정성을 기울여 직접 만든 것들이다. 각자 마당에서 도로에서 얼레를 감아 올려, 어느 것이 누구의 연인지는 알 수 없다. 조선의 아이들도 있다. 그 가운데 하늘에는 연싸움이 시작된다. 실이 실을 걸어 잡아당기면 상대의 실이 끊어지고 연이 떨어지는 것이다. 끊어진 연은 춤을 추며 떨어진다. 그러면 어디선가 조선어로 '나간다'라는 말이 들린다. 어떤 의미인지는 모르지만."(『青葉』 11호, 1999년 6월, 8쪽).

30) "조선인의 연날리기는 처음부터 연실을 끊어내는 연싸움을 해. 높이 올리는 그런 것이 아니고. 우리들은 전차의 레일에 사기그릇의 파편을 올려놓고 가루로 만들

이처럼 '경성내기'는 조선인의 놀이를 모방하면서 습득했다. 조선인의 연싸움 놀이가 즐거워 보였고, 그래서 자연스레 연싸움 놀이에 동참하면서 추임새까지 한국어 발음 그대로 따라했다. 이때 추임새는 뜻을 가진 의사소통의 전달수단이 아니다. 연싸움의 일부로서 연행된 '소리'이다. 연싸움하며 소리쳤던 '나간다'는 '집을 나간다', '짐이 나간다'와 같은 문장으로 활용 불가능한, 오직 연싸움의 연을 끊어낼 때에만 발화되는 '나간다'이다. 그래서 '경성내기'에게 '나간다'는 한국어 문장으로 활용되지 않고, 다만 연싸움 놀이의 추억을 불러들이는 기호로만 기능할 뿐이다.

그리고 상대방의 연줄을 끊어 연을 낙하시키는 방식은 일본에서는 찾을 수 없는 조선전래의 방식임이 강조된다. 조선의 연날리기는 연줄을 끊어내는 '연싸움'이고 '연싸움'은 '일본식'이 아닌 '조선식'임을 명시한다. 물론 그들에게 조선의 연싸움 놀이는 어린 시절의 추억으로서 하나하나 생생하게 기억되는 반면, 일본의 연날리기는 그렇지 않다. 그러므로 여기서 연날리기의 '조선식'과 '일본식'의 차이는 비교문화적인 관점에서 조망되는 것이 아니라 경험치의 비중으로 측정된다.

그리하여 '경성내기'의 어린 시절의 놀이는 경성의 풍경과 기후와 함께 묘사된다. 그들은 경성의 겨울은 혹독했으며 매년 겨울이 되면 트럭이 지나갈 정도로 한강이 꽁꽁 얼어 많은 사람들이 언 한강 위에서 겨울 낚시와 스케이트와 썰매를 즐겼다고 회고한다. 용산 일대에 사는 아이들은 한강에서, 도심부와 서북부에 사는 아이들은 집 인근의 언덕배기 혹은 학교 운동장에 마련된 스케이트장에서 썰매와 스케이트를 탔다.[31] 또 창경궁의 연못,

어 도가니 같은 곳에 아교와 같이 끊여서 실에 발랐어. 상대의 실을 끊으면 '돌아간다'라고 말했는데, 그것이 '간다아'로 들린 거야."(『坂道とポプラと碧い空と』, 1996년 5월, 96쪽)

31) "12월이 되어 추위가 심해지면, 아이들의 놀이터도 바깥에서 각자의 집으로 옮겨온다. 정월이 되면 서로 불러내어 트럼프나 백인일수(百人一首), 또는 주사위 놀이를 하는 것이 연중행사였다. 그리고 대망의 눈이 쌓이면 눈싸움을 했다. 또 교

경회루의 호수, 청계천 등도 겨울 철에는 스케이트장으로 탈바꿈했다.[32] 썰매와 스케이트는 경성에서만 탈 수 있는 놀이가 아니지만, 경성의 기후와 풍경과 어우러진 썰매와 스케이트의 추억은 '경성내기'만이 가지고 있다.

특히 썰매의 경우, 주변의 자연환경에서 재료를 구해 기구를 만들어야 했기 때문에 놀이의 감각은 내지와 다를 수밖에 없다. 썰매는 썰매의 일본어 발음인 '소리'로 불리기도 하고, 한국어 발음 그대로 '썰매'로 불리기도 했다.

〈그림 11〉 썰매
※출처: 『61年前に消滅した朝鮮の残像』

내지의 '다케소리(竹橇)'와 같이 미끄럼판의 양쪽에 길쭉한 대나무를 대어 만들기도 했지만,[33] 대개는 널빤지 양쪽에 넓적한 다리를 붙이고 다리 밑에

장 관사 앞이나 완만한 언덕길을 스키장 삼아 대나무를 쪼개 스키를 만들고 귤 상자로 썰매를 만들어 경사진 눈길을 타는 것이 즐거웠다. 그 즈음 학교의 제2관사 뒤편에 물을 끌어와 스케이트장을 만들었다. 그곳에서 나막신[下駄] 스케이트를 타거나 조선 팽이를 돌리며 놀았던 것이 잊어지지 않는다."(『敦義』 10호, 1996년 9월, 34쪽).

32) "1월에서 3월 초순까지 교정의 스케이트 링크는 아이들로 혼잡했다. 총독부 뒤편의 경회루의 호수나 청계천에 친구와 함께 스케이트를 타러 자주 가곤 했다."(『敦義』 6호, 1987년 12월, 20쪽); "겨울이 되면 연못이 스케이트장이 되어, 자주 아이들과 무리를 지어 갔습니다. 물론 한강에서도 탔지만 한강까지는 멀어서 우리들은 자주 창경원의 연못에서 타곤 했습니다."(『敦義』 9호, 1994년 9월, 31쪽).

33) "언덕길에 눈이 쌓이면 잘 녹지 않기 때문에 위험해요. 그렇지만 우리들은 대나무, 대나무에 마디가 있잖아요. 대나무 마디를 깎아 불에 구워서, 상자에 붙여서 미끄럼을 탔어요. 그렇게 놀았어요. 10m인가 15m인가 되는 언덕길에서."(1932년생, 서대문소학교, 남, 2012년 7월 25일 채록).

잘 미끄러지도록 발 날을 달았다. 또 얼음판 위에서 썰매가 잘 돌아다닐 수 있도록 침을 심은 꼬챙이를 사용했다(〈그림 11〉 참조). 내지의 '소리'가 주로 언덕의 눈 위를 달렸다면, 조선의 썰매는 주로 언 강 혹은 연못 위를 달렸다. 그래서 '소리'와 '썰매'는 제작방식이나 타는 방식이 제각각일 수밖에 없다.

그런데 누구는 왜 '썰매'로 기억하고 누구는 '소리'로 기억할까? 경성에서 태어나 소학교 교사인 부친을 따라 작은 시골마을로 내려가 조선인 학교에 다녔고 고학년이 되어 다시 경성으로 돌아와 일본인 소학교를 졸업한 어느 제보자의 이야기로부터 추정해보면, 조선인과 일상적으로 접촉한 일본인 아이라면 '썰매'로 기억할 가능성이 높다. 이 제보자는 학교의 '소사(小使)'가 썰매를 만들어주었으며 조선인 아이들과 함께 학교 주변의 연못에서 썰매를 타고 놀았다고 했다.[34] 일본인이 거의 살지 않는 조선의 농촌에서 조선인 친구들과 어울려 지낸 그는 조선의 놀이명까지 한국어로 익힐 수 있었다.[35] 경성의 일본인 아이들이 썰매를 '소리' 혹은 '다케소리'로 불렀던 반면, 그는 썰매의 놀이명을 처음부터 '썰매'로 알았다. 그는 〈그림 12〉를 직접 그려줄 만큼 썰매의 형태를 세밀한 부분까지 기억해내었다.

---

34) "겨울이 되어 연못이 얼면, 그 연못에서 썰매를 타고 놀았어요. 나무판으로 썰매를 만들었어요. 소사가 있었거든요. 소사가 청소도 해주고 그랬어요. 우물이 있었는데, 수도가 없었기 때문에 우물에서 물을 길어 목욕탕에 물을 채워주는 일을 소사가 했어요. 소사가 썰매도 만들어주었지요."(1932년생, 곤지암보통학교 · 서대문소학교, 남, 2012년 9월 24일 채록).

35) "곤지암은 우리 가족과 마을의 주재소, 순사가 일본인이었고, 산 쪽에 소나 돼지를 연구하는 종축장(種畜場)이라는 곳이 있었어요. 신종개량을 하는 그 종축장의 소장이 일본인. 그렇게 우리 가족을 빼고는 세 명밖에 없었어요, 일본인이. 그 외에는 전부 한국인, 조선 사람이었어요."(1932년생, 남, 곤지암보통학교 · 서대문소학교, 2012년 6월 18일 채록).

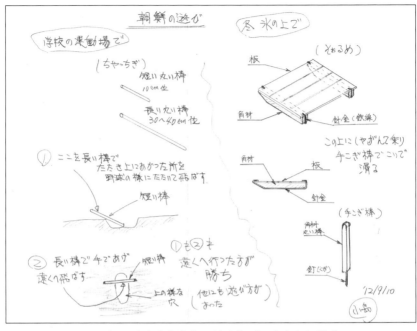

〈그림 12〉 '경성내기'의 조선의 놀이: 자치기와 썰매

〈그림 12〉의 오른편에는 썰매의 해부도가, 왼편에는 자치기의 놀이도구와 놀이방식이 상세하게 묘사되어 있다. 그는 썰매의 각 부품의 모양새뿐만 아니라 그것의 기능과 용도를 정확하게 알고 있었다. 이는 '대나무나 나무상자로 만들었다'는 정도로만 기억하는 경성 출신의 일본인과 대조적이다. 또한 그는 자치기를 '조선야구'가 아닌 '잣치기'로, 썰매를 '썰매'의 발음 그대로 적어 놓았다. 나아가 '잣치기'의 놀이방식에 대한 것도 앞서 남대문소학교 동창회지에서 설명한 것과는 완전히 다르다. 남대문소학교 동창회지에서 '잣치기'는 방망이(긴 나뭇가지)로 공(짧은 나뭇가지)을 쳐내며 공수교대를 하는 야구와 유사한 방식으로 설명되는 반면, 그는 '잣치기'의 놀이방식을 긴 나뭇가지로 짧은 나뭇가지를 쳐내어 짧은 나뭇가지의 날아가는 거리로 승부를 가르는 본래의 자치기의 방식으로 말해주었다.[36]

그의 이야기는 같은 조선 출신의 일본인이라 하더라도 도시와 농촌 혹은 '집거'와 '잡거'의 정도에 따라 조선의 놀이의 습득의 정도가 다를 수 있음을 말해준다. 이렇듯 일본인이 조선의 놀이를 습득하는 경로는 단일하지 않다. 조선인에게서 조선의 놀이를 모방하는 경로 외에 조선인에게서 직접 전수받은 일본인이 일본인 집단에 또 다시 전수하는 경로가 상정된다. 역으로 조선인에게서 일본인에게로 전수된 조선의 놀이가 어느 정도의 변용을 거친 후 다시 조선인에게로 전수되었을 수도 있다. 특히 일본의 놀이나 근대적인 문물에 의해 새롭게 만들어진 놀이의 경우, 그와 같은 전수경로가 엿보인다.

예를 들어, 경성의 일본인 여자아이의 놀이 가운데 '고무줄놀이'는 '고무'의 대량생산과 대중적 소비 이후 유행한 것으로 내지에서 조선으로 유입된 놀이의 하나로서 일본인에게서 조선인으로 전수되는 경로가 상정가능하다. 고무줄놀이는 1920년대 후반에 조선에 유입된 '새롭고 모던한 놀이'였다.[37] 경성의 일본인 여자 아이들은 학교 교정에서 쉬는 시간이나 방과 후에 고무줄놀이를 즐겼다고 한다.[38]

여자아이들이 가장 즐겨 놀았던 조선의 놀이는 '공기; 공개'이다. '공기'는 조선의 놀이방식과 놀이명 그대로 일본인 아이들에게 전래되었다. "다섯 개의 작은 돌을 한 손에 쥐고, 한 개를 공중으로 올려 그 사이 다른 네 개를

---

36) "'썰매'라는 것은 이런 식으로 만들었어. 네모난 나무를 대용으로 해서 여기에 판을 붙이고 판 밑에 침, 밑에 침이 없으면 미끄러지지 않으니까, 잘 미끄러지라고 침을 붙였어. 침이 양쪽에 달려있어. 나무 막대기에 못 같은 것을 박아서, 그것을 양 손에 들고 밀면서 타. 일본의 '소리'하고는 전혀 다르지. 이 썰매를 가지고 연못이나 강이 얼면 거기서 놀아. 또 하나는 '잣치기'라는 것인데, 30센티, 40센티의 막대기가 있고, 또 다른 짧은 것이 있어. 땅에, 운동장에서 주로 놀았는데, 땅에 이런 식으로 구멍을 내어서 그 위에 짧은 막대기를 올려놔. 그리고 긴 것으로 퐁~ 쳐서 날려. 얼마만큼 날아 가는가로 경쟁을 해요."(1932년생, 남, 곤지암보통학교 · 서대문소학교, 2012년 9월 24일 채록).

37) 『蔦』 28호, 1999년 10월, 14쪽.

38) 『敦義』 13호, 2002년 9월, 37쪽.

땅 위에 놓고 떨어지는 돌을 지면에 떨어뜨리지 않고 받는다. 마찬가지로 한 개의 돌을 공중으로 올리고 그 사이 지면에 있는 돌을 하나씩 주운 다음 떨어지는 돌을 지면에 떨어뜨리지 않고 받는다. 다 주우면 이기는 놀이"[39] 라는 당시 문헌의 설명 그대로, 일본인 아이들은 '조선인 아이들이 노상에서 노는 것을 보고 따라했다.'[40] 동창회지에 회고되는 조선의 놀이는 주로 남자아이들의 놀이가 대부분이고 여자아이들의 주로 하는 놀이 중에서 조선의 놀이는 찾아보기 어렵다. 경성의 일본인 여자아이의 놀이에서 조선의 놀이가 거의 없는 이유에 대해 어느 제보자는 '널뛰기'와 '그네' 등 여성이 참여하는 조선의 민속놀이가 정월과 단오 등의 특정한 날에 한해 세시풍속으로 행해져서 일상의 놀이로 연행되기 어려웠을 뿐만 아니라 일본인 여자아이가 남자 아이에 비해 상대적으로 야외 활동에 제약을 받았기 때문이라고 설명해주었다.[41] 여자아이가 집 밖에서 조선인으로부터 조선의 놀이를 전수받기란 쉽지 않은 일이었던 것 같다.

그렇다면 '경성내기'가 기억하는 조선의 놀이에서 조선이라는 타자성은 어디서 어떻게 발현되는 것일까? 그들의 기억에서 조선이 외지에서 타국으로 변환되면서 조선의 놀이는 타자의 놀이가 된 것인데, 이때 조선화의 신체는 그러한 타자성을 어떻게 인식할까?


## '경성내기'의 놀이의 민족별 범주와 식민지적 혼종성

이제까지 살펴본 것과 같이, '경성내기'는 어린 시절 조선의 놀이를 혼종적인 형태로 인식한다. 여자아이들은 교정에서 고무줄놀이나 공기놀이를,

---

39) 『朝鮮の郷土娛樂』, 1941년.
40) 『自分勝手史: 存えて』, 1987년, 33쪽.
41) 1932년생, 여, 서대문소학교, 2012년 7월 27일 채록.

남자아이들은 뒷산과 공터와 도랑을 무리지어 다니며 편을 나눠 전쟁놀이
나 야외놀이를 즐기며 내지의 아이들의 놀이와 다를 것이 없어 보이지만,
경성의 기후와 풍물과 자연과 어우러진 '경성내기'의 놀이는 내지와는 다른
환경 속에서 내지의 아이들의 놀이와 그 신체의 감각이 다르다.

　나아가 경성 출신의 일본인이 기억하는 조선의 놀이는 조선인의 놀이와
도 차이가 있다. 경성의 일본인 아이들은 조선인 아이들에게서 직간접적으
로 전수받은 조선의 놀이를 연행하면서 그 놀이의 이름과 방식을 변용했
다. 일본의 놀이에는 없는 제기차기와 공기놀이의 경우, 놀이명은 한국어
발음 그대로 혹은 들리는 대로 부르며 놀이방식 또한 조선의 것을 따랐다.
반면 일본의 놀이에도 있는 연날리기와 팽이와 썰매의 경우, 놀이명은 일
본어로 부르면서도 놀이방식은 조선의 것을 따랐다. 또 자치기의 경우, 내
지에서 들어온 근대 스포츠인 야구의 하위범주로 포섭하면서 그 인식을 놀
이명에 반영하여 '조선야구'라 부르고 놀이방식에도 야구의 경기방식을 도
입했다. 이러한 '경성내기'의 놀이의 영역을 조선과 일본의 민족별 놀이로
범주화하면 다음의 벤다이어그램이 만들어진다.

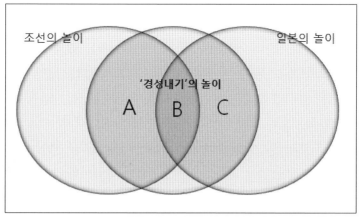

〈그림 13〉 '경성내기'의 놀이의 민족별 범주

그림에서 A 부분은 공기놀이, 제기차기, 자치기 등 일본의 놀이에 없는 조선의 놀이를 포함하고, B 부분은 연날리기, 썰매, 팽이치기 등 조선과 일본에 모두 있는 놀이를 포함하며, C 부분은 오자미놀이, 죽방울놀이, 구슬치기 등 조선에는 없고 일본에는 있는 놀이를 포함한다. '경성내기'의 놀이의 영역에서 A, B, C의 어디에도 포함되지 않는 부분은 경성의 자연과 어울리면서 특정한 놀이유형이 없는 놀이를 포함한다. 이를테면, 〈표 9〉에서 C에 속하는 놀이는 연번 6의 바위타기, 연번 7의 올챙이 잡이 등이다. '경성내기'의 놀이의 영역에서 A와 B 부분에 해당하는 조선의 놀이를 놀이명 및 놀이방식의 변용의 유무에 따라 표로 정리하면 다음과 같다.

〈표 10〉 '경성내기'의 조선의 놀이의 변용

| 놀이방식 〳 놀이명 | 변용 함 | 변용 안함 |
|---|---|---|
| 변용 함 | (1) 자치기 | (2) 팽이, 썰매, 연날리기 |
| 변용 안함 | | (3) 공기, 제기 |

　위의 표 1에서 (1)은 놀이명과 놀이방식을 모두 변용한 놀이이다. (1)에 해당하는 자치기는 일본에는 없는 것인데, 앞서 언급한 것과 같이 '조선야구'로 불리면서 놀이방식에 야구의 요소가 가미되었다. 물론 자치기는 경성의 일부 일본인 아이들 사이에서 '잣치기'로 불리기도 했으나 동창회지에는 '잣치기'보다 '조선야구'가 더 일반적이다. (2)에 해당하는 팽이, 썰매, 연날리기는 그와 유사한 일본의 놀이의 이름을 가져오되 방식은 조선의 것을 따랐다. 썰매는 '소리' 혹은 '타케소리'로, 연날리기는 '타코아게'로, 팽이는 '코마' 혹은 '조선코마'로 불렸다. 이것들도 자치기의 경우와 마찬가지로 조선인들 속에서 생활한 일부 일본인 아이들에게는 한국어의 놀이명으로 알려졌으나 동창회지에서는 일본어의 놀이명으로 더 자주 지칭된다. (3)에 해당하는 공기와 제기에는 어떠한 변용도 없다. 제기가 '천기'로 불렸지만 그것은 제

기의 놀이명이 한국어에서 일본어로 옮겨오면서 발음구조상의 차이로 만들어진 결과이다. 요컨대 '경성내기'의 조선의 놀이에서 '잣치기'를 제외하면 그와 유사한 일본의 놀이가 있든 없든 놀이방식은 변용되지 않았다. '잣치기'의 변용에서도 당시 근대스포츠로서 유행하던 야구의 경기방식이 접목된 것이지 일본의 전통놀이의 요소가 가미된 것이 아니다. 다시 말해 '경성내기'의 어떤 조선의 놀이도 일본의 놀이 방식을 혼합하지 않았다. 단지 조선의 놀이와 유사한 일본의 놀이가 있는 경우 그 일본의 놀이명이 조선의 놀이에 붙여졌을 따름이다.

경성 출신 일본인은 귀환 후 자신이 습득한 조선의 놀이와 동일한 이름의 일본의 놀이가 놀이방식에서 차이가 있다는 것을 발견한다. 그리고 이 발견은 자신이 조선의 놀이에 일본어 이름을 붙였어도 그 놀이방식에서는 '원형'을 습득했다는 자각으로 이어진다. 이렇게 조선의 놀이는 '경성내기'와 내지인의 '원체험'의 차이의 물증으로 자리 잡는다. 이 '원체험'은 일본에서 찾을 수 없다. 그래서 그들은 '원체험'의 출처로 자신의 신체로 되돌아온다. 물론 그들이 '타문화'에서 자신의 '원체험'을 습득한 데에는 제국-식민지의 역사적 정황이 놓여있다. 그들의 기억에서 이 역사적 정황이 탈각된 채 '조선적인 것'이 신체의 감각적 기억으로 귀속되는 과정을 다음 절에서 면밀히 검토해보겠다.

## 조선의 놀이와 신체화의 서사

우리 네 형제는 모두 경성에서 태어났습니다. 언젠가 우리 형제 중에 누가 '우리에게 고향은 없어'라고 말한 적이 있습니다. 고향(故鄕)이라는 말을 사전에서 찾아보면 '태어난 땅'이라고 합니다. 우리는 경성에서 태어났기 때문에 경성이 고향인 것인데, 나는 이에 쉽사리 수긍할 수 없습니다. 게다가 지금은 고향이 외국이기 때문에 한층 더 이상한 기분에 휩싸입니다. 나는 그러한 사전적 해석에 따르고 싶지 않습니다. '태어난 땅'이기보다는 '유년기부터 소년소녀기를 부모와 함께 살며 부모의 곁에서 자란 땅'이 고향이라고 말하고 싶습니다. 그렇기 때문에 그곳이 외국이든 국내의 어느 곳이든 상관없습니다. 유년기부터 소년소녀기에 걸쳐 자란 곳이 중요하다고 생각합니다. 그 시절에는 감수성이 강하며 마음이 순수하며 모든 것을 새롭게 받아들일 수 있습니다. 그렇기 때문에 고향에 대한 생각이 깊고 또 그리운 것입니다. 그래서 경성, 경성사범, 부속 소학교에서 여러분들과 함께 보낸 소년소녀시절이 선명하게 떠오르고 그때의 추억이 바로 어제의 일과 같이 마음의 영상에 비춰집니다. …(중략)… 이것은 한편의 감상문이 아닙니다. 인간이 가진 인생으로서 하나의 인식이며, '마음의 재산'이라고 풀이됩니다. 사람은 글자만으로 살 수 없습니다. 나는 동창회-경성사범부속소학교와 같이 조국과 운명을 같이했던, 지금은 '환영의 모교'인 동창회에 애착을 갖고 있습니다.[42]

위의 글에서 경성은 '태어난 곳'이라는 사전적 의미에서 글쓴이의 고향이다. 그러나 글쓴이는 경성이 사라졌기 때문에, 다시 말해 1945년 이후 경성이 타국의 수도서울이 되었기 때문에 경성을 고향으로 받아들이지 못한다. 그러다 곧바로 글쓴이는 유년시절을 보낸 그 곳이 마음속에 형상화된 추억의 장소라면 그곳을 고향으로 긍정할 수 있다고 생각한다. 즉 글쓴이에게 경성이 고향일 수 있는 이유는 그곳의 추억을 담고 있는 자신의 마음이 있기 때문이다. 그의 마음에서 경성은 '글자'가 아닌 '영상'으로서 순수하고 생생하게 재현된다.

경성 출신 일본인에게 '어린 시절의 순수함'이란 무엇을 뜻할까? 동창회지에서는 '다른 것은 다 잊어도 교정에서 놀던 놀이는 잊어지지 않는다'고 말한다.[43] 그들은 '타임캡슐'을 탄 것처럼 그때로 돌아가면 가장 먼저 떠오

---

42) 『蔦』 4호, 1975년 5월 10일, 3쪽.

43) "'지금은 지금에만'의 정신을 갖고 실행하면 좋으련만 지금에서야 더더욱 그립습니다. 교정의 뒷산에서 눈싸움, 붉은 벽돌의 교사(校舍) 앞에서 했던 피구, 교사의 뒷마당에 물을 끌어다 만든 스케이트 링크 등등. 다시는 돌아갈 수도 없지만, 사라지고 없는 유년의 배움터에서 기이하게도 생각나는 것은 '놀이'의 추억뿐입

르는 것이 아이들의 노는 모습이라고 말한다.[44] 그들은 학교 운동장에 마
련된 스케이트장에서 스케이트 타기, 교정에서 밤 줍기, 학예회, 운동회 등
의 아주 작고 세세한 일들을 떠올리며 그리워한다.[45] 그들에게 유년기는
즐겁고 그리운 것들로 가득차고 세상물정과 무관한 천진난만했던 시절이
다.[46] 그리고 그 시절의 추억이 '어제의 일'처럼 선명하게 떠오르는 것은 신
체의 감각이 그 시절을 온전히 재현할 수 있기 때문이다.[47] 경성에서 공기
놀이를 할 때의 돌에 대한 촉각이 지금도 그들의 손에 남아, 그들은 그때로
돌아가 공기놀이를 생생하게 묘사할 수 있다.[48] 한강 위로 번지는 붉은 노

니다."(『蔦』 5호, 1976년 10월 1일, 4쪽).

44) "타임캡슐을 탄 기분으로 40년 전으로 돌아가 보았다. 그러나 기억의 세계도 노
안으로 그리운 미사카의 등나무도 그 밑에서 놀았던 공기 등도 분명하게 떠오르
지 않는다. 다만 돌 부딪히는 소리가 아스라이 귓가에 울린다. 공기 돌을 구하러
교정의 이곳저곳을 걷는 소녀시절은 옛 이야기가 된 것일까. 그 때는 무어라도
직접 손으로 만든 도구로 놀았다. 공기놀이도, 낡은 타이어를 자전거포에서 구해
놀았던 고무줄놀이, 그 외에도 이런저런 것을 찾아내어 만들었다."(『鉄石と千草』
1983년 11월, 317쪽).

45) "교정의 한편에 물을 끌어다 만들었던 큰 스케이트장에서 수업 시작 전이나 방과
후에 추운 줄도 모르고 탔던 겨울날들. 학예회, 밤 줍기, 운동회 등 사계절 각각
의 연례행사, 어느 하나도 빠지는 것 없이 마음이 두근거리며 그리운 것들뿐입니
다."(『蔦』 6호, 1977년 10월 1일, 10쪽).

46) "추억은 즐겁고 그리운 것이다. 힘들고 슬픈 추억은 잊어버린다. 어린 시절 친구
와 만나 즐겁게 놀았던 날들을 회상하는 즐거움은 지금 돌이켜보면 무엇과도 바
꿀 수 없는 인생의 한 페이지였다."(『蔦』 8호, 1979년 11월 1일, 3쪽).

47) "학교에서 돌아오면 근처 공터에서 남자 아이, 여자 아이 할 것 없이 해질녘까지
놀았다. 남산의 언덕에 자리했던 집의 창가에 앉아 하모니카를 불기도 했다. 그
리운 경성을 떠날 때에는 '안녕, 경성이여, 또 올 때까지...'라는 생각을 담아 하모
니카를 불었다. 한강 위에 비단 빛깔의 퍼져가는 노을이 특히 아름답게 보였던
것도 어제의 일처럼 느껴진다."(『鉄石と千草』, 1983년 11월, 323쪽).

48) "공기. 여러 가지 의미로 그립고 즐거운 놀이이다. 주위의 아이들의 놀이를 잘 살
펴보아도 이와 비슷한 놀이를 본 적이 없다. 크기나 높이에 대한 어릴 때의 감각
이 지금과는 많이 다르겠지만, 어른 손가락 한마디 정도의 작은 돌을 대여섯 개
주워 모아 여러 명이 빙 둘러앉아 놀았다. 순번을 정해, 수북한 돌을 가능한 한
잘 모아 쥐고 던진다. 손바닥을 휘익 뒤집어 손등에 올려놓는다. 이 동작은 설명
하기 어렵지만 누구라도 능숙하게 잘 할 수 있었다."(『蔦』 12호, 1983년 10월 1일,
6쪽).

을, 돌 부딪히는 소리 등 어린 시절의 기억의 선명함은 신체의 감각에 의해 담보된다.

동창회지에 묘사된 '조선적인 것'을 '관찰한 것'과 '습득한 것'으로 나누어 보면, 전자와 후자는 기억의 당사자와 기억의 대상 간의 관계 속에서 특징지어진다. 전자에서 기억하는 자가 관찰대상으로서 조선인의 습속과 조선의 풍물 —관찰자 자신은 자신에 대한 관찰의 시선을 허용하지 않는다—을 삼는다면, 후자에서는 기억하는 자 자신의 신체를 관찰대상으로 삼는다. 그러나 '나는 나의 신체를 통해 외부의 대상을 관찰하지만 나의 신체 자체를 관찰하지 못하므로'(메를로-퐁티 2002[1945]: 156), 정확히 말해 후자는 신체가 떠안은 관찰대상의 속성을 대상으로 삼는 것이다. 그렇게 해서 관찰대상의 속성은 나의 신체에 귀속된다. 김치의 매운 맛은 혀가 느끼는 미각이고, 경성의 한겨울의 추위는 피부가 느끼는 촉각이고, 공기놀이의 돌 부딪히는 소리는 귀가 느끼는 청각이고, 한강의 노을은 눈이 느끼는 시각이다. 하지만 기억되는 것은 김치의 매운 맛과 경성의 추위와 공기놀이의 돌 부딪히는 소리와 한강의 노을의 비단빛깔이다. 즉 신체의 감각적 기억이 김치, 경성의 혹한, 공기놀이, 한강의 노을을 '영상'처럼 불러들인다. 게다가 신체는 대상의 속성을 떠안는 것과 동시에, '나의 신체는 나를 떠나지 않는다'(메를로-퐁티 앞의 책: 154)는 신체의 영속성을 관찰대상에게 부여한다. 관찰대상의 속성을 떠안으면서 그 속성의 기억을 관찰대상에게 되돌려주고 그 관찰대상에 영속성을 부여하는 신체의 기능은 '마음'에 추억을 담을 수 있는 최적의 조건이다.

문제는 그들의 어린 시절이 천진난만한 기억으로 치부될 수 없는 식민지적 정황 속에 놓여있다는 역사적 사실이다. 더군다나 그들은 '일본이 조선을 식민지배했다'는 역사를 인식한 후에도 그 인식으로부터 '어린 시절의 순수함'을 훼손당하지 않는다.[49] 그렇다면 신체의 감각만으로 '어린 시절의 순수함'이 보증되는 이유가 여전히 해명되지 않는다. 왜냐하면 나의 신체

밖의 사물은 언제나 나의 신체에 의해 접수되지만 그러한 나의 신체조차도 타자의 시선을 통해 접수되기에 신체적 감각은 총체적 의식—김치의 매운 맛이 '맵다'는 언어표상과 함께 감각되듯이—을 수반하기 때문이다. 그래서 그들의 '어린 시절의 순수함'은 순수하지 않음의 대립항으로서 순수함과 순수하지 않음의 총체적 의식 위에 있다. 순수하지 않음을 '식민지조선에서 일본인의 우월한 지위'로 가정해본다면, 순수함은 그러한 지위를 낳는 차별적 구조와 무관한 어린 시절로 상정된다. 그러므로 '순수하지 않음'의 역사 의식은 어린 시절의 '순수함'을 훼손하는 것이 아니라 오히려 그것을 조장하거나 적어도 부각하는 것임을 알 수 있다. 다시 말해, '한국 출신 일본인'은 귀환 후 '나는 식민자인가?'라는 물음에 직면했을 때, 그 물음에 답하는 대신 그 물음의 반대급부로 식민지의 어린 시절을 '순수하게' 형상화했다. 그렇다면 이제 '한국 출신 일본인'에게 식민지 시대의 '순수함'은 어떻게 형상화되는가? 라는 질문으로 고쳐 물어야 한다.

여기서 신체의 '말이 없는 경험'을 가정해보고. 다시 〈그림 13〉의 '경성내기'의 조선의 놀이로 되돌아가면, 놀이방식은 모두 조선전래의 방식이었음이 앞서 확인한 그대로이다. 일본에는 없는 〈그림 13〉의 A에 속하는 공기와 제기는 한국어 발음대로, 〈그림 13〉의 B에 속하는 팽이와 연날리기와 썰매는 그와 유사한 일본의 놀이명을 따서 붙였다. 여기서 주의해야 하는 것

---

49) "조선인에 대한 사고방식도 당시는 '평화적인 일한병합'의 결과 일본인으로 완전히 '동화'해가는 과정의 사람들이라고 단순히 생각하고, 특별히 멸시한다거나 학대했던 기억은 없습니다. 다만 내지에서 건너왔던 일본인이 행정, 문화, 생활의 각 분야에 걸쳐 '그들을 이끌고 교육해야 한다'는 것과 같은 우월의식을 품고 있었던 것은 사실입니다. …(중략)… 나는 미사카소학교에서 자란 사람들 중에서는 이러한 낡은 역사관, 조선관을 가진 사람이 없으리라 생각하고 정말로 조선을 '고향'으로 생각하고 조선 사람들과 친선의 우호를 바라는 입장이 아닐까 하고 생각합니다. …(중략)… 서두에서 말한 문제와는 별도로 미사카소학교 시대는 우리들에게 '고향'이며 순진무구한 어린 친구들과 고마운 선생님이 있었습니다. 그곳에는 사상도 정치의 대립도 없었으며 회상의 즐거움과 쉼터이기 때문입니다." (『鉄石と千草』 1983년 11월, 311-2쪽).

은 한국어 발음 그대로 부른 공기와 제기의 놀이명도 한국어 글자를 통해 습득한 것이 아니라 조선인의 발음을 흉내 내어 일본어로 표기했다는 점이다. '공기'와 '천기'는 연날리기의 '나간다'와 '올랐다'와 같이 한국어 문장으로 활용될 수 없는, 성대를 울려 소리를 내는 신체의 운동이다. 또 B의 '조선코마', '조선야구', '타코아게', '소리'는 팽이, 자치기, 연날리기, 썰매의 가명(假名)이다. 즉 그들은 조선의 놀이의 모든 이름을 한글로 인식하지 않았다. 그리고 그들은 '조선의 놀이를 일본어로 불렀다'는 자각으로부터 조선의 놀이명을 한글로 표기할 생각조차 하지 않은 채 그 놀이를 습득했다고 하는 '말이 없는 경험'으로써 조선의 놀이를 새롭게 발견해낸다. 조선의 놀이의 일본어 표기는 일본의 조선식민지배의 역사적 증거인데도, 그들은 어린 시절의 추억에서 일본어이든 한국어이든 '글자' 자체를 떼어냄으로써 조선의 놀이에 일본어를 붙인 '식민지적 행위'를 감춰버리고 그 역사인식의 도래를 지연한다. '글자'(일본어)를 알고 있지만 '글자'(한국어)를 모르고 경험한 '글자 없는 경험'은 '순수하지 못한' 역사를 '말이 없는' 신체로 은폐한다.


## 조선의 놀이의 재인식: '조선적인 것'에서 한국의 문화요소로

그런데 '한국 출신 일본인'은 자신이 습득한 조선의 놀이를 처음부터 조선의 놀이로 알고 있었다. 그것은 그들이 조선인의 놀이를 모방하면서 조선의 놀이를 익힌 탓이다. 예를 들어, 그들은 정월대보름 경성에서 펼쳐지는 조선인의 연싸움 놀이를 보고 연싸움 기술을 습득하고 연마했다. 그리고 그들은 귀환 후 이렇게 습득한 놀이가 일본의 놀이와 다르다는 것을 발견했다. 놀이명을 일본어로 부르면서도 놀이방식은 조선의 것으로 습득한 이 지점에서 그들은 '일본인이되 일본으로 이주한 자'로 자기 규정된다. 왜냐하면 그들은 조선의 놀이를 습득했다는 사실로부터 현재 살아가는 곳의 문화(일본)와 다른 문화(한국)를 습득한 '이주자'의 경험적 특질을 공유하기 때문이다. 이것은 이주자가 본국의 문화로부터 자신의 경험적 특질을 의식하는 것과는 대조적이다. 이로써 우리는 '한국 출신 일본인'은 일본사회의 '이주자'로서 자신의 경험적 특질을 과거의 조선으로 소급하여 '순수했던 어린 시절'로 형상화했음을 유추할 수 있다. 간단히 말해, 그들에게 조선의 놀이는 식민자적 역사인식과 결부되는 것이 아니라 자신의 이주자적 특질과 문화를 공유하는 조선이라는 민족과 결부된다.

> 도대체 향토·출신지는 무엇을 의미하는 것일까. '출신지'를 물어오면, 경성 태생의 나는 지금까지도 순간 주저하게 된다. 조상 전래의 땅에 살아왔던 사람들은 그 무엇도 주저하지 않을 것이다. 출신지란 '땅'의 문제인가 아니면 '피'를 의미하는 말인가. ···(중략)··· 전후(戰後) 40년이 흐른 지금 돌이켜보면 인생의 한 고비와 같은 때였지만, 출생'지'의 풍토, 민속이 끼친 영향의 묵직함을 느끼는 요즘이다.50)

위의 글에서 '경성 태생의 나'의 출신지의 의미는 조선의 풍토와 민속에 대한 인식으로 이어진다. 그가 조선의 놀이를 습득했을 때의 조선은 일본이었지만 귀환 후 이제 조선은 일본이 아니라 한국이기 때문이다. 그러므로 '한국 출신 일본인'은 한국과 일본의 국민국가의 경계의 구획 속에서 자신이 습득한 조선의 놀이를 한국의 문화로 재인식해야 할 시대적 변화를 요청받는다. 종로소학교의 동창회지인 『鐘路』(최종호, 2008년 3월)에서는 '천기'를 '제기차기'로, '타코아게'를 '연날리기'로, '조선코마'를 '팽이치기'로 조선의 놀이명을 한국어와 일본어를 병행해서 표기하고 있다. 이 인식의 변화를 〈그림 13〉의 도식에 기초하여 재범주화하면 〈그림 14〉와 같다.

---

50) 『鉄石と千草』, 1983년 11월, 1935년 졸, 290쪽.

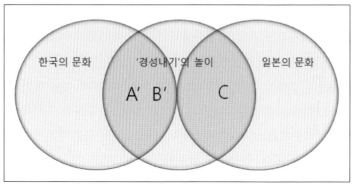

〈그림 14〉 '경성내기'의 놀이의 국민국가별 범주

　〈그림 13〉의 조선과 일본의 놀이의 교집합 B는 〈그림 14〉에 이르러 한국의 문화로 흡수되어 B'으로 재인식된다. 이에 따라 '경성내기'의 놀이에서 혼종적인 형태—조선의 놀이방식이면서 놀이명은 일본어인 놀이형태 혹은 조선과 근대의 놀이방식이 혼합된 놀이형태—는 '국민국가'의 개념적 범주화의 도식에서 사라진다(B→B'). 즉 〈그림 14〉에서는, 〈그림 13〉의 조선의 놀이와 일본의 놀이의 교집합이 사라지고, 한국의 문화와 일본의 문화 각각이 서로소의 집합으로 분리된다. 정확히 말해, 〈그림 13〉에서 교집합 B의 소멸은 '경성내기'가 자신이 습득한 조선의 놀이가 교집합으로 알았다가 귀환 후 교집합이 아님을 자각했음을 뜻한다. '경성내기'는 조선에서 B의 놀이를 습득할 때 그것이 조선과 일본에 모두 존재하는 놀이로 알고 있어도 놀이방식과 놀이도구가 다르다는 것을 알지 못했고 알았더라도 구체적인 차이는 귀환 후 발견했다. 그래서 B는 '경성내기'와 내지인의 차이를 더욱 부각한다. '경성내기'는 이 차이에 대한 인식 후 B의 놀이를 C(일본의 놀이; 일본의 문화)의 영역이 아닌 A의 영역으로 가져와서 A'과 같은 영역인 B'로 재인식했다. '경성내기'는 조선에서 B의 놀이명을 일본어로 이름 붙였지만, 귀환 후 B를 C의 영역으로 인식하지 않고 자신이 습득한 '조선식'의 놀이방식을 따라 A의 영역으로 재인식한 것이다.

## 조선화의 타자성

〈그림 13〉의 B에 속하는 혼종적 형태의 놀이가 〈그림 14〉에서 B´으로 재 인식되어 한국의 문화로 통합되는 것은 '조선적인 것'에 대한 그들의 인식 이 귀환 후 한국의 문화요소로 재규정됨을 의미한다. 타자의 신체화의 서 사는 혼종성의 기억에서 타자를 추출해냄과 동시에 그 타자를 자기화하며 '조선적인 것'의 인식의 변화를 예고한다. 즉 〈그림 14〉에서 식민지적 혼종 성에 대한 기억이 국민국가의 새로운 경계의 틀로 재구성된 것이다. 그 결 과 그들의 '말이 없는 경험'은 한국의 문화로 말을 하게 되고, 이제 그들은 식민지의 혼종적 문화가 아닌 한국의 문화를 습득한 것으로 재의미화 된 다. 그런데 그들에게 조선의 놀이는 어디까지나 과거의 경험세계에 한하며 현재의 풍속으로서 연행되는 것이 아니다. 그러므로 〈그림 14〉는 그들이 과거에 연행했던 조선의 놀이를 현재의 국민국가의 인식의 틀로 규정한 것 이다.

문제는 그러한 시대적 인식의 변화 후에도 조선의 놀이는 한국의 문화요 소로 동질화하지 않는 혼종적인 형태로 그들의 서사에서 다시금 등장한다 는 점이다. 그것은 무엇보다도 그것을 기억하는 신체가 놀이의 혼종적인 형태를 계속해서 불러들이기 때문이다. 신체적 감각이 매개 기억으로서 조 선의 놀이는 제국-식민지 질서의 소멸 후 국민국가의 시대적 변화에 따라 한국의 문화로 재인식되면서도 여전히 '말이 없는 경험'으로 잔존된다.

게다가 '말이 없는 경험'은 말하지 않아도 '경성내기'의 집합성(collectivity)과 공동체성(communality)을 재생산할 뿐만 아니라 그들의 상호작용과 소통의 매 개로 작용한다. 반례로 동창회지에서는 〈그림 13〉와 〈그림 14〉의 C의 영역 에 속하는 일본의 놀이—일본전래의 놀이이기 때문에 일본문화로 언제든지 바꿔 말할 수 있는—를 거의 언급하지 않으며, 언급하더라도 세부적으로 묘 사하지 않는다. 그들의 놀이의 서사에서 C는 A(A´)와 B(B´)가 불러일으키는 노스탤지어를 갖지 않는다. '경성내기'의 서사는 '내지'에서 자란 일본인과의 이질적인 감각을 드러내고 전시하는 현재적 실천이므로 일본의 놀이를 요구하지 않는 것이다. '경성내기'의 '말이 없는 경험'이 한국문화로 포섭되어 비로소 '말'을 하는 것은 '말이 없는 경험'의 출처인 조선이 제국일본의 일개지방에서 국민국가로 변화되었음을 반영한 것이지 '말이 없는 경험' 그 자체의 필연적인 효과가 아니다. 다시 말해 '경성내기'가 〈그림 13〉의 B의 조선의 놀이를 귀환 후 〈그림 14〉의 B′의 한국의 문화로 인식한 것은 한국의 문화적 위상의 변화에 발맞춘 결과이지 B의 내적인 작용에 의한 것이 아니다. B′이 언제든 B로 돌아갈 수 있다는 것은 B′과 B가 그들의 서사에서 집합성과 공동체성이라는 속성을 동일하게 갖고 있는 한에서이다. 이처럼 B′이라는 타자성은 언제든 B의 신체로 귀환할 수 있다.

이제 '경성내기'는 조선의 놀이를 한국의 문화요소로 재인식하면서, '일본인이 한국의 문화를 습득했다'는 역사적 정황을 해명해야 하는 과제를 안게된다. 그리고 바로 이 지점에서 그들은 '원체험'의 '순수함'과 식민지체제의 '순수하지 않음' 사이의 화해를 시도한다. 그래서 식민지조선에서 제국의 일원으로서의 일본인의 위상과 역할을 회고하는 그들의 이야기에 주목할 필요가 있다. 조선에서 태어나서 자란 일본인에게 주입된 제국일본의 이데올로기가 패전국 일본의 식민지적 역사인식과 어디서 어떻게 조우하는지 그리고 이 속에서 그들의 서사는 어떻게 재구성되며 보존되는지를 다음 장에서 살펴보도록 하겠다.

# 4 내선일체의 이상과 모순:
# 훈육의 서사와 제국의식

## 훈육의 서사와 '마음의 고향'

'한국 출신 일본인'은 조선에서 습득한 '조선적인 것'을 귀환 후 한국의 문화요소로 규정했다. 다시 말해, 그들은 어린 시절 자신이 보고 배운 조선의 풍물과 습속을 과거의 식민지적 맥락에 위치 짓는 대신 현재의 한국적 문화로서 이해했다. 그러나 이제 그들은 한국의 문화를 습득한 자신의 역사적 정황을 파악하는 속에서 식민지를 시대적으로 인식한다. 일본인이 어떻게 해서 조선의 문화를 습득하게 되었는가? 지금의 한국은 일본의 타국이지만 그때의 조선은 일본의 일부이지 않았는가? 역사란 과거에서 현재로 이어지는 시간의 흐름을 연대기적으로 기술하는 것이 아니라 현재적 관점에서 과거를 해석해냄으로써 현재를 이해하는 활동이라고 한다면, 그들의 식민지적 역사인식은 그들 자신의 경험세계에서 도출된 것이 아니라 '제국'에서 '패전국'으로의 일본의 시대적 변화에 조응한 결과라고 말할 수 있다. 그리하여 이 인식은 '패전국'의 관점에서 조선으로 되돌아가 '제국의 일원'으로 훈육된 일본인을 발견하고 조선을 제국의 일부로 받아들였던 그 자신의 '의식화된 조선관'을 비판적으로 성찰한다. 이 장에서는 이러한 패전국의 역사인식을 '한국 출신 일본인'의 '제국'의 훈육의 서사를 중심으로 살펴보고자 한다. 특히 '훈육된 조선관'의 연원으로서 내선일체의 논리를 식민지기 자료를 중심으로 검토할 것인데, 이에 기초하여 내선일체의 논리를 시대적 정황 속에서 읽어내고 그것이 귀환 후 '한국 출신 일본인'의 조선관으로 변모하는 과정을 추적해보고자 한다.

이 장에서는 특히 1937년의 중일전쟁 이후 조선과 대만 등 외지에서 전면적으로 시행된 황민화교육을 둘러싼 훈육의 서사를 다룬다. 주지하다시피 조선에서 황민화교육은 황민화정책의 일환으로 1938년 3월 4일 공포된 '제3차 조선교육령'을 전후로 하여 1945년 제국일본이 패망할 때까지 실시된 교육부문에서의 일련의 정책과 방향을 말한다.[1] 이제까지 황민화교육에 관한 논의는 주로 조선인에 대한 일본 군국주의의 주입과 그에 대한 비판적 고찰에 집중되어온 반면,[2] 조선의 일본인에 관해서는 상대적으로 소홀히 다뤄져왔다. 그러나 조선인과의 직접적 대면의 장에서 '천황의 적자'로서 모범을 보여야했던 외지의 일본인은 황민화정책을 통해 내지인 이상으로 천황제를 내면화했기 때문에(水野直樹 2004: 15), '일본인의 황민화'는 외지에서 제국일본의 전개양상을 고찰하는 데에 결코 간과할 수 없는 문제이다. 나아가 '황민화'가 내선일체와 더불어 제국주의적 시선을 은폐시키는 역사적 장치로 작동하고 있음을 고려해본다면, '일본인의 황민화'는 패전국

---

1) 이나바 츠기오(稲葉継雄)에 따르면, 식민지조선에서 '황국신민'(皇國臣民)이라는 용어는 당시 조선총독부 학무국장인 시오바라 토키사부로(塩原時三郎)에 의해 공식적으로 사용되기 시작했다(1998: 189). 물론 '황국신민정책'은 조선총독부의 독자적인 정책이 아니었으며, '징병제', '국어(일본어) 사용', '창씨개명' 등과 같이 일본의 외지의 전시체제 운용의 일환이었다. 대만의 경우를 살펴보면, 1936년 해군대장 코바야시 세이조우(小林躋造)의 부임과 동시에 문관총독의 시대가 종료되고 조선과 동일한 기조의 이른바 '황민화운동'이 시작되었다(伊藤幹彦 1997).
2) 윤희승 1999; 吳成哲 2000; 辛珠柏 2001; 정규영 2002; 정태준 2003; 김경미 2004; 김보림 2006 등.

일본에서 '제국'의 기억이 '한국 출신 일본인'의 조선관과 맞물리며 어떻게 은폐되면서도 보존되어왔는지를 해명해줄 것으로 기대할 수 있다. 이를 전제로 '일본인의 황민화'는 세부적으로 다음의 논점을 갖는다.

첫째, 이제까지 황민화교육은 조선인으로 하여금 천황에 충절을 바치고 전시체제에 복무하게 했다는, 전쟁동원을 위한 사전정지작업으로서의 강제적·기만적 성격이 부각되어왔다. 그러나 식민지조선에서 조선인뿐만 아니라 일본인도 황민화교육의 대상이었다는 사실은 황민화교육이 '조선인의 일본인화'라는 민족말살의 차원을 넘어서 '일본인의 일본인화'라는 제국 일본의 '국민화'의 논리를 담고 있음을 시사한다. 이와 같이 피교육자로서 조선의 일본인에게 주입된 '국민화'의 논리를 살펴보려 한다.

둘째, 황민화교육의 '국민화'의 논리에서 내선일체가 점하는 위치에 관한 고찰이다. 황민화교육은 내선일체의 이데올로기를 전면적으로 보급하면서,[3] 조선인에게는 황국신민다움을 강요함과 동시에 일본인에게는 조선인에 대한 동등의식을 끊임없이 요청했다. 이에 대해 미야타 세츠코(宮田節子)는 내선 일체가 애초부터 실현될 수 없는 구조적 모순을 갖고 있었다고 말한다. 내선 일체의 주창자들은 조선인에게 황국신민이 되면 민족적 차별이 없어질 것이라고 말했지만 정작 일본인은 조선인을 자신과 동등한 황국신민으로 받아들일 생각이 없었다는 것이다(1985: 165). 반면 우치다 준(內田じゅん)은 조선의 일본인의 법적·정치적 지위의 모호함을 그 이유로 풀이한다. 조선의 일본인은 조선에서 사회적·경제적 특권을 누렸던 반면 총독권력에 의해 제국의 '공민권'을 박탈당한 상황 하에서 '시민권'을 둘러싸고 조선인과 조건적 경쟁을 벌이지 않을 수 없었고 그렇기 때문에 조선인의 제국신민의 권리 획득을 용인하지 않았다는 것이다(2008: 46). 이러한 우치다의 견해는, 조선의 일본인이 조선총독부의 주구(走狗) 혹은 제국일본의 '풀뿌리 침략자'

---

3) 高尾甚造, 「改正教育令の実施まで」『文教の朝鮮』152호, 朝鮮教育会, 1938년 4월 1일, 139쪽.

임을 전제한 다음 총독권력 대 조선인민의 양자 구도로 설정된 기존의 이항담론에서, 조선의 일본인을 총독권력으로부터 떼어내어 3자 구도로 식민지조선을 편짜기 하는 것이다. 그러나 조선의 일본인이 내선일체의 사상운동을 자신의 '시민권'적 이익과 저울질할 만큼 식민지조선에서 자율적인 시민사회의 공간이 존재했는가 라는 질문은 차치하고서라도, 사상운동의 측면에서 일본인이 조선인을 황국신민화 하고자 했던 동기와 그러한 내선일체 사상의 교육적 효과에 의한 일본인의 조선관을 좀 더 면밀히 살펴볼 필요가 있다. 왜냐하면 당시 내선일체의 이상과 실제 사이에 존재했던 모순과는 별개로, 내선일체 사상의 의식화 대상인 '한국 출신 일본인'이 내선일체의 논리로부터 조선관의 토대를 마련했을 가능성을 배제할 수 없기 때문이다. 이에 조선의 일본인이 습득한 제국일본의 '국민화'의 논리와 내선일체의 조선관을 이데올로기적 차원에서 검토하고, 일본인과 조선인의 거리 —민족의 차이를 인식하는 관념상의 거리—를 허용하지 않았던 황민화교육의 시행 과정에서 일본인이 조선인과 어떤 관계를 맺고자 했는지를 구체적으로 살펴보고자 한다. 이것은 경성의 일본인 소학교에서 시행된 황민화교육의 구체적 조치를 발굴하는 실증적 작업이 될 것이다. 결론적으로 황민화교육이 조선인에 대한 억압적 교육기제였을 뿐만 아니라 일본인에 대해서도 의식화의 주요한 기제였음이 밝혀질 것이다.

마지막으로 '한국 출신 일본인'이 황민화교육의 서사화의 논리를 분석함으로써 훈육의 경험이 그들의 식민지적 역사인식과 그들 자신의 존재적 정당성—조선에서 태어난 일본인에게 '선택'이 아닌 '운명'으로 주어진 조선에 대한 사명감—사이의 논리적 모순을 어떻게 지양해내는지를 살펴보겠다. 그리하여 이 모순이 '마음의 고향'의 서사에서 어떻게 해소되는지가 해명될 것이다.

## 황민화교육과 내선일체

### '황국신민의 서사'

조선총독부는 1937년 10월 2일 '황국신민의 서사(皇國臣民ノ誓詞)'를 제정·공포하고, 조선인에게 배포했다.[4] '황국신민의 서사'는 '제3차 조선교육령'의 3대 강령(綱領)인 국체명징(國體明徵), 내선일체(內鮮一體), 인고단련(忍苦鍛鍊)을 압축적으로 문구화한 것으로, 복창의식이 공식적으로 처음 행해진 것은 1937년 10월 15일 경성운동장에서 열린 제13회 조선신궁신사봉찬체육대회(朝鮮神宮奉贊體育大會)의 입장식에서였다. 그곳에 모인 2만 여명의 대중이 일제히 복창한 '황국신민의 서사'가 라디오를 통해 전 조선에 전송된 것이 '황국신민의 서사'의 공식적인 첫 시연이었다.[5] '황국신민의 서사'에는 두 버전이 있는데, 하나는 성인 일반을 위한 것이며, 또 하나는 '치카히'[6]라고 하여 소학교 학생을 위해 작성된 것이다.

'치카히'는 액자로 만들어 조선의 각 학교의 교무실, 교실, 복도 등에 전시되었고, 조회, 각종 집회, 신사참배 및 '수신(修身)' 과목 시간에 복창되었다.[7] 또한 '황국신민서사의 기둥(皇国臣民誓詞之柱)'이라 이름 붙여진 탑(塔)을

---

4) 미나미 지로(南次郎) 총독이 1937년 1월 국체명징(國體明徵), 만선일여(滿鮮一如), 교학진작(敎學振作), 농공병진(農工竝進), 서정쇄신(庶政刷新)의 '조선통치 5대강령'(朝鮮統治五大綱領)을 공표한 후, 조선총독부의 각 부문에서는 그에 입각하여 정책을 입안했고 실행했다(『施政三十年史』 朝鮮總督府, 1940년 10월 1일, 827~831쪽). '황국신민의 서사'는 조선총독부학무국장인 시오바라 토키사부로(塩原時三郎)가 고안해낸 것으로(稲葉継雄 1998), 공공의 영역에서 일상적 의식의 하나로 연행토록 했다.

5) 「皇國臣民體操の精神と實施上の注意」, 朝鮮總督府學務局社會敎育課·朝鮮體育協會, 『文敎の朝鮮』151호, 朝鮮敎育會, 1938년 3월 1일, 55쪽.

6) '치카히'의 전문은 다음과 같다. "一. 私共ハ大日本帝國の臣民デアリマス(우리들은 대일본제국의 신민입니다), 二. 私共ハ心ヲ合セテ天皇閣下に忠義ヲ盡シマス(우리들은 마음을 합쳐 천황각하에 충의를 바칩니다), 三. 私共ハ忍苦鍛鍊シテ立派ナ強イ國民トナリマス(우리들은 고난 단련하여 멋지고 강한 국민이 됩니다)."

조선신궁(朝鮮神宮)의
경내에 건립했다. 조
선교육회의 주도 하에
각 지부로부터 탑의
건설경비를 갹출하여
1939년 3월 30일 지진
제(地鎭祭)를 집행하고,
그 해 11월 3일 준공
하여 같은 달 20일에

〈사진 10〉 조선신궁 입구
※출처:『靑葉』8호

미나미(南次郎) 조선총독과 교육관계자 및 전 조선의 학생대표 1500명이 모
여 제막식을 거행했다. 탑 안에는 조선 각지의 일본인과 조선인 등의 소학
생에게서 수거한, 노란 기름종이에 먹 글씨로 쓰인 '서사(誓詞)'가 탑재되어
있었다. 이때 납장(納藏)된 '서사'의 매수는 1,413,200장이었으며 탑의 총 공
사비는 10만 엔에 달했다.[8]

'서사'가 내지에서는 시행되지 않았고 다만 조선인의 황민화를 목적으로
작성된 것임에도 불구하고 조선의 일본인 학교의 각종 행사에서 복창의식
의 하나로 시행된 것은 전적으로 미나미 조선총독의 내선일체 정책에 따른
것이다. '제3차 조선교육령'의 핵심은 조선인과 일본인의 교육과정과 정책
에서 일체의 제도적 차별을 없애는 것이었으며,[9] 이에 따라 조선인의 4년
제(혹은 5년제)의 보통학교, 고등보통학교, 여자고등보통학교의 제도를 폐

---

7) 中根晃,「三大教育綱領を具現せる學校経営案」『文教の朝鮮』163호, 朝鮮教育會,
   1939년 3월 1일, 29쪽.
8) 「第十七回朝鮮教育會代議員會(昭和十四年度)」『文教の朝鮮』167호, 朝鮮教育會,
   1939년 7월 1일, 125-126쪽; 「第十八回朝鮮教育會代議員會(昭和十五年度)」『文教
   の朝鮮』179호, 朝鮮教育會, 1940년 8월 1일, 39쪽.
9) 塩原時三郎,「朝鮮教育令の改正に就て」『文教の朝鮮』152호, 朝鮮教育會, 1938년
   4월 11일, 11-12쪽.

지하고, 소학교, 중학교, 고등여학교의 체제로 흡수 통합했을 뿐만 아니라, 조선인과 일본인 각각의 중앙교육행정을 일원화했다.[10]

　나아가 조선인과 일본인의 학교 모두에서 황민화교육에 철저를 기하기 위해 1939년 4월 20일 〈교학연수소〉(敎學研修所, 조선총독부학무과장 소장)를 설립하고 조선의 전 소학교 교장과 중학교 교원을 대상으로 연수를 시행하는 등 소위 위로부터의 정신강화교육을 실시했다. 1개월의 합숙으로 진행된 본 연수의 목적은 조선총독부 교학연수소(朝鮮總督府敎學研修所) 규정 제1조에 명시된 것과 같이 '국체의 본의에 기초하여 황국신민 교육의 진수를 깨닫게 하여 교육의 쇄신사도의 진흥을 기하는'(國體ノ本義ニ基ク皇國臣民敎育ノ眞髓ヲ會得セシメ以テ敎學ノ刷新師道ノ振興ヲ圖ル) 데에 있었다. 1939년 4월 25일부터 5월 30일까지 시행된 제1기 연수내용을 살펴보면, 총 21명의 학무국 직원 및 총독부의 위촉을 받은 강사진으로부터의 일일 7교시의 총 140시간의 강의가, 오전 5시30분에 기상하여 오후 9시 30분에 취침하는 일과로 진행되었다. '국체의 본의(國體の本義)', '일본정신연구(日本精神研究)', '일본사도의 연구(日本師道の研究)', '황도와 인생(皇道と人生)', '조선통치의 목표(朝鮮統治の目標)', '일본정신연구(日本精神研究「まこと論」)', '일본정신론(日本精神論)', '개정중학교규정에 대해서(改正中學校規程について)', '개정소학교규정에 대해서(改正小學校規程について)', '근세교육사조(近世敎育思潮)', '국가와 법률(國家と法律)', '일본정신과 대승정신(日本精神と大乗精神)', '제사의 본의(祭祀の本義)', '체위향상책(體位向上策)', '수신교과서 편찬에 대해서(修身敎科書編纂について)', '국사교과서 편찬에 대해서(國史敎

---

10) 오성철은 조선인과 일본인이 동일하게 '조선교육령'의 적용을 받게 된 것은 1920년대 이후이며, 초등교육의 경우 조선인을 위한 '보통학교 규정'과 일본인을 위한 '소학교 규정'을 별도로 두어, '보통학교 규정'은 총독부의 교육정책을 특화한 반면, '소학교 규정'은 '내지'의 '소학교령'에 준했다고 주장한다. 또한 1938년 '제3차 조선교육령'의 통합된 '소학교 규정'에서도 '황민화교육'은 조선인만을 겨냥한 것으로 조선인의 황국신민동원을 위한 것으로 논했다(오성철, 「조회의 내력-학교규율과 내셔널리즘」『근대를 다시 읽는다』, 역사비평사, 2006년, 117-8쪽). 그러나 '황민화교육'의 시책은 일본인에게도 동일하게 적용되었다.

科書編纂について)', '국어교과서 편찬에 대해서(國語教科書編纂について)', '학교교련의 기본에 대해서(學校教鍊の基本について)', '대일본제국검도형(大日本帝國劍道型)' 등의 강의목록에서 알 수 있듯이, 본 연수는 국체(國體)의 이해와 그것의 구체적 체득방도를 주로 다루었다.[11]

### 국체와 내선일체론

국체는 1931년 만주사변의 발발 이후 내지에서 본격적으로 대두되었고, 1937년 5월 31일 문부성 편찬의『國體の本義』[국체의 본의]가 발간되는 등 '제3차 조선교육령'의 핵심적인 교육지표로 자리 잡았다.『國體の本義』에서는 "대일본제국은 만세일계(萬世一系)의 천황 황조의 칙령을 받들어 이것으로 영원히 통치한다. 이것이 우리의 만고불변의 국체"라로 명시했다. 마루야마 마사오(丸山眞男)는 국체를 '한마디로 잘라 말하면 천황제'라고 규정한다 (2010[1965]: 438). 그는 국체 스스로가 국가주권의 내용적 가치의 실체가 됨으로써 자신의 지배근거를 마련하고자 했고 자신의 정치적 권력을 내용적 정당성에 기초하기 보다는 정신적 권위—천황제—에 일치화하고자 한 것이라고 주장한다(2010[1946]: 60-5). 그 결과 국체는 절대적 가치로서 '모든 세계 문화를 흡수하여 종합 발전시키며 인류에게 절대행복을 가져다주는 세계 제일의 문화'로 상정된다(津田剛 1937; 森田芳夫 1939).

반면 사카이 나오키(酒井直樹)에 따르면, 국체는 국민공동체의 동포의식이자 국민이라는 자기동일성의 기술적 결과로서, 개인을 친족 등과의 대면적 관계를 거치지 않고 민족 혹은 국민이라는 전체 집단에 속하게 하여 국민국가를 예비하게 하는 근대적 관념의 성격을 지닌다. 그런데 국민공동체에는 국민의 권리를 충분히 누릴 수 없으면서도 국민으로 동일시해야하는 자

---

11) 岸米作, 「教育研究所の概要」『文教の朝鮮』166호, 朝鮮教育會, 1939년 6월 1일, 58-63쪽.

가 존재하기 마련이므로, 계급, 민족, 젠더, 언어 등 결코 균질적일 수 없는 '대일본제국'의 '국민'을 균질적으로 실체화하고자 했던 국체는 천황주권의 허구성에 근거할 수밖에 없다(2010: 139-45). 가령 조선총독부는 천황을 조선의 수호신으로 허구화하고, 토요토미 히데요시(豊臣秀吉)의 조선침략을 천황의 은혜를 보급하기 위한 성전(聖戰)으로 미화하며 조선인에게 '국체의 신념'을 내면화할 것을 강요했다(김경미 2004: 674-7).

이러한 국체의 신념에서 내선일체가 어떤 위치를 점하는지를 살펴보기 위해, 앞서 〈교학연수소〉의 강의 목록 중의 하나인 '국사교과서 편찬에 대해서(國史教科書編纂について)'의 강사였던 나카무라 히데타카(中村榮孝)[12]의 글을 중심으로 조선총독부 당국의 '내선일체론(內鮮一體論)'을 국체의 개념과 결부시켜 간략하게 논해보겠다.

당시 조선총독부 편수관(朝鮮總督府編修官)이었던 나카무라는 총독부 학무국의 역사교과서 편찬에 관여해왔다. 그는 1938년 12월『朝鮮の教育研究』[조선의 교육연구]라는 잡지에 기고한「內鮮一體論」[내선일체론]이라는 제목의 글에서 '천황신민(皇國臣民)'과 내선일체의 관계를 다음과 같이 명시했다.

> 내선일체는 간단히 말해 새로운 황국신민이 된 사람들이 조국(肇國)의 정신을 이해하며, 일체불리(一體不離)의 무차별의 신념을 체득하여 일시동인(一視同仁)의 성화를 봉송한다는 사실을 가리킨다. 이를 위해서는 실

---

12) 나카무라 히데타카(中村榮孝 1902~1984)는 동경제국대학 사학과를 졸업하고 1926년 5월 조선사편수사무(朝鮮史編修事務)의 촉탁(囑託)으로 임명되어 조선에 건너왔다. 1927년 총독부 수사관(修史官)에 취임하였고, 1937년 편수관(編修官)에 임명되었으며 1945년 귀환했다. 그는 1930년 경성제국대학 교수진과 조선총독부 조선사편수회로 구성된, 조선과 만주의 극동아시아 연구를 표방한 '청구학회'(靑丘學會)의 주요 인물로서, 계간지『靑丘學叢』(1930년 5월 창간~1939년 10월 30호 종간) 및 각종 학술자료의 발간과 강습회 등을 주도했다. 귀환 후 나고야대학(名古屋大學)과 천리대학(天理大學)의 교수를 역임했다. '청구학회'의 회원 중에는 최남선(崔南善)과 이능화(李能和) 등의 조선인도 있었으며, 그와 별도로 한국의 역사학계에서 '청구학회'는 식민사관의 이론적 본거지로 평가되고 있다.

제 교육에서도 지도의 중심은 완전히 무차별한 태도를 갖추고 무차별의 신념을 만들어 황국신민다운 신념을 다지는 방향으로 나아가야 한다.[13]

　기실 내선일체는 한일합방 이후 식민지 초기부터 제기되어 온 조선총독부의 '동화(同化: 내지연장주의)'정책의 연장선상에 있으며, 일본인과 조선인의 일부 식자층에서 꾸준히 논의되어왔다. 츠다 다카시(津田剛)[14]는 중일전쟁 직후 내선일체를 ⅰ. 조선인이 내지인의 생활, 사상에 동화하는 내지연장주의, ⅱ. 조선인이 반드시 내지인의 풍속습관에 동화하는 것은 아니며 일본의 국민답게 행동함으로서 조선인과 일본인의 일체감·일체성만 있으면 된다는 자유주의적·기독교적 계통, ⅲ. 조선인과 일본인이 협동하여 새로운 일본을 만들자는 대동아주의 등의 세 가지로 분류했다.[15] 여기서 알 수 있듯이, '내선일체론'의 핵심적인 사안은 조선어와 조선의 풍속습관을 그대로 유지할 것인가 아니면 생활개선의 미명하에 폐지할 것인가에 있었다. 이와 동일한 맥락에서 모리다 요시오(森田芳夫)[16]는 '조선 그 자체를 버릴 것인가,

---

13) 中村榮孝, 「內鮮一体論」『朝鮮の教育研究』특집호, 朝鮮初等教育研究會, 1938년 12월 20일, 51쪽.
14) 츠다 다카시(津田剛 1906~1990)는 친형인 츠다 사카에(津田栄)가 1934년 경성제대 예과대학 교수로 부임한 2년 후인 1926년 조선으로 건너와 경성제대 예과에 입학했다. 그는 츠다 사카에가 결성한 '경성천업청년단'에 참여했으며, 경성제대 시절 최재서 등의 조선인과 맺은 친밀한 교우관계가 이후 녹기연맹에 조선인의 참여를 이끌어내는 데 기여한 것으로 추정된다. 1938년 이후 츠다 사카에를 대신하여 녹기연맹을 주도적으로 이끌며 국민총력 조선연맹의 활동에 적극적으로 참여했다. 귀환 후에는 후쿠오카 대학의 교수를 역임했고, 불교사상에 관한 연구를 했다(鄭惠瓊·李昇燁, 「일제하 綠旗聯盟의 활동」『한국근현대사연구』10, 1999년, 346-348쪽 참조).
15) 津田剛, 「內鮮一体論の勃興と我等の使命」『綠旗』2(11), 綠旗聯盟, 1937년 11월 1일, 3쪽.
16) 모리타 요시오(森田芳夫 1910~1992)는 1910년 전라북도 군산에서 태어나 경성중학교를 거쳐 경성제국대학 법문학부를 졸업한 후 녹기연구소의 연구원으로 활동했다. 패전 후 '일본인세화회'(日本人世話会)의 전임자로서 조선의 일본인의 귀환을 도왔다. 귀환 후 일본 법무성에서 대한관계 업무를 맡았고 퇴직 후 성신여대의 교수를 역임했다(鄭惠瓊·李昇燁, 「일제하 綠旗聯盟의 활동」『한국근현대사연구』10, 1999년, 348-50쪽 참조).

가능한 한 살려둘 것인가'를 기준으로 내선일체의 사상적 조류를 두 부류로 나누었다.[17]

그런데 황민화정책이 시행되면서 '내선일체론'은 새로운 국면을 맞이하게 되는데, 국체명징에 기초하여 황민의식의 내면화를 목표로 새롭게 각색되었던 것이다. 즉 일본이 조선을 통치하는 것은 "'쿠마소(熊襲, 규슈남부의 원주민으로 5세기 야마토 민족에 의해 토벌됨)'와 '에조(蝦夷, 아이누족의 옛 이름)' 등의 민족을 일본인으로 동화하여 황도(皇道)의 덕을 베풀었듯이, 팔굉일우(八紘一宇)의 대이상(大理想)으로 나아가는 도정(道程)"으로 의미화된다(中村榮孝 앞의 글: 45). 나카무라 본인도 말했듯이, 팔굉일우가 대중적으로 알려지게 된 것은 1937년 중일전쟁 이후 보급된 '애국행진곡(愛國行進曲)'이라는 군가의 가사의 일부로 차용된 이후이다(앞의 글: 38). 그러나 그는 팔굉일우가 일본서기에도 언급된 용어이고 일본 역사상 야마토(大和) 민족이 문화적으로 체득해온 것으로 다른 민족도 황실을 중심으로 하는 대도의 정신, 즉 황도를 받아들이기만 하면 '야츠코(家つ子, 군주를 섬기는 사람)'를 뜻하는 '신(臣)'과 '오호미타카라(おほみたから, 천황의 백성)'를 뜻하는 '민(民)'이 될 수 있다고 설파한다(앞의 글: 46). 황도를 가로막는 자는 '악인(わるもの)'이 되고 '순종하는 자(まつろうもの)'는 황국신민이 될 수 있다는 논리이다. 이와 같이 내선일체가 국체명징에 기초한 황민사상으로 '승격'되면서, 그 이전의 여러 '내선일체론'은 방법론적인 각론으로 격하된다.

여기서 짚고 넘어가야 할 점은 이른바 황민사상으로 승격된 '내선일체론'과 앞서 츠다 다카시(津田剛)가 세 가지로 분류한 것 중 세 번째에 해당되는 '내선일체론'과의 차이점이다. 후자가 조선과 일본의 완전한 합체를 목표로

---

17) 모리타 요시오(森田芳夫)는 위의 두 입장에서 전자가 조선어와 조선의 습관을 그대로 유지해서는 새로운 일본문화에 동화될 수 없다는 주장이라면, 후자는 조선 재래의 것이 좋든 나쁘든 버리는 것이 불가능하다는 주장이라고 덧붙인다(「內鮮一體運動に考えべきこと」『同胞愛』제7권 7월호, 朝鮮社会事業協会, 1939년 7월 1일, 11쪽).

한다면, 전자는 '팔굉일우의 우주를 계속해서 넓혀가야 하는 사명'을 안고 그 실현의 전초적 단계로 내선일체가 상정된다는 점이다. 이 속에서 황도는 다만 조선에 머물지 않는다. 그리하여 황도를 아시아, 나아가 세계로 넓혀가기 위한 '육군특별지원병령(陸軍特別支援兵令)'(1938년 2월 공포, 1943년 8월 징병제 실시) 그리고 후방의 국민총동원체제 등을 기반으로 제국일본의 전쟁승리와 '인류평화'의 미래를 좌우할 임무가 내선일체와 그에 철저를 기하는 황민화교육에 부과되었다(中村榮孝 앞의 글: 50). 이에 따라 조선의 일본인에게는 다음의 자세가 새롭게 요청되었다.

> 내선일체의 취지를 철저히 하기 위해서 가장 중요한 것에는 여러 가지가 있겠으나, 그 중 하나를 들어보면 내선일체의 표어에 대해 내지인의 잘못된 우월감이 동반되는 경우를 흔히 볼 수 있다는 것입니다. 이것을 제거하는 것이 하나의 중대한 요점입니다. 특히 교육의 핵심에 있는 이들 중에서 내지인 교유(教諭, 식민지기 중등학교 교사)와 훈도(訓導, 식민지기 소학교·보통학교 교사)가 내선일체를 실현하기 위해서 다양한 교육을 할 때에 이 잘못된 관념에 출발하게 되면 결코 내선일체라는 관념은 실현될 수 없을 것입니다.[18]

조선인의 일본인으로의 완전한 동화와 무차별의 '내선일체론'이 조선인에게는 조선의 언어와 문화를 버려야 하는 극한의 선택지로서 주어졌다면(宮田節子 1985: 156-65), 조선의 일본인에게는 우월감을 버리고 야마토 민족으로서 황국신민의 모범을 보여야 하는 새로운 임무로 다가왔다.[19] 여기서 유의해야 할 것은, 조선인이 창씨개명 등의 일본제국의 동화정책에 동

---

18) 中村榮孝, 같은 글, 48~49쪽.
19) "무수한 곡절을 통해, 우리들의 정의로운 노력 그리고 일본 역사의 정의로운 톱니바퀴의 회전은 이윽고 반도 민중에게 깊고 높은 내선일체의 무언가를 보여줄 것이며, 일본의 국체는 태양과 같이 이천만 동포의 위에서 빛날 것이다"(津田剛, 앞의 글: 5).

조했다고 한다면 그것은 '민족적 차별에서 벗어나기 위한 것'(앞의 책: 160)이었을 뿐만 아니라 제국의 질서 속에서 조선의 민족성을 보존하기 위한 방책이었다고 말할 수 있듯이,[20] 조선의 일본인이 민족적 우월감을 버리고자 했다면 그것은 조선 내의 사정에 한정하지 않는 '동아신질서의 건설'의 목표가 있었기 때문이다(森田芳夫 1939: 15). '동아신질서의 건설'을 위해 모리타 요시오는 '북지(北支: 중국의 화북지방)의 반도 출신의 일본인'의 행실마저도 교정할 것을 요구했고, 일본인의 일부 식자층에서는 조선인과 일본인의 차별적 제도의 폐지를 주장했으며,[21] 그것이 조선총독부의 정책계획으로까지 입안되었던 것이다. 그렇다면 이와 같은 '취지'의 황민화교육과 내선일체가 교육현장에서는 구체적으로 어떻게 적용되고 시행되었는지를 학교행사의 세부항목을 통해 살펴보도록 하자.[22]

---

20) 김철(金哲)에 따르면, 조선의 지식인이 내선일체를 받아들인 이면에는 조선적 특수성을 보존하기 위한 전략이 숨어있었다고 한다. 즉 일본 제국의 신민이 됨과 동시에 조선을 지방화(=향토화)하여 제국의 질서에 새롭게 편입시킴으로써 제국의 보편성에 기여하는 대가로 민족의 특수성을 안정적으로 보장받는다는 전략은 중일전쟁 이후 식민지조선의 지식사회의 가장 일반적인 생각이었다는 것이다 (2010: 215-6).

21) "더 구체적으로 논하자면, 경제적인 문제, 정치적인 문제, 사상적인 문제 등 다양한 문제가 있다. 가봉(加俸)의 폐지, 관리 임용, 참정권 부여, 징병제, 의무 교육의 실시 등 '내선일체'의 완성을 위해 실현되지 않으면 안되는 것들이 너무 많다." (森田芳夫, 앞의 글: 11).

22) 오성철에 따르면, 식민지기 조선의 학교의 교내기구는 수직적 위계구조로 조직되었으며, 교장은 이 구조의 정점에서 가부장적인 권위를 행사했다. 이 속에서 학생들에게 요구되었던 '자치'의 행동수칙은 가부장적 질서로의 '자발적인' 순응에 다름 아니었다(2000: 336-7; 364-8). 그런데 식민지기 교장의 가부장적인 권위와 학교조직의 위계화에 관한 논의와는 별도로, 오성철이 논의대상으로 삼은 경성사범학교의 1929년의 교안과 그 속에서의 '자치' 개념은, 1939년의 담론으로는 설명되지 않는 '다이쇼 자유교육'의 또 다른 맥락이 존재한다.

소학교의 황민화교육

1939년 3월 1일자 '3대 교육요강을 구현하는 학교경영안'(三大教育綱領を具現せる學校経営案)(『文教の朝鮮』 163: 9-53)에 따르면, 황민화교육의 3대요강인 국체명징, 내선일체, 인고단련은 학교운영의 원리로서 각각 도(道), 화(和), 행(行)으로 작동된다. 도(道)는 황도(皇道)를 뜻하며, '아키츠미카미(現つ御神: 현인신)'인 천황의 신민이자 황국의 국민이 가야할 길을 가리킨다. 화(和)는 개인과 전체의 이어짐으로서 개인이 전체를 위해 소질을 발휘하는 야마토 정신을 말한다. 행(行)은 이러한 것들을 실천에 옮기고, 이른바 '혼(魂, "타마시이")'의 심화를 위해 노력하는 생활의 원리를 말한다. 이에 입각하여 교과서가 새롭게 편찬되고 학교의 연중행사가 조직되었으며 학교 시설물이 재배치되었다. 이 시기의 학교 연중행사를 표로 나타내면, 다음과 같다.

〈표 10〉 조선의 소학교의 연중행사

| 월 | 일 | 행사명 | 비고 |
|---|---|---|---|
| 4 | 1 | 입학식 | |
| | 3 | 신무천황제(神武天皇祭) | |
| | 29 | 천장절(天長節) | 사대절(四大節) 쇼와 '천황'의 탄생일 |
| | 30 | 야스쿠니신사제(靖国神社祭) | |
| | | 봄소풍 | |
| 5 | 2 | 팔십팔야(八十八夜) | 잡절(雑節) |
| | 25 | 남공제(楠公祭) | |
| | 27 | 해군기념일(海軍記念日) | |
| | | 신체조사 | |
| 6 | 10 | 시간기념일(時之記念日) | 1920年 동경천문대와 생활개선동맹회에 의해 제정 |
| | 11 | 입매(入梅) | 잡절(雑節) |
| | 22 | 체육대회 | |
| | | 가정방문 | |
| 7 | 7 | 중일전쟁 발발기념일(支那事變勃發記念日) | |
| | | 혹서훈련(酷暑訓練) | |

| | | | |
|---|---|---|---|
| | 30 | 명치천황제(明治天皇祭) | |
| | | 여름방학 | |
| | 1 | 이백십일(二百十日) | 잡절(雜節) |
| | 13 | 내목제(乃木祭) | |
| 9 | 18 | 만주사변기념일(滿洲事變記念日) | |
| | 23 | 추계황령제(秋季皇靈祭) | |
| | | 가을 소풍 | |
| | 1 | 시정기념일(始政記念日) | 테라우치(寺内正毅) 초대 총독 취임일 |
| | 5 | 산토제(産土祭) | |
| | 17 | 무신조서 하사일(戊申詔書下賜日) | 1908년 10월 17일 제정 |
| | | 신상제(神嘗祭) | |
| 10 | 20 | 보덕제(報德祭) | |
| | | 야스쿠니 신사대제(靖国神社大祭) | |
| | 30 | 교육칙어하사일(教育勅語下賜日) | 1890년 10월 30일 제정 |
| | | 운동회 | |
| | 3 | 명치절(明治節) | 사대절(四大節) |
| 11 | 10 | 국민정신작흥조서하사일(國民精神作興詔書下賜日) | 1923년 11월 10일 제정 |
| | 23 | 신상제(神嘗祭), 수학여행 | |
| | 14 | 의사제(義士祭) | |
| 12 | 23 | '황태자' 탄생일 | |
| | 25 | 대정천황제 | |
| | | 겨울방학 | |
| | 1 | 사방배(四方拜) | 사대절(四大節) |
| 1 | 3 | 원시제(元始祭) | |
| | 5 | 신년연회, 극기훈련(寒稽古) | |
| | 11 | 기원절(紀元節) | 사대절(四大節) |
| 2 | 25 | 창공제(蒼空祭) | |
| | | 학예대회 | |
| | 6 | 지구절(地久節) | 쇼와 '황후'의 탄생일 |
| | 10 | 육군기념일 | |
| 3 | 21 | 춘계 황령제(春季皇靈祭) | |
| | 27 | 연맹이탈조서하사일(聯盟離脱詔書下賜日) | |
| | | 졸업식 | |

*출처: 中根晃, 「三大教育綱領を具現せる學校経営案」『文教の朝鮮』163호, 朝鮮教育會, 1939년 3월 1일, 26-27쪽.

위의 연중행사의 항목들은 절기(雑節), 소풍(遠足), 운동회(運動会), 수학여행(修学旅行) 등을 제외하면 크게 두 부류로 고찰된다. 하나는 '천황'과 관련된 의례이고,[23] 또 하나는 전쟁과 관련된 의식(儀式)이다. 전자는 '천황'으로부터 '조서를 하사받은' 날의 기념일을 포함한다. '무신조서하사일(戊申詔書下賜日)', '교육칙어하사일(教育勅語下賜日)', '국민정신작흥조서하사일(國民精神作興詔書下賜日)', '연맹이탈조서하사일(聯盟離脫詔書下賜日)' 등이 그것인데, 무신조서하사일(戊申詔書下賜日)'은 1908년 사회주의를 금하고 국민의 근검을 장려하는 내용의 '천황이 하사한' 조서를 기념하는 날이고, '국민정신작흥조서하사일(國民精神作興詔書下賜日)'은 관동대지진(1923년) 직후 발흥한 '다이쇼 데모크라시'와 공산주의 등을 불온사상으로 엄단하는 조서를 기념하는 날이라는 것에서 알 수 있듯이, 주로 사상적 검열을 연례화한 것들이다.

이 제일(祭日)과 기념일에는 신사(조선신궁, 경성신사)에 단체로 참배하여 이레이박일례(二禮二拍一禮: 두 번 절한 후 두 번 박수치고 한번 절한다)의 예를 행하고, 참배의 노래 및 '황국신민의 서사'를 복창한다. 이 외의 단체 신사참배는 1938년 조선총독부에 의해 국체명징일(國體明徵日)로 지정된 매월 1일과 15일, 애국일(愛國日)로 지정된 매월 15일, 그리고 '대동아전쟁'의 전쟁승리를 위한 국민운동의 일환으로 1941년 12월 8일 공포된 '선전의 조칙(宣戰の詔勅)'을 기념하여 매월 8일의 '대조봉대일(大詔奉戴日)'에 참배가 실시되었으며, 그 외 등굣길, 휴일의 '개인참배(個人參拜)'가 장려되었다.[24]

---

23) 가타기리 요시오 · 기무라 하지메에 의하면, 1886년 3월에 공포된 '학교령'의 공포에 의해 보급된 심상소학교는 처음부터 천황 중심의 국가주의를 지역에 침투시키는 역할을 담당했다. 그리고 그 함양방법으로 군대식 체조와 학교의식이 도입되었다(『일본교육의 역사: 사회사적 시각에서』(이건상 옮김), 논형, 2011년, 114-5쪽, 140쪽).

24) 히우라 사토코(樋浦郷子 2006)에 따르면, 식민지기 조선의 학생들의 단체참배는 1925년 조선신궁이 건립되었을 때부터 행해졌으며, 초대궁사(初代宮司)였던 다카마츠 시로우(高松四郎)의 의도가 개입된 것이었다고 한다. 특히 1929년부터 시행되었던 '수신교과서수여봉고식'(修身教科書授與奉告祭)(1932년 이래 '권학제'(勸學祭)로 개칭), 즉 조선신궁에서의 수신교과서의 증여 의식은 소학교 학생의

〈사진 11〉 '궁성요배(宮城遙拜)'
※출처: 『靑葉』 9호

매일의 조회(朝會)에서는 먼저 궁성요배(宮城遙拜)라 하여 천황이 있는 동쪽
을 향해 참배하거나 각 학교에 설치된 봉안전(奉安殿)에 참배하고, '황국신민
의 서사'를 복창한 다음 교장의 훈화와 건국체조(建國體操; 皇國臣民體操; ラジオ
體操: 일명 '라디오체조')의 순서로 진행되었다.[25] 봉안전에는 천황의 '어진영'(御
眞影) 및 각종 '칙어'와 '조서'가 보관되어 있었고, 조회 및 각종 교내행사 시
수시로 교장이 직접 그것들을 꺼내어 대독했다. 봉안전은 학교교육의 중심
으로서 '천황'을 상징했다. 교장은 매월 1일과 15일에 봉안전에 '문안인사'를
하고, 그 주변 청소는 상급생에게 맡아 항상 청결을 유지토록 했다(中根晃
앞의 글: 30-1).

한편 당시 경성에서 소학교를 다닌 조선인은 그러한 의식화 교육에도 불
구하고 봉안전을 신성시하지 않았다. 어느 조선인 학생은 봉안전을 일본인

조선신궁 단체참배에 중요한 역할을 했던 것으로 평가된다.
25) 이와 같은 '조회'는 조선인 학교와 일본인 학교, 경성과 지방에 상관없이 대동소
이한 방식과 모습으로 진행되었다(안봉찬 1997; 이선애 2007; 권성기 2010).

교장의 '신주단지(重宝)'로 기억하면서도, 심지어 봉안전 뒤편에 오줌을 누기까지 했다고 한다. 이를 교장에게 들켜 검도로 체벌을 받았고 퇴학처분까지 받을 것을 부친의 통사정으로 퇴학은 간신히 면했다는 어느 조선인의 진술은(권성기 2010), 조선인 학생의 봉안전에 대한 의식이 일본인 교장의 물신숭배적 감각에 미치지 못했음을 말해준다. 황민화교육의 시기 소학교(국민학교)가 '신권정치적인 교화시설'로 기능했음에도 불구하고(정규영 2002: 55), 황민사상은 조선인에게 내면화되지 않았으며 표면적인 순응기제에 머물렀다(정태준 2003: 284). 그렇다면 일본인에게 황민화교육의 의식화는 어느 수준에까지 이르렀으며 그 후 어떻게 기억되고 있을까?

## 경성의 일본인 소학교의 황민화교육

### 신사참배와 총후(銃後) 의식

식민지조선에서 황민화교육이 전면적으로 시행된 이래 경성의 일본인 학생은 학교 안뿐만 아니라 학교 밖에서도 황민화의 실천을 일상적으로 행했다. 1937년의 중일전쟁 이후 조선의 일본인에게 출정병사의 환송식, 전사자 고별식, 방공훈련 등은 일상의 다반사였고, 소학교 학생들도 그러한 시대적 분위기에 편승해갔다. 남산소학교의 동창회지에 실린 다음의 글은 중일전쟁 이후 경성의 일본인이 그 당시 얼마나 전쟁승리에 도취되어 있었는지를 가늠하게 한다.

이러저러한 행사에 참가하면서 소국민(少國民)도 싫든 좋든 군국화로 세뇌되어갔는데, 그때[중일전쟁]까지만 해도 암울한 느낌은 없었고 오히려 밝고 용감하고 장하며 활발한 느낌이었다. 그것은 "이겼다 이겼다"의 깃발 행렬이 연일 지속되었던 탓이다. 쇼와 12년[1937년] 10월 17일 전승

(戰勝) 축하를 위해 전 아동이, 11월 9일 타이위안(太原) 함락 축하로 5,6학년생이, 12월 12일 남경 함락으로 전 아동이, 쇼와 13년[1938년] 10월 22일 광동 함락으로 전 아동이, 29일에는 한커우(漢口) 함락으로 전 아동이 참가하는 등 소국민들은 우리 일본이 천하무적이라는 것을 믿어 의심치 않았다. (『坂道とポプラと碧い空と』, 1996년 5월 30일, 129쪽)

위의 글에서 눈길을 끄는 것은 필자가 자신을 '소국민(少國民)'이라 지칭하는 대목이다. '소국민'이라는 용어가 널리 유통되기 시작한 것은 1938년 일본 내무성이 '소국민문화운동'을 표방한 이후이다. '아동문화'가 국가와 아동의 관련성을 결여한 채 아동의 독자성만을 표현하기 때문에 일본의 아동이 황국신민으로서 일본 고유의 국체로부터 자양분을 받아 성장하여 다음 세대의 국민이 되어간다는 것을 강조하기 위해서는 '소국민'으로 호명되어야 한다는 것이다.[26] 이와 같이 '소국민'은 소학생을 '천황'의 신민으로 호명하며 소학교의 일상을 재조직했다.

〈사진 12〉 미사카소학교 입학기념사진(1940년 4월 조선신궁)
※출처: 오야마 유키코(小山由紀子)(1933년 경성 출생)

26) 松月秀雄, 「少國民文化論」『国民學校』14: 10-3, 朝鮮公民敎育會, 1942년 8월 1일.

경성의 일본인 아이들은 소학교에 입학식을 치르자마자 '소국민'으로서 경성신사에 참배했고(〈사진 12〉 참조), 그 다음날 교원은 조선신궁의 권학제(勸學祭)에서 1학년 신입생 전원의 '수신'(修身) 과목의 교과서를 받아옴으로써 신학년의 시작을 알렸다.[27] 중일전쟁 이후 경성의 소학교를 다닌 제보자들은 조선신궁과 경성신사의 참배를 학교교육의 일환으로 회고하는데,[28] 이 속에서 그들은 신사참배에 어떤 거부감이나 비판의식을 갖지 않았으며 신사참배를 상벌이 따르는 반자발적·반강제적인 학교행사였다고 기억한다.[29] 이는 당시 일부 조선인 학교가 조선총독부의 강제적인 신사참

27) 권학제에서 배포된 수신교과서는 무료가 아니었고, 기증의 형식만을 취한 것이었다. 교사가 권학제에서 유료로 수신교과서를 받아오되, 학생들에게는 증여된 것으로 하고 추후 이에 대한 감사함의 표시로 단체참배를 하는 형식을 취했다. 1933년부터 조선서적인쇄주식회사가 보통학교아동용교과서를 경성신사에 기증한 이후에는 경성의 조선인 보통학교에 '수신' 교과서가 무료로 배포되었고, 이를 계기로 조선인 학교에까지 권학제가 확대되었다(樋浦鄕子 2006: 113-114). 경성의 소학교를 다닌 일본인에게 권학제는 소학교에 입학했음을 알리는 연례행사였다(『坂道とポプラと碧い空と』, 1996년 5월 30일, 130쪽).

28) A : 12월 8일이지.
B : 매월 8일이야.
C : 조선신궁(朝鮮神宮)에 갔었어. 가서 청소했지.
B : 거기까지 우리들을 참배하게 했어요. 소학교 1학년, 2학년은 가지 않았어요. 체력이 안되니까. 3학년 정도는 되어야 갔지요.
A : 그러니까 3학년부터. 1학년은 아직 병아리잖아.
B : 관병식(觀兵式)처럼 소학교 3학년부터는 전부 갔어요.
C : 연병장(練兵場)에 갔어요, 용산에서는. 날짜가 언제였는지는 잘 기억나지 않지만요.
B : 날이 추워서 각반을 다리에 감고서 갔어요. 삼중으로 감았어.
(A: 1932년생, 여, 모토마치(元町)소학교, B: 1933년생, 남, 경성사범부속소학교, C: 1929년생, 여, 사쿠라오카(桜丘)소학교, 2012년 10월 15일 채록)

29) "조선신궁이라고 지금의 일본의 메이지 신궁과 같이 국가에서 일정한 격식을 갖춘 관폐대사(官幣大社)가 있었어. 메이지 천황을 모셨지. 그리고 384개의 계단이 있어서, 우리들 소학생이 384개의 계단을 올라 참배하러 간 것이에요. 전쟁에 이기도록 해달라고. 그러니까 384개의 계단이니까 참배하자는 의미로 '산빠이쇼우'(さん[3]ぱい[8]しよう[4]). 기억이 나요. 384개의 계단을 올라갔어요. 행사가 있을 때는 모두 갔어요. 그렇지만 그렇게 자주 간 것은 아니었던 것 같아요. 조선신궁 아래에 경성 신사가 있었습니다. 거기는 매월 1회 갔어요. 스탬프를 찍어 줍니다. 열두 번, 일 년 분의 스탬프가 모이면 무엇인가 받을 수 있었어요. 뭐,

배 요구를 거부하고 휴교령을 맞이한 것과 대조적이다.

또 중일전쟁 이후 일본인 소학교에서는 정기적인 참배 외에도 '출정병사 환송식(出征兵士の見送り)' 혹은 '전사자고별식(戰死者告別式)'을 위한 참배가 일상적으로 행해졌다. 특히 경성은 '내지'에서 만주와 중국의 대륙으로 향하는 중간 기착지로서 일본군이 묵어가는 곳이었다. 당시 일본군을 하루 재워주는 일과 배웅하는 일 모두 일본인 민가의 몫이었고, 1937년 이래 경성역은 일본군을 배웅하는 일본인들로 늘 북적였다.[30] 그뿐만 아니라 조선의 일본인 학교의 젊은 선생이나 교생은 학생들을 가르치는 와중에 일본군으로 징집되었기 때문에, 학생들은 그 모습을 지켜보면서 전쟁에 나가 죽음을 맞이한다는 사실을 당연하게 받아들였다.[31] 이처럼 '소국민'은 교사의 출정과

---

그 무렵 받을 수 있다고 해도 겨우 연필이나 노트 정도였지만." (1932년생, 남, 서대문 소학교, 2012년 5월 25일 채록) (※관폐대사(官幣大社) 1871년 7월 1일 '관사 이하 정액 · 신관직제등 규칙'(官社以下定額 · 神官職制等規則)에 의해 근대사격제도(近代社格制度)가 제정됨에 따라, 신사는 관사(官社), 민사(民社), 무격사(無格社)로 등급이 나뉘게 되었다. 관사에는 신기관(神祇官)이 관리하는 관폐대사(官幣大社)와 지방관(地方官)이 관리하는 국폐대사(國幣大社)로 격이 구분되었다. 식민지조선의 관폐대사는 1919년 7월 18일 창립된 조선신궁과 1939년 5월 15일 창립된 부여신궁의 두 곳이다.)

30) "경성역에서 출정 병사의 배웅도 만주사변 이래 오랜만에 부활했다. 일상다반사인 탓일까, 〈학교 일지〉에는 하나하나 날짜를 적지 않았다. 학교에 모여 출발하지 않고 각자 자기 집에서 출발해 역에서 집합하는 방식이었다. 긴 여행에서 지친 병사들을 만세! 만세! 하면서 보내주었고, 어머니들은 취사 당번병의 지시로 큰 냄비에 식사를 만들어 가거나 했다. 경성을 거쳐 내지에서 대륙으로 출정하는 병사들의 수가 점차 많아지면서 일본인의 민가의 숙박하는 경우도 꽤 늘어갔다." (『坂道とポプラと碧い空と』, 1996년 5월 30일, 129쪽).

31) "사범학교 학생이 선생이 되기 전에 교생실습을 하잖아요. 그게 일 년에 두 번 정도 있었던가 해요. 그때 한반에 교생이 두 분인가 세 분이 오셨어요. 우리 때에는 교생이 군대를 갔어요. 그런데 그 대부분은 특공대에 갔어요. 특공대로 가서 카미가제로 가면 죽게 되거든요. 형제가 죽어버린다고. 그때는 그게 당연한 일로 생각했어요. 우리들은 세뇌되었으니까, 매일. 경성사범의 교생들이 카미가제로 갔던 그런 시대였어요. 그래서 마지막 수업이 되면 노래를 부르면서, 소학교 3학년, 4학년이었던 우리들이 울면서, 이 선생도 또 죽겠구나, 이 교생 선생이 졸업하면 죽는구나 라는 의식을 아이들이 가졌어요."(1933년생, 남, 경성사범부속소학교, 2012년 10월 15일 채록).

부모의 '총후동원'을 가까이에서 목도했을 뿐만 아니라 그에 참여하면서 전쟁을 '당연한 일'로 받아들였다.

1938년 7월 미나미 총독은 전시체제의 확립을 위해 비상시국을 선포하고 삭발을 단행했으며 공공기관의 의복을 경성부 제정의 표준복으로 통일했다. 그리고 이를 전 조선의 관공서, 학교, 경찰서 등에 통첩(通牒)했다.[32] 이와 같은 시대적 흐름 속에서 1941년 3월 31일에 공포된 '제4차 조선교육령'의 '국민학교 규정'에 따라 소학교는 국민학교로 명칭 변경되었고 조선인의 학교에서 행해지던 '조선어' 수업이 폐지되었으며 '수신', '국어', '국사', '지리' 등의 과목은 국민과로 통합되어 전체 수업시수의 절반가량을 차지하게 되었다(〈표 11〉 참조).[33] 이와 더불어 교과서를 총독부편으로 단일화했다. '제4차 조선교육령' 이전에 일본인 소학교에서는 지리, 이과, 음악을 제외한 모든 과목의 교과서가 문부성편이었고 조선인 학교에서는 총독부편의 교과서를 사용했다. '제4차 조선교육령' 이후 일본인 학교에서도 고학년은 총독부편의 교과서를 사용하되 저학년은 문부성편의 교과서를 이전처럼 사용하도록 했다. 교과목 외에도 학교교육과정에서 '소국민'을 육성하기 위한 각종 특별수업이 신설되고 군사훈련 및 노동봉임(勞動奉任)이 실시되었다.

---

32) 『동아일보』 1938년 7월 21일자, 「長髮黨退却時代!」; 『동아일보』 7월 24일자, 「十二萬名의 官公吏 制服生活을 斷行 意案決定」.

33) 〈표 11〉 서대문소학교(국민학교)의 수업과목 일람 (1939년(1학년)~1944년(6학년))

| 학년 | 년도 | 과목 | 시업시각(始業時刻) |
|---|---|---|---|
| 1 | 1939 | 修身, 讀方, 書方, 算術, 圖書, 唱歌, 體操, 手工 | |
| 2 | 1940 | 修身, 國語(讀方, 書方, 綴方), 算術, 圖書, 唱歌, 體操, 手工 | |
| 3 | 1941 | 國民科(修身, 國語), 理數科(算數), 體操科(體操), 藝能科(音樂, 習字, 圖書, 工作) | 4월1일~ 오전 9시<br>5월1일~ 오전 8시30분 |
| 4 | 1942 | 國民科(修身, 國語), 理數科(算數, 理科), 體操科(體操), 藝能科(音樂, 習字, 圖書, 工作), 職業科 | 6월1일~ 오전 8시<br>9월1일~ 오전 8시30분 |
| 5 | 1943 | 國民科(修身, 國語, 國史, 地理), 理數科(算數, 理科), 體操科(體操, 武道), 藝能科(音樂, 習字, 圖書, 工作), 職業科 | 10월1일~ 오전 9시<br>11월1일~ 오전9시30분 |
| 6 | 1944 | 國民科(修身, 國語, 國史, 地理), 理數科(算數, 理科), 體操科(體操, 武道), 藝能科(音樂, 習字, 圖書, 工作), 職業科 | |

※출처: 서대문소학교 〈통지표〉(1939~1944).

〈사진 13〉 소학교 교원의 출정 기념사진(1944년 경성신사)

※출처: 『靑葉』 4호

〈사진 14〉 소학교 교원의 출정환송식 기념사진(1942년)

※출처: 『靑葉』 11호

'소국민'의 훈육

이제 동창회지를 중심으로 훈육의 서사를 검토해볼 차례이다. 본 절에서
는 남산소학교, 아오바소학교, 서대문소학교, 미사카소학교의 동창회지를
다룬다. 이 네 학교의 동창회지를 주요자료로 삼은 이유는 무엇보다 이들
동창회지에 훈육의 회고담이 비교적 상세하고 풍부하게 기술되어 있기 때
문이다. 반례로, 종로소학교에서는 훈육의 회고담을 거의 찾아볼 수 없는
데, 그것은 종로소학교가 경성의 전통적인 조선인 거리에 위치한데다 1911
년에 설립된 관계로 동창회 회원 모두가 공유할 수 있는 식민지기 전반에
걸친 경험으로서 조선의 풍물과 습속이 주로 이야기되기 때문이다. 이에
반해 남산소학교는 조선신궁과 경성신사의 바로 인근에 위치한 고로 황민
화 시기 '체육지정교'로 선정되는 등 강도 높은 훈련을 앞서서 시행했고, 동
창회지에서도 이에 대한 회고담을 비중 있게 다루었다. 또 아오바소학교의
경우, 1937년에 설립되어 동창회 회원 모두가 황민화교육을 경험한 까닭에
동창회지에 그 내용이 상세하게 서술되어 있다. 서대문소학교와 미사카소
학교의 회고담은 경성의 일본인 소학교의 일반적인 사례들로서 남산소학
교와 아오바소학교의 회고담을 보충하게 될 것이다.
　먼저 '소국민 교육'의 일환으로 신설된 특별수업에 관해 살펴보면, 남산
소학교에서는 1940년 4월 '작법(作法)' 과목이 신설되었다. '작법'은 정좌(正座)
의 자세로 '이례일박수일례(二礼一拍手一礼)'의 '신붕배례(神棚拝礼)'로부터 시작
된다. 문을 여닫는 방법, 앉고 서는 방법, 미안합니다, 어서 오세요의 인사
방법, 차를 대접하는 방법 등을 가르치는 본 수업에는 전교생이 참석해야
했다. 다리가 저려서 일어서지 못할 정도로 장시간 무릎을 꿇어앉아 있는
것도 수업내용의 일부였다.[34] '정좌수행'의 훈련은 남산소학교뿐만 아니라

---

34) 『坂道とポプラと碧い空と』 1996년 5월 30일, 135-6쪽.

〈사진 15〉 아오바소학교의 '행'(行)
※출처: 『青葉』 창간호

아오바소학교에서도 '행(行)'이라는 과목명으로 시행되었다.[35] 아오바소학교
의 동창회지에 묘사된 '행'의 일부를 발췌하면 다음과 같다.

　　전시 중(戰時中) 세 교실의 칸막이를 철거하고 만들었던 교실에서 매주
　　월요일 아침에 행해진 연성(鍊成)의 시간, 여기서도 이와시마(岩島) 교장
　　다운 교육의 일면을 엿볼 수 있다. 아이들은 한 시간 가량 마루에 정좌한
　　채 낭송하는 등의 '행(行)'의 훈련에 다리가 아파 상당히 괴로워 한 것도
　　사실이지만 정신 수양에 교장 선생님 자신이 앞장서서 '행(行)'을 한 것은
　　지금도 잊어지지 않는다(『青葉』 7호, 교사, 1985년 5월, 15쪽).

　실은 아오바소학교의 '행(行)'은 앞서 말한 것과 같이 교장 개인이 독자적으
로 고안한 것이 아니다. '행'은 황민화교육 교안에 포함된 '정좌수행(靜座修行)'

---

35) 『青葉』 3호, 1989년 12월, 15쪽.

을 실행한 것으로, '황도(皇道)'의 자세를 단련하기 위한 목적으로 '묵수(黙禱)', '정사(靜思)', '낭송(朗誦)'을 실습하는 과정의 하나로 제시되었다.[36] 그런데 동창회지에서 '행'은 정신수양 일반의 훈련과정으로 회고되고, '행'을 이끈 교장은 황민화교육의 강압적인 시행자가 아닌 솔선수범하는 교육자로 그려진다. 이는 일본인 소학교에서 황민화교육과정이 매우 순조롭게 진행되었음을 말해준다. 게다가 황민화교육은 아오바소학교의 '행'이나 남산소학교의 '작법'의 '정좌수행'뿐만 아니라 다양한 신체활동을 통해 의식화를 진행했으며, 그중에서도 군사훈련을 통한 체력단련은 좀 더 노골적으로 전시체제의 후방교육을 표방했다.

〈사진 16〉 조선신궁 왕복 맨발 도보
(1940년경)

경성부는 1937년 남산소학교를 5개년간의 '체육지정교'로 지정하고 경성중학교의 체육지도원을 남산소학교에 파견하여 전체훈련과 체조연구 수업을 진행토록 했다. 그 성과로서, 1938년 6월 25일 남산소학교의 운동장에서 '도시에 있어서 체조연구(都市二於ケル体操ノ硏究)'라는 대회명으로 제1회 발표회가 개최되었다. 이때 체조는 황국신민체조와 건국체조로 나뉘는데, 황국신민체조는 '목검' 체조를, 건국체조는 단체체조를 가리킨다. '목검'(길이 2尺7寸~3尺, 무게 90~100匁)[37] 체조

---

36) 中根晃, 「三大教育綱領を具現せる學校経営案」『文教の朝鮮』163호, 朝鮮教育會, 1939년 3월 1일, 34쪽.
37) 1尺은 약 30㎝이며, 1匁는 3.75g이다. 따라서 목검의 길이와 무게는 지금의 수량단위로 환산하면, 대략 62~90㎝의 340~375g으로 추정된다.

는 3학년 이상의 전 고학년 남학생에게 실시되었다.

　1939년 4월 18일부터는 '건포마찰(乾布摩擦)'이 시작되었고, 교장이 1939년 4월 25일부터 5월 30일까지 〈교학연수소(敎學硏修所)〉 제1기 연수에 참여한 이후로 체력단련은 더욱 강화되었다. 1939년 8월 14일부터 사흘간 남산교의 강당에서 경성부 주최의 교학쇄신강습소가 열렸고, 같은 해 9월부터는 전교생이 운동장에 모여 특히 남학생은 상반신 탈의로 체조를 하고 체조 후에 조선신궁까지 맨발로 왕복하는 훈련이 11월 중순까지 매일 행해졌다. 1939년 12월부터는 학교 건물 내에서 실내화 착용이 금지되었다. 이 또한 체력단련의 일환으로 행해진 것이다. 아이들은 등교하자마자 신발을 신발장에 넣은 후에 운동장에서 일명 '라디오체조'를 한 후에 교실로 입실했다. 교내에서는 엄동설한을 제외하고 하루 종일 실내뿐만 아니라 운동장에서도 맨발로 지냈다.[38]

　황민화교육 이후 소풍 또한 체력단련을 최우선의 목적으로 시행되었다. 남산소학교의 경우, 보통 저학년 학생들은 장충단, 창경원, 덕수궁으로 봄소풍을 갔고, 4학년생은 인천, 5학년생은 수원, 6학년생은 개성으로 각각 수학여행을 갔다. 1940년 이후 소풍의 행선지는 이전과 변함이 없었지만, 그 방식이 체력단련으로 바뀌었다. 1940년 봄부터 고학년의 경우, 인천까지 40키로 행군을 시작했다. 고학년 학생들은 경성역 광장에 집합하여 아스팔트의 길을 4열종대로 행군했다. 6학년생은 인천까지, 4학년생과 5학년생은 각각 소사(20키로), 부평(28키로)까지 행군했다. 그 이듬해인 1941년부터는 5학년생도 인천까지, 1942년부터는 4학년생 중에서도 희망자에 한해 인천까지 도보 행진했다. 남산소학교의 동창회지에 의하면, 1942년 고학년 학생들은 경성 제1고등여학교의 여학생들이 만들어준 모래주머니를 이고 걸었다고 한다.[39]

---

38)『坂道とポプラと碧い空と』, 1996년 5월 30일, 135-136쪽;『青葉』3호, 1978년 12월, 10쪽.

이러한 '행군'은 아오바소학교에서도 행해졌다. 4학년생은 인천으로, 5학년생은 수원으로, 6학년생은 개성까지 행군을 했다.[40] 또한 한겨울에는 용산역에서 인천역까지 행군을 했다.[41] 서대문소학교에서는 4학년 이상의 남학생은 소풍과는 별도로 '야간행군'이라 하여 밤새 내내 경성에서 인천까지 걷는 훈련을 받았다.[42]

나아가 학교 조직을 군대식으로 개편하고 군사훈련을 일상화했다. 1939년부터 각 학교에서 행해진 '분열식(分列式)'은 4학년 이상의 고학년을 대상으로 시행되었는데, 특히 남학생의 경우에는 6학년생이 연대장을 맡고 그 밑에 각 학년별로 대대장을 선출하고 각 반별로 중대장을 선출하는 등의 소년의용단을 편성했다. '분열행진(分列行進)'은 '레이 나오레!(경례, 바로)', '카시라- 미기-!(머리를 오른쪽으로)', '마에에 수수멧!(앞으로 전진)'의 호령에 맞춰 군대의 제식과 동일한 방식으로 국체명징일인 매월 1일과 15일, 운동회와 대소봉대일(大詔奉戴日)의 매월 8일에 단(團)별로 실시되었다.[43]

---

39) 『坂道とポプラと碧い空と』 1996년 5월 30일, 132쪽. 경성의 조선인 학교인 덕수국민학교의 경우, 1학년은 창경원, 2학년은 남산을 걸어서 갔다 오고, 3학년은 퇴계원, 4학년은 인천월미도, 5학년은 수원 화성, 6학년은 개성으로 기차를 타고 다녀왔다. 광희국민학교의 소풍과 수학여행 역시 덕수국민학교와 동일했다. 또한 이 두 학교의 황민화교육에 대한 인터뷰 조사를 행한 권성기(2010)의 연구에 따르면, 조선인 국민학교에서 '분열행진'과 '행군' 등의 '군사훈련'과 '노동동원'에 대한 기록과 기억이 없다. 전시체제기 조선인 국민학교의 '군사훈련'과 '노동동원'에 좀 더 면밀한 검토가 필요하다.
40) 『靑葉』 4호, 1980년 4월, 6쪽.
41) 『靑葉』 10호, 1993년 4월, 4쪽.
42) 『敦義』 10호, 1996년 9월, 15쪽.
43) 『坂道とポプラと碧い空と』 1996년 5월 30일, 135-6쪽; 『靑葉』 3호, 1978년 12월, 10쪽.

〈사진 17〉 '분열행진(分列行進)'(1943년 아오바소학교)
※출처: 『靑葉』 창간호

〈사진 18〉 '카시라- 미가-'(머리를 오른쪽으로)
※출처: 『靑葉』 창간호

'분열행진'은 단순히 학생들의 질서의식을 함양하기 위한 목적으로 군인의 훈련방식을 임의로 도입한 것이 아니라, 학년별로 편성된 반을 군대식의 단(團)으로 재조직해서 실전에 대비하기 위한 것이었다. 그리고 학생들은 이러한 '분열행진'의 성격을 잘 알고 있었을 뿐만 아니라 훈련과정에 충실히 임했으며, 군사훈련과 동일한 제식훈련을 통해 '나라를 위해 싸운다'는 전쟁의식을 주입받았다.[44]

실제로도 소학교 학생들은 전쟁에 동원되었다. 그들은 '노동봉임(勞動奉任)'이라는 이름하에 군사물자 생산과 전쟁후방 지원활동에 참여했다. 본래 '노동봉임'은 1938년 '국민정신총동원연맹'이 결성되면서 지역사회와 학교의 연계 하에 학생들의 지역봉사를 조장한다는 명목으로 만들어진 '소국민동원프로젝트'였다. '노동봉임'은 학생들이 학교 인근의 신사, 공원, 고적 등을 청소하거나 지역의 도로개수 공사에 참여하는 것을 일컫는 용어였다가 이후 정규교육과정으로 체계화되었다. 남산소학교에서는 1939년 6월부터 매일 20분의 청소작업을 전교생의 정규과목으로 신설했다. 1939년 8월 22일 시업식 후의 청소는 '일제노동작업'이라는 이름으로 시행되었다. 또 경성신사의 경내 청소는 고학년의 일로 할당되었다. 그런데 이러한 '노동봉임'이 1941년 12월 태평양전쟁의 발발 이후 소학교 학생들의 후방의 전쟁지원활동을 가리키게 되었다. 소학생들은 '노동봉임'이라는 이름으로 군수공장에 파견되거나 학교 교정과 인근지역에 방공호를 건설하거나 혹은 학교 내에서 군수품을 만드는 일에 동원되었다.

---

44) A : 군인들이 줄지어서 행진하잖아요. 소학교 학생 중에서도 5,6학년은 그것을 흉내 내어 학교에서 행진이라는 것을 했어요.
B : 지도받았던 거지, 흉내가 아니잖아.
A : 그래 흉내가 아니야, 지도받았어. 학교에서 그런 것을 했지. 학교 운동장을 이렇게 걷는 연습, 행진 연습을 해요. "레-나오레-"[경례, 바로]. 급장반장은 행렬의 맨 앞에 서고 그 뒤로 줄지어서 걸어요. 선생이 서! 라고 하면 이렇게 가다가 "카시라-미기-"[머리, 오른쪽]. 지나가면서 "나오레!"[바로] 그런 연습을 했어. (A: 1933년생, 남, 미사카소학교, B: 1933년생, 여, 미사카소학교. 2013년 1월 30일 채록)

〈사진 19〉 군복에 단추를 다는 '노동봉임'
※왼쪽 상단에 "米英擊滅をこの手で"(미영격멸은 이 손으로)라는 문구가 보인다.
※출처:『서대문국민학교 졸업기념집』(1945년 3월)

〈사진 20〉 운동장을 밭으로 일구는 '노동봉임'
※상단에 "增産"(증산), 하단에 "いも掘り"(감자 캐기)라는 문구가 보인다.
※출처:『서대문국민학교 졸업기념집』(1945년 3월)

〈사진 21〉 운동장을 밭으로 개조하는 '노동봉임'
※출처:『青葉』4호

　　당시 '소국민'이었던 이들은 '노동봉임'의 노동 강도가 매우 높았고, 1944
년 이후로 소학교에서 "중학교까지 수업은 거의 없었고 노동동원에 해가
뜨고 지는 날들의 연속"[45]이었으며, 학교생활은 '노동봉임'과 군사훈련이
전부였다고 회고한다. 그중에서도 전쟁의 막바지였던 1944년과 45년에 5,6
학년에 재학 중이었던 이들은 등교에서 하교까지 '아침참배' '군복단추달기'
'군용담뱃갑 채우기' '방공호 파기' '감자밭 매기' 등의 일과로 하루를 보냈으
며,[46] 그 외에도 전쟁영화 관람과 행진 등 모든 일상이 '전쟁'으로 채워졌다

---

45)『青葉』10호, 1993년 4월, 6쪽.
46) "전시 하(戰時下) 공부보다 '군복에 단추 달기' '전매국에서 군용 담뱃갑 채우기'
　　등의 노동봉임에 더 많은 시간을 쏟았다. 하루하루가 힘들었던 경험이다."(『敦義』
　　12호, 55쪽); "방공호 파기, 감자밭 매기, 해양소년단으로서 봉을 들고 원거리 행
　　진, 그리고 아침 참배."(『敦義』13호, 33쪽); "전쟁이 끝나기 직전 학동소개(學童疎
　　開)로 지방으로 가거나 혹은 매일의 수업도 제대로 이뤄지지 않았으며, 교정은
　　식량증산의 일환으로 밭으로 만들어졌습니다. 매일 생도들은 밭을 갈고 감자나

고 회고한다.[47] 전쟁이 격화될 수록 '노동봉임'은 점차 전시체제의 후방동원으로서 '소국민'의 강도 높은 근로 작업을 독려하는 이데올로기로 승화된다. 심지어 교정에 감자밭을 일궈 수확한 감자를 쪄먹는 '노동봉임'

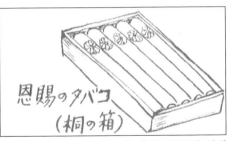

〈그림 13〉 은사(恩賜)의 담배
※출처: 『61年前に消滅した朝鮮の殘像』

이 '전시 하의 생활에 필요한 학습'으로 의미화 된다.[48] 그들은 귀환 후에도 '노동봉임'이 '좋은 경험' 혹은 '궁극적으로 나라를 위한 일'로 회고한다.[49] 이처럼 그들은 일상적인 '총후의식'과 군사훈련에 훈육된 나머지, 전쟁에 대해 어떠한 비판의식도 가질 수 없었고 전시체제의 동원을 나라를 위한 일과 등치시키고 만 것이다. 일상적인 신사참배와 전쟁영화 관람을 통해 주입된 신민의식과 전쟁의식은 군인에게 배포될 담뱃갑의 담배에조차 '천황의 선물'인 '은사(恩賜)'(〈그림 13〉 참조)의 의미를 부여하게 했다.[50] 그렇

---

토마토, 가지 등을 심는 일에 밤낮이 없었습니다. 그 사이에 또 군가 연습을 해서 사기를 높여 스스로를 위로했던 것 같습니다. 상급생은 담배 공장으로 노동동원이 되어 일하러 갔던 일을 잊을 수 없습니다. 고등과의 아이들은 매일 학교에서 군복에 단추를 다는 일 등의 작업으로 하루를 보냈습니다."(『靑葉』 9호, 교사, 1989년 5월, 3-4쪽); "5학년 때 근로봉임으로 서대문의 담배 전매국에 며칠 동안 다닌 일이 있다. 교정에 심은 감자를 수확해서는 쪄 먹기도 했다."(『靑葉』 3호, 1989년 12월, 15쪽).

47) "교정의 굳은 땅을 파내어 밭을 만들고, 군복에 단추를 달고, 담배공장에서 담뱃갑에 담배를 채워 넣는 작업, 조선신궁이나 경성신사에서 아침 참배, '하와이·말레이해전'(ハワイ·マレー沖海戰), '해군', '제5열의 공포' 등의 전쟁의욕을 북돋우는 영화를 보았던 부민관(府民官)에서의 행렬."(『敦義』 13호, 61쪽).

48) "밥과 반찬을 만들어먹는 일이나 남녀 함께 단추를 다는 일이나 전시 하의 생활에 필요한 학습을 도입하여 새로운 학교 경영을 추진했던 일 등 과연 이와시마(岩島) 교장이라고 생각했던 적이 많았다."(『靑葉』 7호, 교사, 1985년 5월, 12쪽).

49) "공부는 내팽겨진 채 학도동원으로 우편국에서 스탬프 찍기, 신문사에서 신문 접기, 전매공사에서 담뱃갑에 담배 채워 넣기, 전투모의 턱 끈 만들기 등 소학생이면서도 나라를 위해 힘썼다."(『敦義』 10호, 1996년 9월, 16쪽).

다면, 이 모든 노동과 훈련의 궁극적인 목적으로 상정되는 "나라를 위한 일"이라는 것은 구체적으로 무엇을 의미하고, 그 의미가 조선의 일본인의 입장에서 조선인에게 어떻게 투영했을까? 이에 다음으로 황민화교육을 통해 훈육된 '소국민'의 논리와 그 속에 담긴 조선관을 통해 탐구해보고자 한다.

## '소국민'의 논리와 조선관

일본인 소학교의 황민화교육은 간단히 말해 소학생의 연령의 아동도 국민의 소임을 다해야 한다는 '소국민' 의식을 주입하는 훈육과정이다. '다음 세대의 국민문화를 짊어질 일본의 작은 국민, 어린 국민'(松月秀雄 1942: 11)은 국민의 역할을 예행함으로써 국민을 예비했다. 그러나 '소국민'은 신체적·정신적으로 미성숙하여 성인의 국민에게 주어지는 의무와 권리를 온전히 행사할 수 없다. 그럼에도 불구하고 '소국민'을 국민으로 호명할 수 있는 것은 황민사상의 시간적 초월성에서 주어진다. 황민사상은 천황주권의 인류공영을 아시아에서 실현하는 것을 목표로 삼는 동시에 그것을 이미 기정사실화하는 사상이다. '만세일계(萬世一系)'와 '팔굉일우(八紘一宇)'는 과거의 신화에 머무는 것이 아니라 미래까지도 그러하리라 단정한다. 황민사상이 '일본정신의 시간적 통일'(大關將一 1939: 43)을 강조한 것도 이러한 맥락에서 이해될 수 있다. 국민이란 국가에 의한 미래의 투자임과 동시에 성취된 기획이 아니면서도 이미 성취된 것으로 착시되듯이(酒井直樹 2010: 143), 황민사상에서 신민의 기획은 이미 성취된 신민임을 입증함으로써 표명되고, 신민은 신민의 신념과 사명으로 자신을 입증한다. 소학생의 연령의 아동이

---

50) "특별히 생각나는 것은 5학년 때에 전매국 등으로 가서 은사(恩賜)의 담뱃갑을 채우거나 한 다발의 끈을 세공해서 물통의 용기 등을 만들었던 일입니다. 저는 해양소년단에 입단했는데 자주 동네 중심을 행진한다거나 수기(手旗) 등을 배우는 등 좋은 경험을 했습니다."(『敦義』 14호, 2002년 9월, 53쪽).

'미숙한 국민'이라는 것에는 이론의 여지가 없는데도 이미 국민으로 성취되었음을 표명하는 '소국민'은 오히려 이러한 신민의 기획을 가장 극명하게 보여준다.

일본인 소학교의 분열행진(分列行進)은 소년의용단으로 재편성된 각 학년 학급의 제식훈련이었고, '노동봉임'은 실습이 아닌 실제의 생산량을 산출했다. '소국민'은 전쟁으로 인해 부족해진 식량문제를 해결하기 위해 학교 운동장을 밭으로 개조하여 식량증산에 일조했다. 그렇기 때문에 '소국민'의 '노동봉임'은 교육적 차원이 아니라 실전적 차원으로 기억된다. 우리가 여기서 눈여겨보아야 할 것은 이와 같은 '소국민'의 '노동봉임'에 신민의식이 부착된다는 점이며, 이 때문에 '노동봉임'의 기억은 신민의식을 불러들인다는 점이다. 어느 그룹인터뷰에서 한 제보자는 '노동봉임'이라는 용어에 봉사의 의미가 담겨있음을 강조해서 말해주었다. 소학생의 어린 나이에 학업은 내팽겨진 채 '힘에 부치는' 노동에 동원되었음에도 불구하고 그것을 긍정적인 기억으로 승화할 수 있는 것은 천황을 받들어 사회에 봉사한다는 의식이 '노동봉임'과 함께 주입되었기 때문이다.[51] '받들다(奉る, '마츠루')'의

---

51) A : 노동동원이 있었어요.
   B : 소학생은 안했던 것 같은데요.
   C : 음, 소학생은 강당에 모여서 군인의 물통의 얼레 있잖아요. 그런 것을 만들었어요. 했지?
   A : 했어.
   C : 오동나무로.
   A : 군복의 단추를 다는 일. 그리고 지금으로 말하자면 물통을 만드는 일. 구멍을 파는 일을 했지.
   C : 그런 일을 시켰어.
   B : 노동동원은 하지 않았던 것 같은데요. 노동동원이 아니라 노동봉임(勤勞奉仕). 동원이라는 것은 공장 같은 곳에 가서 뭔가 이런저런 것들을 만든다거나 하는 일이고.
   C : 구멍을 판다거나.
   B : 학교에서는 노동봉임(勤勞奉仕). 서비스에요. 해드린대奉る]라는 말을 썼어요. (A: 1932년생, 남, 서대문소학교 B: 1933년생, 남, 경성사범부속소학교, C: 1932년생, 여, 모토마치(元町)소학교. 2012년 10월 15일 채록).

자발성은 '천황'에 순종하는 자만이 신민이 될 수 있다는 황민사상의 자발
성이며, 국체명징의 신념과 인고단련의 훈련으로 신민이 되었음을 입증하
는 자발성이다. 황민사상은 '천황'에 순종하는 자는 신민이 되고, 그 길을
가로막는 자는 악인이 된다고 했다. 급기야 1941년 일본제국이 태평양전쟁
에 돌입하면서 황민화교육은 신민뿐만 아니라 악인에 대해 설파하며 '전쟁
을 위한 국민'을 '국민을 위한 전쟁'으로 도치한다.[52] 다음의 구술록은 '소국
민'이 맹목적인 전쟁 의식을 주입하는 전쟁 그 자체를 위한 훈육과정이었음
을 말해준다.

> 우리들은 일본이 전쟁에 승리하는 것이 당연했습니다. 질 이유가 없
> 기 때문에 이긴다고 생각했어요. 이기기 위해서 있는 힘을 다하자. 여하
> 튼 군국주의. 그리고 연대책임. 그것도 그랬고, 지금처럼 일본의 민주주
> 의가 아니고 어쨌든 하나가 되어야 했어요. 뭘 해도, 학교에 가도, 이렇
> 게 저렇게 해도, 다 같이 해야 했어요. 아침에는 반드시 교실에서 '키미
> 가요'(君が代) 아니면 '바다에 가면'(海ゆかば)[53]이라는 노래를 부르고, 게

---

52) A : [태평양 전쟁 이후] 학교 교육에서 바뀐 것 중의 하나가 '미국과 영국은 귀신
이고 짐승이다'[鬼畜米英]를 가르쳤어요.
B : 이길 때까지 탐내지 않습니다[勝つまでは欲しがりません], 사치는 금지[贅沢
はだめ] 라는 것도.
A : 그리고 또, 낳으시게 불리시게[産めよ, 殖やせよ].
B : 아이를 만드시오.
[필자: 그건 왜요?]
B : 전쟁에 내보내기 위해서죠.
A : 전쟁에 필요한 거지.
(A: 1933년생, 남, 미사카소학교, B: 1933년생, 여, 미사카소학교. 2013년 1월
30일 채록)
※1940년 5월 '내지'에서 공포된 '국민위생법'은 건강한 국민의 불임수술이나 중절
수술을 전면적으로 금지하였다. 이와 더불어 '결혼십훈'에 의한 슬로건이 만들어
졌는데, "낳으시게 불리시게"[産めよ 殖やせよ]는 그 중 하나이다.
53) '바다에 가면'(海ゆかば)이라는 노래는 1937년 10월 일본 본토의 '국민정신총동권
연맹'에서 중일전쟁의 전쟁의욕을 고취시키기 위해 만든 군가의 하나이다. 가사
는 다음과 같다. "海ゆかば水漬く屍(바다에 가면 물에 잠긴 시체) 山ゆかば草生

다가 니쥬바시(二重橋)['황거'(皇居) 앞의 다리]의 사진, 천황의 사진 같은 것을 걸어놓고 그것을 만지면 벌을 받는다고 했어요. 하나하나가 군인과 똑같았어요. 뭔가 잘못한 일이 생기면 연대책임이라고 해서, 두 줄로 나란히 세운 뒤, 간단히 말해 한사람이 나쁜 짓을 했어도 모두가 책임을 져야 하므로, 아이들을 서로 때리게 했어요. 정말로 그렇게 했어요. 이를테면, 한 사람이 규칙을 위반하면 모두가 책임을 져야 하니까 서로 친구들을 때리는 겁니다. 뭐, 모두 살살 때렸지만. 이런 일은 참 힘들었어요. 그러나 무섭다기보다 당연한 일로 받아들였어요. … "야마토타마시이"(大和魂)라고 아세요? 이 말을 그다지 좋아하지 않지만, "야마토타마시이"라든지 일억일심(一億一心). 조선반도의 사람들도 넣어서 일억 명의 사람이 한 마음을 갖는다는. '탐내지 않습니다, 이길 때까지'[欲しがりません勝つまでは]라는 슬로건도 있었고. 간단히 말해, 사치하지 말라는. 그런 것들을 철저히 주입시켰어요. 체조 시간에는 너는 미국인이다, 너는 영국인이다, 나는 일본인이다, 따따따따따따. 그런 것을 하게 했어요. … 그렇게 철저하게 군국주의를 했어요. 여하튼, 너희들은 일본을 위해서, 나라를 위해서 열심히 해야 한다. 항공모함이랄까, 군함, 해군을 동경했어요. 동경할 수밖에 없는 교육을 받았으니까요. 해군의 예과련(予科練), 해군비행예과연습생, 이것은 카미가제(神風) 특공대를 뜻하는데, 이런 것들을 동경했어요. 카미가제 특공대. 알고 있죠? 그렇게 되어서, 적의 군함에 몸으로 부딪히라고, 물론 나도 그렇게 해야 한다고 세뇌되었죠, 지금에서 말하자면. 그때 나는 그것이 당연하다고 생각했어요. 일말의 의심도 없이, 그래, 내 인생은 스물 하나, 스물 둘이라고 생각했어요, 그때는. … 특히 우리들은 극기훈련(寒稽古)이라고 영하 12도에서 20도 정도에 상의를 벗고 줄 지어 서서 체조를 하게 했어요. 지금까지도 때때로 동창으로부터 엽서나 연하장에, '그때 그 선생은 영하 십 몇 도에 알몸을 하게 했잖아. 감기도 걸리지 않고 폐렴도 걸리지 않고 무사히 잘 넘겼지' 라고 이야기해요. 너희는 부모의 자식이 아니고 천황의 자식이라고. 지금 생각해보면, 천황의 자식이 아니잖아요. 부모의 자식이지. 그때는 당연하다고 생각했지만. 그럴 정도로 철저히 세뇌시켰어요. (1932년생, 남, 서대문소학교, 2012년 5월 25일 채록)

---

す屍(산에 가면 풀이 자라는 시체) 大君の辺にこそ死なめ(천황폐하 곁에서 죽고 싶구나) 顧みはせじ(후회하지 않으리)"

위의 구술에서 '기축미영(鬼畜米英)'[54]이라는 용어, 미국인과 영국인을 적으로 삼은 가상의 전쟁을 연출한 체조 시간 그리고 "미국과 영국의 격멸을 이 손으로(米英擊滅をこの手で)"라는 표어는 1941년의 태평양전쟁 이후 미국과 영국이 '천황의 인류공영의 실현'을 가로막는 황민의 적이 되었고 '소국민'은 이들의 격멸에 전력을 다해야 한다는 것을 명시한다.[55] 그리고 이제 '소국민'은 적에 대한 공격이 천황의 '자식'으로서 당연한 일로 받아들인다. '미영(米英)'이라는 외부의 적에게 '소국민'은 '천황'에 순종하는 신민의 충절을 발휘해야 한다.

이때 '소국민'은 국민과 신민의 논리를 중첩시킨다. 사카이 나오키의 논의를 빌면, '소국민'은 국민공동체의 동포의식이자 국민의 자기동일성의 기술적 결과인 국체를 소학생의 연령의 아동에게까지 적용한 것이다. 여기까지는 '소국민'은 일본이라는 국가의 귀속의식의 표명이자 미래의 투기(投企)이다. 그런데 '미영(米英)'이라는 외부의 적이 출현함과 동시에 '소국민'의 귀속의식은 자기실체로서 신민의식을 공동체의 바깥으로 향하게 한다. 물론 '소국민'에서 국민공동체의 귀속의식과 적을 향한 신민의식은 결코 분리되지 않는다. 왜냐하면 내부의 귀속의식은 언제나 외부의 적을 상정한다는 점에서, 외부의 적에게 발휘되는 것은 내부의 귀속의식이라는 점에서 그러하다. 다만 이 둘의 차이는, 전자의 외부가 공동체의 내부에도 존재할 수 있는 소위 국민의 자격을 갖추지 못한 '비국민(非國民)'으로 표상되는 반면, 후자의 외부는 자기 공동체의 귀속의식에 대립하는 또 다른 공동체로 표상된다는 데 있다. 따라서 '소국민'의 자발성은 외부로 향하는 폭력성을 잠재한 의식이다. 만주사변과 중일전쟁 등 제국일본이 동아시아를 무대로 영토

---

54) 『青葉』 8호, 1987년 3월, 7쪽; 『敦義』 13호, 2000년 9월, 54쪽.
55) 경성의 일본인 소학교를 다닌 이들이 기억하는 전시체제기의 유행어는 다음과 같다. '사치는 적이다(ぜいたくは敵だ)'(1940년), '탐내지 않습니다, 이길 때까지(欲しがりません勝つまでは)'(1942년), '치고야 말리라(擊ちてしやまん)'(1944~45년) (『蔦』 25호, 1996년 10월 26일, 9쪽).

확장에 몰두할 때에는 '황민화'의 논리—피지배 민족의 신민으로의 복속—에서는 그 폭력성이 드러나지 않다가 태평양전쟁을 기점으로 '미영(米英)'이라는 외부의 적이 등장하자 그 적에 대한 강한 적개심으로 표출되었다. 결국 '소국민'은 전쟁에 대한 별다른 의구심 없이 '미영(米英)'을 적으로 간주하며 태평양전쟁에 몰입할 수 있었던 것이다.

'소국민'의 훈육을 받은 '한국 출신 일본인'은 당시 일본이 전쟁에 질 것이라고 생각한 적이 없으며 전쟁을 왜 하는지에 대해 어떤 의문도 품지 않았다고 말한다.56) 어느 제보자는 돌이켜보면 매스미디어의 전쟁의 선전선동이 일방적이었으며 무비판적으로 수용되었고 당시에는 그런 자각조차 하지 못했다고 말해주었다.57)58) 그러나 소국민의 전쟁으로의 무조건적인 몰

---

56) [필자: 1944년이 되면 일본이 전쟁에 불리한 상황이 되잖아요.]
　　A: 그것은 나중에 알았죠. 1944년에 마리아나 해전이 있었지만, 일본군함이 승리하지 않았는데도 상대편의 군함을 그 두 배 정도로 해치웠다 라든지. 그렇게 방송했고, 어른 중에는 그것이 거짓이라고 생각했던 사람도 있었을지 몰라도, 그런 생각을 입 밖으로 말하면 그때는 어떻게 되니까 말하지 않았어요. 그래서 아이들은 그런 것을 전혀 생각하지 않았어요. 져도 이긴다고 방송했으니까. 아이들이 쭉 라디오를 들었던 것은 아니지만. 어른 중에 제대로 알고 있던 사람은 알고 있었겠죠.
　　[필자: 전쟁에 대해, 전쟁은 잘못되었다 그런 의식은 없었나요?]
　　A: 그런 것은 전혀 없었어요. 왜 전쟁을 하는가 그런 것에 대해 전혀 생각하지 않았어요. 소학교 2학년 때 전쟁[태평양 전쟁]이 시작되었는데, 모두가 "전진!"이라고만 했어요. (1933년생, 남, 미사카소학교, 2013년 1월 30일 채록)
57) B : 천황각하의 그것[패전방송]을 들을 때도 전혀 졌다는 느낌이 없었어.
　　A : 일본은 절대로 지지 않는다는 교육을 받았으니까.
　　C : 북조선도 그럴 겁니다. 북조선을 보면, 정말로 어릴 때가 생각나요. 반면, 이상하다고 생각이 드는 반면, 저런 교육을 받으면 간단히 저렇게 되는 것인가, 그런 생각도 해요. 진다고는 생각 안했어요.
　　B : 북조선하고 똑같아. 북조선의 운동회에 아이들 모두가 그렇게 하잖아.
　　D : 알려주지 않으니까.
　　C : 그래서 그런 것을 알려면 17,8살 이상의 남자 중에서 유년학교부터 사관학교라든지 해군병 학교라는 곳이 있었어요. 그런 곳에 가면 조금은 일본의 본모습을 알았다고 하더군요.
　　A : 전부 숨겼어. 군가 행진곡이 있잖아요. 일본이 이겼다, 이겼다. 간단히 말해서

입은 미디어의 '의도된 오보'만으로는 해명되지 않는다. 왜냐하면 그들은 '미영'이 '천황'의 적으로 규정된 이상 '무찌르는 것'이 '소국민'의 당연한 의무로 훈육 받았기 때문이다. 그래서 그들은 전쟁의 '오보'에 의심을 품지 않았다.[59] '소국민'이 전쟁에 나서는 것은 황국신민으로서 가져야할 전쟁의 당위성에 따른 것이지 전쟁의 실제 상황과는 아무 관련이 없기 때문이다. '소국민'은 전세(戰勢)가 불리하더라도 싸워야 하고 싸우는 이상 무조건 이겨야 한다. '소국민'은 이러한 신민의 가치관을 주입받고 군대식 훈련과 '노동봉임'을 통해 실질적 생산행위에 동원되며 그들의 의식 속에서 이미 제국의 승리를 확정지었다.

문제는 제국일본의 영토 확장과 식민지체제의 동아시아 질서 구축을 방해하는 '적'과의 전쟁에 '소국민'의 신민의식이 발휘되면서, 침략의 산물인 식민지가 제국과 일체화되었음을 기정사실화한다는 점이다. 즉 '미영'이라는 '다른 편'과 전쟁을 벌이는 일본은 조선을 '같은 편'이라고 단정하고, 이속에서 이미 제국으로 통합되었다고 간주된 조선은 더 이상 내선일체의 협의대상이 되지 못한다는 점이다. 이 단정은 황민사상에 의하면 신민의 사명감으로 '천황'의 덕을 베푼 결과인데, 그러므로 조선은 '천황의 덕의 수혜자'

---

미국의 군함을 쳐부쉈다 라든지. 일본 쪽은 조금밖에 피해가 없었다고. 항상 미국을 쳐부쉈다고. 거짓말뿐이었죠. (A: 1932년생, 남, 서대문소학교, B: 1932년생, 여, 모토마치(元町)소학교, C: 1933년생, 남, 경성사범부속소학교, D: 1929년생, 여, 사쿠라오카(桜丘)소학교. 2012년 10월 15일 채록).

58) 루이스 영(1998)은 일본제국이 1937년 중일전쟁에서 승리한 후 온 국민을 총동원하여 태평양전쟁으로 치닫게 된 데에는 대중미디어가 큰 역할을 차지했음을 논증했다. 그는 제국일본의 대중화된 미디어가 만주에 구축된 테크놀로지의 근대적 발전을 '내지'에 대대적으로 선전함으로써 유토피아적 담론을 형성케 했고, 이러한 담론이 전쟁으로의 국민총동원의 동력이 되었다고 주장했다.

59) "1945년 1월인가 2월인가, 단파방송으로 모두 일본이 질 것이란 것을 알고 있었어요. 조선의 아이들이 일본이 진다고 말하고 다녔어요. 이쪽은 지지 않는다고 교육받았고요. 조선 아이들과 말싸움을 하면서 학교를 다녔어요. 안 져, 아니야 져. 치고 박고 싸우지는 않았지만 말싸움을 하곤 했어요."(1933년생, 여, 미사카소학교·강남국민학교, 2013년 1월 9일 채록).

이자 그것에 보은해야 하는 '자신'과 동일시된다. 식민지를 침략하고 또 식민지체제를 유지확대하기 위한 일본의 제국주의적 전쟁이 아시아를 위한 전쟁 ―대동아전쟁―으로 의미가 역전되는 논리가 여기에 있다. 그래서 니시 쥰죠(西順藏)는 "식민지에서는 압제, 지배, 착취가 있기 마련이므로 동화를 말할 여지가 없는데도, 같은 일본의 일부라고 하며 구태여 동화라고 말하는 모습은 '오타메고카시'(お為ごかし: 남을 위하는 척하면서 자기 실속을 차리는 모습을 일컫는 말)임은 두말할 것도 없다"(1983: 23)고 한 것이다. 그는 "일률적으로 세금을 걷으면서 투표권은 없고, 학교 교육은 일본의 소학교와 조선인의 보통학교의 차별을 둔다면 일본인에게는 일본어를 조선인에게는 조선어를 가르쳐야 함에도, 일시동인(一視同仁)이란 것이 정녕 일률적으로 일본어를 강제하는 것을 말하는 것인가"(1983: 24)라고 반문한다.

'소국민'이 현재의 국민을 일컫는 것이 아니라 미래의 국민을 현재로 투기한 것처럼, 황민사상의 내선일체는 식민지조선에서 현재의 조선인과 일본인의 현재적 관계를 말하는 것이 아니다. 내선일체는 조선인이 일본인으로 동화될 미래를 가정하고 그것을 현재로 투기한 것이다. 심지어 내선일체는 과거로 투기되어 '동조동근(同祖同根)' 혹은 '일선동조(日鮮同祖)'라는 역사를 창조하고, 일본인과 조선인의 현재적 관계가 어떠하든지 간에 미래의 방향을 내선일체로 향하기만 한다면 그 관계는 정당화될 수 있다. 그러므로 '소국민'이 국체명징과 인고단련으로 현재와 미래의 간극을 좁힐 수 있듯이 조선인 역시 그러한 과정을 통해 일본인과 같은 황민이 될 수 있다는 신념을 가지도록 하는 것이 바로 황민화교육의 내선일체이다. 따라서 일본인의 '소국민'이 내선일체를 이루기 위해 해야 할 일은 조선인과의 관계에서 주어지지 않는다. '소국민'은 '천황'과 신민의 관계를 맺은 속에서 내선일체의 신념을 염두에 두기만 하면 된다.[60] 다시 말해 조선인과 직접적으로

---

60) "황국신민으로써 내선(內鮮)의 어떠한 차이도 없이 거국일치, 포섭일체 되어 황국결성의 동지동행(同志同行)하여 신애호경(信愛互敬), 접동일심(接同一心), 진

관계하지 않고서도 내선일체의 정책에 따르는 조선인의 존재만으로, 일본인은 내선일체의 이상을 실현하고 있다고 믿을 수 있었다.

> [필자: 그 당시는 식민지 시대였잖아요. 조선을 지배했던 시대. 그런데 그 시대의 분들이 차별의식이라든가 식민자라는 감각이 전혀 없었다고 말씀하시잖아요.]
>
> 사람에 따라 다르겠지만, 국가의 의식으로서는 완전히 식민지화 한다는 것을 전제로 하기 때문에, 국가의 정책이라는 것은 기본적으로 역시 지금에서 말하자면 식민지화를 어떻게 잘 해나갈 것인가. 그래서 결국은 내선일체를 만들어서 서로 사이좋게 잘 지냅시다! 했던 것이죠. 꽤 강하게 밀어붙었어요. 조선발전을 위해 동등하게 창씨개명도 하고. … 다만 우리들보다 10년 정도 위의 사람들까지는 확실히 그런 의식[일본인의 우월감]이 있었어요. 차별의식이 강했어요. 반대로 우리들은 [조선인이] 불쌍하지 않나 그런 느낌을 가졌어요. 전쟁이 끝나든 말든 상관없이. 아마도 부모의 영향도 있었을 것이라고 생각합니다. 그래서 예를 들어 군인이라든가 관리라든가 그러한 입장의 사람은 역시 자기 입장에 따라 위에서 아래를 보듯 볼 가능성이 있죠. 그렇지만 선생님들은 그런 의식이 없었어요. 미사카소학교는 한 학년에 한국인이 한명인가 두 명인가 있었어요. 한 학년에 250~270명이 있었는데, 그 중에 한두 명. 수업료가 더 비쌌어요. 그게 '괘씸하다'고 생각했어요. … 아마도 그런 [조선인을 차별해서는 안된다는] 교육을 전부 받았다고 생각합니다. 진실(本当のこと)을 안다면 그런 차별의식 같은 것은 완전히 의미가 없다는 것을요. (1931년생, 남, 미사카소학교, 2012년 9월 14일 채록)

위의 제보자는 황민화교육이 일본인의 조선인에 대한 동등의식을 가르쳐주었다고 회고하면서, 일본의 조선에 대한 완전한 식민화를 전제한 가운데 조선인과 일본인이 '사이좋게 지낼 수 있게 하는' 정책으로 내선일체를

---

정한 국가로의 협력 봉임을 염두에 두는 교육이 황국신민의 교육이다."(中根晃, 「三大教育綱領を具現せる學校経営案」 『文教の朝鮮』 163호, 朝鮮教育會, 1939년 3월 1일, 12쪽).

평가하고 있다. 그런데 위의 인용된 구술의 말미에서 언급된, 차별의식을 무의미한 것으로 만드는 '진실(本当のこと)'이란, 이제까지 검토한 '소국민'의 논리에 따르면 조선인의 완전한 일본인화가 실현될 것으로 가정된 미래의 제국에서 조선인을 자신과 같은 황민으로 받아들이게 될 '사실'이다. 그러므로 황민화교육이 주입한 일본인의 조선인에 대한 동등의식은 아시아를 제패할 제국을 전제하지 않는 한 무의미하다. 이 '진실'은 '황민화교육이 조선인을 위한 정책으로 오인되듯이'(池田浩士 1995: 612), 침략자의 본성을 은폐시킨다. 그와 동시에 이 '진실'은 일본인과 조선인의 실제 관계와 무관하다. 황민사상은 차별이 무의미하다는 언명으로 내선일체의 현실적 난관을 치부한다. 이처럼 황민사상은 현실에 무력하다. 그리고 황민사상의 무력함이 드러날수록 황민사상이 약속한 내선일체는 전쟁승리만이 가져다줄 수 있는 미래의 일로 유보된다.

## 군국소년의 이상과 모순

### 전쟁에 몰두하는 '소국민'

1938년 3월 25일 '일본해양소년단'이 창립되었다. '일본해양소년단'은 '대일본소년단'의 해양부를 독립한 것으로, 총장에는 당시 해군대장인 타케시타 이사무(竹下勇)가 추대되었고 '내지'뿐만 아니라 조선, 대만 등의 '외지'에서도 지부가 설립되었다.[61] 조선지부는 1943년 5월 27일 해군기념일에 맞추어 경성운동장에서 지부 결성식을 개최했다. 이는 '해군특별지원병제'의 실시와 함께 전쟁의욕을 전 조선의 학생들에게 북돋기 위한 조치였다.[62]

---

61) 『동아일보』 1938년 3월 28일자, 「日本海洋少年團 總長에 竹下勇大將」 기사 참조.
62) "전 조선의 3백만 학동은 모두 해양소년단입니다. 바다를 몰라도, 모두는 해양소

〈사진 22〉 아오바소학교의 해양소년단(1944년 白雲臺)
※출처:『青葉』 3호

〈사진 23〉 조선신궁에 참배하는 미사카소학교의 해양소년단
※출처:『鉄石と千草』(1983년)

년단입니다. 바다를 본적이 없어도 모두 바다의 지식은 충분합니다. 그리고 바다 대신 강이 있습니다. 강에 신체를 단련하고 어떤 광활한 바다라도 대양을 거스르는 파도라도 맞설 수 있는 몸과 마음을 만들어, 모두가 해군의 뜻을 품고 일본해군의 이름을 걸고 세계로 나아갑시다."(『國民總力』, 1943년 6월 15일호, 36쪽).

그 대외활동의 구체적 내역을 보면, 욱일승천기를 들고 거리를 행진하며 전쟁의 기운을 고조시키는 것이 고작이었지만, "하얀 제복에 해군 모자, 무기처럼 긴 봉을 등에 매고 종로에 있는 부영(府營)의 그라운드에서 결성식을 거행한"[63] 해양소년단은 해군을 흉내 내는 것에 그치지 않고 해군의 일원으로 간주되었다. 이처럼 경성에서는 전쟁에 출정하는 군인들의 행렬뿐만 아니라 해양소년단의 군대식 거리행진을 통해 '대동아전쟁'의 정당성과 일본해군의 우수함을 조선인민에게 주입했다. 물론 그 의식화의 직접적 대상은 해양소년단원인 일본인 아이들이었다.

1943년부터 45년까지 미사카소학교의 교사로 재직한 이들의 회고에 따르면, 미사카소학교에서 해양소년단은 1943년 7월 20일 바다의 기념일을 기해 5,6학년의 남자를 중심으로 교사의 추천과 희망자를 받아 20명 정도를 선발해서 결성되었다. 이들은 경성의 몇몇 학교의 해양소년단과 함께 경상남도의 진해에서 2박3일의 해양훈련을 받았는데, 출발 당일에는 하얀 제복과 제모를 갖추고 해군기를 들고 조선신궁에서 참배를 한 다음, 인천의 송도에서 경기도 지사의 시찰을 받았다. 진해에서 그들은 해병의 지도로 깃발신호와 노 젓는 법을 배웠고, 훈련 마지막 날에는 잠수함의 실제 폭뢰 공격을 실연하며 '바다의 전쟁'을 실감케 했다. 뿐만 아니라 학교 자체 행사로서 교장의 지도하에 북한산 등반 훈련과 제복을 입은 채 물 속을 행진하는 수영장 훈련이 일상적으로 행해졌다.[64]

---

63) 『鉄石と千草』, 1983년 11월, 255쪽.
64) "5학년, 6학년 때는 해군소년단에 들어갔는데, 제복제모에 봉(직경 2센티, 길이 150센티)을 등에 매고, 세 명씩 세 개의 조를 짜서 모두가 보는 앞에서 25미터의 수영장을 왕복하게 한 '시대'였지요. 미리 연습해두었지만, 그때는 긴장한 나머지 물에 빠지지는 않을까 생각할 정도로 매우 힘들었습니다. 이것도 바다를 지키는 해군을 꿈꾸는 일본남아로서 꾹 참았습니다."(『鉄石と千草』, 1983년 11월, 123쪽); "해양소년단. 지금은 미사카소학교에 수영장이 없지만, 그때는 있었어요. 6월 초순경인가 수영장에서 교장선생은 다나카(田中) 선생. 너구리같이 통통했어요, 선생이. 훈도시를 두르고 알몸이 되어서는 전교생, 아니 전교생이 아니라 4,5,6학년을 모아놓고 선생이 가장 먼저 풍덩하고 뛰어 들어 수영해요. 그 다음으로 해양

수영장 훈련이 적진의 상륙작전의 모의훈련이듯이, 해양소년단의 훈련 목적은 '해국일본(海國日本)'에 걸맞은 '작은 해병'을 양성하는 것이었다. 해양 소년단원들은 이처럼 실전에 대비하는 군인으로 훈련받으면서 죽음이 '뻔 히' 예고된 군인을 선망하고 동경했다.[65] 그들은 '대일본제국을 지키는 정 신'을 절대화하고 그 이상화된 가치만을 신봉하면서, 고된 훈련을 참아내는 것으로 그 '신념'을 입증하려 했다. '소국민'은 가해와 피해의 전쟁역학의 논 리를 사상한 채 전쟁을 자기희생의 논리로 승화하는 가운데 "무의식적으로 전시색이 입혀졌다".[66] 다음은 아오바소학교의 6학년 아이들이 극본을 직 접 짜서 1942년 경성중앙방송국에서 방송되었던 「合理飛行機發祥之地孝昌 園」[합리비행기발양의 땅 효창원]이라는 방송 연출대본인데, 이것은 당시 전쟁승 리의 의식화 교육의 효과가 어느 정도였는지를 짐작케 한다.

> 「合理飛行機發祥之地孝昌園」 경성 아오바공립국민학교 6년 2조
> … (前略) …
> 岩: 이번은 공중전투다.
> 福: 굉장하네.
> 岩: 딱 기다리는 모양이다. 위로 아래로 기관총을 쏘는 거야.
> 福: 그러네. 마치 하늘에서 술래잡기 하는 모양이네. 어째서 저렇게

---

소년단이 해군 모자를 쓰고 세일러복을 입고 거기다 봉을 들어요. 떡갈나무로 만 든 봉인지, 철봉인지를 언제나 들고 다니게 했어요. 그것을 끈으로 등에 묶고 하 얀 긴바지를 입고 맨발로 수영장에 들어가요. 선생이 '가라!'고 하면 한 사람씩 줄서서 입은 채로 수영했어요. 그것을 한 번에 열 명씩인가 스무 명씩인가. 그 중에는 수영 못하는 사람도 있잖아요. 5학년, 6학년 중에서 양복을 입고 수영할 수 있다는 것에 우쭐댔다니까요. 해양소년단에서도 양복을 입고 모자를 쓰고 수 영할 수 있는 사람이 많지 않았어요. 그 다음에 학생들 모두 알몸이 되어서 수영 했어요."(1933년생, 남, 미사카소학교, 2013년 1월 30일 채록).
65) "해양소년단. 나도 조금 해봤습니다만. 이것은 당시 일본인의 다이쇼 시대, 쇼와 시대 초기의 육군 장교와 비슷합니다. [해군의 상징인] 벚꽃과 닻을 동경했어요. 또 우리들의 인생은 스물하나, 스물둘이 끝이라고. 그런 교육을 받았던 탓이지 요."(1932년생, 남, 서대문소학교, 2012년 5월 25일 채록).
66) 『鉄石と千草』, 1983년 11월, 96쪽.

할 수 있을까.

巖: 일본 군인은 천황각하를 위해 바친 몸이거든. 자신의 생명을 바쳤기 때문에 저렇게 대담하게 할 수 있는 거야. 형은 지금 넓은 하늘을 자유자재로 비행하는 것을 네게 보여줄 수 있어서 기쁘구나.

福: 형도 할 수 있을까?

巖: 이번 지나사변에서도 대동아전쟁에서도 우리 황군의 비행기는 빛나는 무훈(武勳)을 달고 있어. 하와이의 진주만, 또 말레이 반도에 필리핀에 보르네오에 대동아의 바다를 자신의 것으로 하고 무적황군이 가는 곳에는 적이 없다고 할 정도로 멋지구나. 외국 사람들은 놀라고 있어. 정말로 일본은 강하다고. 좀 전의 비행기 훈련을 보아도 얼마나 대범한지를 알 수 있지. 정말로 죽을 만큼의 맹훈련이다. 우리들은 이런 멋지고 강한 나라에 태어나서 정말로 행복하고, 그와 동시에 절절히 감사해야 한다.

福: 형, 그렇다면 대체 저 비행기는 누가 만든 거야?

巖: 응, 저 비행기는 형이 5학년 때 '비행기의 발명'이라는 것에서 배웠던 건데, 비행하는 새를 보고 어떻게 하면 날 수 있을까 궁리해서 만들었대. 꽤 오래전부터 공부했던 거야. 형이 배웠던 것을 읽어보면 "…독일에도 릴리엔탈[67]이라는 사람이 마찬가지로 날아다니는 새를 보고 착상하여 날개와 비슷하게 만들어, 그것을 몸에 붙이고 생각한 대로 난 것을 보면, 의외에 공중을 활주하는 일이 가능했다. 이 이후 릴리엔탈이라는 사람은 연구를 계속하여 활주기를 고쳐서 조종방법을 열심히 강구했는데, 어느 날 강한 바람에 휩쓸려 하늘에서 떨어져 죽었다"라고 해. 이것은 지금으로부터 47년 전인 메이지 29년[1896년]의 일이야.

福: 옛날 사람도 대단한 일을 했구나.

巖: 그래. 그런데 바로 그 즈음, 우리나라에서 아이치현의 니노미야 츄하치(二宮忠八)[68]라는 사람이 새나 벌레가 나는 것을 보고 비행기의 모형

---

67) 릴리엔탈(Lillienthal, Otta 1848~96년) 독일의 항공기사. 최초의 글라이더를 만들어 공기역학을 실험하여, 뒷날의 비행기 발달의 기초를 세웠다. 1896년 활공시험 중 추락 사망했다.

68) 니노미야 츄하치(二宮忠八 1866~1936)는 메이지 시대의 항공기 연구가이다. 육군 종군중인 1889년 비행기를 고안했고, 그 이듬해에는 고무운동에 의해 모형비행기를 제작했다. 군용으로서 비행기의 실용화를 군에 신청했지만 받아들여지지 않았고, 이후 독자적으로 인간이 탈수 있는 비행기 개발을 목표로 했지만 완성단계에까지 이르지 못했다.

을 만들었다는 이야기가 있어.

福: 그런 일도 있었구나.

岩: 아오바의 교장선생으로부터 작년인가 모형비행기경주대회 때에 니노미야 츄우하치 선생의 일에 대해 들었을 거야. 아오바학교를 중심으로 한 효창원 일대는 니노미야 츄우하치 선생과 매우 관계가 깊은 곳이라는 이야기 기억하니?

福: 아, 방금 생각났어. 그 니노미야 츄우하치 선생이?

岩: 그래. 실은 이런 이야기야. 지금으로부터 49년 전인 메이지 27년[1894년]의 8월의 일이야. 오오지마여단이 효창원에 야영을 했을 때 제이야전병원부속 육군일등 조제수였던 니노미야 츄우하치라는 사람이 군대가 행동을 하는 이상 하늘을 나는 비행기가 필요하다고 느껴서, 여기에서 연구된 비행기 설계를 발표하여 군대에서 쓸 수 있도록 했어. 그것이 실현되지는 않았지만, 니노미야 츄우하치 선생이 생각했던 기체를 만드는 방법은 현재의 비행기와 완전히 일치해. … (中略) … 니노미야 츄우하치 선생의 세계적 발명을 기념하기 위해 "合理飛行機發祥之地孝昌園"(합리비행기발상의 땅)이라고 쓰인 비석이 있는 거야. 이것은 지금부터 계속 효창원 일각에 세워져, 황군의 비행기의 발전을 보존하는 것이지. … (中略) …

일동: 대일본제국 공군만세.[69]

위의 방송 연출대본에서 천황은 일본의 국체를 상징하는 수준을 넘어 국체 그 자체로 표현된다. 마루야마 마사오가 지적한 것과 같이, 국체는 논리를 초월한다. 일본의 군인은 강하기 때문에 천황에 목숨을 바치는 것이 아니라 천황을 위해 목숨을 바치기 때문에 강한 것이다. 이처럼 '일본은 강하다'는 의식은 논리적으로 학습된 것이 아니라 맹목적으로 주입된 것이다. 그리고 이 의식은 '소국민'을 전쟁무기로 소모할 것을 예비한다.

마침내 '소국민'에게 주입된 신민의식은 '국체를 지키기 위해 군인이 되는 것'으로 귀결되며[70] 그 외의 비판적 사고를 정지시킨다.[71] 전쟁의 실상을

69)『青葉』8호, 1993년 4월, 22-3쪽.

70) A: 그때는 남자 아이들이 군인을 동경했어요. 아이이기 때문에 오늘은 육군, 내일

인지하기도 전에, 다만 '천황의 나라'를 실현하기 위해 적을 공격한다는 신민의 무조건적인 충절은 천황의 신화에 의해 떠받쳐지는 '제국'의 현재진행형의 영토 확장의 논리, 곧 정복자의 논리에 다름 아니다. 그러나 '소국민'은 자신의 의식세계에서 제국일본의 패권전쟁에 조선인을 가담시킴으로써 조선인과의 공범관계를 구축하고 '실현 불가능한' 세계정복이 도래할 것을 확정 지음으로써 정복자의 논리를 미래를 위한 자기희생의 논리로 둔갑시켰다.

---

은 해군, 모레는 비행기. 매일 똑같은 건 아니었지만 되고 싶어 했어요. 동네에 해군의 병사들이 행진을 한다거나 하면 나는 흉내 냈어요. 그러니까 정해진 것은 아니지만 무언가 군인이 되고 싶어 했죠.

[필자: 왜 군인이 되고 싶어 했을까요?]

B: 멋있으니까. 멋있다고 생각했어요, 군인이. 어릴 때에는.

A: 멋있기도 하고, 군국주의, 전쟁을 하고 있으니까. 강한 군인이 무찌르고 있다는 교육을 받았으니까. 무찌른다는 것에 대해서는 별로 생각하지 않았지만 군인이 되고 싶다고. 아이들에게는 멋있어 보이잖아요. 신문의 사진 보면서 비행기를 타고 싶다거나, 빨리 소년병이 되고 싶다고 그런 생각이 머릿속에 있었어요. (A: 1933년생, 남, 미사카소학교, B: 1933년생, 여, 미사카소학교, 2013년 1월 30일 채록)

71) [필자: 어째서 그때는 어릴 때부터 육군이나 해군에 가고 싶어 했을까요?]

A: 육군이라면 유년학교(幼年学校). 군대에 가겠다고 생각한다면, 해군은 군인학교(兵学校)에 간다고 생각했어. 유년병(幼年兵)은 중학교 정도에 갔었고. 중학교를 졸업하면 육군사관학교, 해군병 학교, 장교가 되는 학교. 중학교를 졸업하면 거기로 간다고들 생각했어. 졸업 후 군대가 아니라 다른 일을 하겠다고 생각했던 사람이 있었을지 몰라. 그때는 군국주의이기 때문에 군인이 되는 것이 영예롭다고 생각했어요, 모두가 심적으로는.

[필자: 군인이 가장 멋지다고 생각했었나 봐요.]

A: 아니, 달라. 그런 거랑 관계없어. 군인이 되는 것이 나라를 위한 것이라고 교육받았으니까. 어릴 때부터 군대, 군인 이야기뿐이었어. 군국주의 말이지. 결국 모두 그쪽으로 간 거야. (1932년생, 남, 곤지암보통학교·서대문소학교, 2012년 9월 24일 채록)

## 패전 그리고 우월감의 자각

1932년부터 41년까지 조선총독부 식산국장을 역임했던 호즈미 신로쿠로우(穗積真六郎)는 당시를 회고하며 '조선인도 황국신민이 되면 기뻐할 것'으로 생각했다고 회고한다. 그리고 그는 '이민족을 자국의 신민으로 만들어 일본의 천황을 숭상하게 하려 한 것' 자체가 일본인의 우월감의 발현이었음을 패전 후에야 알게 되었다고 한다. 이민족의 자존감을 무시하고 자신의 의지대로 이끌려고 한 것 자체가 일본인의 오만함에서 비롯되었다고 말이다.[72] 즉 일본인의 우월감의 자각은 패전 후의 일이다. 황민화교육의 내선일체에서 그러한 우월감은 오히려 일본인의 조선인에 대한 동등의식이자 신민의식으로 간주되었다. '소국민'이 미래의 국민을 현재로 투기한 이미지인 것처럼 내선일체는 조선인의 황국신민으로의 교화를 기정사실화한 것이며, 이 속에서 일본인의 조선인에 대한 동등의식은 조선인과의 직접적인 관계로부터 주어지는 것이 아니라 조선인을 '천황의 신민으로 만들었다'는 임무를 가상적으로 완성함으로써 성취될 수 있다. 다시 말해 일본인의 조선인에 대한 동등의식은 '조선인을 일본인으로 받아들였다'는 우월감에 기초한다. 그리고 '천황'의 신민인 '야마토(大和)'의 우월성은 전쟁의 승리로 입증된다.

그러나 제국일본은 전쟁에 패했고, 조선의 일본인은 전쟁의 승리를 목표로 설정하면서 가상의 미래를 투기했던 주변의 정황을 비로소 인식했다. 그들은 황민화교육에 의해 미래의 가상을 현재로 투기한 이제까지의 강박관념에서 벗어나 비로소 진짜 현실을 인식한다. 동창회지에서 회고하는 패전의 순간에 그들 자신이 느낀 해방감은 가상의 미래를 현재로 투기하는 황민화의 신민사상의 모순과 그 모순에 일조한 '소국민'의 의식화교육으로

---

72) 穗積真六郎, 『わが生涯を朝鮮に』, 東京: ゆまに書房, 2010년[1974년].

부터의 해방감이 아니었을까?

그러나 패전이라는 굴욕감보다는 전쟁으로부터 해방되었다는 안도감, 봄의 새싹을 기다리는 것 같은 미래에 대한 희망이 더 크게 느껴지고, 배고픔과 빈곤 속에서도 밝고 푸른 산맥의 분위기가 감돌았던 것도 사실이다. (『敦義』 13호, 2002년 9월 15일, 60쪽)

8월 15일 정오, 근로동원 대상 작업 광장에서 라디오 방송을 들었다. … 방송이 끝남과 동시에 교사 중 한 사람은 얼굴이 발개지고, 다른 또 한 사람은 얼굴을 가리고 통곡하기 시작했다. 그러나 내 마음은 의외로 평온하고 무엇인가 해방감마저 감돌아서, 당황하여 주위의 친구의 표정을 살펴보기도 했다. (『靑葉』 10호, 1993년 4월, 7쪽)

정직하게 말하면, 종전(終戰)은 '암울한 이미지의 평양과 이별하는' 희망을 주었다. (『靑葉』 10호, 1993년 4월, 13쪽)

이제 황민화의 대상이었을 뿐만 아니라 황민화를 선전함으로서 스스로를 제국의 신민으로 의식화했던 '소국민'은 패전에 의해 '대일본제국'의 이상과 현실 간의 모순, 실현되지 않은 미래를 이미 실현된 것처럼 가정하는 황민화교육의 모순을 자각한 후, 스스로를 '제국'의 피해자이자 가해자로 인식한다. 그들은 일본의 패전에 슬퍼하는 것이 아니라 해방감으로 기뻐하는 조선인의 모습에서 황민화가 조선인에게 억압적 이데올로기였음을 깨닫고 그것을 선전한 자신을 가해자로 위치 짓는 한편, 그 자신 또한 모순적인 이데올로기를 주입받아 '불합리한 체험을 강요당한 피해자'로 위치 짓는다.

우리들의 개인적인 '추억'의 배경에는, 쇼와전쟁시대의 광범위한 '비참함'의 배경이 있으며, '모교방문 투어'라고 하면, 단순한 감상여행으로 끝날 수 없는 역사적 기억이 따라옵니다. 불합리한 체험을 강요당한 피해자로서 아이였던 우리들의 기억과 국가의 과거 책임이 정말로 불편한 관계로 방치되고 있다고 느껴집니다. '추억'과 '어린 시절의 고향'의 감상에도, 그 뒤에는 한국 사람들이 '怨'이 남아있는 한, 왠지 안타깝고 괴로운 기분으로 가득합니다. (『敦義』 10호, 1986년 9월, 23쪽)

이 '소국민'은 제국과의 관계에서는 피해자의 입장에서 역사적 해명을 요구함과 동시에 조선인과의 관계에서는 가해자로서 스스로에게 역사적 책임을 부과한다. 그러나 '한국 출신 일본인'은 제국의 시대의 종결과 더불어 '소국민'의 과거와 단절하고 '소국민'으로서 자기 소명(疏明)의 기회를 얻지 못했다.[73] '소국민'에게 주입된 '황민화'의 이데올로기는 작동을 멈추었고, 조선인을 제국의 패권전쟁의 공범관계로 삼은 내선일체—전시체제 하에서 주창된 내선일체—는 시대적 맥락을 잃었다. 다만 '한국 출신 일본인'은 황민화의 '내선일체론'에서 비차별의 조선관만을 추출하여 자기 존재의 시대적 정당성의 근거로 삼았다.


## '마음의 고향'의 균열과 봉합: 선택되는 기억

나리타 류이치(2010)에 따르면 패전 이후 일본인의 식민지배에 대한 무의식과 무자각을 제기한 이들은 조선 출신의 식민지2세이다. 식민지2세의 경험세계에 내재한 '균열'이 식민지배의 역사적 자각을 이끌어냈다는 것이다. 그러나 일본이 전쟁에 패하지 않았더라면, 이 균열은 영원히 드러나지

---

73) "어떤 과목의 수업이었는지는 잘 모르겠지만. 지금으로 말하면 사회 과목이 아닐까 해요. 동남아시아 지도 같은 것을 우리들이 샀어요. 수업시간에 '오늘은 말레이 반도에 상륙해서 랑군(미얀마의 수도 양곤에 낙하산을 내린다'와 같은 이야기를 들었어요. 그때 지도를 소학교 1학년 때 가장 잘 외웠지요. 그랬는데, 4학년 때 귀환해서 좀 있다가 어느 날 학교에 가니 동남아시아 지도에 나라 이름이 다 적혀 있는 겁니다. 나는 아무것도 모르겠더라고요. 그런 시대였어요."(1933년생, 남, 경성사범부속소학교, 2012년 10월 20일 채록).

않았을지도 모른다. 즉 이 균열은 일본의 패전에 의한 삶의 단절에 대한 의식과 그것의 시대적 인식을 조건으로 한다.

앞서 우리는 '한국 출신 일본인'이 조선의 경험세계를 '순수한 어린 시절'로 의미화 하는 과정을 살펴보았다. 그들은 자신이 습득한 '조선적인 것'이 내지의 것과 다르다는 감각의 차이를 통해 자신의 경험세계를 재인식했다. 이 속에서 그들은 일본어로 이름 붙였지만 '일본적인 것'이 아닌 조선의 습속을 '말 없는 경험'으로 규정했다.

그런데 이 '말 없는 경험'이 그들의 경험세계에 균열을 일으킨 것이다. 다시 말해, 그들의 경험세계에서 균열은 '조선적인 것'과 그것에 이름 붙여진 일본어 사이에서 일어난 것이 아니다. 기의와 기표의 관계가 임의적이듯이, 조선의 놀이에 조선어 이름이 붙여지든 일본어 이름이 붙여지든 그 놀이와 놀이명의 관계는 어디까지나 임의적이다. 그래서 식민지조선에서 그들은 조선의 습속을 일본어로 불렀어도 그 자체를 균열로 자각하지 않았다. 귀환 후 '말 없는 경험'이 한국어로 말해지자마자 그 '말 없는 경험'이 일본어로 말해진 식민지의 경험세계가 균열을 일으킨 것이다. 따라서 이 균열은 '말 없는 경험'을 두고 경합하는 한국어와 일본어 사이에서 일어난 것이라고 말할 수 있다.

그리하여 '조선의 습속을 일본어로 말했지만 지금은 한국어로 말한다'고 하는 균열에 대한 인식이 식민지배의 역사적 자각으로 이어질 때, 그들이 문제 삼은 것은 일본어로 '조선적인 것'을 습득한 정황이다. 그리고 그것은 '소국민'을 길러낸 제국의식이다. 그렇지만 그들은 이 의식화의 대상으로서 내선일체 사상을 주입받았을 뿐이므로, '소국민'의 경험에서 식민지배자의 자의식을 산출해낼 수 없다. 오히려 그들은 '소국민'의 경험세계에서 '제국'의 피해자의 입장을 산출해낸다. 일방적으로 주입된 황민화교육은 '소국민'을 전쟁의 도구로 만들었고, 그러한 '소국민'으로 훈육된 자신이 전쟁의 예비도구였음을 '발견'한 것이다.

문제는 이러한 자각 속에서 '소국민'의 내선일체가 조선인을 전쟁의 도구로 만들었다는 성찰이 수반되어야 했다는 점이다. 그러나 그들은 '소국민'의 훈육의 경험을 피해자 의식과 연결하면서도 내선일체가 조선인에게 조선인 스스로를 전쟁의 도구로 의식화했다는 사실을 보려 하지 않는다.

　여기서 다시 식민지배의 역사적 자각을 요청하는 균열의 지점으로 되돌아가보자. 앞서 언급한 것과 같이, '한국 출신 일본인'은 일본어로 이름 붙여진 '조선적인 것'의 출처를 신체의 기억에 따라 '일본'이 아닌 '한국'에 두었다. 그들은 '말 없는 경험'을 보존하기 위해 한국을 그 출처로 삼았기에 식민지시대에 그것을 일본어로 불렀듯이 탈식민지시대에 한국어로 부를 수 있다. 이처럼 그들은 조선에서 한국으로의 시대적 변화에 충분히 부응할 수 있었다. 이와 동일한 맥락에서 '마음이 고향'이 균열하지 않기 위해서는, 즉 '마음의 고향'을 마음속에 보존하기 위해서는 내선일체의 의식화의 경험을 진행형으로 놓아둘 필요가 있다. 이때 내선일체의 이데올로기는 식민지조선에서 일본인이 조선인과 실제 어떤 관계였는지를 묻지 않을 뿐더러 미래의 투기였던 까닭에 지금까지도 진행형으로 놓아둘 수 있었다. 요컨대 식민지적 역사인식에서 회고되는 '소국민'의 경험은 제국의 모순을 들추어내면서도, 내선일체에 내재된 제국의식—정복자 의식—을 감추고 그 이념적 지향만을 표출한다.

# 2부

'한국 출신 일본인'의
한국방문과 역사의식

# 한국인의 환대를 받은 일본인들: 연구과정 및 연구대상 개괄

1972년 5월 1일 故 시다 토키하루(志田時晴)(2012년 3월 작고) 씨는 식민지기 자신이 교사로 재직했던 고창국민학교를 30년 만에 찾았다. 고창국민학교 당국이 개교 60주년을 맞이하여 본교 교사를 지낸 시다 씨를 외빈으로 초청한 것이다. 본교 졸업생들이 일본 방송과 신문 등에 '시다 선생을 찾는다'는 광고를 내어 마침내 그를 찾아내었다고 한다. 이 소식을 전한 당시 신문 기사에 의하면, 시다 씨는 그의 옛 제자들과 함께 교정을 둘러보며 '생애를 두고 오늘과 같은 감격스러운 날은 다시는 없을 것'이라는 소회를 밝힌 후 '제2의 고향인 고창을 평생 두고 기리며 살겠다'고 다짐했고, 그의 제자이자 27회 졸업생으로 당시 전북의대 교수였던 이금영(李金泳) 씨는 앞으로도 시다 선생과 서신 교환을 통해 오늘날의 한국을 일본에 알리겠다고 화답했다. 고창국교 60주년 개교기념식에서 환담을 나누는 시다 선생과 그의 옛 제자들의 모습을 사진에 담아 게재한 이 기사에서 시다 씨는 '항일투사'를 비롯하여 수많은 인재를 배출한 고창국교의 '일인은사(日人恩師)'를 대표한다. 식민지조선에서 맺어진 일본인 교사와 한국인 제자의 관계가 "현해탄을 넘어온 사제의 정"으로 재현된 순간이다.[1]

시다 씨에게는 이때가 1945년 일본의 패전 이후 처음으로 한국을 방문한 때였다. 그는 1972년 4월 28일에서 5월 4일까지 6박7일의 일정으로 고창국 교를 방문하고 한국인 제자들뿐만 아니라 옛 동료교사들과 재회했다. 그는 그 후로 고창을 한 번 더 찾았다. 그의 한국 및 고창 방문은 1945년 이후 단 두 차례에 불과하지만 그의 한국인 제자들과의 인연은 그의 평생을 두고 이어졌다. 그는 살아생전 한국인 제자들과 서신을 주고받은 것은 물론 제자들이 그의 도움을 요청할 때마다 기꺼이 그에 응했다. 그렇게 그는 평생 '한국인의 스승'의 소임을 다했다.

시다 씨는 1918년 히로시마에서 출생하여 만 두 살 되던 해인 1920년 가족과 함께 조선으로 이주했고 1943년 일본군에 입대하여 1945년 2월 일본 치바현(千葉県)의 어느 군사학교로 파견되기까지 근 25년을 조선에서 살았다. 그는 경성사범부속소학교를 거쳐 경성사범학교를 졸업한 후 전라북도 고창에서 교사생활을 시작했다. 고창보통학교에서 1937년부터 4년간 교사로 재직한 후 1941년 경성남자공립고등소학교로 발령받아 고창을 떠났고 그 이듬해인 1942년 경성의 모토마치(元町)국민학교로 자리를 옮겼다. 그 후 1943년 6월 태평양전쟁 중에 '대일본제국'의 소집명령을 받아 일본군에 입대했다. 시다 씨는 일본인인 자신이 조선의 보통학교에서 교편을 잡은 것은 조선에서 살아왔던 여정의 일부였으며 그저 자신에게 주어진 교사라는 직분을 '성실하게' 해내었을 뿐이라고 필자에게 말해주었다.[2] 그런데도 그의 제자들은 30년의 세월을 뛰어넘어 그를 잊지 않고 한국으로 불러들여 '스승' 으로 대했다.

물론 시다 씨와 같이 일본으로 귀환한 후에도 '한국인의 스승'으로서 한국을 방문한 일본인 교사는 드물지 않다. 시다 씨와 경성사범학교 동기인

---

1) 『전북일보』 1972년 5월 3일자. 「人才길러 六十年 高敞국교 開咬記念式성황」, 「玄海灘을 넘어 꽃피운 師弟의 情」 기사 참조.
2) 2011년 6월 22일 채록.

故 사토 시로(佐藤司郞)(2014년 12월 작고) 씨 또한 1968년 8월 자신의 모교이 자 교사로 재직했던 충청북도의 청산국민학교를 방문하고 한국인 제자들 과 고향사람들을 만났다. 그의 제자들뿐만 아니라 동료교사와 고향 선후배 들이 김포공항까지 그를 마중 나왔고, 그의 제자이자 당시 대한결핵협회충 남지부장이었던 김동휴(金東休) 씨는 그를 청산까지 자동차로 데려다주었다. 청산의 고향사람들은 23년 만에 돌아온 그를 눈물로 맞아주었으며, 청산국 민학교 측에서도 사토 씨의 방문을 크게 환영했다.[3]

옛 한국인 제자들의 극진한 환대를 받았다는 일본인 교사의 한국방문기 는 경성사범학교 동창회지의 주요 레퍼토리 중의 하나이다. 경성사범학교 총동창회 〈醇和会〉[순화회] 회지인 『大愛至醇』[대애지순](1982년 12월 1일 발행), 11회 동기회 〈尙友会〉[상우회]의 50주년 기념호인 『尙友』[상우](1986년 6월 6일 발 행), 니이가타 지부 회지인 『醇和新潟』[순화니이가타](1984년 7월 10일 발행) 등의 지 면의 상당부분은 한국인 제자의 초청을 받아 옛 부임교를 방문한 일본인 교사의 이야기들로 채워져 있다.

나아가 1965년 한일협정 이후 한국을 방문하여 한국인의 환대를 받은 '한 국 출신 일본인'은 비단 일본인 교사로 한정되지 않는다. 1932년 경성에서 태어나 서대문소학교를 거쳐 경성중학교에 입학했고 바로 그 해 패전을 맞 아 일본으로 귀환한 오우메 유이치(大梅雄一) 씨는 1973년 8월 홀로 한국을 찾았다. 그는 일부러 '히키아게'의 루트를 거슬러 되짚는 여정을 택했다. 그 는 시모노세키항(下関港)에서 오후 5시에 출항하는 관부연락선(關釜連絡船)을 타고 그 다음날 오전 10시 부산에 당도한 후 부산역에서 새마을호를 타고 서울역에 도착했다. 그는 서울역에 내리자마자 무작정 자신이 태어나고 자 란 서대문 부근의 동네를 찾아가 자신이 살았던 집주변을 배회했다. 그리 고 그는 그곳에서 그를 단번에 알아본 한국인 소꿉친구와 '감격의 재회'를

---

3) 佐藤司郞, 「韓国訪問所感」『東京独立新聞』 1968년 12월 30일자; 「生まれ故郷韓 国を訪れて」『聖書日本』 1969년 5월호.

했다. 그의 한국인 친구들은 그의 뜻밖의 한국방문을 진심으로 기뻐해주었다.[4] 경성중학교 동창회지에 실린 그의 한국방문기는 물론 특별한 사례가 아니다. 경성중학교 동창회원들은 1965년 한일협정이 체결된 이래 개별적으로 혹은 단체로 한국 및 '모교'를 수시로 방문했고 그때마다 한국인 동창회원들과 '모교'인 서울고등학교 측의 열렬한 환영을 받았다. 그리고 그들은 이렇게 한국인의 환대를 받은 한국방문에서 어떠한 삶의 전환의 계기를 맞이한다.

  1929년 경성에서 태어나 종로소학교를 졸업하고 경성제일고등여학교 4학년에 재학 중 패전을 맞아 일본으로 귀환한 히바라 요시코(日原芳子) 씨는 다른 동창회원들에 비해 뒤늦게 한국방문활동에 합류한 경우인데, 그녀는 2001년이 되어서야 패전 후 처음으로 종로소학교 동창회원들과 함께 한국을 방문했다. 그녀는 한국을 다녀온 직후부터 한국어 공부를 시작했고, 2012년 필자와 만났을 즈음에 그녀의 한국어 실력은 김동인의 「감자」의 일본어번역본을 다시 한국어로 번역할 수준에 이르렀다. 1933년 경성에서 태어나 미사카소학교 6학년에 재학 중 일본으로 귀환한 오야마 유키코(小山由紀子) 씨 또한 첫 방한 후 한국어 공부를 시작했다. 그녀는 정년퇴직 후 우연히 신문광고지면에 실린 '큐슈·야마구치 미사카회(九州山口三坂会)의 방한행사 공지'를 보고 귀환 후 처음으로 한국을 찾았다. 그녀는 그 후로도 지금까지 매년 정기적으로 한국을 방문한다. 1933년 경성에서 태어난 미츠이시 요시히로(光石禎弘) 씨 또한 동창회의 한국방문활동에 동참한 후 한국어 공부를 시작했고 지금까지 수시로 한국을 찾고 있다. 이들은 한국에서 무엇을 발견했길래 노년의 길목에서 한국어 공부를 시작한 것일까?

  앞서 1부에서 필자는 '한국 출신 일본인'의 조선화가 패전국 일본에 잔존하는 '제국'이라는 관념구조, 즉 내지(중심부)와 외지(주변부)의 이중화구조

---

4) 『慶凞』 제6호, 1975년 12월, 29쪽.

의 주변부에 '한국 출신 일본인'을 위치지음으로써 일본인의 제국의식을 재생산한다고 주장했다. 그리고 이러한 조선화에서 조선은 '한국 출신 일본인'의 내부로 타자화됨을 밝혀내었다. 간단히 말해, 조선화는 '한국 출신 일본인'의 일본인으로의 동일성(identification)이자 조선에 대한 타자화이다. 그런데 '한국 출신 일본인'이 한국을 방문해서 조선이 더 이상 조선이 아님을 목도할 때에 그들 내부에 타자로 자리한 조선은 더 이상 유년의 기억에 머무를 수가 없다. 앞서의 몇몇 사례들처럼 그들이 한국을 다녀온 직후부터 한국어 공부를 시작한 것은 조선을 한국의 현재적 시공간 속에서 재발견했기 때문이 아닐까? 게다가 그들은 한국에서 자신들을 일본인으로 맞이하고 환대하는 한국인을 보았다. 그렇게 그들은 '한국인의 환대'에 힘입어 '일본인'으로서 한국의 문화와 역사를 새롭게 알아간다. 이제 그들의 한국방문은 단지 고향집과 유년시절의 흔적을 찾아나서는 탐방의 수준을 넘어선다. 그들은 식민지조선에서 알고 지냈던 한국인과 재회하고 이 만남을 통해 유년시절의 조선을 한국의 문화와 역사로 재인식한 것이다.

히바라 요시코(日原芳子) 씨는 2001년 처음으로 한국을 방문했을 때 소꿉친구였던 한국인과 재회한 후 그동안 잊고 지냈던 유년시절이 조금씩 떠오른다고 했다. 그녀의 부친은 시가현(滋賀縣) 출신으로 1921년 인천으로 건너가 그녀가 태어나기 직전 경성의 종로구 중학동에 터를 잡고 제약판매업을 시작했다. 경성의 중학동에는 외조부모와 부모, 두 남매 등의 여섯 식구가 살았다. 외조부와 모친이 사망하고 외조모가 일본으로 귀향한 후에도 부친과 두 남매는 1945년까지 경성에 살았다. 부친의 제약판매업이란 일본 내지로부터 약제를 수입해서 경성의 개인병원에 납품하는 일이었는데, 이때 부친의 회사의 종업원으로 일했던 이가 동아제약 창업주로 알려진 강중희(姜重熙) 씨이다. 그녀에 따르면, 그 당시 강중희 일가가 자신의 집에 '얹혀살았고' 강중희 씨는 그녀의 부친과 함께 약제를 분류하고 판매하는 일을 했으며 강중희 씨의 부인은 가사 일을 도와주었다. 히바라 씨 일가가 일본의 패전으로 귀환할 때에 그녀의 부친은 강중희 씨에게 자신의 모든 자산을 맡겼고 강중희 씨는 이를 인수받아 그때까지 쌓은 경험과 인맥을 바탕으로 제약회사의 운영을 이어나갔다. 히바라 씨의 이 이야기는 동아제약의 공식적인 창립사에는 없는 내용이지만,[5] 동아제약의 창립사에 회사의 전신(前身)으로 기재된 의약품도매상의 옛 서울 주소와 히바라 씨의 경성집 주소가 '종로구 중학동 16'으로 일치한다는 점 그리고 동아제약의 창립시기와 히바라 씨의 부친의 개업시기가 '1932년'으로 일치한다는 점 등으로 미루어 볼 때 히바라 씨의 부친과 강중희 씨가 적어도 사업상의 파트너였다고 말할 수 있다.

히바라 씨는 2001년 서울의 어느 호텔 로비에서 강중희 씨의 장남 강신호 씨와 귀환 후 처음으로 재회했고 그 이듬해 강신호 씨로부터 동아제약 창립 70주년 기념책자를 받았으며 그후로도 지금까지 강신호 씨와 연락을 이어간다고 했다. 그리하여 그녀가 1945년 패전 직후 11월 말 서울을 떠나기 전까지 어떻게 지냈는지는 전혀 기억나지 않지만 강중희 씨 일가가 찾아와 '이 은혜를 평생 잊지 않겠다(ご恩を一生忘れません)고 말하며 고개 숙여 인사했던 것만은 생각난다'고 할 때에,[6] 그녀의 유년시절의 기억은 2001년 이후 지속된 강신호 씨와의 만남과 중첩된다. 그녀는 동아제약 창립 70주년 기념책자에서 부친의 사진을 발견하고서 부친을 기억해주는 한국인들에게 고마움을 느낀다고 말한다. 부친은 그의 모든 자산을 조선에 남겨두고 일본으로 귀환한 후 곧 병을 얻어 1961년 사망했다. 불후한 말년을 보낸 부친의 '영화로운 시절'을 기억해주는 한국인에 대한 고마움은 무엇보다 그녀가 일흔이 넘은 나이에 한국소설을 번역할 수준에 도달할 때까지 한국어 공부에 전념할 수 있었던 가장 큰 원동력이 아니었을까?

선대에 관한 기록을 찾아내는 일은 '한국 출신 일본인'의 한국방문의 주

---

5) 동아쏘시오그룹 연혁(www.donga.co.kr) 참조.
6) 2012년 10월 20일 채록.

요한 목적 가운데 하나이다. 1932년 경성에서 태어나 조선인 보통학교에 교장으로 부임한 부친을 따라 경기도 광주에서 어린 시절을 보낸 코지마 쿠니히데(小島国秀) 씨는 첫 방한에서 부친이 1937년에서 1945년까지 교장을 맡은 곤지암초등학교를 방문하여 학교 측으로부터 부친에 관한 기록 일체를 건네받았다. 그는 이 기록을 간직해준 한국인에게 고맙다고 했다.

또 1924년 가고시마에서 출생한 후 세 살 무렵 조선으로 이주하여 종로소학교와 경성제일고등여학교를 거쳐 숙명여전 가정과를 졸업하고 선명여학교의 교사로 재직 중 귀환한 나가야마 타카코(永山孝子) 씨는 한일협정 직후인 1966년 부친과 함께 한국을 찾았다. 1927년부터 1945년까지 18년간 숙명고등여학교와 숙명여전의 교장을 번갈아 지낸 그녀의 부친 노무라 모리노스케(野村盛之助) 씨가 숙명여대로부터 초청을 받아 간 길을 그녀가 동행한 것이다. 그녀는 부친과 함께 다시 찾은 숙명여대 측으로부터 큰 환영을 받았다. 그녀의 부친은 그 후 숙명여대에 자신이 소장한 모든 자료를 넘겨주었고, 그녀 또한 부친의 유언에 따라 지금까지 매년 숙명여대에 후원금을 납부하고 있다. 1945년 일본의 패전과 함께 귀환한 가고시마에서 그녀의 부친은 쓸쓸한 말년을 보내는 가운데 부친의 교육적 소신과 활동—'창씨개명을 하지 않은 학생이더라도 그 학생의 입학을 허가했고 조선인에게 신사참배를 강요하지 않았으며 숙명여전의 모든 교육과정에 조선의 문화를 구현하려 했다'[7]—을 기억해주는 한국을 그리워했다.

이와 같이 '한국 출신 일본인'은 자신을 반겨주고 기억해주는 한국인의 존재로부터 자신과 선대의 조선시절의 의미를 되새긴다. 그래서 그들은 자신의 유년시절을 상기시켜준 바로 그 한국인이 자신을 어떠한 모습으로 기

---

7) 최혜숙(崔惠淑), 『恨の彼方に―歷史を越えて』, 右文書院, 1999년, 15-20쪽 참조. 이 책의 저자인 최혜숙은 식민지기 숙명고등여학교를 졸업한 후 당시 교장이었던 나가야마 씨의 부친의 추천으로 동경고등사범여학교에 진학했다. 동경고등사범학교를 졸업한 후 다시 숙명고등여학교로 돌아와 교편을 잡았다. 당시 그녀의 제자 가운데 박완서가 있었고, 그 인연으로 박완서는 이 책의 추천사를 썼다.

억하는지를 궁금해 한다. 필자는 2012년 10월 경성의 일본인 소학교 연합동 창회인 〈개나리회〉의 친목회에 참가했을 때 몇몇 회원들로부터 '한국인들 은 우리를 어떻게 생각하는가'라는 질문을 수차례 받은 적이 있다. 이 질문 은 식민주의의 관점에서 '식민지배자'의 식민시대로의 회귀 열망을 우회적 으로 표현한 것처럼 들린다. 그러나 패전 후 일본의 바깥을 향해있던 제국 의식이 일본의 내부로 돌려졌다시피, 이 질문은 한일 간의 국민국가의 경 계를 허물어 식민시대로 되돌리자는 의도를 담고 있지 않다. 그것은 '한국 출신 일본인'이 귀환 후 복원한 한국인과의 관계와 한국방문의 실천 속에서 유년시절을 의미화하고 서사화해온 것처럼 바로 그 한국인에게 그러한 자 신의 현재로부터 과거의 기억을 재구성해줄 것을 요청하는 것으로 이해하 는 편이 더욱 타당할 것이다. 이의 반증으로서 귀환 후 동창회에 전혀 관여 하지 않았으며 한 번도 한국을 방문하지 않은 경우에 그러한 질문을 던지 기는커녕 유년시절을 거의 기억해내지 못했다.

1930년 평양에서 출생하여 아오바소학교를 졸업하고 용산중학교 3학년 에 재학 중 패전을 맞아 일본으로 귀환한 후 지금까지 단 한 번도 한국을 방문하지 않았을 뿐더러 한국인과 어떠한 교류도 하지 않았던 우노다 미노 루(宇野田稔) 씨는 〈개나리회〉의 여느 동창회원들과 달리 유년시절에 관해 어떤 내러티브도 구사하지 않았다. 여느 동창회원이라면 술술 풀어놓았을 유년시절에 관해 그는 기억의 조각들을 파편적으로 겨우 꺼내놓았을 뿐이 다. 그렇다고 그의 가족의 조선 이력이 여느 동창회 회원들에 비해 결코 빈 약했던 것이 아니다. 그의 부친, 우노다 이노키치(宇野田猪之吉)는 1893년 돗 토리현(鳥取県)에서 태어나 돗토리의 고등상업학교를 졸업한 후 1918년 스즈 키상점(鈴木商店)에 입사, 경성지점영업부로 발령받아 조선으로 건너갔다. 우 노다 이노키치는 1927년 스즈키상점이 도산한 후에도 일본으로 돌아가지 않고 스즈키상점 영업사원의 경험을 밑천삼아 조선에 머물며 자기사업을 시작했다. 이때의 영업활동은 『동아일보』 1929년 3월 11일자와 3월 15일자에 게재된 '양조원료 "特許도리바" 광고'를 통해 확인할 수 있는데, 이 광고 지면에는 '우노다상점(宇野田商店)'의 '평양제일공장'이 표기되어 있다. 이로 보아 스즈키상점의 도산 이후에도 우노다 일가는 평양에 거주하면서 주류(酒類)생산업 및 도매상을 운영했음을 알 수 있다. 우노다 미노루 씨에 따르면, 부친은 1922년 잠시 돗토리로 돌아와 집안에서 자기 앞으로 할당된 부동산을 처분하고 '고향처녀'와 결혼한 후 조선으로 되돌아갔다. 우노다 이노키치가 스즈키상점의 도산으로 직장을 잃은 후에도 귀향하지 않았던 것은 아마도 그 이전에 이미 고향의 자산을 모두 처분해서 조선으로 가져갔기 때문인 것 같다. 그는 1927년부터 1932년까지 자신이 직접 차린 '우노다상점'이 별 영업이익을 거두지 못하자 1932년부터 1934년까지 타츠미광유(辰巳磺油)주식회사의 함흥탄광판매영업이사로 재취업했다. 이후에도 그는 다양한 회사의 여러 직무에 관여한다. 1934년 인천의 일선해운주식회사(日鮮海運株式會社)에 입사했고, 1936년 마산출장소로 발령받아 1941년까지 마산에 거주했다. 1941년 조일상업주식회사(朝日商業株式會社)의 지배인으로 입사하면서 경성으로 이주했고, 1941년 일동제약(日東製藥)의 창립이사로 활약했으며 전조선산소협회이사(全朝鮮酸素協會理事)와 조선카바이트협회이사(朝鮮カバイド協會理事)를 역임했다. 이렇게 화려한 부친의 이력에 대해 우노다 미노루 씨는 잘 알지 못했다. 심지어 그의 부친이 현재 한국에서 대기업으로 성장한 일동제약의 창업자 중 한사람임에도 불구하고, 그의 일가가 조선을 떠난 후 한국을 전혀 왕래하지 않은 탓에 그는 일동제약의 이름마저도 생소해했다.

우노다 미노루 씨와 달리 〈개나리회〉 회원들은 일본을 넘어 한국에서까지 옛 식민지의 네트워크를 재조직하고 그것을 통해 유년시절의 서사를 재구성해왔다. 그렇게 동창회의 한국방문활동은 '한국 출신 일본인'의 유년의 기억을 현재화한다. 요컨대 '한국 출신 일본인'은 자신을 환대하는 한국인과의 관계로부터 자신이 태어나서 자란 조선에 대한 기억, 그러한 조선과 지금의 한국이 다르다는 자각, 자신의 내부의 타자로서 조선에 대한 재발견과 외부의 타자로서 한국에 대한 재인식 속에서 유년시절의 서사를 현재적으로 재구축해온 것이다.

필자는 2010년 10월 故 시다 토키하루 씨를 처음 만났을 때 그의 눈동자를 잊을 수 없다. 시다 씨는 눈물을 머금은 어린아이와 같은 천진난만한 눈동자를 하고서 필자에게 조선시절을 이야기해주었다. 그 눈동자는 여느 노인의 인생의 먼 길을 다한 무념의 눈동자와 다를 바 없었다. 그러나 그 눈동자에 맺힌 눈물에는 그가 일본으로 귀환한 후에도 관계를 이어온 옛 제자들과의 '사제의 정'이 담기어 있음을 부정할 수 없다. 故 사토 시로 씨 또한 연로함에도 불구하고 필자와의 장시간의 인터뷰에 기꺼이 응해주었던 데에는 한국인과 '인연의 끈'을 놓지 않았던 그의 삶의 긴 여정이 자리한다. 그는 경성사범학교 시절 조선인 동기인 민형태와 이종근을 통해 무교회를 접했고, 귀환 후 무교회 신자가 되어 한국의 함석헌의 '씨올운동'과 일본의 무교회 운동을 연계하는 등 한국과 일본의 문화를 잇는 교량의 역할을 자처했다.

〈사진 24〉 故 시다 토키하루 씨와의 인터뷰 현장
(2011년 6월 24일 시다 씨의 자택에서)

〈사진 25〉 故 사토 시로 씨와의 인터뷰를 마치
(2011년 6월 22일 사토 씨의 자택 앞에서

무엇이 그들을 이토록 한국과의 인연의 끈을 놓지 않게 했는지에 대해 이제부터 본격적으로 검토하려고 한다. '한국 출신 일본인'이 한국방문에서 한국인을 타자로서 대면했을 때 무엇을 말하려했고 무엇을 실천하려했는지에 대해 그들의 행적을 뒤좇아 살펴보겠다.

**'사범'의 사명의식과 지속되는 사제관계**


### 식민지와 '스승'의 의미

본 장에서는 경성사범학교를 졸업하고 조선인 보통학교에서 교사를 역임한 일본인의 회고담을 중심으로, '한국 출신 일본인'이 한국인과의 유대관계를 통해 한국방문의 실천을 이어가는 과정을 탐구한다.

식민지조선의 일본인 교사의 회고담은 '사제(師弟)'라는 관계형식 하에서 일상적으로 조선인을 접한 경험의 특수성과 귀환 후에도 이어지는 한국인과의 긴밀한 관계성 때문에 여느 '한국 출신 일반인'에 비해 과거사 인식의 시대적 담론과 밀접하게 연루되어왔다. 일례로, 경성사범학교의 전신(前身)인 경성고등보통학교 부설 임시교원양성소를 졸업하고 조선인 보통학교의 교사로 재직하며 반제국주의 교육운동에 앞장섰던 죠코 코메타로(上甲米太郎)의 생애는 1960년대부터 최근까지 한일 양국에서 꾸준히 연구되어왔다.[1] 또 조선인 보통학교의 교사였던 이케다 마사에(池田政枝)에 관한 연구(안홍선 2006), 스기야마 토미(杉山とみ)의 구술록(2010), 조선인 여성의 교육 사업에 종사했던 일본인 여성에 관한 연구(윤정란 2010) 등은 식민지체제에 저항하거나 식민지 이후 식민지 교육을 '반성'하고 '참회'하는 일본인 교사의 모습

---

1) 新藤東洋男·池上新春 1966; 梶村秀樹 1990; 吉澤佳世子 2004; 이준식 2006 등.

을 집중 조명했다. 이밖에도 일본인 교사의 식민지 교육의 실태를 분석한 경성사범학교 교유(敎諭)의 회고록 연구(하라 토모히로 2010)와 경성사범학교 동창회지 연구(안홍선 2007) 등을 들 수 있다.

그런데 식민지 이후 일본인 교사의 식민지 교육에 대한 '반성'과 '참회'가 식민지 경험에 대한 비판적 성찰에 의한 것이라면, 성찰의 계기가 변화하는 시대의식으로부터 주어진다 하더라도 그것의 경험적 근거는 식민지조선에서 자신이 가르쳤던 한국인 제자와의 관계에 있을 것이다. 다시 말해 식민지에 대한 '반성'과 '참회'의 목소리가 일본인 교사에게서 더욱 두드러지는 것은 그들과 한국인의 관계가 역사의식을 산출할 만큼 시대적이면서도 '도의'를 숙고할 만큼 대면적이기 때문일 것이다. 그러므로 우리는 일본인과 한국인의 사제관계에서 식민지 이전과 이후에 그 의미가 어떻게 변화하는지를 좀 더 면밀하게 살펴볼 필요가 있다. 가령 조선의 여느 농촌의 보통학교 교사였던 어느 일본인의 "일본어를 모르는 부모들도 유교의 영향 탓인지 학생 이상으로 친근하고 친절하게 대해주었다. 연장자에 대해 무관심이 지나친 현대일본의 젊은이들에게 지금도 변하지 않았을 나라의 인정(人情)을 가르쳐주고 싶다"[2]라는 회고록 속에는 일본인 교사의 식민지 교육에 대한 '반성'과 '참회'가 조선인과의 대면적인 관계를 전제하고 있음을 암시한다.

이에 본 장에서는 일본인 교사의 회고담을 토대로 식민지조선에서 일본인 교사의 교육활동을 조선인과의 관계 속에서 풀어낸 다음, 그 활동이 식민지 이후 어떠한 모습으로 표출되는지를 살펴보고자 한다. 결론부터 말하자면, 일본인 교사의 식민지적 사명의식은 식민지 이후 보편적 교사상(敎師像)으로 재현된다. 식민지적 사명의식은 일본인 교사로 하여금 조선 사회에 투신케 하여 조선인과 유대관계를 맺게 했고, 이 유대관계는 식민지 이후

---

2) 『尚友』 50주년 기념호, 尚友会, 1987년, 127쪽.

한국인이 일본인 교사의 교육활동을 식민지체제를 넘어서는 보편적 교사상으로 형상케 했다. 본 장에서는 이러한 보편적 교사상이 일본인과 한국인의 사제관계로부터 구현되는 과정을 검토하고, 이 속에서 일본인 교사의 식민지 교육에 대한 '반성'과 '참회'가 과연 무엇을 의미하는지를 분석해보고자 한다.

이를 위해 필자는 경성사범학교 출신자의 회고담과 더불어 동창회지 및 개인 회고록을 자료로 삼았다. 경성사범학교의 식민지기 교육활동에 대해서는『京城師範學校總覽』[경성사범학교총람](1929년, 1934년)과『京城師範學校一覽』[경성사범학교일람](1943년)과 동창회지인『大愛至醇』[대애지순](1987년)[3]을 참조했다. 특히 경성사범학교 11회 졸업생을 중심으로 일본인 교사의 식민지조선에서의 행적과 식민지 이후의 한국방문의 양상을 집중적으로 다룬다. 경성사범학교 11회 졸업생은 대개 1918년에 출생한 이들로 1931년 4월 경성사범학교 보통과에 입학하여 1937년 3월 연습과를 졸업한 후 보통학교 혹은 소학교에 5년에서 7년간 '훈도(訓導)'로 재직했다. 이들은 일본으로 귀환한 후 동기회인 〈尙友会〉[상우회]를 결성하고 1956년 이래 전국대회를 2,3년에 한 번씩 개최했으며, 1948년부터 1987년 50주년 기념호를 내기까지 회지『尙友』[상우]를 총 15차례 발간했다. 필자는 2010년 10월부터 2013년 3월까지 〈尙友会〉의 회원 2인을 각각 세 차례에 걸쳐 인터뷰했으며, 그들의 미발간 저서인『自分勝手史: 存えて』[자서전 지금껏 살아남아](1991년)와『また逢う日まで』[다시 만날 때까지](1977년)를 주요 자료로 활용했다.『自分勝手史: 存えて』는 故 시다

---

3) 1987년 시점에서 일본 내 경성사범학교 동창회인 〈醇和会〉의 회원은 1900여 명이며 총 40개의 지부를 두었다. 지역별로 회원 수를 살펴보면, 큐슈지역이 800명을 넘어 가장 많았고, 관동지역이 500여 명, 중국(中國)지역이 400여 명, 근기(近畿)·동해(東海)·북륙(北陸)지역이 200여 명에 달했다. 1963년 제1회 대회 이후 3년 또는 5년마다 전국대회를 치러왔다. 참가자는 제4회가 가장 많은 510명이며 대체로 300~500명의 수준이었다. 회보는 1966년 1월 1일 창간호를 시작으로 부정기적으로 발간되어 왔다.

토키하루(志田時晴) 씨의 자서전적 수기이고, 『また逢う日まで』는 故 사토 시로(佐藤司郞) 씨가 1950년대부터 1970년대까지 각종 잡지에 투고한 원고를 모아놓은 글모음집이다. 사토 씨는 한국인 제자들의 요청으로 이 책을 만들게 되었다고 한다. 그 외에 경성사범학교 출신자들의 글이 실린 『友情海峽』[우정해협], 『醇和新潟』[순화니이가타], 『季刊三千里』[계간 삼천리], 『聖書日本』[성서일본] 등의 잡지와 개인기록물을 주요 자료로 삼았다. 또 1923년 제주에서 태어나 경성사범학교를 졸업한 故 하기와라 테루오(萩原照生) 씨의 이야기를 참조했다. 하기와라 씨는 졸업과 동시에 일본군에 입대했고 입대 직후 패전을 맞아 일본으로 귀환한 까닭에 조선에서 교사생활을 하지 않았다. 그렇지만 경성사범학교의 전 교육과정을 이수한 그에게서 1930년대 중반 이후 경성사범학교의 학창시절에 관한 많은 이야기를 들을 수 있었다. 이와 더불어 1924년 경성에서 출생하여 서대문소학교를 거쳐 경성사범학교를 졸업한 우마미야 츠토무(馬宮勉)의 회고록인 『追憶の大地』[추억의 대지](1993년)와 『追憶の大地 續』[추억의 대지 속](1996년)을 참조했다. 우마미야 씨는 당시 경성외곽의 조선인 빈민부락의 아현리(阿峴里)에 살았고 어려운 가정형편 속에서 경성사범학교에 진학했다. 그는 두 권의 회고록에서 경성 외곽의 조선인 마을의 풍경과 학창시절의 일상을 세밀하게 묘사해내었다. 또 경성사범학교 1회 졸업생을 부친으로 둔 이이다 케이이치(飯田恵一) 씨로부터 부친의 식민지기의 교육활동에 관한 자료 일체를 건네받아 경성사범학교 설립 초기의 운영상을 이해하는 데에 주요자료로 활용했다.

　본 장의 구성은 다음과 같다. 먼저 경성사범학교의 설립경위와 그의 정책적 위상을 검토한다. 이를 통해 경성사범학교 출신자의 사명의식의 출처와 그 식민지성이 드러날 것이다. 그 다음으로 경성사범학교 출신자의 회고담을 중심으로 당시 교육 과정을 재구성하겠다. 경성사범학교의 설립취지로서 '내선공학(內鮮共學)'이 학내 부서 활동과 교육실습과정 그리고 교우관계에 어떠한 방식으로 구현되었는지를 살펴본다. 이는 '사범'의 사명의식이 일본인과 조선인의 관계형식에 어떻게 관여했는지를 밝혀내고 그것의 현재적 의미를 분석하는 것이다. 마지막으로 일본인 교사의 활약상을 식민지적 맥락 속에서 기술하고, 식민지 이후 일본인 교사의 식민지적 교육활동에 대한 '반성'과 '참회'의 내용을 구체적으로 밝혀보겠다. 이로써 식민지에서 맺어진 일본인과 한국인의 관계 속에서 식민지 이후의 식민지적 역사의식의 본질이 해명될 것이다.

## 경성사범학교 개요

경성사범학교는 1921년 설립된 식민지기 최초의 관립사범학교로,[4] 5년 연한의 보통과와 1년(1938년 이후 2년) 연한의 연습과 과정을 둔 초등교원 전문 양성기관이었다.[5] 조선총독부는 1921년 2월 22일 평양중학교 교장이었던 아카기 만지로(赤木萬二郞)에게 경성사범학교 설립에 관한 사무 전반을 위촉하고,[6] 같은 해 4월 18일 '조선총독부사범학교관제(朝鮮總督府師範學校官制)'를

---

4) 1895년 고종의 '교육입국조서'(教育立國詔書)에 의해 한성사범학교가 설립되었으나 1911년 11월 조선총독부의 '조선교육령'(朝鮮教育令)의 시행과 동시에 해체되었고, 이후 1921년 4월 경성사범학교가 설립되기 전까지 식민지조선에서 사범학교는 존재하지 않았다(稲葉継雄 2010: 104).

5) 1925년 경성사범학교 내에 여자 연습과가 설치되었고, 1935년 경성여자사범학교가 신설되어 이관될 때까지 경성사범학교는 '남녀공학'이었다. 본 글에서는 여자 연습과와 경성여자사범학교에 대해서 다루지 않는다. 이외 1926년 7월에 6개월 속성 과정의 강습과가 신설되었다. 강습과는 농업학교 출신의 조선인이 대다수를 이뤘다. 1934년 강습과는 50명 전원이 농업학교 출신으로 그중 조선인이 41명이었다.

6) 아카기 만지로(赤木萬二郞)가 경성사범학교 초대교장으로 취임하게 된 경위는 1924년부터 경성사범학교 영어주임교유를 맡았던 타케다 세이조(武田誓蔵)의 회고에 따르면 다음과 같다. 당시 조선총독이 히로시마 초대 교장을 역임했던 호우죠 토키유키(北条時敬)에게 소견을 구했고, 호우죠는 히로시마사범학교 근무 시절 성실한 근무태도를 보였던 아카기를 추천했다고 한다. 그때 아카기는 평양중학교 교장으로 교육성과를 인정받고 있던 터였다(『大愛至醇』, 1987년, 157쪽).

공포했다. 아카기 만지로는 경성중학교 부설의 임시소학교교원양성소를 인수받아 연습과를 개설하는 한편, 보통과 생도 86명을 새로이 모집하여 경성사범학교를 출범시켰다.[7]

경성사범학교의 설립배경에는 조선의 초등교육기관을 식민지체제로 흡수하려는 조선총독부의 정책적 의도가 있다. 식민지조선에는 이미 초등교육기관으로 기능하는 각종 사립학교, 서당, 야학, 사설강습소 등이 있었는데, 조선총독부가 이것들을 보통학교로 흡수 통합하여 제도화하고자 했던 것이다(조연순·우재경 2003). 조선총독부는 우선 세 개의 면 당 하나의 공립보통학교를 설립한다는 '삼면일교계획(三面一校計画)'을 1919년부터 1922년에 걸쳐 추진했다. 1928년에 이르러 실질적으로 두 개의 면 당 한 개의 공립보통학교가 증설되었으나 학력아동의 취학률이 약 18%에 불과하자, 1928년 4월 조선총독부는 '조선총독부에 있어서 일반국민의 교육보급진흥에 관한 제1차 계획(朝鮮総督府二於ケル一般国民ノ教育普及振興二関スル第一次計画)'을 발표하고 '일면일교계획(一面一校計画)'을 실시했다(稲葉継雄 2010: 96-107).[8]

본래 1921년 4월 19일 공포된 '조선총독부사범학교규칙'(朝鮮総督府師範學校規則)에는 사범학교가 (일본인) 소학교 교원을 양성하는 곳으로 명시되어 있고, (일본인) 소학교 교원의 양성을 목적으로 했던 경성중학교 부설의 임시소학교교원양성소를 전신으로 하여 경성사범학교의 연습과가 출범했다. 그런데 1921년 4월 28일 경성사범학교 초대 교장 아카기 만지로가 조선인 보

---

7) 『京城師範學校總覽』, 1929년.
8) 총독부의 '일면일교계획(一面一校計画)'은 조선의 문맹률을 낮추고 조선인의 학업과 실업교육에 기여함을 표방하였으나 이에 대한 비판적인 견해 또한 존재한다. 이기훈(2008)은 이 정책이 기존의 지역공동체를 기반으로 형성된 사립학교와 서당 등의 '강습소'가 재정적 기반을 잃고 공립보통학교로 전환되거나 해체됨으로써, 학교 교육이 개인의 '출세'에 우선시되어 지역사회의 갈등을 유발했다고 한다. 또 북한의 사회과학원(1978)은 이와 같은 총독부의 학교정책이 조선의 민족적 전통과 자각을 말살시키고 군국주의 사상을 주입시키는 발판으로 작용했다고 주장한다.

통학교의 교원을 양성해왔던 경성고등보통학교 부설의 임시교원양성소를 인수하여 그 이듬해인 1922년 경성사범학교 연습과 2부로 편입시키면서, 경성사범학교는 조선인 보통학교의 교원까지 양성하는 교육기관으로 확대되었다(稻葉継雄 2006: 41-3). 이와 같이 경성사범학교가 최초 규정에 조선인 보통학교 교원의 양성을 명시하지 않았다 해도, 일본인과 조선인 양쪽 모두의 교원의 양성을 목적으로 설립되었다고 말할 수 있다.[9]

경성사범학교는 아카기 만지로의 활약과 조선총독부의 전폭적인 지원에 힘입어 설립초기부터 조선최고의 초등교원 양성기관으로서 독보적인 입지를 구축했으며, 그 입지만큼이나 실질적으로도 조선의 초등교육의 지도자적 역할을 담당했다(안홍선 2005: 57). 이로 인해 경성사범학교는 한국의 초등교육사 분야에서 식민지기의 교육 현황을 대표할 뿐만 아니라 해방 후 한국의 교육현장의 훈육적 성격을 검토하는 데에 그 원형으로 간주되어왔다(김성학 1996; 1999). 그런데 경성사범학교는 또 다른 측면에서 식민지 교육의 독특한 위상을 점한다. 그것은 바로 경성사범학교가 공식적으로 일본인과 조선인이 함께 수학한 교육기관이라는 점이다.

1938년 황민화교육이 시행되기 전까지 경성의 초중등 교육기관은 관립 · 공립의 몇몇 실업학교를 제외하고 민족별로 이원화되어 있었다. 초등교육기관은 소학교와 보통학교로, 중등교육기관은 중학교와 고등보통학교로 일본인과 조선인이 상호 배타적으로 수학했다. 경성의 일본인의 '엘리트코스'라 하면 히노데(日出)소학교[10]를 비롯하여 종로소학교, 남대문소학교, 동대

---

9) 1922년 3월 졸업생인 시와쿠 쿠니하루(塩飽訓治)는 서류상 경성고등보통학교 부설의 임시교원양성소에 입학한 것이지만, 그의 회고에 따르면, 그는 경성사범학교 연습과(경성중학교 부설의 임시소학교교원양성소)와 수학여행, 수업 등에서 어떠한 차이 없이 연습과 생도로서 사범학교 생활을 수행했다. 그에 따르면, 경성사범학교 연습과와 경성고등보통학교 임시교원양성소로 구분된 것이 아니라 연습과 1,2,3조로 구분되었고, 이들 간의 실질적인 차이는 1조가 소학교 교원이 되는 것이라면, 2조와 3조는 보통학교 교원이 되는 것뿐이었다(『大愛至醇』, 1987년, 271-3쪽).

문소학교, 사쿠라이(櫻井)소학교, 아오바(靑葉)소학교 등 경성 소재의 일본인 소학교에서 초등교육을 이수한 다음 경성중학교(혹은 용산중학교)를 거쳐 그 중 일부는 내지의 고등교육기관과 제국대학으로 진학하는 일련의 과정을 가리켰다(稻葉継雄 2002).[11] 조선인의 경우 보통학교를 졸업한 후 경성 (제일, 제이)고등보통학교로 진학하거나 이른바 '민족학교'인 양정, 보성, 배재, 중동 등의 고등보통학교로 진학했다.

반면 경성사범학교는 설립초기부터 일본인과 조선인이 함께 수학하는 교육기관임을 표방했다. 경성사범학교 연습과의 모태인 경성중학교 임시소학교교원양성소가 조선에서 (일본인) 중학교를 졸업했거나 일본 내지에서 중학교, 실업학교, 사범학교를 졸업한 일본인이 조선의 (일본인) 소학교의 교원이 되기 위해 거쳐 가는 교원양성기관이었고, 따라서 경성중학교 부설의 임시소학교교원양성소 또한 학생들 모두가 일본인이었으며, 경성고등보통학교(1921년 4월 1일 이후 경성제일고등보통학교로 교명변경) 부설의 임시교원양성소 또한 경성사범학교에 편입될 당시 모두 일본인으로 구성되어 있었다.[12]

---

10) 히노데소학교는 1889년 8월 일본인 거류민단에 의해 처음으로 설립된 일본인소학교이다. 조선인의 경우 양반과 왕족에 한해 입학을 허가했다가 이후 과밀화로 인해 공식적으로는 불허되었고 기부금을 내는 조건부 입학만이 허용되었다(稻葉継雄 2002).

11) 시바타 쇼우지(柴田昭治 1928년생, 평양 출생, 현재 후쿠오카(福岡) 거주) 씨 역시 '엘리트코스'를 밟았다. 그의 부친은 동양척식주식회사의 자회사의 임원이었고, 그는 남대문소학교 4학년을 마친 후 일본 동경의 소학교로 전학을 갔다. 그는 일본으로 전학을 한 이유를 "일본의 제국대학에 진학해서 일본[내지]에서 취직을 하기 위해서"라고 말했다. 또 사토 시로 씨는 "나는 한국에서 태어났는데, 당시 일본인의 자제는 소학교 4학년이 되면 도회지의 지인의 집에 기숙하면서 일본인 소학교에 통학하거나 일본내지로 돌아가 교육을 받는 것이 보통이었다"고 기술했다(「韓国と私」『聖書の日本』502호, 1978년 11월).

12) 조선총독부는 1913년 4월 경성고등보통학교의 임시교원양성소에 2부(1년제)의 일본인 교원양성과정을 설치했고, 1914년부터는 1부의 조선인 학생을 더 이상 모집하지 않았다. 1부가 3년제인 고로, 1913년 1부에 입학했던 조선인 학생이 졸업한 1916년 이후로 경성고등보통학교의 임시교원양성소는 일본인뿐이었다(稻葉継雄 2006: 40).

그런데 경성사범학교는 경성중학교와 경성고등보통학교 각각의 교원양성소를 본교의 연습과로 흡수하면서 모집관행에 변화를 주어 조선인을 받았다. 경성사범학교가 설립되기 이전에는 조선의 중학교 혹은 일본 내지의 중학교, 실업학교, 사범학교 등을 졸업한 일본인만이 소학교 및 보통학교의 교원이 될 수 있었다면, 이후에는 조선의 고등보통학교를 졸업한 조선인도 보통학교의 교원이 될 수 있었다. 그리하여 경성사범학교 보통과를 거치지 않고 연습과로 바로 지원하는 학생의 경우에는 여전히 일본 내지의 중학교 출신자가 상당수를 차지했지만,[13] 연습과 전체적으로 볼 때에는 조선인이 적지 않았다. 또 보통과의 경우 처음부터 소학교를 졸업한 일본인과 보통학교를 졸업한 조선인을 대상으로 민족별 선발비율을 일정하게 유지했다. 조선인과 일본인의 선발비율에 관한 규정이 모집요항에 명시되지는 않았지만, 보통과는 100명 정원을 기준으로 조선인과 일본인의 비율을 대략 1:4로 유지했다(〈표 12〉 참조). 경성사범학교는 출신학교장의 추천서[所見表]를 받아야 지원할 수 있는 매우 까다로운 조건임에도 불구하고 식민지기 내내 조선인, 일본인 할 것 없이 많은 응시자가 몰려 매년 경쟁률이 매우 높았다.[14]

---

13) 『동아일보』 1930년 3월 2일자의 「日本人은 千五百 朝鮮人은 百名 主客顚倒된 學界現狀」 기사에 따르면, 사범학교 연습과의 일본인 지원자 1,500여 명 중 '내지'의 중학교 졸업자가 1,450명에 달했다.
14) 당시 주요일간지들은 경성사범학교의 동정을 상세히 보도했을 뿐만 아니라 입학 안내 및 높은 입시 경쟁률과 합격자 중 조선인 명단을 매년 기사화했다.

〈표 12〉 경성사범학교 민족별 학생모집현황 (1921~40년)

| 년도 | 보통과 | | | | 연습과 | | | |
|---|---|---|---|---|---|---|---|---|
| | 조선인 | | 일본인 | | 조선인 | | 일본인 | |
| | 지원 | 합격 | 지원 | 합격 | 지원 | 합격 | 지원 | 합격 |
| 1921 | 326 | 8 | 236 | 78 | – | – | 523 | 105 |
| 1922 | 221 | 10 | 512 | 92 | 10 | 1 | 520 | 138 |
| 1923 | 796 | 17 | 694 | 83 | 5 | 1 | 540 | 141 |
| 1924 | 1293 | 16 | 523 | 85 | 20 | 3 | 607 | 139 |
| 1925 | 1154 | 17 | 521 | 81 | 80 | 10 | 768 | 136 |
| 1926 | 1163 | 19 | 396 | 97 | 116 | 14 | 996 | 114 |
| 1927 | 1060 | 19 | 412 | 81 | 157 | 12 | 1144 | 83 |
| 1928 | 1191 | 26 | 373 | 76 | 98 | 15 | 883 | 77 |
| 1929 | 1361 | 18 | 425 | 81 | 196 | 14 | 1049 | 62 |
| 1930 | 654 | 19 | 316 | 80 | 112 | 24 | 1505 | 72 |
| 1931 | 418 | 20 | 246 | 79 | 127 | 22 | 1361 | 79 |
| 1932 | 365 | 25 | 285 | 76 | 127 | 23 | 1361 | 59 |
| 1933 | 509 | 19 | 341 | 73 | 74 | 38 | 448 | 136 |
| 1934 | 344 | 21 | 336 | 74 | 105 | 23 | 424 | 77 |
| 1935 | | | | | 81 | 25 | 422 | 76 |
| 1936 | | | | | 118 | 55 | 408 | 144 |
| 1937 | | | | | 150 | 72 | 657 | 224 |
| 1938 | | | | | 272 | 45 | 1042 | 148 |
| 1939 | | | | | 109 | 47 | 626 | 126 |
| 1940 | | | | | 59 | 41 | 239 | 100 |

※출처: 『京城師範學校總覽』(1934년), 『京城師範學校一覽』(1943년).

높은 경쟁률을 뚫고 입학한 학생들에게는 각종 특혜가 주어졌다. 기본적
으로 수업료가 면제되었고 관비생에게는 식비, 피복비, 기숙사비, 교우회
비, 수학여행비 등이 지원되었으며,[15] 일본인의 경우 단기현역병의 특전

---

15) 경성사범학교 보통과 1회 입학생이었던 이이다 사쿠지로의 회고에 따르면, 모든
것이 무상이었을 뿐만 아니라 매달 4엔 50전의 수당이 지급되었다(飯田作次郎,
「回憶」『北新潟引揚敎員会報』, 1997년). 또 연습과 2회 졸업생인 야나기다 쵸주
로(柳田長十郎)는 "기숙사비 외에 관비지급이 많았다. 특히 한 달에 4엔50전, 용
돈이 정확히 지급되었던 것에 각별히 감사했다"고 기억했다(『大愛至醇』, 275쪽).
그러나 1,2회 입학생을 제외하고 모든 생도가 그런 특전을 누린 것은 아니었다.
수업료는 없었지만, 관비생과 사비생의 구분을 두어 관비생은 기타 비용의 일부
를, 사비생은 전부를 부담해야 했다. 1936년 졸업한 호리에 아키오(堀江昭夫)는
관비생에게 월 20엔이 지급되었고 그 중 기숙사비 12엔을 납부하고 8엔을 개인

〈사진 26〉 경성사범학교 5학년 수학여행 기념사진
(1935년 여순(旅順) 동계관산(東鷄冠山))
※사진 상단부 오른쪽에 일본 제국이 세운 러일전쟁 전승기념비가 희미하게 보인다.
※출처: 사토 시로

(1939년을 기해 폐지)이 주어졌다. 수학여행지로는 대체로 2학년은 개성, 3학년은 금강산, 4학년은 내지, 5학년은 만주로 정해져 있었다. 또한 아카기 만지로가 설립 초기부터 일본 내지의 유능한 교사를 유치하고 시설을 확충하는 데 주력했던 탓에 경성사범학교 보통과는 조선에서 최상의 중등교육을 받을 수 있는 곳으로 인식되었다. 이와 같이 경성사범학교는 조선총독부의 전폭적인 지원을 받았으며 조선의 다른 중등교육기관과는 비교가 되지 않을 만큼 재학생들에게 파격적인 특혜가 주어졌다. 물론 이러한 특혜는 당

용돈으로 썼다고 했다(『大愛至醇』, 429쪽). 다수의 관비생과 소수의 사비생 간의 비율은 일정하지 않았으며, 조선인이 일본인보다 관비생의 비율이 높았다(『京城師範學校總覽』, 1929년, 351쪽).

시 경성사범학교가 짊어진 식민지 교육의 선도적 역할에 따른 것이었다. 이에 더해 '내선공학'의 실시는 그러한 역할을 수행하는 데에 있어서 조선 인과 일본인의 공조를 유도했다. 요컨대 경성사범학교는 민족차별을 제도 적으로 완화한 가운데 조선인과 일본인이 민족적 차이를 의식하지 않고 각 자의 재능을 발휘하여 우수한 인재로서 서로를 인정하는 엘리트적 연대감 속에서 식민지 교육의 여러 정책적 문제들을 함께 모색할 수 있는 이상적 인 모델을 제공했다.

## 경성사범학교의 '자치'

### '순화회(醇和會)'의 구성과 활동

김성학(1999)과 안홍선(2005)은 경성사범학교가 천황제와 군국주의 체제 를 주입한 훈육의 장이었다고 말한다. 김성학은 경성사범학교가 '생도(生徒)'[16] 에게 수신(修身)과 체조 교과, 교내 군사훈련(1926년 5월 개시), 일상화된 의식 (儀式)과 행사, 위계적 집단편성, 정교한 행동통제 등을 통해 군국주의 정신, 복종하는 인성, 획일화된 집단정신을 함양했다고 주장한다. 또 안홍선은 경 성사범학교의 교육기조가 메이지유신 이후 일본에 변질적으로 도입된 헤 르바르트(J. F. Herbart)의 교육학, 즉 지적인 권위뿐만 아니라 도덕의 판단기준 까지 독점하려는 황국신민화와 군국주의 교육이었다고 한다. 실제로 경성 사범학교는 1924년 5월 7일자를 기해 매주 1회 전 교원과 생도의 집합 하에

---

16) '생도'(生徒)는 식민지기 관공립중등교육기관의 학생을 지칭하는 명칭이다. 경성 사범학교 학생의 경우, 졸업과 동시에 의무적으로 조선 전역의 초등교육기관의 교원을 해야 했는데, 경성사범학교의 식민지기 자료와 회고록에서 '생도'는 그러 한 시대적 사명감을 표방한다. 이에 본 장에서는 자료에 준하는 경우 경성사범학 교 학생을 가리키는 용어로 '생도'를 사용한다.

학교장의 '사도(師道)' 강의와 조회를 실시했다. 또 각종 제일(祭日)과 기념일 (記念日)에는 신사참배 등의 공식적인 절차가 뒤따랐다. 그런데 경성사범학교 동창회지『大愛至醇』[대애지순](1987)에서는 위의 주장과 달리 경성사범학교가 학생들의 개성을 존중하는 자유로운 분위기의 학교였다고 회고된다.

> 그러나 순화(醇和)교육에서 생겨난 교내조직이라 해도, 위로부터 강제되는 것과 같은 굴욕은 없었다. 자유롭게 활동하며, 자주성, 창조성, 개성을 충분히 발휘하게 한 조직이었다.[17]

> '사도(師道)'와 '조회선언(朝會宣言)'으로 둘러싸인 경사(京師)의 교육은 당연히 경직되었지만, 그 중에서 교우회의 각 부가 다채로운 활동을 전개했던 것은 '지극히 높은 배움터(いと高き学び舍)'의 본령의 일면이라 할 만하다. 교과학습의 성과가 비교적 불철저했다 하더라도 학교를 떠나 교단의 현장에서 경사인(京師人)의 관록을 보유했던 것은, 상호 공유했던 엘리트 의식이 있었기 때문으로 특별교육활동을 통해 배가되었던 경험의 다양성이 많은 힘이 되었다고 생각한다.[18]

> 이와 같은 국가정책[황민화 정책]은 우리들의 학교생활 속에서는 거의 의식되지 않았고 각종의 서클 활동은 매우 자유롭고 활발했으며, 또 코가 멜로디(古賀メロディー) 등의 유행가를 누구라도 불렀고, 조금도 억압받는 이미지가 존재하지 않았다. 또 경성부내의 학교에서는 이미 카키색의 제복·전투 모자를 두른 군국색(軍國色)이 강화되어갔지만 우리들에게는 그러한 것이 일절 없었다.[19]

위의 글에서 경성사범학교가 자유로운 학교였다고 회고되는 데에는 자치회와 다양한 부서활동이 있다. 경성사범학교 교우회는 1921년 9월 3일 학

---

17) 야마모토 카즈오(山本和夫), 1931년 졸업,『大愛至醇』, 205쪽.
18) 김주갑(金柱甲), 1934년 졸업,『大愛至醇』, 217쪽.
19) 동기생 대표 쿠니시게 이와오(國重岩雄)·테라다 테츠로우(寺田哲朗), 1938년 졸업,『大愛至醇』451-2쪽.

교장에 의해 설립되었고, 1927년 5월 25일 '순화회'라는 정식이름을 얻어 '학우순화회'와 '동창순화회'로 체계화되었다. 교우회는 보통과와 연습과의 재학생과 졸업생 모두 가입할 수 있었다. 그러나 보통과 출신이 아닌 연습과 학생의 경우에 재학 중에 교우회 활동을 학업과 병행하기는 어려웠다. 그것은 1년 연한의 연습과의 빠듯한 교육 일정으로 인해 재학 기간 중 부서 활동에 시간을 할애할 여유가 없었기 때문이다. 1922년 연습과에 입학하여 그 이듬해인 1923년 졸업한 야나기다 쵸주로(柳田長十郎)는 "재학기간은 불과 1년이었는데, 1년 내내 운동회, 무도대회, 일본 내지로의 수학여행, 선내(鮮內)의 학교견학여행, 교육실무 등 각종 행사가 줄을 이어 상당히 변화무쌍한 학생생활이었다"(『大愛至醇』, 275쪽)고 회고한다.

'순화회'가 체계화된 1927년은 경성사범학교 보통과 1회 졸업생이 배출된 해이다. 그리고 이 시기를 전후하여 각종 연구부와 운동부가 창립되었고 교우회의 임시대의원회(1925년 7월 24일)가 개최되었으며 조선 각지에서 동창지부의 창립식이 거행되었다. 일련의 정황상, 보통과 학생들과 보통과 출신의 연습과 졸업생들이 주축이 되어 '순화회' 활동을 이끌었던 것으로 추정된다.

여기서 유념해야 하는 것은 5년 연한의 보통과가 교원양성기관의 기능뿐만 아니라 중등교육기관의 기능도 수행했다는 점이다. 본래 경성사범학교 교명의 원안이 '조선교육전문학교'였다는 것에서 알 수 있듯이, 조선총독부 학무국의 설립 원안에서 경성사범학교는 "직업교육"에 중점을 두었다(『大愛至醇』, 180쪽). 그런데 아카기 초대교장은 교원이라는 직업군의 양성에 만족하지 않고 교양을 갖춘 '인성교육'을 실현하고자 했다.[20] 이러한 '인성교육'의 실체에 대해 안홍선(2007)은 천황의 은덕을 표상하는 '대애지순(大愛至醇)'이라는 교훈이 말해주듯이 그것은 천황에 대한 충군애국의 지성에 다

---

20) 赤木萬二郎, 「師範学校の使命と其の特色」『朝鮮』, 1923년 3월.

름 아니라고 했다. 그러나 다른 한편으로 아카기가 '인성교육'의 실행 과정
에서 일본 내지의 각 현으로부터 유능한 교원의 추천을 받는 동시에 직접
스카웃에 뛰어든 결과 각 분야의 실력을 갖춘 교원을 영입할 수 있었고 그
렇게 영입된 교원들에게 일정한 자율권을 보장해 주면서 '아래로부터의 자
치의 공간'이 형성되었을 여지가 충분하다. 또 1930년 아카기의 뒤를 이어
부임하여 1941년 조선총독부 학무국에 의해 경성사범학교 과학관장으로 좌
천되기까지 근 10년간 제2대 교장을 역임한 와타나베 신지(渡邊信治) 또한 후
일 경성사범학교 출신자들에게 온후한 성격의 인물로 평가되는 것으로 보
아 교원들에게 일정한 자율권을 허용했던 아카기의 기조를 일정 정도 유지
했던 것으로 추측해볼 수 있다.[21]

　또한 보통과는 연습과와는 반대로, 일본인 학생의 경우 내지보다 조선에
서 태어나고 자란 이들이 대다수를 차지했다. 내지 출신의 일본인은 중학
교에 준하는 교육기관을 졸업한 후 조선에서 1년 과정의 사범학교 연습과
를 수료하기만 해도 조선의 초등교원이 될 수 있었기 때문에, 구태여 가족
과 떨어져 외지의 조선으로 건너가 중학교 과정에 해당하는 경성사범학교
보통과에 진학할 이유가 없다. 실제로 보통과를 거치지 않고 연습과로 바
로 입학하는 입시경쟁률이 매년 십 수배에 달했고 그 대부분이 내지 출신
의 일본인이었던 것과 달리, 보통과의 일본인은 조선 출신자가 대부분을
차지했다. 1933년 경성사범학교의 학부형의 주소지 분포도를 참조해보자.

---

21) 와타나베 신지(渡邊信治)의 장녀 다나카 미치코(田中美智子)는 부친이 존경하는
　　사람이 장자크 루소였으며, 루소의 『에밀』에서와 같이 생도들을 가르치고 싶어
　　했다고 회상했다(『大愛至醇』, 177-8쪽). 반면 안홍선은 와타나베 신지를 자유주의
　　교육가로 보는 학생들의 견해는 사상적 평가라기보다는 와타나베의 품성 혹은
　　태도에 대한 품평으로 이해될 수 있다고 했다(2007: 49).

〈표 13〉 경성사범학교 학부형의 주소지 분포(1933년)

| | 학년 | 경성 | 경기 | 충북 | 충남 | 전북 | 전남 | 경북 | 경남 | 황해 | 평남 | 평북 | 강원 | 함남 | 함북 | 조선 | 일본 | 기타 | 계 |
|---|---|---|---|---|---|---|---|---|---|---|---|---|---|---|---|---|---|---|---|
| 통과 | 1 조선인 | 4 | 1 | 3 | 3 | 1 | 0 | 1 | 2 | 0 | 0 | 0 | 2 | 1 | 0 | 18 | 0 | 0 | 18 |
| | 1 일본인 | 26 | 8 | 2 | 3 | 0 | 4 | 3 | 12 | 4 | 2 | 1 | 3 | 4 | 1 | 73 | 7 | 0 | 80 |
| | 2 조선인 | 2 | 2 | 1 | 4 | 0 | 1 | 3 | 5 | 3 | 1 | 3 | 0 | 1 | 1 | 27 | 0 | 0 | 27 |
| | 2 일본인 | 16 | 7 | 2 | 6 | 6 | 8 | 3 | 13 | 5 | 2 | 0 | 1 | 1 | 1 | 71 | 5 | 0 | 76 |
| | 3 조선인 | 1 | 3 | 2 | 1 | 1 | 2 | 1 | 3 | 1 | 1 | 0 | 0 | 2 | 0 | 18 | 0 | 0 | 18 |
| | 3 일본인 | 14 | 4 | 2 | 3 | 10 | 9 | 10 | 9 | 3 | 3 | 1 | 2 | 2 | 0 | 73 | 6 | 1 | 80 |
| | 4 조선인 | 3 | 0 | 0 | 4 | 2 | 2 | 2 | 2 | 0 | 1 | 1 | 2 | 0 | 0 | 19 | 0 | 0 | 19 |
| | 4 일본인 | 20 | 11 | 2 | 4 | 0 | 5 | 7 | 12 | 3 | 4 | 3 | 1 | 2 | 1 | 75 | 8 | 0 | 83 |
| | 5 조선인 | 2 | 1 | 0 | 5 | 0 | 1 | 3 | 0 | 3 | 1 | 0 | 0 | 1 | 0 | 18 | 0 | 0 | 18 |
| | 5 일본인 | 25 | 5 | 1 | 2 | 5 | 3 | 5 | 13 | 0 | 4 | 0 | 2 | 0 | 1 | 64 | 10 | 1 | 75 |
| 연습과 | 조선인 | 2 | 4 | 1 | 1 | 1 | 1 | 1 | 4 | 1 | 8 | 4 | 1 | 2 | 2 | 33 | 0 | 1 | 34 |
| | 일본인 | 19 | 10 | 03 | 2 | 4 | 8 | 5 | 8 | 3 | 3 | 3 | 3 | 1 | 1 | 70 | 71 | 0 | 141 |

출처: 『京城師範學校總覽』[경성사범학교총람] 1934년, 356쪽.

〈표 13〉을 보면, 보통과의 학부형 주소지는 조선이 대다수를 차지하고 그 중에서도 경성이 가장 많다. 반면 조선과 내지가 주소지의 반반을 이루는 남자 연습과의 경우 보통과에서 진급한 연습과 갑과, 보통과를 거치지 않고 입학한 연습과 을의 수를 합한 것이므로, 연습과 갑이 보통과와 비슷한 분포양상임을 감안한다면 연습과 을의 일본인 생도의 주소지에서 내지가 대다수를 차지하게 된다.

그렇다면 보통과의 일본인 학생의 가정환경은 어떠했을까? 보통과의 학부형의 직업분포에 관해서는 아직까지 관련 자료를 찾지 못해 그 구체적 사정을 파악하지 못했다. 다만 1931년부터 1940년까지 만 10년간 경성사범학교의 교유(敎諭)로 재직하며 1932년 보통과 2학년 담임을 그 학생들의 졸업 때까지 맡았던 마츠자와 토시카즈(松澤壽一)의 회고에 따르면, 보통과의 일본인 학생의 상당수의 진학 동기는 '넉넉지 못한' 가정형편에 있었다.[22]

---

22) "보통과 2년생은 약 100명으로 1조와 2조가 있으며, 나는 이 학년이 졸업하기까지 내내 1조의 담임이었다. 경사(京師) 보통과는 매년 약 100명을 채용하는데, 그 중

1924년 경성에서 출생하여 아현리의 빈촌(貧村)에 살았던 우마미야 츠토무 씨는 1937년 경성사범학교 보통과에 합격한 그때를 다음과 같이 회상했다. "내가 응시했던 보통과에 입학을 허가받는 것은 상당한 실력을 갖춘 우등 생임을 인정받는 것을 뜻했다. 이와 동시에 장래의 직업으로서 교직을 보장받는 것이었다. 당시 JODK(경성방송국)에서는 매년 경성사범학교 보통과의 입학자를 라디오 방송으로 내보낼 정도로 경성사범학교의 입학자 명단은 전조선의 주목을 받는 대단한 뉴스거리였다. 라디오에서 나의 이름이 흘러나오는 순간 모친과 누이는 서로의 손을 부여잡고 울며 기뻐했다. 이 일화는 우리 가족의 후일담으로 두고두고 이야기되었다."[23] 우마미야 씨의 경성사범학교 진학으로 집안의 어려운 가계사정이 나아지리라 기대한 것이다.

이렇듯 집안형편이 좋지 않았던 일본인들은 경성사범학교에 진학함으로써 교직이라는 안정된 미래를 보장받고자 했다. 나아가 조선 출신의 '넉넉지 못한' 형편과 교사예비군이라는 동질감은 보통과 출신의 일본인들 간의 연대감의 요소로 작용했을 것이며 자치회의 강한 결속력으로 이어졌을 것이다. 보통과의 전 학년이 충원되고 보통과 출신이 처음으로 졸업한 해인 1927년에 '생도회(生徒會)'와 각종 부서활동을 하나로 총괄하는 '학우순화회(学友醇和會)'라는 자치조직이 확립되었다는 사실은 이와 같은 추정을 뒷받침한다.

'학우순화회'는 교내 자치 영역을 회무(會務), 교육연구, 학예, 운동의 네 분야로 나누어 운영했으며, 매년 예산편성회의를 개최하여 각부서 활동을 보고하고 대표위원을 선출했다. 대표위원은 보통과 1~5학년, 연습과의 각

---

약 15%는 조선인의 자제였다. 일본인의 생도 중에도 소질이 우수한 사람이 많았으며, 가정 사정으로 사범학교를 선택한 자가 대부분이었다."(마츠자와 토시카즈(松澤壽一),『大愛至醇』165쪽).

23) 우마미야 츠토무(馬宮勉),『追憶の大地 続』, 1996년, 12쪽.

학급에서 한 명씩 선출되었으며, 피선거권도 학급단위로 주어졌다. 연습과의 대표위원이 간사로서 각각을 총괄함과 동시에 '학우순화회' 전체를 운영하고 조정했다.[24] 부서는 크게 연구부와 운동부로 나뉘었는데, 그 중에서 연구부는 교육연구부, 동화연구부, 미술부, 음악부, 박물연구부, 지역(地歷)연구부, 조선어연구부 등으로 세분화되었다. 그 구체적인 활동내용을 살펴보기에 앞서, 경성사범학교 기억도인 「母校京師之図」[모교 경성사범의 지도]를 검토해보겠다.

---

24) 김성학(1999)은 '학우순화회'를 비롯한 경성사범학교의 모든 학내 조직을 위계적 역할 체계를 편성하는 훈육의 군국주의체제로 보았다. 그가 그 준거로 삼은 것은 『京城師範學校総覧』(1929, 1934)에 기록된 규정과 생활자세(心得)에 관한 조항을 다룬 것인데, 김성학의 논고에서 그 운영상이 구체적으로 예시된 것은 아니다.

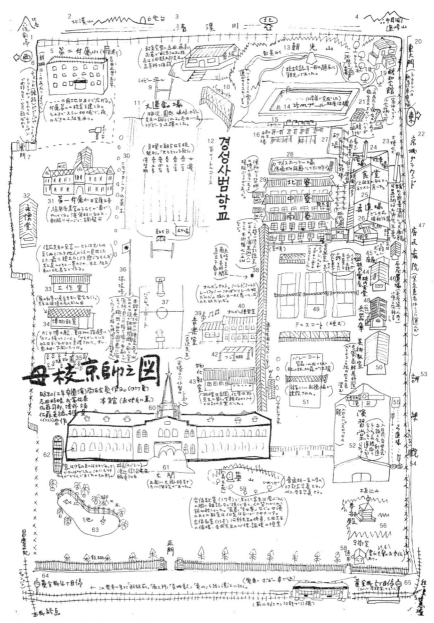

〈그림 14〉「母校京師之図」[모교 경성사범의 지도](1977년 여름 〈尚友会〉 제작)
시다 토키하루(志田時晴), 타케토미 유타이(武富佑泰), 사토 시로(佐藤司郎), 마스노 야스시(増野靖),
사토 키토쿠(佐藤喜徳)(일러스트), 아다치(安達昱) 합작.

이 기억도는 1931년 4월 경성사범학교 보통과에 입학하여 1937년 3월 연습과를 졸업한 11회 동기회인 〈尙友会〉의 6인이 1977년 제작한 것이다. 이 기억도에는 교정의 건물배치와 용도 및 특별한 사연 등이 꼼꼼하게 기록되어 있다. 기억도의 항목과 그에 부가적으로 표기된 내용을 표로 정리하면 다음과 같다.

〈표 14〉「母校京師之図」[모교 경성사범의 지도]의 표시항 목록

| 연번 | 표기명 | 부가내용 | 비고 |
|---|---|---|---|
| 1 | 세검정 북악 | . | . |
| 2 | 북한산 백운대 | . | . |
| 3 | 청계천 | . | . |
| 4 | 우이동 도봉산 | . | . |
| 5 | 제이부속소(第二附屬小) | 요시다 마사오(吉田正男) 주재. 부지는 후에 확장. 부속제2[보통학교]의 교사(校舍)를 짓다. 그전까지 슬럼지역이었던 이곳에는 밤이 되면 일부 상급생들의 모습이 보였다. | 경성사범학교 부속의 조선인 보통학교 |
| 6 | 탈책(脫柵)은 여기로 | 종로 비빔밥, 라면, 게다가 찬팡까지 죄 없는 식욕뿐. | . |
| 7 | 후문 | . | . |
| 8 | 단급(單級) | 교생실습에 시다(志田), 토리지마(鳥島), 타케토미(武富)가배치되다. 교장은 우에다 츠치고로우(上田槌五郞). 고등과병설. | 경성사범학교 부속의 단급학교 |
| 9 | 럭비 골대 | . | . |
| 10 | 백네트 | . | . |
| 11 | 대운동장 | 우메자와(梅沢), 소노베(園部), 시오자키(塩崎), 보비-선생에게서 단련되다. 겨울에는 언제나 럭비가 정과. | . |
| 12 | 백미터 코스 | 월요일의 조회는 전교 정렬. "텐소소리(天そそり)"[교개]를 노래한다. | . |
| 13 | 조광산(朝光山) | 교우회지(연1회)의 이름은 "朝光"이었다. | . |
| 14 | 20m 풀장 | 입학 후에 완성되었다. 하야시바라(林原) 활약. | . |
| 15 | 샤워장 | . | . |
| 16 | 늑목 평행봉 | . | . |
| 17 | 옛우물 | . | . |
| 18 | 벚꽃 나무 | . | . |

| 19 | 순화회관(醇和會館) | 숙박도 가능하며, 작은 회의도 가능. | |
| 20 | 동대문 | 뚝섬 괘도차 승차장 | 뚝섬의 부속대용 경동공립보통학교로 교육실습 시 이용. |
| 21 | (양호실) | 이 근처에 병실이 있다. 병실의 책임자, 하라다(ハラダ) | |
| 22 | 경성 그라운드 | | |
| 23 | 대형굴뚝 | | |
| 24 | 목욕탕, 취사조리장 | | |
| 25 | 식당 | 상급생이 되면 "네코메시"(※猫飯, 일명 고양이밥: 밥에 가쓰오부시를 얹고 간장을 뿌려서 먹는 음식메뉴)를 먹었다. | |
| 26 | 유도장 | "精力最善活用"의 현액은 카노우 지고로(嘉納治五郎) 선생의 글씨. 우메자와(梅沢) 선생은 '3단'이었지. | |
| 27 | 모래밭 | | |
| 28 | 아이스하키 장 | 겨울에만 만듦. | |
| 29 | 기숙사(北寮, 中寮, 南寮) | 변소에는 담배연기가 솔솔. | 기숙사 |
| 30 | 아카시아 가로수 | | |
| 31 | 제일부속소(第一附屬小) | 히가사(日笠)주재, 총독부 고관의 아이들이 차를 타고 등교했다. | 경성사범학교 부속의 일본인 소학교 |
| 32 | 영회당(永懷堂) | | |
| 33 | 공작실 | 노부히로(信広) 선생의 지당한 말씀. "사람은 자신의 부족한 부분을 타인 속에서 발견할 때 가장 화나는 법이다." 공구세트를 구입하여 책상, 조립장난감 등을 만든다. | |
| 34 | 박물교실 | 교실에서 호라키치(虎吉) 선생으로부터 습자를 배웠다. 선생은 체조의 명인이었다. 카미타(カミタ)博士殿. 여름방학숙제로 '게'를 잡아 오라고. | |
| 35 | 식물원 | | |
| 36 | 게양대 | | |
| 37 | 농구코트 | | |
| 38 | (통로) | 이 벽에 육상기록표가 있었다. | |
| 39 | 음악실 | 요시자와(吉沢) 선생 | |
| 40 | 오르간 연습실 | 오르간 테스트. 미레도 미레도 레미파미…. 이것만 쳐대는 녀석은 누구냐. 손가락에 붕대를 감은 것이 들통 난 녀석은 누구냐. | |

| 41 | 등나무 넝쿨 | | |
|---|---|---|---|
| 42 | 물화교실(物化教室) | 물리는 요시오카(吉岡), 화학은 박(朴) 선생에게서 배웠다. 실험과 노트정리는 각각 분업했다. | |
| 43 | (사물함) | 통학생용의 사물함이 설치됨. | |
| 44 | 교내매점, 교내식당 | 우동과 단팥죽 5전, 왕과자 2전. | |
| 45 | 이발소 | | |
| 46 | 석탄저장소 | 석탄을 훔쳐가는 사람이 있어 소사(小使)가 감시했다. | |
| 47 | 부민병원(府民病院) | 긴급환자는 여기로 운송했다. | |
| 48 | 병기고 | | |
| 49 | 테니스코트(경식) | | |
| 50 | 미술교실 | 이봉상(李鳳商) 선전(鮮展) 특선. | |
| 51 | 배구장 | 미나모리(皆森),야마노우치(山ノ内)와 함께 故코바야시(小林), 카토우(加藤)가 활약. 후년 여기에 무도장(武道場)이 건설되었다. | |
| 52 | 연습당 | 입구 위쪽에 페스탈로치의 그림 액자가. 입학식, 졸업식, 변론대회, 검도를 여기서 했다. 장기간 앉아있거나 나르거나 했다. | |
| 53 | 훈련원 | | |
| 54 | 더러운 강 | | |
| 55 | 궁도장 | | |
| 56 | 봉안전 | 나무로 에워쌈. | |
| 57 | 수위실 | 토미나가(豊永) 선배의 무용담이 있었다. | |
| 58 | 출입문 | | |
| 59 | 츠키야마(築山) | 보통과 1학년 입학 때 기념사진을 찍다. 이하 학년사진을 찍다. | |
| 60 | 본관 | 붉은 벽돌의 담쟁이 넝쿨. 광탑은 사범의 상징. 와타나베 신지(渡辺信次) 교장 및 직원 34명. | |
| 61 | (본관의) 현관 | 정면의 큰 벽시계. 계단이 있었다. | |
| 62 | (본관의) 창 | 창은 소년의 눈에는 매우 이국적이었습니다. 여기에도 담쟁이 넝쿨이 있었습니다. | |
| 63 | 연못 | | |
| 64 | 황금정 4정목 정류소 | | |
| 65 | 황금정 5정목 정류소 | "시항갓코우마에"(師範学校前)라고도 했다. 전차·보기차였다. 이 전차는 '鮮銀[조선은행]앞', '남대문', '경성역', '용산'을 거쳐 한강에 간다. | |

〈표 14〉를 살펴보면, 경성사범학교 출신자들이 학창시절에서 부서활동을 가장 인상 깊게 기억하고 있음을 알 수 있다. 경성사범학교는 앞서 언급한 것과 같이 설립 초기부터 조선 최고의 사범교육기관으로서의 입지를 구축했거니와 초등교육의 지도자적 역할을 담당했다. 경성사범학교는 조선의 초등교육의 내용을 생산해내는 연구의 '산실'이었으며(안홍선 2005: 57), 이에 따라 연구부를 위시한 부서활동이 다만 학생 개개인의 취미활동에 그치는 것이 아니라 주요한 교육활동 중의 일부를 차지했다.

연구부의 각 부서의 활동내역을 살펴보면, 먼저 교육연구부는 매년 2월 순화회관(醇和会館)(〈표 14〉의 연번 19 참조)에서 연구발표회를 개최했다. 발표내용은 부원의 재량에 전적으로 위임되었다. 일례로 1929년에는 '실용주의', 1930년에는 '변증법철학과 교육의 본질'이라는 주제로 발표회가 개최되었다. 발표원고는 '학우순화회'의 기관지『朝光』[조광]에 개재되었다(『大愛至醇』, 205-6쪽). 또한 '페스탈로치의 교육애(教育愛)'를 교육정신의 기치로 삼은 교육연구부에서는 매년 2월 페스탈로치 서거일에 맞추어 강연회를 개최했다. 이 강연회의 시초는 1927년 2월 17일 페스탈로치 서거 백년제 기념강연회이다. 이 기념강연회는 경성사범생을 대상으로 한 1부와 경성부 내의 교육자 일반을 대상으로 한 2부로 나뉘어 진행되었는데, 여기서 나온 소책자『ペスタロッチ先生の復活』[페스탈로치 선생의 부활](京城師範學校教育研究部)에는 히로시마고등사범학교를 페스탈로치 연구의 거점으로 만든 일본의 페스탈로치 연구자인 오사다 아라타(長田新)의 글이 서두를 장식하고 있다. 오사다는 스위스의 교육개혁가인 페스탈로치의 서거 백년제를 경성사범학교에서 개최하는 의의를 페스탈로치의 구빈론(救貧論)과 교육교화에서 찾고 있다. 그는 경성사범학교 학생이 장차 가르치게 될 조선 빈농의 아이들의 혼을 일깨우고 더 나은 생활을 개척할 수 있게끔 '제2의 페스탈로치'가 될 것을 고취하는 데에 페스탈로치의 교육사상의 의의가 있다고 설파했다. 연습과의 조선인 학생인 김종수(金鍾洙)는 '전조선의 면적의 7할이 산이며, 2천

3백만의 조선인 중 8할이 농민이고 그 대다수가 소작인인데, 소작인의 반이상이 빈민인 현실을 그들에 대한 사랑과 교육교화로 개선하자'고 역설한다. 이처럼 페스탈로치는 그들의 미래의 모습을 현시한다. 연습당[강당] 입구쪽 벽면에는 고아원 아이들과 함께 있는 페스탈로치의 그림이 걸려 있었고(〈표 14〉의 연번 52 참조), 학생들은 이 그림을 보며 빈민에 대한 페스탈로치의 '대애(大愛)'가 〈大愛至醇〉이라는 교훈의 실천 속에서 발휘되리라 믿었다(『大愛至醇』461-2쪽). 페스탈로치와 고아원 아이들의 그림은 경성사범학교 학생과 조선인의 관계를 계몽의 관계로서 환유했다.[25]

연구부 외의 각 부서들은 교우회가 '순화회'라는 정식이름을 얻은 1927년 이전부터 '자발적으로' 결성되었다. 미술부는 1923년부터 활동을 개시했으며, 음악부는 1925년 6월 26일 '와그너 소사이어티'라는 별칭으로 창립되었다. 미술부는 속칭 '선전(鮮展: 조선미술전람회)'과 '제전(帝展: 일본문부성미술전람회)'의 입상을 목표로 꾸준한 작품 활동을 벌였고, 배출된 입상자 중에는 조선인이 다수를 차지했다. 그 중 1928년 졸업생인 손일봉(孫一峰)[26]은 재학 중 '선전'에 3회, '제전'에 1회 입선했다. 음악부는 합창, 합주, 하모니카 밴드, 만도린 클럽 등의 팀을 결성하여 학기마다 연습당에서 발표회(1학기 신입생환영교내음악회, 2학기 학예회(독주, 독창회), 3학기 공개음악회)를 개최했다. 1937년 졸업생인 김순남(金順男)[27]은 재학시절부터 이미 음악분야의 남다른 재능을 발휘하여 음악부를 대표할 정도였다. 이렇듯 경성사범학교

---

25) 안홍선은 경성사범학교에서 '페스탈로치'가 천황을 중심으로 하는 가족주의적 국가관의 교육학적 수사였다고 주장한다(2007: 39).

26) 손일봉(孫一峰, 1906~1985) 1928년 3월 경성사범학교를 졸업한 후 일본 동경의 우에노(上野) 미술학교를 졸업하고, 해방과 더불어 귀국. 국전(國展) 초대 화가. (한국역대인물종합시스템 참조)

27) 김순남(金順男, 1917~1986) 〈산유화〉의 작곡가. 1937년 3월 경성사범학교를 졸업한 후 일본 동경으로 건너가 쿠니타치(国立)음악학교를 중퇴, 동경제국음악학교를 졸업한 다음 1943년 귀국하여 가곡 등의 작곡 및 방송활동을 전개했다. 1948년 월북했다. (한국역대인물종합시스템 참조)

의 미술부와 음악부에 '우수한 인재'들이 포진한 까닭은 식민지조선의 중등
교육기관에서 근대적 예술 교육을 습득할 수 있는 곳 중에 하나가 부서 활
동이었기 때문이다. 이들 부서는 내지에서 영입된 교원으로부터 미술과 음
악에 관한 '근대적' 기법을 전수받을 수 있는 곳이었다.[28] 손일봉은 졸업 후
우에노(上野) 미술학교로 진학했고, 김순남은 쿠니타치(国立) 음악학교를 거
쳐 동경제국음악학교로 진학하여 이후 전문적인 예술인의 길을 걸었다.

〈사진 27〉 경성사범학교 박물연구부(博物研究部)의 채집실습 기념촬영 (1935년)
※경성여자사범학교가 1935년 경성사범학교 여자연습과에서 이관, 신설된 후에도 부서
활동을 함께 했다고 한다. 사진을 제공한 사토 시로 씨에 따르면, 사진 속 인물의 대
략 반은 조선인이었다.

---

28) 경성사범학교의 음악교육에 관해서는 藤井浩基,「京城師範学校における音楽教
育―1925年~1935年を中心に―」『北東アジア文化研究』 1호, 鳥取女子短期大学北
東アジア文化綜合研究所, 1995년 참조.

1930년대 경성사범 조선어연구부는 이희승(李熙昇), 조윤제(趙潤濟)의 지도 하에 조선어철자법 개정안29)의 공포와 맞물려 철자법을 연구하거나 전국 규모의 방언이나 민요를 채집하는 한편, 창작희곡을 공동집필하여 연극을 상연하는 등의 활동을 했다(『大愛至醇』, 205-17쪽). 이 시기 수집된 방언은 1936년과 1937년 각각 『方言集』[방언집](京城師範學校朝鮮語研究部編) 1, 2권 으로 출간되었다. 이『方言集』은 조선 최초의 방언자료집으로(李相揆 1995: 423), '후문(後文)'에 의하면, 조선인 학생 68명이 본 조사에 참여했다. 그들은 농촌실습기간과 방학을 이용하여 조선 전도(全道)의 68곳에서 913개 항목의 방언을 조사했다. 이 책자를 비롯한 모든 인쇄물의 발간 비용은 '학우순화회' 에서 지원되었고, 교유(教諭)의 승인 하에 교내 배포되었다(『大愛至醇』, 217쪽).

그밖에 운동부의 활동상을 살펴보면, 검도부, 유도부, 야구부, 육상경기 부 등은 경성사범의 설립초기인 1922~23년에 창립되었고, 전선대회(全鮮大會)를 비롯하여 서일본검도대회(西日本劍道大會), 만선선발야구대회(滿鮮選拔野球大會) 등 에서 우승전적을 쌓아갔다(『大愛至醇』, 218-40쪽). 아이스하키부는 보통과 동기생들이 의기투합하여 캐나다에서 교본을 구입하고 자체적으로 장비를 구비하여 부의 설립허가를 얻어내었다(『大愛至醇』, 373쪽).

정리하면, 경성사범학교 부서활동은 첫째, 정해진 형식에 구애되지 않고 부원들의 재량에 따라 다양하게 운영되었고 둘째, '우수한 인재들'의 다재 다능한 활동의 장이었으며 셋째, 교내활동과 교외활동을 병행했다. 동화연 구부의 부원으로 활동했던 시다 토키하루 씨 또한 경성사범학교의 부서활 동을 자유로운 자치의 공간으로 기억했다.30) 그에 따르면, 부서의 선택과

---

29) 1921년 3월 총독부 학무국에서는 조선어철자법조사회를 개최한 이래, 1929년 6월 조선어철자법 개정안을 최종 공포했다. (『동아일보』 1921년 3월 13일자, 1929년 6 월 14·19·21일자 참조)

30) "정식으로 들어간 곳은 지리역사를 연구하는 지역부(地歷部)였어요. 거기서는 오 로지 모형도, 지도, 골판지를 가지고 '50000:1의 지도를 이렇게 만드세요' 한 기억 밖에 없어요. 그리고 또 하나는 자심감에 가득차서 거의 유명무실하게 된 부서를

활동은 자율적이었다. 한 사람이 여러 부서에 동시에 가입할 수 있었고 부서를 새롭게 만들 수도 있었다. 그는 자신이 주도적으로 이끌었던 동화연구부의 교외활동이 부원들의 자발적인 의지와 역량에 의해 전개되었다고 말한다.[31] 동화연구부는 동화극의 공연 횟수가 늘고 점차 입소문을 타게 되자 경성사범학교 부속학교 교사인 오이시 운페이(大石運平)의 도움을 받아 경성방송국에 출연하기까지 했다.

또 그는 음악부원으로도 잠시 활동했는데 동기생인 김순남(金順男)의 권유로 가입한 음악부에서는 교내 합창대회의 합창단원을 몇 번 참가한 정도에 그쳤다. 시다 씨처럼 서너 곳의 부서를 동시에 가입하는 경우가 많았고, 대개는 그 중 한두 곳을 선택해서 본격적인 부서 활동을 이어나갔다. 시다 씨는 이 과정에서 일본인 혹은 조선인이라는 이유로 부서 선택에 제약을 받

---

다시 일으키고 싶은 마음에 '중흥의 선조는 나다!' 라는 자부심으로 들어간 동화연구부, 그 양쪽 모두에 속했어요. 거기에 쓴 것처럼, 정식으로 있지 않지만, 화술부(話術部)의 위원을 하라고, 화술부는 없는 부였어요. 그리고 무엇이었던가, 서너 개의 가공의 부서의 위원으로 있었어요. 반은 농담으로요. 저 녀석이 하면 재밌다고들 했어요. 인기가 있었던 것은 아니지만. 그런 일이 있었습니다."(2011년 6월 24일 채록).

31) "그때 내가 열심히 모집했던 동화부 부원은 일곱 명 정도. 번갈아가며 짧은 동화를 말하거나 했는데 혼자서 안주인 노릇을 하는 것 같은 소심한 느낌이 들었어요. 그것은 그 일곱 명이 부속소학교에 있었던 고등과 출신이었기 때문이에요. 아까 말했듯이, 두 명이 먼저 있었고 고등과 출신들이 함께 일곱이 들어와서 부원은 총 아홉이었어요. 100명[의 보통과]에서 9명이 있었던 거죠. 그 후 학교에는 어떤 보고도 하지 않고 절의 주일학교, 큰 절이, 서본원사(西本願寺)라는 절이 있었어요. … 거기에 내가 직접 가서 타야(田谷)라는 선생님을 찾아간 거예요. 상냥한 분으로, 그분에게 동화 연습을 주일학교에서 하게 해달라고. 그리고 교환 조건을 건 거죠. 교회의 찬송가처럼 찬가가 있어요, 부처님을 기리는 노래, 그 오르간 반주를 해주겠다고. 그것 말고도 여러 가지를 해주겠다고. [경성사범]여학교에서 온 서너 명이 있었거든요. 그들과 협력해서 좌석을 배치한다거나 철거하거나 청소를 하거나 그런 심부름을 해주는 교환 조건을 가지고, 일요일마다 서너 명과 함께 가서 동화를 시켜달라고. 동화수행이었죠. 그 수행의 교본은 오로지 도쿄대학의 동화 연구부의 오오츠카 설법위원회에서 낸 총서였고 그 몇 권을 암기했어요. … 본격적으로 동화극을 상연한 것은 새로 생긴 공회당인 부민관(府民館)에서였어요. 물론 무료였습니다. 장사꾼이 아니니까."(2011년 6월 24일 채록).

는 일은 없었다고 하며, 다만 조선어연구부의 경우 부서의 성격상 부원 모두가 조선인이었다고 말해주었다. 물론 조선어연구부의 부원 역시 다른 부서와 다발적으로 소속되어 여러 부서활동을 병행했다.

경성사범학교의 학창시절에 대한 회고담에서 부서활동이 많은 비중을 차지하는 것은 경성중학교 동창회지의 내용과 상반되는 부분이다. 경성중학교 동창회지에서는 학창시절에 관한 한 부서활동보다는 교내외훈련이 더 많은 비중을 차지했다(본서의 2부 3장 참조). 이것은 졸업 후 교직의 진로가 정해진 사범생들이 고등학교와 제국대학으로 진학을 준비해야 하는 경성중학교 학생들에 비해 상대적으로 교외활동의 여유가 더 많았기 때문이기도 하지만, 그보다 교직으로의 예정된 진로가 학내의 다양한 부서활동의 분위기를 조장했기 때문으로 보인다. 그 속에서 예비교사로서의 학내외의 실습활동은 식민지조선과 조선인의 현실을 직접 체험할 수 있는 장으로 인식되었다.

### 교육실습과 농촌체험

경성사범학교에서 보통과 5년을 마치고 연습과에 진급하면 본격적인 현장실습이 시작되었다. 연습과의 교생실습은 경성사범학교 부속소학교에서 이뤄졌다. 부속소학교에는 일본인이 다니는 제1소학교(14학급)와 조선인이 다니는 보통학교(제2소학교 9학급)와 교내에 위치한 전 학년 한 학급의 단급(單級)학교가 있었다. 단급학교는 총독부의 '일면일교계획(一面一校計画)'에 의해 불가피하게 발생할 수 있는 2개학년 이상의 복식수업을 대비하여 전 학년을 한 학급에서 동시에 수업할 수 있는 능력을 함양하기 위한 '실험교'였다. 그리고 정식의 부속학교는 아니지만 부속대용(代用)의 경동보통학교가 있었다. 이 학교는 한 학급에 한 명당 교생배분 시 부족한 실습학급을 충당했다. 당시 뚝섬에 위치한 경동보통학교는 그뿐만 아니라 '농촌형' 학교로

도 의미가 있었다. 경성사범학교의 졸업생들이 배정되는 조선의 보통학교는 대부분이 농촌에 위치했기 때문에 '농촌형' 학교의 교육과정을 예비해야 했기 때문이다.[32] 교육실습은 총 10주로 2월 중순~3월 중순과 6월 상순~7월 중순의 2회에 걸쳐, 소학교와 보통학교로 각각 기간을 할당해서 진행되었다.

단급학교는 일본인 학교였기 때문에 소학교에서 교생실습이 진행되는 시기에 특별히 선발한 3인의 우수생을 교생으로 받았다. 3인의 우수생이란 학업성적우수자, 체조기술유능자, 음악통달자를 가리켰다. 단급학교의 음악 담당 교생으로 선발되었던 시다 씨는 당시 실습과정이 하나의 학급에 여러 학년을 동시에 가르치는 지도법을 전수받는 과정이었다고 회고한다.[33] 단급학교는 1913년 경성중학교 부설 임시교원양성소 시절부터 교육실습을 행할 목적으로 설립되었고, 1921년 경성사범학교가 설립되면서 부설 단급소학교로 이관되었다. 경성사범학교에서 '조선의 페스탈로치'로 존경받았던 우에다 츠치고로(上田槌五郎)는 단급학교가 경성사범학교로 이관된 1921년에 주임으로 부임했다. 우에다 츠치고로는 히로시마고등사범학교 교장의 추천을 받아 에히메(愛媛) 사범학교를 사직하고 조선으로 건너왔다. 그는 단급학교의 의의에 대해 두 가지를 말하는데, 하나는 사회생활을 학급 내에 실현하는 것이고, 또 하나는 교육의 사실과 일치되는 학습지도, 자립

---

32) 『自分勝手史: 存えて』, 78-83쪽.
33) "단급학교는 문자 그대로 하나의 학급에 모든 학년이 함께 하는 학교인데, 통상의 복식수업을 이끄는 특단의 지도법에 대한 연구나 기술을 요하지요. 이 학교는 우에다 츠치고로(上田槌五郎) 선생이 가르치고 있었는데, 우에다 선생은 경성사범학교 내에서 '조선의 페스탈로치'로 존경을 받았어요. … 교실에 총 7~80명의 학생들이 짝수학년은 동면의 칠판을, 홀수학년은 서면의 칠판을 바라보고 앉아있으면, 선생님은 수업시간 전에 미리 칠판을 학년별로 구획하여 수업내용을 판서해놓고 수업이 시작되면 한 학년씩 가르치고 자습을 시키는 방식으로 진행했어요. 선생이 아이들의 학습능력을 잘 알고 있어서 수업이 물 흐르듯 자연스러웠습니다. … 우리 교생들은 아이들과 『醇一』(순일)이라는 문집을 만들었습니다. 우리가 4호 즉 네 번째로 만들었지요."(2011년 6월 25일 채록).

자영의 생활, 자발학습의 훈련을 철저히 하는 것이다. 그는 단급학교 및 복식학급이 일본 내지에서 메이지 유신 이후 실시된 '일촌일교(一村一校)' 정책에 의한 궁여지책이 아니라 대량생산의 공장화하는 교육현장에서 인간성을 지키는 교육이라는 사명감을 가지고 있었다. 그는 조선이야말로 단급학교가 필요하며 그 이상을 실현할 수 있는 곳이라 여겼다.[34]

단급학교를 제외하고, 부속 소학교와 부속 보통학교의 교생 배정에서 조선인과 일본인의 구분은 존재하지 않았다. 교생실습 중의 연습과생들은 오전 중에는 각 과목의 학과주임의 수업을 2회씩 참관하고 오후에는 연습과 전교생이 모여 수업강화(講話)를 실시했다. 연습과 학생들은 각 학과주임에게서 자신이 작성한 수업계획안을 검토 받은 후에야 수업에 임할 수 있었기 때문에 교생실습 중에는 기숙사의 불이 자정이 넘도록 꺼지지 않을 정도였다고 한다(『大愛至醇』, 272쪽).

> 사범학교이므로 물론 교생실습이 있었습니다. 나는 부속보통학교 2학년에 배속되었습니다. 시와쿠 쿠니하루(塩飽訓治)[1922년 경성제일보통학교 임시교원양성소 졸업]의 꼼꼼한 지도를 받았습니다. 지금까지도 저는 가르친다는 것이 매우 어려운 일임을 통감합니다. 3주간의 실습이었는데, 그때 저는 프로의 엄격함과 대단함을 실감했습니다. 드디어 내가 수업해야 할 때가 왔습니다. 감격이라고 할까 직업에 대한 두근거림이라고 할까, 입문에 이르렀다고 생각했습니다. 그리고 전날 밤 지도안을 다시 한 번 마음속에 되새기고 점검하고 고쳐 읽기 위해 자정을 넘겨 새벽 한시까지 책상에 앉아 아이들의 예상되는 반응에 대해 발전적인 전개를 꿈꾸는 계획... 등에 전념, 열중했던 그때가 생각납니다.[35]

---

34) 上田槌五郎, 「體驗を語る」『朝鮮の教育研究』 제83호, 1935년, 51쪽.
35) 카와라사키 시게루(川原崎茂), 1937년 연습과(을) 졸업, 『大愛至醇』, 441쪽.

수업계획안에 보통학교와 소학교의 구분은 없었다. 다만 소학교에는 없고 보통학교에만 있는 조선어 수업의 경우, 조선인 교생만 참가하고 일본인 교생은 참가하지 않았다. 경성사범학교의 교과과정에는 조선어 과목이 주당 두 시간 배정되었는데, 1930부터 1932년 3월까지는 이희승(李熙昇)이, 1932년 4월부터 1939년 3월까지는 조윤제(趙潤濟)가 조선어 과목의 교유(敎諭)로 재직했다.[36] 그런데 조선어 수업은 보통학교의 교육 자료를 제공한다기보다 일본인 교사가 조선인들과 좀 더 원활하게 의사소통을 할 수 있도록 하는 데에 주안점을 두고 기초적인 문법과 회화 위주로 짜여있었다.[37] 일본인이 경성사범학교의 조선어 수업을 통해 조선인에게 조선어를 가르치는 수준에까지 이른다는 것은 애초에 불가능했다. 사토 시로 씨는 조선어 교유인 이희승과 조윤제로부터 조선어 문법을 체계적으로 배울 수 있었다고 말해주었다.[38] 그러나 사토 씨처럼 조선의 농촌에서 태어나 조선인 보통학교를 졸업하여 조선어가 능통한 일본인 학생은 극소수에 불과했다.[39]

---

36) 이희승과 조윤제는 경성제대 졸업생으로 1931년 6월 이재욱(李在郁), 김재철(金在喆)과 함께 조선어문학회를 결성하여『朝鮮語文學會報』(1~9호)와『朝鮮歌謠集成』등을 발행했다.
37) "졸업할 때까지 매년 한국어 학습이 있었고 보통학교의 교과서가 사용되었다. 테라다(寺田), 조 선생, 안 선생으로부터 배웠다. 시험 때 외웠던 단어나 간단한 단문은 지금도 뇌리에 남아있어, 올봄 한국여행에 큰 도움이 되었다. 한글을 읽고 쓸 수 있어서 다행이라고 생각한다."(타케토미 유우타이(武富佑泰), 1937년 졸업 (〈표 15〉의 연번 69 참조),『大愛至醇』, 439쪽)
38) "경성사범학교에서도 조선어 수업이 있었어요. 당시는 조선총독부에서 조선어를 가르치고 배우는 것이 교육방침이었고 [총독부에서] 조선어 교과서를 만들었을 때이니까요. 이희승(李熙昇) 선생, 조윤제(趙潤濟) 선생 모두 멋진 분이었어요. 이희승 선생은 당시 조선어를 '언문'이라고들 했는데 '조선어'로 말하라고 했어요. 조선어 수업도 재미있었어요."(2011년 6월 22일 채록).
39) "일본인이라도 아버지가 교장인 아이들은 2학년 정도까지는 보통학교를 다니고, 나중에 도회지로 나와 일본인 학교에 다닙니다. 나는 1학년부터 6학년까지 일본인이 나 하나뿐인 시골의 보통학교를 졸업했어요. 그렇기 때문에 특별한 경우였죠. 그런 사람은 사범학교에서 나 하나였어요. 1,2년 보통학교를 다닌 사람은 몇 명 있었지만. 그래서 일 년에 한번 있는 학예발표회의 조선어 변론대회에 나갈 사람이, 동급생이 이건 '사토 밖에 없어'라고 했어요. 제가 매번 맡아 했어요."(2013

실제로 연습과의 15개 과목의 수업항목에서 교과재(敎科材) 연구가 주를 이룬 반면, 조선어 수업은 한문 강독과 일상회화 및 문법, 작문 등으로 채워졌다(『大愛至醇』, 59쪽). 또 역사와 지리 과목의 내용을 살펴보면, 일본의 역사와 지리를 주로 다루되 조선은 지방사로 언급되는 수준에 머물렀다.[40] 교생실습이 소학교와 보통학교에 그 기간을 공평하게 할당했고 조선의 농촌을 직접 체험하고 그에 적합한 교육을 실현하기 위한 예비과정에 충실했던 것은 분명하지만, 그렇다고 해서 조선을 독립적인 민족으로서 그 관습과 언어를 존중했다는 것은 아니다. 그러기에 당시 조선은 제국일본의 일개 지방에 불과했다.

경성사범학교에서 농촌실습은 교생실습만큼이나 중요한 교육영역의 하나였다. 조선의 유업인구 중 70% 이상이 농업에 종사했고[41] 농촌의 보통학교 교사는 '농촌지도자'의 역할까지 도맡아야했기 때문이다. 경성사범학교는 1921년 6월 25일 농업실습지를 경성근교인 신당리에 마련했고, 1933년 2월 농업교육의 철저를 기하기 위해 실습지를 뚝섬[纛島]으로 이전 확장했다. 그와 동시에 직업과(職業科)(農業) 주임을 맡았던 쿠보니와 토우미키(久保庭藤三樹)를 농장주임으로 파견했다. 1931년 6월 부임하여 쿠보니와와 함께 농장을 맡았던 다나카 마사키치(田中政吉)는 농장실습에 대해 다음과 같이 회고했다.

---

년 3월 8일 채록).

40) 『歷史と歷史敎育』(1932, 京城師範學校歷史硏究室) 第七章 實地指導案 참조.

41) 1930년에 시행된 국세조사에 따르면, 조선의 유업인구(9,765,514명) 중 농업에 종사하는 이(7,664,564명)의 비율은 78.5%에 이르렀다. 또 1940년의 국세조사에서는 9,19,540의 유업인구 중 농업인구는 6,685,238명으로 72.7%를 차지했다. (『朝鮮國勢調査結果要約』朝鮮總督官房調査課 編, 1940년 참조) 강정택에 따르면, 1940년의 전체인구(24,254,802명)가 1930년(21,058,305명)보다 약 15%가 증가함에도 불구하고 농업인구가 감소한 것은 조선에서 급격히 발전한 광공업에 농촌 노동자가 유출되었기 때문이다(2008[1940]: 304).

농장교실에는 정면 흑판의 좌우상에 일본의 농성(農聖) 니노미야 손토구(二宮尊德)[42], 조선의 농성(農聖) 이율곡의 초상화를 걸고 선인(先人)의 미덕을 기리도록 했다. … 농업과 교육의 목표는 철저하게 조선 특히 농촌교육자로서의 자각과 우수한 농업기술을 체득하는 것에 두고, 항상 새로운 학식과 풍부한 실습 기술을 익히는 일에 유의했다. 그 하나의 사례로서, 농장실습을 단지 재배·수확·판매에 그치는 것이 아니라 미래의 교육자 양성의 방침에 기초하고, 가족실습이라는 하여 주 1회, 졸업학년 연습과 2년생과 보통과 2,3년생을 함께 농장 실습시키는 방식을 채택했다. 실습일에 맞춰 연습과생이 본교에서 수업 2시간 수료 후에 아침부터 농장에 와서 여러 개의 반으로 갈라져 실습종목의 설명을 들은 후 생도들 간의 상호 기술이나 지도의 요항 등에 대한 연구회적인 대화를 나눈다. 오후부터 지도를 받는 보통과 2,3년생이 도착하고, 오전의 실습 행사가 끝난 후 몇 개의 반으로 나눠 실습을 대기하고 있는 연습과생에 맡긴다. 이와 같은 일의 분담에 의해, 교사는 조수와 3인만으로도 그 실습 현장을 순회하고 지도할 수 있었다. 보통과 생도의 질문에 연습과생이 응답하는 모습이 흡사 부모가 자신의 가족에 일을 가르치는 작업으로 행하는 모양과 닮았기 때문에 '가족실습'이라고 이름 붙여진 것이다. (『大愛至醇』, 201쪽)

기실 농장실습은 경성사범학교에서만 행해진 것이 아니다. 당시 초중등 교육기관에서는 의무적으로 농업의 진흥과 농촌의 생활개선을 위해 학교원(學校園)을 설치하고 농업실습을 실시했다. 그런데 경성사범학교의 농장교실은 학교원(學校園)의 기능뿐만 아니라 그 운영의 모범을 제시해야 했다.[43] 1936년 10월 뚝섬농장에 양잠실을 기공하고 조선총독이 매년 뚝섬농장을 시찰했던 것도 그와 같은 운영의 연장선상 위에 있다.

---

42) 니노미야 손토구(二宮尊德 1787~1856)는 통칭 긴지로(金次郎)라 불리며 보덕주의(報德主義)와 향토교육의 상징으로 일본 메이지 유신 이후 소학교의 농업교육의 모델로 도입된 인물이다(가타기리 요시오 외(이건상 옮김), 『일본교육의 역사, 사회사적 시각에서』, 논형, 2011년, 206쪽).

43) 田中政吉,「新使命に立脚せる學校園經營の實際(上)」『文敎の朝鮮』141호, 1937년, 82-94쪽.

나아가 연습과생들은 5월 하순부터 한 달간 조선 각 지역으로 농촌위탁실습을 나갔다. 1931년부터 시작된 이 실습은 조선 각도의 도지사가 지정한 도내의 보통학교 및 농업보습학교에 연습과생들을 한 명씩 배정하여 학교장의 지도하에 실시되었다. 경성사범학교 연습과생들의 농촌위탁실습은 다만 현장실습의 차원에 머물지 않았다. 예비교사가 농촌의 현황을 파악하고 농촌지역에 소재한 보통학교 및 농업보습학교의 지도방향을 접수하는 데에 더 큰 의미가 있었다. 위탁받은 학교 측에서는 경성사범학교 학생들이 농촌의 근로, 생활, 관습 등을 체험함으로써 장차 교사로 부임하여 농촌지도에 한몫하기를 기대했다.[44]

그리하여 농촌위탁실습 기간 중 연습과생들은 파견된 학교장에 위탁되어 학교 인근의 농가에 기숙하며 '농작업'을 병행했다. 이때 일본인 학생의 대부분은 처음으로 조선 농가의 의식주 생활을 직접 체험했다. 조선에서 자란 그들이라 할지라도 조선인과 한 집에서 살아본 경험은 전무했다. 온돌방에서 기숙하고 김치, 된장국, 말린 명태, 나물, 김, 생선조림, 생선구이 등 조선식으로 조리된 음식을 삼시세끼 먹으며 '촌부'와 함께 일하는 농촌위탁실습은 향후 조선의 초등교원으로서 그들이 경험하게 될 일상생활의 '맛보기'였다.

거의 모든 음식이 고추장이나 마늘, 참기름 맛이 났는데, 어렸을 때부터 매운 것을 즐겼더라면 아주 괴롭지는 않았을 것이다. 다만 낯익은 도살자의 뚱보 아저씨가 "오독오독하니 맛있어. 정력에 좋다고"라며 바로 잡은 피투성이의 불알을 불쑥 내밀었을 때는 간담이 서늘하여 피하고 싶었다. 하지만, "맛있는데…"라며 소금을 찍어 오독오독 소리를 내면서 맛있게 먹는 모습을 보니 순간 입맛이 돌았다. … 초로(初老)의 박 씨라 불리는 하인이 있었는데, 풍채가 좋았다. 지금으로 말하면 아놀드 슈왈츠

44) 增田收作,「現下農村の窮狀對策よリ觀たる京城師範學校演習科生の農村實施研究施設」『朝鮮初等敎育硏究會』, 1932년.

제네거의 수제자격이라고 할까. 젊었을 때는 중량급의 챔피언이었다고
한다. 농담을 좋아해서 "이렇게 힘이 남아도는 데 할 수 있는 것이 없어
서 어쩐다. 손으로 방귀나 잡지"라고 한다. 한참을 웃었다. (『自分勝手史:
存えて』, 84쪽)

위의 글에서 조선인은 건장한 '촌부'로 묘사된다. 반면 실습생은 조선인
'촌부'의 모습에 낯설어하고 다가가길 머뭇거리는 '문화초년생'으로 묘사된
다. 농촌실습은 보통학교 교사의 '농촌지도자'로서의 겸임 능력을 함양하기
위한 예비과정인 한편, 특히 일본인 학생에게는 낯선 환경의 문화체험이기
도 했던 것이다.

조선인과의 교우관계

그런데 경성사범학교에서 일본인 학생은 이미 조선인 학생과 학교생활
을 공유하고 있기 때문에 농촌실습 이전에 조선인에 대한 인식을 어느 정
도 갖추었을 것이다. 주지하다시피 경성사범학교는 식민지조선에서 가장
우수한 '인재'들이 모인 곳이었다. 경성의 일본인 소학교에서는 '머리 좋은'
졸업반 학생들에게 경성중학교와 경성사범학교의 수험을 준비하게 했다.
시다 씨도 경성중학교와 경성사범학교 두 곳 모두에 응시했다고 한다. 그
에 따르면, 경성에서 경성중학교와 경성사범학교의 입시수준은 비등했지
만, 조선 전역에서 보자면 경성사범학교의 입시가 더 합격하기 어려웠다고
한다.[45] 따라서 경성사범학교 학생들은 일본인이든 조선인이든 '조선에서

---

45) 응시자 중에는 소위 '재수생'도 있었다. 일례로, 1963년부터 1973년까지 공주사범대
학(공주대학교의 전신)의 학장을 역임한 김영돈(金永敦) 씨는 충청남도 논산의 보
통학교를 졸업한 후 경성사범학교 입시에 낙방하자 일본인 학교인 논산심상고등
소학교 6학년에 편입하여 재수한 끝에 그 이듬해 합격했다(『大愛至醇』, 458-9쪽).
또, 제10회 연습과(을) 졸업생인 어느 일본인은 1929년 2월 효고현(兵庫県)에서
응시하여 합격한 끝에 홀홀단신 조선으로 건너왔다(앞의 책, 342쪽).

최고'라는 '엘리트의식'을 공유했고, 나아가 조선인과 일본인 간의 차별대우 혹은 차별의식을 전혀 갖지 않는다는 자부심이 있었다(『大愛至醇』, 272쪽).[46] 가령 시다 씨는 각 부서에서 뛰어난 재능을 발휘하는 학생들 중에는 조선인이 많았고 동기간, 선후배간에 다툼이 일어났을 때에도 민족의식이 개입하지 않았으며 단짝친구를 사귈 때에도 민족을 가리지 않았다고 말한다. 그는 우수한 조선인 학생에 대해 민족차별의식을 가질 이유가 없었다고 했다.[47] 심지어 조선인이 반장을 맡기도 했다.[48]

이와 같이 시다 씨가 경성사범학교에서 민족차별이 존재하지 않았다고 회고하는 데에는 경성사범학교 학생의 재능을 높이 평가하는 '교풍(校風)'이 자리한다.[49] 경성사범학교의 조선인 학생은 여러 방면에서 매우 뛰어난 소

---

46) 김영돈(金永敦) 씨는 경성사범학교가 "군국주의의 와중에도 자유주의 교육을 실천했다. 그리하여 조선인에 대한 차별대우 등은 조금도 느낄 수 없었다"고 술회한다(『大愛至醇』, 459쪽).

47) "교원의 뜻을 품은 수험생들에게 경성사범학교의 입시는 매우 어려웠어요. 일본인에게도 어려웠지만, 경성사범학교에 입학한 조선인들은 조선 전도(全道)에서 매우 뛰어난 학생들이었어요. 그래서 조선인이라는 생각보다 실력이 뛰어난 동기라는 생각이 먼저였어요. 학업성적 외에도 운동, 예술 못하는 것이 없었어요. 유도부의 뛰어난 친구들도 조선인이었고, 미술부의 조선인 친구들은 선전(鮮展)과 제전(帝展)에서 입상을 많이 했어요. 조선인이라고 멀리하는 것도 없었고, 좋고 싫음은 일본인, 조선인과 전혀 상관없었어요. 경성사범학교의 선배나 선생 중에는 조선인도 많이 있었지요. 그들한테 혼나도 조선인한테 혼난다는 의식이 없었어요. 내 자신의 태도가 안 좋았기 때문이구나 생각했어요."(시다 토키하루, 2011년 6월 24일 채록).

48) "우리들은 보통과에 입학해서 바로 반장을 선거로 뽑았다. 한국 국적의 자가 반장이 된 것에 일부 상급생이 우리들을 비웃었다. 각 학년의 생도 100명 중 2할이 조선·한국인이었고, 특히 우수한 인재가 많아 일상적으로는 어떤 차별도 없이 사이좋게 잘 지냈다. 어딘가에 위화감이 있었다는 것을 안 것은 나중의 일이었다."(사토 키토구(佐藤喜徳), 1937년 졸업(〈표 15〉의 연번 92 참조), 『大愛至醇』 443쪽).

49) "학교의 방침은 생도의 자주성을 믿는 온용관대(溫容寬大)한 것이었다. 또 소질이 우수한 자들을 엄선해서 입학시킨 후에는 생동의 가능성을 신뢰하고 개성을 존중하여 향상심을 존중한다는 지도태도였다고 나는 느꼈다."(우마미야 츠토무(馬宮勉), 『追憶の大地 續』, 1996년(미발간), 30쪽).

질을 발휘했고, 일본인 학생은 그 소질을 민족의 차이보다 우선하는 개인의 본성으로 보았다.[50] 이는 경성사범학교의 일본인 학생이 조선인에 대한 차별의식을 가지고 있었다 해도 '우수한' 조선인과의 교류를 통해 그러한 차별의식을 지양해나갔음을 짐작케 한다.

'우수한' 조선인과 일상생활을 공유한 일본인은 일본과 조선의 민족적 차이를 위계화할 수 없었다. 보통과에서 연습과로 진급한 학생들은 연습과로 바로 진학한 학생들과 별도로 반이 편성되었기 때문에, 연습과 갑의 생도는 보통과의 5년을 합쳐 총 6년(1938년 이후 7년)의 학창시절을 '동고동락'했다.[51] 기숙사 생활을 원칙으로 하여 통학하는 학생이라도 먼저 기숙사로 등교하여 하루일정을 기숙사 동기들과 함께 시작해야 했다. 기숙사는 한 방에 열 명씩 배정되었고, 여기서 조선인과 일본인의 구별은 제도적·형식적으로 존재하지 않았다. 동기들은 조선어 발음의 '사범(サボン)[52]'이라는 공동의 정체성을 공유하고 서로를 일본어 발음의 성(姓)과 이름으로 호칭했다.

---

50) "일본인 생도 중에도 우수한 자가 있었지만 그들을 능가하는 조선인 생도가 많았다. 특히 조선인 생도는 모국어가 아닌 일본어 수업에서도 학업성적이 좋았다. 확실히 일본인이 아니라는 핸디캡을 극복한 그들이다. 일본인인 나로서는 그들에게 고개를 숙이지 않을 수 없었다. 실로 '무시무시한 동료'였다고, 외경의 마음을 금할 수 없다. 지금도 그 생각에는 변함이 없다. … 또 부서활동, 특히 운동부는 일본인과 조선인의 교류가 많은 부분을 차지했다. 내가 부서로 선택한 럭비는 격투기이기도 했기 때문에 신체와 신체가 맞부딪히는 운동이었다. 모교의 명예를 걸고 싸우는 대항전에서 민족의 차이 따위는 잊어버리고 순수하게 한 인간의 입장이 되었다. … 그것은 실로 무엇과도 바꿀 수 없는 자랑스러운 체험이었다. 정말로 일선공학(日鮮共學)[내선공학]이 만들어낸 성과이며 나의 인생의 보물이다." (우마미야 츠토무(馬宮勉), 『追憶の大地 續』, 1996년, 52-3쪽.)

51) 연습과는 1931년 보통과 입학생까지 1년 과정이었다가 1932년 보통과 입학생과 1937년 연습과(을) 입학생부터 2년 과정으로 연장되었다.

52) 사범(師範)의 가타카나로 표기되는 한국어 발음의 "サボン"은 식민지기와 그 이후에도 경성사범학교 출신자의 자칭이며 애칭으로 사용되어왔다. 그 외 사범학교 생도들 사이에 일상적으로 사용된 한국어로 '당신'(タンシン), '조금 가만 있어'(チョッコン), '조타가리'(チョッタガリ: 스포츠형 헤어스타일), '도깨비'(トッケビ), '탈책'(ダッサク: 脫柵), '마도친'(マドチン: 무상방뇨), '많이 있소'(マーニイッソ) 등이 있다(『大愛至醇』, 523쪽).

대체로 일본인은 조선어의 한자독음을 알지 못했고 소학교 시절부터 조선어 발음으로 호칭된 조선인 교우를 둔 경험이 없었다. 또한 명부(名簿)[출석부]에 한자로 표기된 조선인의 이름은 조선인 교우조차 일본어 발음으로 불렀다.53)

이러한 동기 관계는 학교 밖으로 이어졌다. 방학이 되면, 경성출신의 일부 일본인 학생들이 낙향한 동기의 집을 방문했다. 그들은 조선인 동기의 시골집을 방문해서 며칠간을 기숙하며 조선 음식을 맛보았다고 회고한다(『大愛至醇』, 390쪽). 사토 씨는 '사범동기'인 민형래(閔炯來)(〈사진 28〉 참조)와 이종근(李種根)과 '둘도 없는' 친구 사이였다고 말한다. 민형래와 이종근은 당시 김교신(金教臣)54)이 이끄는 일요집회의 회원이었다. 이 둘은 김교신의 일요집회에서 배운 성서 강독의 내용을 그 다음날 사토 씨에게 전해주곤 했다.55) 사토 씨는 그들을 통해 김교신과 무교회(無教會)를 접했고, 졸업

---

53) 조선인 보통학교를 나온 사토 씨는 보통학교 시절, 학교 교실에서 선생님들과 학생들은 일본어 독음으로 서로의 이름을 부른 반면, 학교 밖에서는 조선어 독음으로 서로의 이름을 불렀다고 한다. "친구들이니까 이름만으로 불렀어요. 김명수(金明秀)이면 명수라고 했어요. 명수야. 학교에서는 선생들도 학생들도 명수가 일본어 독음으로 메이슈(メイシュウ)니까 킨메이슈(キンメイシュウ)라고 했어요. 저의 이름은 일본어 발음으로 사토 시로인데 친구들이 사토시로!라고 했어요."(2011년 6월 22일 채록).

54) 김교신(1901~1945)은 1920년 동경고등사범학교에 입학하여 박물지리학을 전공했다. 1927년 조선으로 돌아오기 전까지 7년간 우치무라 간조(內村鑑三)의 무교회(無教會)의 성서연구회에 참여했다. 조선으로 돌아온 후 우치무라의 연구회에 참여했던 함석헌(咸錫憲), 송두용(宋斗用) 등과 함께 『聖書朝鮮』을 창간하고 성서연구회를 이끄는 한편, 양정고보의 지리교사로 재직했다(노평구 편, 『김교신전집』, 1976년 참조).

55) "그들[민형래와 이종근]은 매주 일요일 경성사범학교 뒤편의 '부활사(復活社)'라는 서점의 2층에서 김교신 선생이 이끄는 경성성서연구회에 참여했어요. 100명이 넘었다고 해요, 희망자가. 50명밖에 들어갈 수 없는 방이니까 겨우 70명만 들어갔다고요. 제게도 오라고 했어요. 하지만 저는 조선인들만 가는 그 집회에는 참여하지 않았고 도서관에서 『求安錄』[구안록]이라는 우치무라 간조(內村鑑三)의 책을 찾아 읽었어요. … 1940년 9월 경성기독청년회의 회장(會場)에서 김교신 선생이 주최한 야나이하라 타다오(矢內原忠雄) 선생의 로마서 강독 집회에는 조선

〈사진 28〉 민형래

※당시에는 졸업식에서 친구들과 서로
의 사진을 교환하는 것이 유행이었다
고 한다. 위의 사진은 사토 씨가 민
형래로부터 받은 사진이다. 사진 앞
면에는 "앞으로! 앞으로! 민형래"라는
글귀가, 뒷면에는 "一九三七年 二月
눈 오는 어느날 밤"이라는 글귀가 적
혀 있다.

후 전라남도 광양의 보통학교로 부임
한 후에도 민형래를 통해 김교신이 주
도한 잡지인 『성서조선』을 꾸준히 받아
보았다. 사토 씨는 한국어에 능통했으
므로 한글로 쓰인 잡지를 읽을 수 있었
다(『また逢う日まで』, 134쪽).

경성사범학교 학생들은 동기뿐만 아
니라 선후배 간에도 서로 알고 지냈고,
학생자치조직인 '학우순화회'를 통해 동
창회인 '순화회'와 연결되어 동문들과도
상시적으로 안부와 소식을 주고받았다.
일례로 경성사범학교 1회 졸업생인 이
이다 사쿠지로(飯田作次郞)는 졸업 후 교
사로 재직할 때에 후배 김순남의 음악
적 재능을 아끼어 그에게 아코디언을
'누름식'에서 '건반식'으로 바꾸어주었으
며 오르간을 사주었다고 한다. 이를 계
기로 김순남과 가까워진 시다 씨는 그의 집에 자주 방문하여 식혜를 대접
받은 적도 있었다고 회고한다.[56]

나아가 경성사범학교의 조선인과 일본인은 식민지조선의 민족문제 등의
정치적 현안에 대해서도 함께 토론했다. 경성사범학교 출신자들은 조선의
식민지적 문제들을 인식하고 있었으며, 그 실천적 대안을 함께 모색했다.[57]

---

인 100여 명, 일본인 50여 명이 모였죠."(사토 시로, 2011년 6월 22일 채록).
56) 『自分勝手史: 存えて』, 71쪽.
57) 전사했던 카와카미 미사토(川上昌登)(〈표 15〉의 연번 58 참조)군과는 자주 식민
지 정치에 대해 이야기를 나누었다. 백준기(연번 29 참조)군이나 김순남(연번 9
참조)군과도 민족 간의 융화에 대해 이야기한 것이 있는데, 인종차별, 강대한 국

그들은 조선인과 일본인의 '동고동락'한 학창생활 가운데 그 대안을 '사범'
의 사명의식으로 인지했다.

그렇다면 이제 그들이 졸업 후 조선의 '사범'으로서 어떠한 교육활동을
펼쳤는지 그리고 그것이 식민지 이후 어떻게 회고되는지를 살펴보도록
하자.


## '사범'의 사명의식과 농촌의 '계몽'

### 농촌의 보통학교와 일본인 교사

조선 농촌의 일본인 교사의 교육활동의 내용을 살펴보기에 앞서 1931년
에 경성사범학교 보통과에 입학하여 1937년 3월에 졸업한 〈尚友会〉 회원의
조선에서의 교사재직이력을 검토해보고자 한다. 1931년 경성사범학교 보통
과의 입학생은 총 99인으로, 조선인이 19인, 일본인이 80인이다. 이 중 조선
인 1인, 일본인 3인 등 4인이 사망하여 졸업자는 95인이다. 『경성사범학교
제11회 졸업기념집』에 실린 95인의 명단을 기초로, 1937년에서 1941년까지
그들이 재직한 학교를 당시 문헌에 남아있는 기록을 토대로 표로 정리하면
다음과 같다.

---

가권력에 의한 일본인의 일그러진 우월감 등에 대해 열띤 토론을 벌였다. 황실과
이왕가의 혼인의 의의 등도 화제로 삼았고 인종인권문제 등 지금 화제로 삼는다
해도 통용될 만큼 수준 높은 토론이었다. (키무라 이와오(木村巖)(연번 60 참조)
『尚友』, 1987년, 31쪽).

〈표 15〉 경성사범학교 11회 졸업자 명단과 재직 학교 일람(1937~41년)

| 연번 | 이름 | 1937년 | 1938년 | 1939년 | 1940년 | 1941년 | 비고 |
|---|---|---|---|---|---|---|---|
| 1 | 波々伯部恒夫 | 경성 남대문 | 경성 용산 | 경성 남대문 | | | |
| 2 | 鈴木鶴雄 | 황해도 해주 | | | | | |
| 3 | 戸坂博 | 경성 히노데(日出) | | | | | |
| 4 | 長谷川國 | 경성 서대문 | | | | 경성 용산 | |
| 5 | 大坪則夫 | 충청남도 광석* | | 충청남도 안면* | | | |
| 6 | 藤吉敏雄 | 경상북도 대구 | 경상북도 신동* | 대구덕산*/대구사범학교 | | | |
| 7 | 高槻(三宅)健次郎 | 경성 모토마치(元町) | | | | 경기도 북내* | |
| 8 | 金基鎮 | | | | | | |
| 9 | 金順男 | ※ 동경제국 음악학교졸, 〈산유화〉 작곡가, 1948년 월북 | | | | | |
| 10 | 寺地卓爾 | 전라북도 개정* | | 전라북도 정읍제일* | | 전라북도 정읍동* | |
| 11 | 春本野江一郎 | 황해도 해주제일* | 황해도 황주명덕* | 황해도 북율* | | | |
| 12 | 金商年 | 평양 약속* | 평양 성남* | | | | 충청북도 소수국민학교 교장(1952~) |
| 13 | 寺島稔 | 경기도 정동* | 경성 수송* | | | 경기도 내가 | |
| 14 | 兼崎省三 | 황해도 해주제일* | 황해도 장련동* | | 경성 덕수* | 경기도 안산* | |
| 15 | 都留高明 | 전라북도 여산* (1938년부터 '여산제일'로 명칭변경) | | | | | |
| 16 | 岡村田直 | 경성 미시카(三坂) | | 경성 재동* | | 경기도 군포* | |
| 17 | 松尾駿一 | 전라남도 광주 | 전라남도 광주중앙 | | | | |
| 18 | 江藤辰五郎 | 경기도 정동* | 경기도 경성남자고등소학교* | | | | |
| 19 | 蘇鎮瑛 | | | | | | |
| 20 | 渡辺隼男 | | | | | | |
| 21 | 上杉忠夫 | | 전라북도 전주 | | 전라북도 동백산* | | |
| 22 | 福元耕夫 | | 평안북도 의주욱* | | 평안북도 신의주 | | |
| 23 | 千葉一也 | 용산* | 경성남자고등소학교* | | ※경성제국대학 문학과 졸 (1943년 9월) | | |
| 24 | 向永武雄 | 경상북도 대구 | | | | 대구욱*(大邱旭) | |
| 25 | 西山隆昌 | 경상북도 대구동운 | | | 경상북도 함창* | | |
| 26 | 松浦保 | 황해도 해주제일* | 황해도 사리원 | | | | |

| 27 | 松岡進 | 청주영정* | 청주 내수* | | 청주 석교* | |
|---|---|---|---|---|---|---|
| 28 | 磯野良太郎 | 경상남도 부민* | 경상남도 진주* | | 경성사범학교 | |
| 29 | 白駿基 | 충청북도 수정* | | | | 충청북도 단성중학교감 (1952) |
| 30 | 久吉良祐 | 강원도 천전* | | 경기도 인창* | 경성 모토마치(元町) | |
| 31 | 李熙福 | 황해도 해주제이* | 해주 육정* | | | 서울사대부국교감(1952) |
| 32 | 吉田雅義 | 함경남도 함흥 | | 함경남도 단천복성* | | |
| 33 | 上野一孝 | 경성 종로 | | | | |
| 34 | 塚田豊 | 경성 용산 | | | | |
| 35 | 斎木文雄 | | 함경남도 원산천정* | | | |
| 36 | 松本三夫 | 경기도 정동* | 남대문 | | 경기도 은평* | |
| 37 | 原田勝馬 | 경상남도 마산* (1938년 '마산성호'로 학교명변경) | | | 경성 동대문 | |
| 38 | 閔炯來 | 함경북도 청진제이* | | | | |
| 39 | 申東薫 | 황해도 서봉* | 황해도 해월심상* | | | |
| 40 | 李種根 | 경상북도 자인* | | | | |
| 41 | 羅亨燮 | 황해도 남부* | 황해도 오동* | | | |
| 42 | 都會植 | 충청남도 광덕* | | 대전 영정* | | |
| 43 | 丁海崑 | 평안남도 종로* | 평안남도 종로* | 중남* | | |
| 44 | 高義坤 | | | | | |
| 45 | 洪在益 | 경기도 매동* | | | | 경동고등학교 교사(1952) |
| 46 | 豊岡稔 | | 평안북도 희천삼립* | | 경성 효제* | ※조선미술전람회 입선 (1933~6), 특선(1943,44) |
| 47 | 余財健太郎 | 전라남도 광천* | | | | |
| 48 | 石川忠義 | | 평안북도 강계남산* | | 평안북도 신의주약죽* | |
| 49 | 林原勤 | 평안북도 영변* | 평안북도 영변철옹* | | | |
| 50 | 古道博 | 평안남도 평양상수* | | | 평양상수* | |
| 51 | 吉田智憲 | 평안남도 평양약속* | | | 평안남도 대흥* | |

| 52 | 和久安孝 | 황해도신막* | 경성 수송* | | | |
|---|---|---|---|---|---|---|
| 53 | 岩崎幸敏 | 강원도 춘천 | 춘천 미도리가오카(綠ケ丘) | | | |
| 54 | 千成煥 | 강원도 고성* | | | ※조선미술전람회 입선(1935), 교사로 재직 중 독서회와 좌익운동연루 1년여 옥고, 1954년 1월 사망. | |
| 55 | 成泰慶 | 전라북도 이리* | ※고등문관시험 행정과 합격 | | | 변호사, 대한민국 5대국회의원 |
| 56 | 趙亨道 | 부산 부민* | | | | |
| 57 | 李鳳商 | 아현* | 경성 숭례* ※일본 문부성 미술전람회 입선(1941) | | | 홍익미대교수 (1953~66) |
| 58 | 川上昌登 | 평안남도 진남포 | ※조선미술전람회 입선(1934) | | | |
| 59 | 杉原高生 | 강원도 춘천 | 강원도 고성남* | | | |
| 60 | 大庭(木村)巖 | | 경성 모토마치(元町) | | | |
| 61 | 山ノ内巳年 | 황해도 해주제일* | | | | |
| 62 | 佐藤司郎 | 전라남도 담양서 | 전라남도 광양서* | 충청북도 청산* | | |
| 63 | 増野靖 | 대전제이* | 대전욱정* | 조치원 길야* | | |
| 64 | 皆森寿美夫 | 충청남도 광천신진* | | | | |
| 65 | 島田禎三郎 | 평안북도 영미* | 경성 사쿠라이(桜井) | 고양* | | |
| 66 | 藤島虎雄 | 경성 인현* | 경성 광희* | 경기도 구천* | | |
| 67 | 田中守 | 평안북도 신의주 | 평안남도순안포정* | | | |
| 68 | 中山貞誠 | 전라남도 광양* | | | | |
| 69 | 武富佑泰 | 경성 창신* | | | | |
| 70 | 福江健一郎 | 평안남도 평양약송 | 경성 용산 | 경기도미원* | | |
| 71 | 黒沢三喜郎 | 경상북도 대구 | 경상북도 연일* | 경상북도 장천* | | |
| 72 | 篠原淳 | 전라남도 구좌* | 전라남도 김녕* | 경기도 경성봉래* | | |
| 73 | 塩津正雄 | 경상남도 동래제일* | 부산제일 | | | |
| 74 | 宮城正一 | 경상북도 대구 | 경상북도 화영* | 경상북도 동촌* | | |
| 75 | 成瀬需 | 함경북도 청진 | | | | |
| 76 | 田所勝喜 | 전라북도 군산 | 충청북도 청주동정* | | | |
| 77 | 藤本武敏 | 경상북도 대구 | | | | |
| 78 | 野田登喜雄 | 경상남도 부민* | 동래제일* | | | |

| | | | | | | |
|---|---|---|---|---|---|---|
| 79 | 志田時晴 | 전라북도 고창* | | | 경기도 경성남자* | |
| 80 | 田中三夫 | 경성 죽첨* | | 경성 죽첨* | | |
| 81 | 中西寬 | 함경남도 함흥 | | | | |
| 82 | 武田勇 | 함경남도 함흥제일* | 함흥 영정* | | 함경남도 도초* | |
| 83 | 中代淳二 | 경성 용산 | | | | |
| 84 | 玉田豊 | 황해도 재령* | 황해도 서흥대화* | | | |
| 85 | 大屋隆美 | 평안북도 신의주* | 평안북도 신의주약죽* | | 경성 용산 | |
| 86 | 安達昱 | | 전라남도 목포산수* | | | |
| 87 | 上田力 | | 광주북* | | 부산진* | |
| 88 | 小林格 | 부산진* | | | | |
| 89 | 前田誠 | 충청남도 논산* | 논산대화* | | 충청남도 전동* | |
| 90 | 加藤志良 | 전라남도 목포제일* | 목포북교* | | | |
| 91 | 元田隆之 | 함경북도 나남 | | | | |
| 92 | 佐藤喜德 | 경상북도 안동* | 경상북도 신동* | 대구본정* | | |
| 93 | 光井鮮之 | | 경기도 양자* | 경성 효창* | 경기도 장단동* | |
| 94 | 河本巖 | | | | | |
| 95 | 西野邦武 | | 강원도 철원남* | 강원도 월성* | | |

출처: 『조선총독부 및 소속관서 직원록』(1937년~1941년), 〈한국역사정보통합시스템〉의 검색엔진 사용. (*표시 있음: 조선인 학교, *표시 없음: 일본인 학교)
1937년까지 조선인 보통학교와 일본인 소학교로 민족별 이원화된 초등교육체계가 1938년부터 소학교로 일원화되었으며 1941년부터 국민학교로 명칭 변경되었다. 본 표에서는 이와 같은 명칭을 생략했다.

위의 〈표 15〉에서 조선인 18인 중 4인과 일본인 77인 중 2인의 재직교가 기록되지 않은 것은 그들이 내지의 상급학교로 진학했거나 다른 직업을 선택했기 때문으로 추정된다. 이를 제외한 89인의 부임교는 졸업반의 담임교사의 협의 하에 각 개인의 희망 지역을 고려하여 전 조선에 걸쳐 배정되었다.[58] 〈표 15〉에서 볼 수 있듯이, 첫 부임지를 일본인 소학교로 배당받은

---

58) 11회 졸업생의 학교배정을 맡은 마츠자와 토시카즈(松澤壽一)의 회고에 따르면, "당시 2조 담임의 검도부장 네모토(根本) 선생과 협의하여 생도의 근면함과 학업 성적을 고려한데다 본인의 희망을 생각해서 각도에 배당했다"고 한다(『大愛至醇』,

사람은 20인으로 전체의 약 22.5%를 차지하는데, 1937년에서 41년 사이에 (조선인 학교를 포함해서) 한 학교에만 계속 재직한 경우는 약 10% 안팎이고, 대개는 2,3년 주기로 전근을 갔다. 전근은 대체로 도(道) 내에서 이뤄졌으며, 일본인 학교에서 조선인 학교로 혹은 조선인 학교에서 일본인 학교로 혹은 조선인 학교에서 조선인 학교로 무작위로 이뤄졌기 때문에 민족별 학교 배당에 정해진 비율이 있었다고는 보기 어렵다. 또 일본인의 경우 6개월 단기현역병

〈표 16〉 표 15의 부임지의 도별 분포현황

| 연번 | 지역 | 人數 |
|---|---|---|
| 1 | 경성, 경기도 | 19 |
| 2 | 황해도 | 10 |
| 3 | 충청남도 | 5 |
| 4 | 충청북도 | 2 |
| 5 | 경상남도 | 6 |
| 6 | 경상북도 | 8 |
| 7 | 전라남도 (제주도 포함) | 8 |
| 8 | 전라북도 | 6 |
| 9 | 평안남도 | 6 |
| 10 | 평안북도 | 7 |
| 11 | 강원도 | 5 |
| 12 | 함경남도 | 4 |
| 13 | 함경북도 | 3 |
| 합계 | | 89 |

의 군복무의 의무제로 인해 재직이력에 일 년의 공백이 있음을 볼 수 있다.

165쪽). 생도는 3지망까지 희망지역을 지원했는데, 히사요시 료스케(久吉良祐)(〈표 15〉의 연번 30)의 경우에서와 같이, 지원하지 않은 지역에 배당되기도 했다. "[泉田校는] 농촌위탁실습생으로 지낸 곳이기도 하다. 졸업 후 교사로서 부임한다고는 전혀 생각하지 않았다. 게다가 제1희망에서 제3희망까지 강원도라는 세 글자는 전혀 쓴 기억이 없다."(『尚友』, 1987년, 125쪽). 이와 같이 희망지역에 부임하는 것이 어려웠던 것은 경성과 경성 인근의 도(道)에 희망자가 몰렸기 때문이다. 1935년 조선으로 건너와 대구사범학교 강습과의 단기 교육과정 후 조선의 '훈도'(訓導)로 10여 년간 재직한 이토 이사무(伊藤勇)는 '내지인' 교사가 부임지로 바라는 조건이 전등, 철도, 일본인의 세 가지였다고 한다. 철도역이 가까이 있고 전등이 들어와 있으며 불특정다수의 일본인이 거주하고 있는 지역의 학교에 근무하는 것이 모든 일본인 교사의 '꿈'이었다는 것이다(『私の中の朝鮮』, 皓星社, 1982년, 48쪽). 시다 토키하루 씨 또한 1지망으로 경기도를, 2지망은 승급이 가장 빠르다고 평판이 나있는 황해도를, 3지망은 귀성하기에 좋은 충청북도를 써냈지만, 각 도에 배정되는 인원은 정해져있고 1,2,3지망 모두 경쟁률이 높아 결국 전라북도 고창으로 가게 되었다고 한다(『自分勝手史: 存えて』, 87쪽).

경성사범학교 출신자의 부임교는 조선의 각 도에 골고루 배정된 까닭에 (〈표 16〉 참조), '벽지(僻地)'로 발령을 받은 사람도 있기 마련이다. 다음은 평안북도 강계로 첫 발령을 받아 부임한 이시카와 타다요시(石川忠義)(〈표 15〉의 연번 48 참조)가 '벽지'에 첫 부임했을 당시의 인상을 회고한 글이다.

> 기차에서 내려 검은 자동차로 갈아탄 후 구불구불한 산길을 오른다. 구현령(狗峴嶺: 평안북도의 희천군과 강계군 사이에 있는 고개) 계곡의 아리랑 고개. 사직령(辭職嶺)이라고도 한단다. 저 너머에 사람 사는 마을이 있을까 싶다. 강가에서 차에서 내렸다. 국경수비대의 모습이 보였다. 벽돌기와의 건물 앞을 지나 강계의 마을에 들어서 다이쇼(大正)여관에서 짐을 풀었다. … 온도계의 눈금이 영하 30도인 날이 다반사. 눈금이 보이지 않아 녹이는 날도 며칠인가 있었다. 소사(小使)가 금속이 달린 막대기로 변소에 피라미드처럼 쌓인 대변을 쳐내는 것이 겨울철의 가장 큰 일이었다. 쌓인 눈을 발로 밟아, 눈으로 제방을 쌓은 곳에 물을 끌어와 교정 한편에 만든 스케이트 링크. 긴 겨울의 즐거운 운동시간이었다. 낮 동안의 생도의 입김이 밤사이 칠판에 엉켜 붙는다. 다음 날 난로를 지피면 기온이 올라가 칠판은 걸레로 훔친 것처럼 흥건해진다. 분필은 사용 불가. 모두 난로에 둘러앉아 즐겁게 수업을 했다. (『尙友』, 1987년, 16쪽)

위의 글에서 '산골마을'에 부임한 경성사범학교 출신자는 열악한 교육환경 속에서 조선인 학생들과 '즐겁게' 지냈다고 회고한다. 위의 글에는 학생에게 열의를 다하는 교사와 그에 따르는 학생들의 '정겨운' 모습이 담겨있다. 전라북도 고창공립보통학교로 첫 부임한 시다 씨 또한 담임을 맡은 반 학생들의 특징들을 일일이 기억하고 있었다. 그는 부임 후 처음 맡은 4학년 학생들의 담임을 그 학생들이 졸업할 때까지 계속 맡아했는데,『自分勝手史: 存えて』에는 이름이 기억나지 않는다는 4인을 뺀 81인의 학생들의 특징이 일일이 기록되어 있다. 그 내용을 살펴보면, 서당을 다니다 와서 학업능력이 뛰어났다거나 장거리 혹은 단거리 선수였다거나 느릿한 말투를 지녔다거나 말이 없는 아이였다거나 등의 개개인의 특성에 관한 것들이 대부분

이다. 또 시다 씨는 부임한지 3년 후 새로이 담임을 맡은 6학년 아이들에 관해서도 상세하게 적어놓았는데, 한복이 잘 어울리는 아이였다든지 공구를 잘 만드는 아이였다든지 하는 내용으로 채워져 있다.

시다 씨의 회고록에 따르면, 조선인 학생들 가운데는 집이 부유한 소위 '양반'의 아이들도 있었고 빈농의 아이들도 있었지만 아이들의 집안 형편에 따라 교육에 차등을 두지 않았다고 한다. 시다 씨는 가난한 빈농의 아이들의 도시락이 대개 밥 위에 고추와 참기름과 소금을 얹어놓은 정도인데 비벼먹으면 꽤 맛있었다고 회고한다. 시다 씨는 일요일이면 자신의 하숙집으로 아이들을 불러 매달 자신이 구입한 강담사(講談社)의 그림책을 돌려보도록 했다. 한 권에 50전 하는 강담사의 그림책에는 일본화가, 서양화가, 동화가, 만화가 등 온갖 분야의 화가의 그림이 담겨있었다. 이렇게 시다 씨의 하숙집은 '사설의 그림책 도서관'이라고 할 정도였다.

또 가정방문을 할 때에 시다 씨는 학부형에게 '안녕히 계십니까?'라는 조선어로 인사말을 건네었고, 일본어가 서투른 학부형을 만나면 아이들에게 통역을 맡겨 상담을 진행했다. 학부형은 예외 없이 '때려서 가르쳐달라' '반죽여서라도 가르쳐달라'고 당부했다. 시다 씨는 아무리 가난한 집이라도 정성스레 밥상이 차려오기 일쑤였고, 그 밥을 먹지 않으면 서운해 할 것을 알기에 배가 불러도 한 톨의 밥알도 남김없이 밥그릇을 비웠다.[59] 시다 씨는 1941년 3월 경성남자공립고등소학교로 옮겨가기 전까지 고창에서의 4년간의 교사생활에서 민족갈등을 경험하지 않았고, 오히려 총독부가 창씨개명을 시행할 때 좋은 일이 있을 것이라 믿으며 학생들에게 새 본관을 추천해주는 등 조언을 아끼지 않았다고 술회한다(앞의 책: 94-115).

---

[59] 조선의 '훈도(訓導)'를 10여 년간 역임한 이토 이사무(伊藤勇)는 조선어가 가능하지 않은 일본어 교사의 경우 통역이 없으면 학부형과 소통이 불가능했다고 말한다. 또, 그는 가정방문 시 "차려놓은 것은 무엇이든지 기꺼이 먹어주는 것이 학부형과의 신뢰관계를 쌓는 첫걸음이었다"고 회고한다(『私の中の朝鮮』, 皓星社, 1982년, 70쪽).

물론 '민족갈등을 경험하지 않았다'는 시다 씨의 회고는 그의 주관적 판단이다. 그러나 그가 1972년 고창국민학교 창립60주년 기념식에서 구 직원을 대표하여 초청을 받아 한국을 방문했을 때 옛 제자들의 환대를 받은 것을 보면, 그의 제자들 또한 이러한 시다 씨의 회고에 반감을 표할 것 같지는 않다. 아니 그의 회고를 거꾸로 되짚어보면 식민지 이후 그가 자신의 제자들로부터 받은 환대가 고창시절에서 민족갈등의 기억을 소거했을 가능성도 있다.

한편, 경성사범학교 출신자들이 부임한 보통학교는 대개 농촌에 위치했기 때문에, 그들은 부임 후에는 조선인의 생활방식을 상당부분 받아들여야 하는 것은 물론[60] 조선인 학생의 농업교육까지 전담해야 했다. 일본인 교사는 농촌의 조선인 학생들에게 퇴비 만들기, 새끼 꼬기, 면화 재배 등의 '농작업'을 지도하는 한편, 지역의 농산물 품평회의 심사위원으로 참여하는 등 지역사회에 '명사'로 자리했다. 시다 씨의 회고록에는 농작업의 구체적 내용이 상세하게 기술되어 있는데 그중 일부를 발췌해보겠다.

---

60) 조선에서 성장한 일본인이라 해도 조선의 농촌에 교사로 부임한 후 경험한 조선의 문화는 이전에 경험한 '조선적인 것'과는 차원이 달랐다. 그들은 완전히 조선인의 생활방식으로 살아가야 했다. "두 번째 부임교는 경기도의 곤지암보통학교였다. 교장과 주재소와 나 3인이 일본인. 여기에서는 3식을 조선식으로 살았다. 술집에서 먹는 김치는 뭐든 맵고 마늘 냄새가 나서 무슨 맛인지 몰랐지만, 일 년 가까이 먹다보니 그 나름의 '나라'의 맛을 알게 되었다. 역시 대단한 저장식품이라고 감탄했다."(키무라 이와오(木村巖)(〈표 15〉의 연번 60 참조). 『尚友』, 1987년, 31-32쪽) "반찬은 멸치나 말린 명태를 두드려 다진 것을 참기름이나 간장으로 볶은 것이나 된장국에 절임류, 조미료로는 고춧가루, 마늘, 참기름이 빠지지 않았다. 이렇게 소박한 야전요리풍의 식사를 계속한 결과 점점 체력도 예전만큼 회복했다."(시다 토키하루(志田時晴), 『自分勝手史: 存えて』, 108쪽). "아이들과 침식을 함께 했다."(시노하라 아츠시(篠原淳)(〈표 15〉의 연번 72 참조), 『尚友』, 1987년, 61쪽).

싫은 것은 아니지만 가능하면 피하고 싶은 것이 퇴비 쌓기였다. 한가득 채집한 생초를 사방 1.8m의 넓이와 25~30㎝의 높이의 단단한 방틀 안에 쟁이고 그 위에 학교 변소에서 가져온 오물을 엷게 덮는다. 그 위에 흙을 뿌리고 단단하게 밟는다. 평평하게 되면, 다시 생초-밟기-오물-흙-밟기를 계속해서 방틀이 넘칠 때쯤 그 위에 다시 방틀을 얹고 생초-밟기-오물-흙-밟기를 반복한다. 대략 1.8m의 높이에 이르면 방틀을 벗겨내고 다음 장소로 이동해서 다시 쌓기를 한다. 맨발로 뿌린 흙을 눌러 밟기 때문에 거름이 발가락 사이로 빠져나온다. 뭐라고 형용할 수 없는 감촉인데, 이렇게 하지 않으면 거름이 쟁이지 않는다. 작업이 끝나면 발을 빡빡 씻어내지만 2,3일 정도는 그 냄새가 가시지 않는다. 하숙에서 식사는 같이 하지만 이 작업 후의 며칠은 가능한 한 다른 사람과 동석하지 않으려 했다. 농번기 후에는 교정에 아이들이 자리를 잡고 앉아 새끼 꼬기 시합을 했다. … 전쟁이 격화되면서 면사무소를 통해서 군마용(軍馬用)의 건초를 만드는 데 아동의 협력을 요한다는 요청이 왔다. 형식은 요청이지만 실제로는 명령이었다. … 부임 후 몇 년째였던가 면화재배를 하라는 요청이 왔다. 종자도 같이 왔다. 난 면화라고 하면 이불솜밖에 몰랐다. 재배면이라는 것은 본 적도 없었다. … 드디어 밭에 면화가 싹을 틔었다. 날이 가면서 농작자의 성의와 노력에 응답하는 것처럼 쑥쑥 자라나서 사람 키만큼 되었을 무렵, 전라북도 도지사 각하의 시찰이 있었다. 농업관계의 군 직원과 지사의 수행원에 교장도 따라왔다. … "이것은 무언가"(오, 각하도 면화를 모르는 모양이다) "면화입니다" "ナニ′ ワダ?コンナワダガアルカ゜ ブダニクワシェテシマエ" 지사 각하는 박씨 성을 가진 조선인이었다. 조선인이 일본어를 말하면 대부분은 어두의 바행 촉음은 바행 반촉음이 되어 어중이나 어미의 타가 다가 된다. 각하가 말한 것은 "뭐, 면화? 이런 면화가 있나. 돼지사료라면 몰라도"라는 뜻이었다. (『自分勝手史: 存えて』, 103-5쪽).

위의 글을 보면, 보통학교의 농업교육은 실습의 차원을 넘어서서 실질적으로 마을의 농업생산량의 일부를 담당했다. 이것은 1932년부터 우가키(宇垣一成) 총독이 추진한 '농촌진흥운동'의 일환으로서, 1920~30년대의 농업공황과 조선 쌀의 내지로의 이출로 인한 조선 농촌의 궁핍화를 타개하기 위한 정책의 연장선상 위에 있다. 일선의 교사로 하여금 조선 농민의 근로정신을 함양하고 공동 작업을 통한 농작물 증산계획을 추진토록 했던 것이다.[61] 그만큼 농촌의 지역사회에서 사범학교 졸업자의 지도자적 역할이 매우 중요했다. 그러나 사범학교 출신자들은 전문적인 농업교육을 받지 않았다. 더군다나 의무교육이 아니었던 초등교육정책 하에서 보통학교 학생의 상당수의 연령이 학력연령을 웃돌았고, 그 중에는 만 17,8세에 첫 부임을 한 그들보다 나이가 많은 기혼자도 있었으며 농사를 본업으로 하는 이들도 적지 않았다.[62] 그럼에도 불구하고 일선의 초년교사가 농촌의 공동 농작업의 지도자의 역할까지 떠맡은 것은 그들이 '농촌진흥운동'을 추진했던 총독부의 말단기관으로 기능했기 때문이다. 그들은 보통학교 학생들을 가르치는 일 뿐만 아니라 총독부와 도(道) 당국이 지시하는 농업 정책적 과제를 수행해야 했다.[63]

---

61) 1932년부터 1940년 12월 국민총력운동으로 대체되기 전까지 전 조선에서 시행되었던 농촌진흥운동은 '자력갱생(自力更生)'과 '심전개발(心田開發)'(1935년 이후)을 기치로 노동력의 증진과 공동작업을 통해 '농촌진흥'을 꾀하고자 했다(『農村更生指針』, 朝鮮總督府, 1934년·1936년). 관제적 농민운동의 성격을 갖는 농촌진흥운동은 결과적으로 보통학교 학령의 아동의 노동력과 농한기의 잉여노동력을 부업생산으로 조직했으나, 전쟁의 돌입으로 물자의 부족과 더불어 농촌생활향상의 실효를 거두지 못했다.

62) 강원도의 조선인 보통학교에서 재직한 히사요시 료스케(久吉良祐)는 500여명의 생도 중 90%가 초등아동의 연령보다 높았으며 자신보다 나이가 많은 생도, 결혼한 생도도 있었다고 하고(『尚友』, 1987년, 126-7쪽), 이토 이사무(伊藤勇)는 75명의 담당생도 중 25명은 연장자로 그 중에는 결혼을 하고 자식을 둔 아버지도 있었다고 한다(『私の中の朝鮮』, 皓星社, 1982년, 27쪽). 이러한 사례는 조선인 보통학교의 일본인 교사의 공통적인 회고사항 중 하나이다.

63) 경성사범학교 출신자에게 기대되는 역할 중의 하나는 상급학교 진학지도였다. 11회 졸업생인 히사요시 료스케(久吉良祐)(〈표 15〉의 연번 30)는 조선인 보통학교에서 진학지도를 맡게 된 경위를 다음과 같이 회고했다. "비교적 유복한 가정도 많아, 보통학교 졸업만으로는 만족하지 못하는 가정도 있었다. 개교한 후 내가 부임할 때까지 상급학교 진학자는 단 한 사람도 없었다. 면장, 교장, 지역의 유력자 등의 도움을 얻어 농업실습을 하면서 상급학교 진학지도를 해야겠다 생각했던 것이 부임 첫해 후반에 들어서부터였다. … 반면 직업교육 연구지정교로서의 실적은 해가 갈수록 마이너스가 되었고 도(道) 당국에 대해서는 죄송한 결과가 되었으며 교장의 입장도 난처하게 되었다. 그러나 지역 사람들이 크게 기뻐

〈사진 29〉 여느 농촌의 조선인 보통학교 학생들의 '농작업' 모습(1940년경)
※출처: 시다 토키하루

　그런데 경성사범학교 출신의 일본인 교사의 권위가 행사되는 방식이 그들의 회고에서는 폭력적이거나 강제적이지 않으며 오히려 그 반대로 솔선수범의 자발적인 것으로 형상화된다는 점이다. 시다 씨는 고창에 부임하기 일 년 전에 동맹휴업이 있었다고 하면서, 미야기현(宮城県)의 농업학교 출신의 일본인 교사가 군대식으로 학생들을 대하고 "빈타"('싸대기'를 뜻하는 본속어)

---

했던 것과 같이 당시 마을 사람들이 얼마나 향학심에 불탔는가를 엿볼 수 있다." (『尙友』, 1987년, 126-7쪽) "상급생의 수험희망은 30명 가까이. 2개교에 시험을 친 아이들도 있었기 때문에 40개의 학교에 내신서와 추천서를 맞춰내느라 눈이 움푹 들어갈 정도였다. 시험 결과는 아주 좋아서 대부분의 아이들이 예상대로 합격했다."(『自分勝手史: 存えて』, 1987년, 98쪽) 이와 같은 경성사범학교 출신자의 진학지도에 대한 기대는 그들을 늘 고학년의 담임으로 배정하게 했고, 전라북도의 보통학교에서 3년간 재직했던 츠루 타카아키(都留高明)(〈표 15〉의 연번 15 참조)의 경우에서처럼 "수험의 신"으로 활약하기도 했으며(『尙友』, 1987년, 91쪽), 2년 간 일본인 소학교에 부임했던 키무라 이와오(木村巖)(〈표 15〉의 연번 60 참조)의 경우에서처럼 "그때는 오로지 수험공부에 전념했다"고 회고되기도 한다(『尙友』, 1987년, 31쪽).

를 일삼은 것이 동맹휴업의 발단이 되었다고 말해주었다. 시다 씨는 학생들의 동맹휴업이 내지 출신의 일본인 교사의 폭력적인 언행에 기인한 당연한 대응이었다고 회고한다.[64] 그와 달리 시다 씨는 명령하달식으로 학생들을 대하지 않았고 본인 스스로가 '농작업'에 헌신적으로 참여했다. 그런 그가 고창을 떠날 때에는 지역 사람들이 송별회를 열어주었다. 그는 여관의 큰 회합실에서 고창의 각계각층의 명사가 좌우에 죽 늘어앉아있고 만 스무 살의 풋내기인 자신은 정면의 기둥을 등지고 당연한 듯이 축하의 말을 했던 모습이 만화의 한 장면처럼 떠오른다고 했다(앞의 책: 115).

시다 씨뿐만 아니라 시다 씨의 경성사범학교 동기인 히사요시 료스케(久吉良祐) 씨는 부임지의 지역사회에서 품평회의 심사위원으로 참여하여 지역 농산물의 판로를 열어주었다거나 마을주민과 협력 하에 퇴비를 만들어서 작물의 수확량을 늘리는 등 '농작업'이 농민의 생활개선에 실질적인 도움을 주었던 것으로 회고한다.

각도 내에는 직업과 훈련지정 연구교가 있었다. 도지사의 지시에 의해 보통학교 졸업생 중에서 유능한 소작농의 생도를 교장이 선출하여 도(道)에서 받은 영농자금을 기반으로 자작농으로 바꾸어가는 지도를, 교장 이하 교사가 다섯 명씩 분담해서 맡았다. 내가 그런 일을 하리라고는

---

64) "내가 맡은 6학년생들이 5학년 때 스트라이크를 했다. 그때 담임인 쿠도우 쥬우이치 씨가 군대에서 갓 제대하여 그 나쁜 버릇을 아동들 앞에서 강조했던 모양이다. 즉 말년병이 신병 다루듯 학생들에게 빈타를 밥 먹듯이 하고 즉결법을 시행했다고 한다. 그것이 백제시대로 상징되는 온화한 이곳의 아이들에게는 매우 충격적인 것으로 참을 수가 없었을 것이다."(『自分勝手史: 存えて』, 90쪽) 그때 당시 시다 토키하루 씨가 담임을 맡았던 6학년 반 학생이었던 강재균(姜載均, 1925년생) 씨는 다음과 같이 말했다. "시다선생은 진정한 교육자였습니다. 일본인 교사라고 다 그런 것은 아니었어요. 조선인을 무시하고 체벌을 일삼는 일본인 선생도 있었어요. 제가 5학년 때는 동맹휴업도 했어요. 그렇지만 시다 선생님 때문에 한 적은 없었어요. … 내년 2012년이 고창초등학교 100주년이에요. 그때 시다 선생님이 오시지 못하는 것을 다들 섭섭하게 생각하고 있어요."(2011년 12월 22일 채록).

생각도 못해서 충격을 받았다. 수업이 끝나면 때로는 밤까지 지도를 해
야 했다. 이때만은 사범에서 배운 조선어가 고맙게도 많은 도움이 되었
다. 이와 같은 연구지정교였던 탓에 시학관(道視學)이 한 달에 한번 일박
으로 내방하여 담당자와 함께 마을을 순회했다. 휴일도 없는 격무의 청
춘이었다. 담임은 처음부터 6학년. 아동 수는 80명이었다. 지금의 교사
가 그때였다면 뭐라고 할까. 넓은 실습원이 있는 고로 매일 오후는 작물
재배로 3시간 쉬지 않고 작업에 매달려야 했다. … 매년 실시된 농작물
의 품평회에 출품된 생산품은 가족이 힘을 모아 만들어낸 작품이었다.
이 품평회는 직업과 연구교로 지정된 것만으로도 군(郡)은 물론 도(道)
에서도 꽤 신경을 썼다. 진열된 농산물은 특상 혹은 입선에 당선되면 도
의 이름으로 출하되어 춘천읍내나 멀리 서울의 일본인의 가정을 대상으
로 판매되기 때문에 생도의 가정에 큰 수입원이 되었다. 농업에 전혀 지
식이 없는 내가 심사위원의 자리에 앉아 있을 때에는 잘 할 수 있을까
라는 생각에 식은땀을 흘리곤 했다. 당시 생도의 가정의 온돌방 벽면에
표창장이 걸려 있기도 했고 순회 지도를 갈 때면 노인 분들이 눈물로 맞
아주며 나의 손을 잡고 기뻐해주었던 것이 잊을 수 없는 추억이 되었다.
농산물의 품평회뿐만 아니라 대단했던 것 중에 하나가 비료 만들기였다.
전교생이 부락별로 나뉘어 1학년부터 6학년까지 하나가 되어 약 일 년에
걸쳐 교정에서 만들어내었다. … 4,5학년생은 돼지, 소, 토끼, 닭의 축사
를 치우고 비료가 만들어지면 전부 각 부락별로 나누어 나른다. 무엇보
다 이 비료로 실습원이나 논의 작물을 수확할 수 있었다. 농업지식이나
경험이 없는 내가 교장과 몇 안 되는 선생들과 함께 해내는 모습은 믿을
수 없는 광경이었다. 불만을 말하는 생도는 단 한 사람도 없었다. 날이
지나면서 쌓아올려진 퇴비의 높이가 점점 낮아진다. 일정한 높이를 유지
하기 위해 여름방학도 쉬지 않고 이장을 선두로 보충작업의 당번을 정했
다. 작물재배에 유효한 비료는 이렇게 생도의 땀과 노력으로 만들었다.
(히사요시 료스케(久吉良祐)(〈표 15〉의 연번 30),『尙友』, 1987년, 126-8쪽)

위의 글에서 일본인 교사는 조선인의 가난한 삶을 타개해주는 농촌지도
자의 위상을 갖는다. 그리고 그들이 '농촌진흥운동'의 과제에 충실할 수 있
었던 것은 '제2의 페스탈로치'를 지향한 경성사범학교의 교육과정 덕분이
다. 즉 경성사범학교의 온정주의와 엘리트주의(안홍선 2007)는 일본인 교사

의 '농촌계몽'의 지도자적 위상 속에서 구현되었다.

다음으로 이러한 지도자적 역할의 구체적인 활동양상에 대해 사토 씨의 사례를 중심으로 좀 더 자세히 살펴보도록 하자.

### 청년단과 '자력(自力)'의 동원

사토 씨는 1918년 충청북도 청산에서 태어나 청산공립보통학교를 졸업한 후 경성사범학교에 진학했다. 그가 처음으로 부임한 학교는 전라남도 담양군의 담양공립서소학교(潭陽公立西小學校)로, 동양척식주식회사의 '이민자'의 자녀들이 많이 다니는 160명 규모의 일본인 학교였다. 그는 그 이듬해인 1938년 단기현역병으로 보병 제80연대 대전분둔대(大田分屯隊)에 입대했고 6개월의 군인 생활을 마치고 전라남도 광양군의 광양공립서소학교(光陽公立西小學校)라는 조선인 보통학교에 부임했다. 이때부터 그는 교사와 '청년훈련소(靑年訓練所)'의 지도자를 겸임했다. 그는 당시 자신을 '리더계급'으로 지칭하면서 교육 분야에서뿐만 아니라 한 시대를 이끄는 지도자였다고 말한다. 사토 씨는 '내선일체'와 '동아신질서'의 주창자였던 녹기연맹의 잡지를 구독하고, 조선인 교장과 조선의 미래에 대해 종종 의견을 나누었다고 한다.[65]

---

65) 사토: 청년학교의 지도자를 했어요, 광양의 소학교에서. '청년훈련소'라고 했지요.
　　필자: 청년훈련소는 학교가 아니지요?
　　사토: 응, 달라요. [청년훈련소는] 토요일에만 열었어요. 저는 소학교의 교원임과
　　　　동시에 토요일에는 청년훈련소의 지도를 맡았지요.
　　필자: 청년훈련소에서 선생님께서는 무엇을 가르치셨나요?
　　사토: 그것이 무엇이었냐 하면, 내용이라고 말한다면 단체행동, 지금으로 말하자
　　　　면. 실물의 대포나 총을 가지고 행진을 한다거나 했어요. 예전에 차 선생
　　　　이 녹기연맹에 대해 물어봤지요? 녹기 잡지가 어땠냐고요? 모두 읽었습니
　　　　다. 지도자라면. 그것은 동아신질서를 중심으로 해서 편집된 잡지였어요.
　　필자: 녹기연맹의 잡지를 읽었던 사람들 중에는 일본인뿐만 아니라 조선인도 있
　　　　었나요?

〈사진 30〉 '청년훈련소'의 입소생과 보통학교의 일본인 교사 (1939년 전라남도 광양)
※오른편 뒷줄에서 뒷짐지고 서 있는 이가 사토 씨.

　이처럼 사토 씨는 조선총독부의 식민정책을 수동적으로 수용한 것이 아
니라 '동아신질서의 구축'에 자발적으로 협조했다. 그가 '리더계급'의 역할
을 자임한 '청년훈련소'는 조선총독부가 조선의 청년세대를 식민지체제로
흡수하기 위해 만든 식민지적 훈육기관이었다. '청년훈련소'는 1929년 10월
1일 '청년훈련소규정(靑年訓練所規程)'(府令 89호)의 제정에 의해 보통학교 남
자 졸업생을 대상으로 4년간의 연수과정으로 각 부(府)·면(面)에 설치되었
다. 대개 '청년훈련소'는 보통학교 교내에 설치되어 교장이 그 운영을 책임

---

　사토: 있었어요. 교장선생이 한국인이었는데, 열심히 읽었어요. 그래서 교장선생
　　　이 내게 이번 녹기연맹 잡지, 츠다(津田)라는 사람이 만든 것인데, '사토
　　　상 어떻게 생각하나?'라며 이런 저런 이야기를 나눴어요. 리더 계급의 사
　　　람이라면 그것을 읽지 않으면 안되었습니다. 특히 전쟁 중에는 잡지가 나
　　　오지 않았기 때문에. 그러한 시대에 녹기연맹이 있었던 겁니다. (2013년 3
　　　월 8일 채록)

지고 '훈도'가 실질적 지도를 맡았다. 태평양 전쟁이 발발한 그 이듬해인 1942년 10월 1일 조선총독부는 '조선청년특별연성령(朝鮮青年特別鍊成令)'을 공포하여 만 17세 이상 21세 미만의 조선인 남자로 하여금 훈육, 학과, 교련, 노동 작업 등의 연성(鍊成) 항목을 일 년 간 600시간(훈련 및 학과 400시간/교련 및 노동 작업 200시간) 이수하도록 했다. 10월 26일 발포한 시행규칙을 보면, '훈육'은 황국신민을 자각케 하고, '학과'는 일본어를 습득케 하며, '교련'은 군사적 기초훈련을, '노동작업'은 노동생활의 국가적 의의를 체득케 하는데 그 목적을 두었다. 즉 '조선청년특별연성령'은 1944년에 실시된 조선인의 일본군 징병제도를 대비하고 후방의 전시동원을 효과적으로 이뤄내기 위한 장치에 다름 아니었다. 청년특별연성소(青年特別鍊成所)의 4월 입소시기와 연성 항목의 이수 시간도 상황에 따라 변동 혹은 단축 가능했다.66) 실제로 1942년 12월 1일 조선 각지의 국민학교에 설치된 720여개소의 시설에 35,000명의 조선인이 입소하여 10개월로 기간을 단축하여 이수하도록 했다.67) 나아가 1944년 2월 10일 '조선여성청년연성소규정(朝鮮女子青年鍊成所規程)'이 제정 공포되어 16세 이상의 여자까지도 연성 훈련을 받도록 했다.68) 청년특별연성소의 지도 또한 소학교 교사의 몫이었으며, 이에 대한 수당이 별도로 지급되었다. 제주도의 어느 국민학교에 재직한 시노하라 아쓰시(篠原淳)(〈표 15〉의 연번 72 참조)의 봉급 내역에는 연성소 수당이 포함되어 있었다.69) 청년특별연성소의 설치로 '훈도'는 1944년 이후로 "학교교육보다 매일 한국인 자제의 전시훈련에 열심이었다"(마치오 준이치(松尾駿一)(〈표 15〉의 연번 17 참조), 『尚友』, 1987년, 144쪽).70)

---

66) 『朝鮮總督府官報』4722호, 1942년 10월 26일.
67) 『毎日新報』, 1942년 11월 14일.
68) 『朝鮮總督府官報』5104호, 1944년 2월 10일.
69) 월급 47엔, 가봉(加俸) 7할(僻地), 남자·여자연성소 수당 20엔, 측후소(測候所) 수당 10엔, 주택 수당 5엔, 합계 124엔(『尚友』, 1987년, 61쪽).
70) 연성소의 생도 지도, 교육소집의 백지로 특별연성소의 장정교육, 육군오장의 계급으로 향토군인회의 훈련 참가, 내외 공히 바쁜 매일이었다."(이시카와 타다요

그런데 사토 씨는 이러한 청년조직의 시대적 맥락을 충분히 인지했던 것으로 보인다. 1940년 모친의 병환으로 인해 자신의 모교인 청산국민학교로 부임한 이후에 그는 '청산청년단(青山青年團)'의 중심적인 인물로 활약했다. 그러한 그가 청년조직의 지도자로서 '청산청년단'을 어떤 성격의 조직으로 기억하고 있는지 필자와 나눈 대화의 일부를 옮겨 보겠다.

> 필자: 청년단은 어떤 조직이었습니까?
> 사토: 뭐라고 할까요. 간단히 말하면 애국반이라는 것이 전쟁 중에 생겼지요. 지금도 "토나리구미"(隣組: 일종의 반상회)라는 것이 일본에 있습니다. 자신의 노동을 제공한다기보다 실제로 그 마을의 이장이라든지 그런 리더와 협력해서 마을의 발전을 꾀하기 위한 조직이에요. 다양한 경제적 문제에 대해서도 예를 들자면, 다 잊어버렸지만, 그러한 운동에 정신적인 것이 많았어요, 일 년에 두 번인가 세 번인가 네 번 청년단 대회가 있었어요. 단체행동을 하는. 또 보은(報恩)의 법주사(法住寺), 거기로 일 년에 한번 걸어서 행군을 했어요. 그것은 크게 청년단운동이라고 볼 수 있어요. 앞서 청년훈련소는 정말로 군대 조직을 위한 것이었고, 청년단은 강제적이지 않았어요.
> 필자: 청년단이라든가 애국반이라는 것은 전쟁을 지원하기 위한 단체가 아니었나요? 미나미 총독이 전국적으로 전쟁을 지원하는 조직으로 만들지 않았나요?
> 사토: 그랬지요. 총력연맹이라고 했지요.
> 필자: 그렇다면 전쟁을 지원하는 활동을 한 것이 아니었나요?
> 사토: 구체적으로 무엇을 했는지는 지금 떠오르지 않지만, 자력갱생,

시(石川忠義), 『尙友』, 1987년, 17쪽). "태평양전쟁의 패색이 짙어가던 1944년이 되면 나 자신이 본무의 국민학교 훈도 이외에 參禮청년훈련소 주임으로 교련지도, 參禮청년특별연성소 일본어 지도, 전주 장정훈련소 지도원(징병검사에 합격한 조선인 청년의 군대입영 예비지도)나 방위소집 등도 있어 극도로 바빠서 조금이라도 즐겁다고 말할 상황이 아니었는데, 모내기나 추수기가 되어 '노동보국대'의 깃발을 나부껴야 할 때에는 넋 놓고 히히거리는 아이들과 마음이 통할 정도였다."(『私の中の朝鮮』, 晧星社, 1982년, 158쪽)

예를 들어 개인의 건강을 위한 위생이라든지, 전염병이라든지 결핵이라든지 그런 것들을 협력해서 예방하는 그런 운동을 했어요. 전염병은 그 시대에 국민위생을 크게 해쳤거든요. 일본시대는 뭐든지 나쁘다고 말하지만.

필자: 청년단 사람들은 신사참배를 하지 않았나요?

사토: 그런 것은 전혀 없었어요, 나의 경우에는. 청산청년단은 신사참배라는 것을 안했어요. 무언가 특별한 목표가 있는 경우, 예를 들어, 실제로 했는가는 모르겠고, 지원병으로서 자신이 군대에 가겠다, 그런 일이 생기면 우리가 신사에서 보내주었어요. 그런 것이 있었지만, 그렇지 않은 일로 신사 참배한 기억은 없습니다.

(2013년 3월 8일 채록)

〈사진 31〉 '청산청년단'의 법주사 참배기념 (1942년 2월)
※출처: 사토 시로

위의 인터뷰에서 사토 씨는 청년단을 마을의 생활개선을 최우선으로 하는 청년들의 자발적인 조직이었다고 말한다. 청년단원의 출정환송과 같은 특별한 경우에만 신사참배를 행했으며 일상적으로는 신사참배를 하지 않았고, 오히려 보은의 법주사에 더 자주 참배했다고 한다. 청년단이 조선총독부에 의해 조직되었고 태평양전쟁이 발발한 이후에는 '후방의 전시체제'의 하부조직으로 운영되었다는 역사적 사실에도 불구하고, 그가 청년단을 자치조직으로 기억하는 데에는 그 활동이 결과적으로 '마을공동체'에 이로운 것이었다는 경험이 자리한다. 사토 씨는 청산청년단이 "금강의 제방이 낮아 비가 올 때마다 홍수가 나곤 했는데, 훈련이 끝난 후 리어카에 흙을 담아 강의 제방을 쌓았고, 이 일로 표창을 받았다"고 말해주었다. 또한 사토 씨는 청년단 내에 일본인과 조선인의 민족적 차별이 존재하지 않았고 오히려 청년단을 이끌었던 조선인이 민족적 차별의식에 단호히 대처했다고 회고한다. "충청북도 청년단의 지도자는 한국인이었어요. 메이지대학을 나온 그 사람이 도청의 지도자였습니다. 나의 방침을 거울삼았지요. … 모두 알고 지내는 동료였기 때문에. 그리고 조선인과 일본인의 차별에 대해 확실하게 반대하는 사람이 있었어요. 조선인 청년이었는데, 그 사람이 자연스럽게 리더가 되었고 청년단의 모든 사람들의 존경을 받았어요." 사토 씨는 충청북도 청년단 단장의 조선인을 식민지체제의 협력자가 아닌 지역의 지도자로 기억한다. 또 자신이 지도력을 인정받은 것은 일본인이라서가 아니라고 말한다. 사토 씨는 식민지체제의 청년단을 이끌었음에도 불구하고 조선인과의 관계에서 식민지체제를 소거해버린다. 그리고 이 소거의 논리는 패전 후 사토 씨 자신(일본인)을 '한동네 사람'으로 대했던 마을사람(조선인)의 태도에 대한 그의 기억에서 그대로 재현된다.

> 필자: 선생님이 귀환했던 때가 1945년 11월이죠. 청산에서 8월 15일 이후 이웃의 태도가 바뀌었죠.
> 사토: 그것이 기이하게도 그렇지 않았어요.
> 필자: 그럼 언제부터 바뀌었나요?

사토: 그것이 지금 생각해보면, 8월 15일에 종전(終戰)을 맞이하죠. 그리고 소련군이 북의 평양에 들어오고 서울에 소련군과 연합군이 들어오는 등 복잡한 시기가 있었어요. 그렇게 8월이 끝나고 두어 달 후 자연스럽게 마을청년들이 모이기 시작했어요. 좌익은 북에서 들어온 사상에 찬성하는 쪽으로. 그것이 청년단의 말단 지도자에까지 퍼졌어요. 1968년에 한국을 방문했을 때 가장 먼저 청년단 사람들을 찾았어요. 모두 죽었다고 하더군요. 서로 죽이는 바람에. 누가 울면서 말해주었어요. 북 쪽의 사상인 사회주의와 우익의 대립으로. 그들 모두는 나와 친하게 지냈던 우수한 청년들이었습니다.

필자: 8월부터 11월까지 3개월간, 선생님은 무엇을 했습니까. 분위기는 어떠했나요? 위험한 느낌을 받지 않았나요?

사토: 주변 사람들은 사토 상, 사이좋게 지내왔으니까 여기 살아도 괜찮으니 함께 사는 것은 어떠냐고. 이웃의 사려 깊은 노인네가 일본에 돌아가지 않으면 안되는가 말해주었어요. 일본에 돌아갈 때에는 마을사람들이 밥도 지어주고 건조식량도 만들어서 가는 도중에 먹으라고 주었어요. 밤이 되면 여담을 나누고 그런 분위기였지요. 왜인가 하면 우리 가족들은 한국어가 능통하고 마을사람들과 뭐라도 이야기할 수 있었어요. 또 약이 있었어요, 비밀의 약이라고. 나는 간단한 약이라고 생각하는데, 만드는 방법은 몰라요. 그때는 살모사에게 물리는 사람이 많았어요. 발이 썩어갈 때 아버지가 낫는 약을 만들어서 주었어요. 약 만드는 방법을 배운 사람도 내가 아는 한 두어 집인가 있었어요. 그런 인연이 있었기 때문에 마을사람들과 가까웠어요. 종전 후에 남아있는 일본인이 세 집이 있었는데, 떠날 때에 마을 아주머니들이 모두 배웅해주었어요. 11월의 어느 날 새벽 4시에 마을사람들이 다 배웅 나와서 정말로 눈물을 흘리면서 헤어졌어요. (2013년 3월 8일 채록)

사토 씨가 1945년 일본으로 귀환한 후 다시 한국을 처음 방문한 때는 1968년 8월이다. 이때 김포공항으로 사토 씨의 모교인 청산보통학교의 선후배와 전라남도 담양의 제자들이 마중을 나왔다. 사토 씨의 부임교의 학생이었던 김동휴 씨가 사토 씨의 소식을 수소문한 끝에 1967년 연락이 닿아 서신교환을 나누던 중에 사토 씨의 방한소식을 알게 되어 다른 제자들에게 알린 것이다. 이때 사토 씨의 방한의 일차적인 목적은 일본의 무교회 신자들과 함께 충청북도 보은에서 열리는 성서강연회에 참석하는 것이었다. 그렇지만 그는 청산을 찾았다. 그는 청산에서 옛 제자들의 반수가 6.25전쟁 중에 사망하거나 행방불명되었다는 소식을 듣고 그들의 모습을 하나하나 떠올리며 가슴아파했고, 청년단원들이 6·25전쟁 중에 모두 사망했다는 이야기를 전해준 마을사람들과 함께 울었다.[71] 그는 마을사람들의 열렬한 환영을 받았고, 마을사람들의 아픈 과거를 공유했다. 이렇게 다시 복원된 한국인과의 유대관계를 통해 그는 청년단 활동이 마을을 위한 일이었다고 확신할 수 있었던 것이다. 그리하여 그는 청년단 활동에서 식민지체제에 협력한 부분을 소거하고 이장과 공조 하에 위생을 개선하여 전염병을 예방하거나 하천의 낮은 제방을 쌓아 홍수를 방지하는 등 '자력갱생'을 꾀했던 부분만을 남겨두었던 것이 아닐까?

그러나 '자력갱생'이란 앞서 '농촌진흥운동'에서 언급된 것과 같이 농업공황의 여파와 일본 내지로의 곡물 이출로 궁핍해진 조선농민의 삶을 구제하기 위한 농가갱생의 표어였다. 즉 조선농촌의 궁핍화는 식민지적 농업구조에서 파생된 것이며, '자력갱생'은 이 구조가 낳은 "노동심을 죽이는 농업 혐오의 심리"를 개선하기 위한 자구책이었다. 또한 '자력갱생'의 주요방책인 공동 작업은 "전체의 이익을 위한 개인의 노동"이라는 "공동체적 노동관념"을 주입함과 동시에, 농업인구의 유출에 따라 부족해진 마을의 노동수급을 자급자족으로 보강하기 위한 것이었다(강정택 2008[1940]: 307-8). 그런데도 사토 씨는 전시동원단체인 청년단을 마을의 '자력갱생'을 위한 조직이며 마을의 발전에 일조했던 것으로 기억한다. 그래서 우리는 그의 회고에서

---

71) 「生まれ故郷韓国を訪れて」, 『聖書日本』 1969년 5월호; 『また逢う日まで』, 1977년, 80쪽.

식민지체제가 앗아간 조선의 '자립'을 식민지체제에 순응한 조직이 세우려 했다는 논리적 모순을 해명해야 한다.

사토 씨는 자신을 청년단의 지도자였다고 했다. 그리고 그는 자신이 청년단의 지도자가 될 수 있었던 것은 단원들과의 오랜 친분관계로부터 지도력을 인정받았기 때문으로 설명한다. 그러나 청년단에서 그의 지도자의 위상은 여타 사범학교 출신자들과 마찬가지로 조선총독부의 말단기관으로서 기능한 가운데 부여된 것이다. 농촌진흥운동과 전시동원 등 조선총독부의 식민지 정책에 순응한 일선의 교사는 적극적이었든 소극적이었든 바로 그 점 때문에 지도자의 지위를 부여받았고 총독부의 정책적 기조를 지도 원리로 삼았다. 그런데도 사토 씨가 '위(외부)'의 조선총독부가 아닌 '아래(내부)'의 마을사람들로부터 지도자의 역할을 위임받은 것으로 회고하는 데에는 그가 청산에서 태어나고 자랐다는 '출신'이 주요한 요소로 자리한다. 사토 씨는 1910년에 조부와 부친이 일본을 떠나 정착한 청산에서 태어났으며 조부와 지역 유지가 함께 출자하여 설립한 청산공립보통학교를 졸업한 자신을 결코 총독부의 말단기관으로 청산에 유입된 '외부인'으로 인식하지 않았다. 사토 씨는 총독부의 식민지 정책을 수행하는 말단기관으로 기능했으면서도 '자력갱생'의 식민정책을 마을내부의 과제로 의식했다.

그렇다면 사토 씨 외에 경성사범학교의 졸업자들은 식민지의 지도자적 역할을 어떻게 수행했으며, 자신의 위치를 어떻게 인식했을까? 1937년 경성사범학교의 조선 출신의 일본인 졸업생의 연고지 중 경성이 14명, 지방이 50명이었고(〈표 15〉 참조), 졸업생 전체의 첫 부임지로는 경성이 19명, 지방이 70명이었다(〈표 15〉 참조). 경성사범학교 11회 졸업생의 1941년 이후의 기록을 찾을 수 없어 현재로서는 그들 중 누가 사토 씨 외에 연고지의 보통학교에 재직했는지를 파악할 수 없다. 또 조선에서 태어나고 자란 그들의 이력이 총독부의 정책적 시행과 지역민의 실천을 중재하고 마을의 '자력갱생'의 과제로 실행하는 데에 얼마나 유효했는지도 정확히 알 수 없다. 다만 일본인 교사의 조선에서 성장한 이력이 농업교육 및 지역민의 지도자로서의 자신의 경험을 총독부의 정책적 실행보다 마을의 '자력갱생'을 위한 활동으로 의미화 하는 근거로 작용했다고는 충분히 생각해볼 수 있다.

문제는 교사 및 농업지도자의 역할에 충실했으며 그것이 마을의 '자력갱생'에 실질적인 도움을 주었다는 그들의 기억이 마을사람들, 즉 한국인과 공유될 수 없었다면 재고되어야 했을 것이라는 점이다. 사토 씨처럼 일본인 교사가 식민지 이후 한국인과 유대관계를 복원한 후에도 자신의 활동이 마을을 위한 것이었다고 회고한다면, 적어도 그 활동 속에서 맺어진 그들과 한국인의 관계형식이 과거 그대로 복원되어야 했을 것이다. 사토 씨의 고향사람들과 제자들이 그를 고향사람이자 '스승'으로 맞이해준 그 관계형식에 따라 사토 씨는 청년단의 의미를 마을의 공익에 부착하여 식민지체제와 분리할 수 있었던 것처럼 말이다.

사토 씨는 1968년 청산을 방문해서 마을사람들로부터 청년단이 해방 후 이념적으로 분열되었음을 알게 되었다. 그는 그 순간 '남북대립, 같은 민족의 대립의 비극의 모습을 여기서 본다.'[72] 그는 식민지 이후 청년단이 이념적으로 대립했다는 소식을 듣고는 그 반대급부로 식민지기의 청년단이 마을의 '자발적인' 청년단체로서 '민족차별이 없었으며 마을을 위해 헌신한 조직'으로 의미화한 것이 아닐까?

이제 처음으로 되돌아가 식민지 이후 일본인 교사의 식민지교육에 대한 '반성'과 '참회'가 무엇을 의미하는지를 되짚어보자. 일본인 교사는 식민지 이후 조선에서 자신이 가르쳤던 한국인을 스승과 제자의 관계로 다시 만났다. 그런데 이 사제관계는 식민지기 일본인 교사의 교육활동에서 식민지체제를 소거하고 보편적인 교사상만을 표출했다. 이 속에서 일본인 교사가 식민지에 대해 무엇을 성찰했는지 그 역사의식을 면밀히 살펴보겠다.

---

72) 위의 글, 82쪽.

## 보편적 교사상과 역사의식

사토 씨는 1968년 8월 5일 모교인 청산국민학교를 방문했다. 그리고 그는 교장실에서 옛 제자와 동료와 현직의 교장 및 교직원을 앞에 두고 자세를 바로 하고 한국어로 '일본인으로서 일본인이 범했던 죄'에 대해 사죄했다. 그는 '일본의 침략에 의해 한국의 역사와 국토가 비참함에 이르렀으며 그에 대한 일본인의 책임을 통감한다'고 말했다. 사토 씨의 이 말이 끝난 후 교장실에 일순간 엄숙한 분위기 속에 정적이 감돌았다.[73] 이 정적은 적어도 사토 씨의 과거를 기억하는 사람들이 그의 사죄를 과거사의 시대적 담론의 되풀이로만 받아들이지 않았음을 말해주는 것이리라. 사토 씨의 사죄의 심정에는 그 자신이 말한 것과 같이 감사의 마음이 배어있다. 그는 자신을 길러준 한국의 풍토와 한국인에게, '일본인이 범했던 죄'에도 불구하고 자신을 따뜻하게 반겨준 마을사람들과 지인들에게 감사함을 느끼며 그만큼 '한국의 고난의 역사'에 가슴 아파했다. 즉 그가 '일본인의 죄'에 통감할 수 있었던 것은 그를 반겨준 사람들의 역사적 고통에 공감했기 때문이다. 다시 말해 일본의 침략에 의해 "한국혼"이 억압되었다는 그의 역사인식은 그의 고향사람들의 역사적 고통에 대한 공감에 근거한다.[74] 그런데 왜 사토 씨는 23년 만에 고향에 돌아와서야 고향사람들의 피지배자적인 고통에 공감하고 그러한 역사인식에 도달한 것일까?

경성사범학교를 1944년 9월에 졸업하고 그 이듬해에 패전을 맞아 일본으로 귀환한 우마미야 츠토무(馬宮勉) 씨는 그의 자서전에 '패전 직후 조선이 일본의 영토가 아니며 주권이 미치지 않는 곳이라는 것을 깊이 실감했다'고 적어놓았다. 우마미야 씨는 '조선이 외지라고 불리긴 했어도 일본의 일부라고 생각했지만 그러한 자신의 인식이 허구에 지나지 않는다는 것을 깨달았

---

73) 위의 글, 82-3쪽.
74) 「韓国に寄せる思い」『新生』1970년 5월호;『また逢う日まで』, 1977년, 73-4쪽.

다'.75) 이 인식을 결과론적으로 해석하면, 결국 일본은 패배했고 한국은 일본의 식민지배로부터 자신의 문화를 지켜내고 독립을 이루었다는 사실관계만이 남는다. 그러나 사토 씨의 역사인식은 여기서 한발 더 나아간다. 사토 씨가 "한국방문의 목적을 사죄와 감사를 배우기 위해서"라고 말한 것처럼 그의 사죄의 말은 자신이 태어나서 자란 조선의 산하를 한시도 잊은 적이 없으며 자신에게 '인간과 생명의 길'을 가르쳐준 조선인 은사와 친구들에게 감사하다는 고백에 다름 아니다.76) 이 고백은 자신이 자라온 환경이 일본이 아닌 한국이며 자신을 길러준 사람들은 일본인이 아닌 한국인이라는 그의 자각을 말해준다. 그렇다면 사토 씨가 "한국혼"을 짓밟힌 한국인의 고통을 실감할 수 있었던 것은 귀환 후에 '일본인'과 다름을 자각한 자신의 "혼"이 고통 받았기 때문이 아닐까? 그 자신이 '일본인'과 같아질 수 없는 것처럼 한국은 일본의 일부가 될 수 없다는 것을 비로소 깨닫고 그러한 자신을 길러준 한국인에게 미안함과 동시에 감사함을 느낀 것이 아닐까?

사토 씨는 한국방문에서 귀환 후 일본에서 겪은 '고난의 역사'와 대조될 정도로 옛 지인들과 "감격의 대면"을 한다. 전라남도의 광양과 충청북도의 청산의 한국인 제자들이 김포공항까지 사토 씨를 마중 나왔고, 청산에는 순식간에 옛 제자들이 모여들어 그를 환대해주었다. 마을에서 우연히 만난 옛 이웃들은 사토 씨를 알아보고 눈물을 흘리며 반겨주었다. 물론 이러한 "감격"은 사토 씨만 누린 것이 아니다. 시다 씨도 전라북도 고창보통학교의 옛 제자들의 초청을 받아 1972년 이래 한국을 두 차례 방문했으며, 살아생전에 제자들과 꾸준히 연락을 주고받았다. 이와 같은 경험은 〈尚友会〉 회원들 모두(!)의 공통된 경험이다.77) 『尚友』에는 한국인 제자들의 초청을 받

---

75) 우마미야 츠토무(馬宮勉), 『追憶の大地 続』, 1996년, 92쪽.
76) 위의 글, 73쪽.
77) 일본인 교사와 그의 한국인 제자들의 교류는 졸업년도와 상관없이 조선의 사범학교 출신자들에게 일반적으로 나타난다. 이이다 케이이치(飯田恵一, 1937년생)의 부친인 이이다 사쿠지로우(飯田作次郎, 1909년생, 동경출생, 1920년 경성으로

아 옛 부임교를 방문한 이야기들이 다수 수록되어 있는데 그 중 하나를 옮겨보도록 하겠다.

봉의산맥의 호텔 현관에 차를 세웠다. 그리운 70여명의 제자들이 몰려왔다. 무슨 일이 일어났나 하고 호텔 주변에 있던 사람들이 놀라는 모양이다. 호텔에는 무슨 일인가 큰 소동이. 잠깐 동안임에도 불구하고 나를 위해 3년간의 6년생이 합동의 축하연을 계획해주었던 것에 머리가 숙여지고 감사한 마음 가득하다. 회합은 ＃ 선생의 약력 소개와 경위보고 ＃ 기념품 증정 ＃ 담뱃갑 케이스(라덴 세공) 증정 ＃ 은사 환영의 변 ＃ 은사 답변 ＃ 오찬 ＃ 기타 14:00~14:40 천전교 방문 15:00~16:00 소양정 관광 ＃ 16:00~ 은사자유시간 ~17:30 상경 예정 … 의 계획대로 진행되며 담소가 계속되었다. 나와는 반세기 만의 대화. … 환영일정에 의해 나의 신임교를 방문하여, 학교장과 역사적인 악수를 나누었다. 제자들의 아이디어로 내가 주는 증정품(나의 이름이 새겨진 책상보)이 책상에 놓여 있었다. 교장, 교감이 본교의 보물로 영구히 보관하겠다고 말해주어 감사했다. 교정에는 다 자란 포프라 한 그루가 "잘 오셨소"라고 환영해주었다. 그것 말고는 무엇 하나 남겨진 것이 없었다. 철봉의 2층 건물이 없어지고 3개 동이 나란히 서 있었다. 한 개 동의 자료관에는 발굴된 고대의 유품이 멋지게 전시되어있었다. 현재는 강원교육대학의 부속교가 되었다고 한다. 충실한 교과내용을 학교장으로부터 들었다. 일찍이 옛 직원이었던 것을 기쁘게 생각한다. 다음의 방문을 기약하며 아쉽게 석별의 정을 나누었다.[78]

일본인 교사를 환대하는 한국인 제자들의 모습을 묘사한 위의 글에서, 일본인 교사는 일본으로 귀환한 이래 반세기 만에 자신이 몸담았던 학교의 '옛 직원'으로 복원되었음에 기뻐한다. 그는 한국인의 교사로서의 이력을

---

이주)는 1928년 경성사범학교를 졸업하여 효창공립보통학교를 거쳐 경기도 고양군 금곡공립국민학교의 교원으로 재직했다. 그의 살아생전 금곡국민학교의 한국인 제자들은 〈飯田会(이이다회)〉를 만들어 이이다 선생과 지속적으로 교류했다(「回憶」『北新潟引揚教員会報』, 1997년).

78) 히사요시 료스케(久吉良祐)(〈표 15〉의 연번 30), 『尚友』, 1987년, 132-3쪽.

되찾은 것이다. 그의 이력의 복원은 문서에 의한 것이 아니라 자신을 '스승'으로 기억해주는 한국인 제자들의 환대에 의한 것이다. 그리고 이들의 관계는 일회성으로 끝나지 않았다.

사토 씨는 1946년 11월 일본으로 귀환한 후 니이가타(新潟)에 정착한 후 곧바로 교원으로 복귀했고 1978년 소학교의 교장을 끝으로 교직에서 퇴임했다. 그는 귀환 후 경성사범학교의 조선인 교우를 통해 접했던 무교회의 신자가 되었으며, 1954년 동경에서 개최한 무교회 인물사 강좌에서 김교신에 대해 강연했다. 교직을 퇴임한 후에는 1999년까지 20여 년간 일본 내 무교회 재단의 기독교독립학원 고등학교(基督教独立学院高等学校)(山形県小国町 소재)의 국어[일본에]와 한국어 교사로 재직봉사하며 한국의 씨올재단의 푸름학원과 교류활동을 지속했다. 1968년 첫 방한한 이래 기독교독립학원고등학교 학생들을 인솔하여 1990년대까지 총 8회 한국을 방문했다. 그는 그때마다 한국어 통역을 맡았다.

다시 질문해보자. 일본의 패전 후 복원된 일본인과 한국인의 사제관계는 '한국 출신 일본인'에게 무엇을 의미하는 것일까? 한국인 제자는 왜 일본인 교사를 환대한 것일까? 일본인 교사는 한국인 제자가 무엇 때문에 자신을 환대했다고 생각한 것일까? 『尙友』에서는 경성사범학교 출신자들이 전시기(戰時期)의 일본인 교사의 행적을 되돌아보는 글이 있다. 그들은 전시기에 자신이 "월 2회 전 생도에게 '일본뉴스' 극영화의 '도양폭격'(渡洋爆擊) 등을 보여주는 상영기사"[79]이기도 했다고 회고한다. 그래서 그들은 "쇼와12년[1937] 7월 7일 지나사변[중일전쟁]에 돌입, 이후 진상을 모른 채 총후의 군국주의 교육에 투신했고, 전후(戰後) '마차의 말'과 같이 전황(戰況)의 보도에 일희일비하며 피를 끓이며 제자들에게 '바다에 가면 물에 잠긴 시체, 산에 가면 풀이 자라는 시체'(海ゆかば水漬く屍山ゆかば草生す屍)라는 노래를 가르치며 호국의 혼

---

79) 이시카와 타다요시(石川忠義)(〈표 15〉의 연번 48 참조), 『尙友』, 1987년, 17쪽.

이 되는 것이 최고의 도덕이라고 설파했던 자신의 모습을 잊을 수 없다"[80] 고 말한다. 그런데도 한국인 제자들은 그런 일본인 교사를 반겨주었다.

시다 씨의 고창보통학교 제자인 강재균 씨가 시다 씨를 '스승'으로 이야 기하는 데에는 조선의 교육과 농작업에 헌신했던 시다 씨의 모습이 서려있 다. 이처럼 자신을 '스승'으로 기억하고 환대하는 한국인 제자에게서 경성 사범학교 출신의 일본인 교사는 페스탈로치의 '대애지순(大愛至醇)'을 되새기 고 단급학교 교사 우에다 츠치고로(上田槌五郎)를 '조선의 페스탈로치'로 존경 하며 '제2의 페스탈로치'를 지향했던 '농촌지도자'의 경험을 상기한다. 그들 의 '계몽'에의 헌신은 조선총독부의 '농촌진흥운동'과 '후방의 전시체제'에 복무했던 것에 다름 아니지만, 그 속에서 맺어진 사제관계는 식민지 이후 '사범'의 사명의식으로, 그 식민지성을 소거하고 농촌의 지역사회를 개선하 기 위한 실천을 추출해낸다. 이렇게 일본인 교사의 식민지적 교육활동은 보편적 교사상으로 형상화되었다.

나아가 이러한 보편적 교사상이 한국의 역사와 문화에 부착된다. 일본인 교사가 조선의 농촌에서 경험한 조선의 생활양식, 동료교사와 농촌의 '촌부' 와 학부형들과 접하는 가운데 적응한 조선의 습속 등에서 배인 조선화는 일본인 교사를 '일본인 교사'에서 '조선인의 선생님'[81]으로 승격시킨다. 이 렇게 해서 일본인 교사는 자신이 습득한 한국의 문화요소를 한국인 제자와 공유하며 그 사제관계를 지속해왔던 것이다.

'한국 출신 일본인'은 동창회지 및 개인회고록에서 패전 직후 일본으로 돌아와서 본가 혹은 외가를 찾았을 때 환영받지 못했다고 말한다. 패전 후 식량난에 먹을 것이 부족했던 친척들은 그들을 반겨줄만한 여력이 없거니

---

80) 이소노 료우타로우(磯野良太郎)(〈표 15〉의 연번 28 참조), 『尚友』, 1987년, 19쪽.
81) "'선생님'(ソンセンニム)은 교사의 존칭으로 일본어라면 필경 '센세사마'(先生樣) 에 해당되리라. 이처럼 부모나 아이들에게 교사는 절대적인 존재였다."(『私の中 の朝鮮』, 皓星社, 1982년, 70쪽).

와 이미 내지를 떠나 외지에 터를 잡은 그들을 지연공동체의 성원으로 받아들일 수 없었다. 그래서 그들은 '일본인'과 귀환 전의 관계로 되돌아갈 수 없었다. 그런데 한국인은 한국을 다시 찾은 그들을 반겨주고 기억해주었다. 그들에게 역사인식이란 무엇이 변하며 무엇이 변하지 않는지에 대한 실감이 아니었을까?!

그렇다면 이제 다음으로 '한국 출신 일본인'이 이러한 식민지 이후의 식민지적 역사인식을 토대로 한국방문에서 실현하고자 했던 것은 무엇인지 그 실천의 양상을 살펴보겠다. 그들이 식민지 이후 복원된 식민지적 관계를 통해 더 이상 식민지가 아닌 한국에서 무엇을 실현하려고 했는지, 그 무엇은 어떠한 시대적 모순을 담고 있는지, 그리고 그 모순을 지양한 결과 그들에게 조선은 어떠한 모습으로 남게 되었는지의 과정을 살펴보겠다.

# 3 '경중회'의 '모교' 방문과 식민지적 타자성

## 식민자의 기억, 귀환자의 실천

'한국 출신 일본인'은 식민지 이후 식민지를 인식했다. 그들은 귀환 후 자신의 경험이 본토 출신의 일본인과 다름을 자각하면서 조선과 일본의 차이를 본질적인 것으로 규정했다. 이 규정에 의해 '제국'의 역사는 식민지적 인식을 요청한다. 이처럼 '한국 출신 일본인'의 식민지적 역사의식은 그들 자신의 귀환 후의 경험과 맞닿아있다. 다시 말해 그들은 조선과 일본의 본질적 차이를 국민국가의 경계로 구획하는 가운데 과거 제국일본의 역사를 되돌아본다. 이 장에서는 그러한 식민지적 성찰이 '한국 출신 일본인'의 한국 방문에서 어떠한 실천으로 이어졌으며 그러한 실천이 조선에 대한 타자인식을 어떻게 재구성하는지를 구체적으로 검토한다.

'한국 출신 일본인'의 귀환 후의 기억과 실천은 식민지 이후의 식민지적 타자성을 역추적한다. 여기서 식민지적 타자성이란 피식민자의 탈식민화의 가장 최후에 남는 문제로서 이른바 식민지적 '양가성(ambivalence)'(Homi Bhabha 1994)을 가리킨다. 즉 피식민자가 식민주의의 범주를 내면화함으로써 형성된 근대적 주체가 식민지 이후 식민지적 자기동일성에 대해 향수어린 욕망을 갖게 된다는 것인데(酒井直樹 2003[1996]: 240-2), 이 장에서는 식민지 이

후 '본국'으로 귀환한 '한국 출신 일본인'의 집단적 실천 속에서 그러한 식민
지적 주체가 어떻게 재현되는가를 분석함으로써 '식민자'의 타자성을 논해
보고자 한다. 이를테면 조선에서 태어난 문학비평가인 무라마츠 타케시(村
松武司)는 1969년 2월『朝鮮研究』에 기고한 글에서 조선이라는 타자를 언제
나 의식해야 하는 '식민자'의 운명을 다음과 같이 말하고 있다.

> 일본인의 의식 속 식민주의에 대해 우리들은 위험한 징후를 얼마든지
> 지적할 수 있다. 내가 '식민자의 회상'을 쓰는 동안 가슴 깊은 곳에 아른
> 거린 것은 조선의 옛 지인의 얼굴이었다. 그 글은 그들의 시선을 등지며
> 현대의 일본인을 향하고 있다.[1]

무라마츠는 외조부(外祖父)의 회상록의 연재를 마치면서 일본인을 독자로
상정하면서도 늘 조선인의 시선을 의식해왔다고 말한다. 그리고 그는 식민
지를 직접 경험했고 식민지의 기억에서 자유롭지 못한 자신을 '식민자'로
선언하고, "일본인의 의식 속에서 식민주의가 온존하기"(위의 글; 37) 때문
에 '식민자'의 기억을 통해 식민주의의 논리와 경험적 근거를 밝혀보고자
했다. 이것은 전후(戰後)의 '일본인론'이 일본의 본질적인 국민문화를 추구하
면서 소외시킨 타자가 '식민자'에게는 결코 숨길 수 없는 존재임을 뜻한
다.[2] 제국일본의 기억에서 주조된 '일본인론'이 식민지적 타자를 은폐하려

---

1) 『朝鮮研究』82호, 日本朝鮮研究所, 1969년 2월, 37쪽.
2) 강상중(姜尙中)에 따르면, '일본인론'은 문화적 다양성을 배제함으로써 '일본인의
   동질성'을 꾀하고 일본의 국민문화를 본질화 했다. '일본인론'이 패전 후 일본사
   회에 광범위하게 유포된 데에는 1945년 이후 현재까지를 전후로 일컬으며 '15년
   전쟁'과 단절되고 그로부터 새로운 시대가 시작되었다는 시대적 동질성이 놓여
   있다. 메이지 이후의 '근대화의 서사' 속에서 전시(戰時)의 기억이 소거되고 전쟁
   의 피해자 의식에 따른 국민적인 '전향'이 비교적 순조롭게 이뤄져 왔다는 것이다
   (1996: 122-3). 그러나 '일본인론'이 제국의 기억을 통해 일본의 국민문화를 표상
   한다는 점에서, 일본의 전후는 전전의 기억을 품고 있다(酒井直樹 1992; 姜尙中
   1996). 즉 '전후'는 "패전의 사실을 무의식의 저편으로 밀어버리면서 전전의 권력
   구조를 상당부분 온존시킨 채 주변국과의 우호관계를 그럴듯하게 꾸며내면서—

하면 할수록, '식민자'는 타자를 은폐시킨 일본인을 바라보는 존재로서 타자를 의식할 수밖에 없다. 왜냐하면 '일본인론'이 '식민자'에게서 자신의 타자를 은폐시켜왔기 때문이다. 이러한 '식민자'의 존재론적 운명은 그들의 서사를 일정한 담론으로 통합해왔다. '한국 출신 일본인'은 그 자신과 부모 세대의 이야기[3]에서 '히키아게의 상흔(引揚げの傷跡)'을 '식민자'의 전형적인 서사로 삼아왔다. 패전 후 일본사회는 그들에게 '히키아게샤'라는 국민적 성격을 부여함과 동시에 식민의 기억을 억압하는 데 일조해왔던 것이다(浅野豊美 2004).

그런데 '한국 출신 일본인'은 한일협정 이후 구식민지의 관계망을 한국인에까지 재구축하고 식민지적 성찰과 자기평가의 과정을 거쳐 왔다. 이와 같은 일련의 작업은 식민지 이후 '식민자'에 대해 응당 치러야 했을 실질적인 사후조치들을 회고록의 형식으로 곱씹어본 것이라고도 할 수 있다.[4] 그

---

달리 말하면 그것을 돈으로 사면서— '평화와 번영'을 향수해왔던 시대"(白井聡 2013: 115)라고 말할 수 있다.

3) 村松武司, 『朝鮮植民者-ある明治人の生涯-』, 三省堂, 1972년; 伊藤勇, 『私の中の朝鮮』, 晧星社, 1982년; 馬宮勉, 『追憶の大地』, 1993년(비발매); 『追憶の大地(続)』, 1996년(비발매); 沢井理恵, 『母の「京城」・私のソウル』, 草風館, 1996년; 堀内純子, 『ハルモニの風』, ポプラ社, 1999년; 山川靖夫, 『私の中の京城(ソウル)』, 2003년(비발매); 備仲臣道, 『ある在朝日本人の生涯』, 社会批評社, 2013년; 吉原勇, 『降ろされた日の丸―国民学校一年生の朝鮮日記―』, 新潮社, 2010년 등.

4) 조선의 일본인 사회가 일본의 패전 후 본국과의 관계재설정, '구식민지'와의 협상 등의 조치를 직접 실행하지도 목격하지도 못한 채 소멸한 데에는, 전적으로 '타의'에 의한 일거의 귀환 과정에 그 일차적 요인이 있다. 이는 '재조선일본인'의 인구규모 및 조선의 전체 인구에서 차지한 비율을 상회했던 프랑스령 알제리의 프랑스인(Pied-noir) 사회가 약 7년간의 알제리 독립전쟁(1954.11.1 ~1962.3.19.)의 와중에 서서히 붕괴되면서 '불가피한 자의'에 의해 본국으로 귀환했던 과정과 비교해볼 수 있다. 알제리에서 1954년 10월 31일 실시했던 인구조사에서 유럽계 주민은 984,031명(프랑스인 934,052명, 기타 49,979명)으로 알제리 전체 인구의 약 1할을 차지했으며, 이중 79%가 알제리 출신이었다. 알제리의 독립 직후인 1962년 말 유럽계 주민은 약 20만 명으로 감소했고, 알제리 독립 이후 알제리 국적을 취득한 유럽계 주민은 불과 616명으로 이들 중 다수는 알제리 해방투쟁 참가자(184명)와 알제리인과 결혼한 여성(351명)이었다. 1966년 조사에서 알제리에 거주하

런데 이 작업은 역설적이게도 '한국 출신 일본인'의 조선에 대한 타자적 인식을 요청해왔다. 나아가 그들 자신의 과거를 역사적으로 형상화하는 거울로서 조선이라는 타자는 '바로 지금' 그들의 모습을 한국에 이입한다. 그들은 조선의 타자적 인식의 역사적 요청에 부응하는 한편, 식민지적 성찰의 실천을 더 이상 식민지가 아닌 한국에서 실행하고자 했던 것이다. 이 장에서는 한국방문을 통해 드러난 그들의 집단적 실천의 구체적 양상을 경성중학교 동창회를 사례로 살펴보고자 한다.

이 장의 자료는 경성중학교의 동창회지에 실린 회고록 및 출신자들과의 인터뷰 조사를 통해 수집되었다. 이 장의 구성은 다음과 같다. 먼저 패전 후 '히키아게샤'의 담론에서 '식민'의 기억이 복원되는 논리를 살펴볼 것이다. 이것은 경성중학교 출신자의 학창시절이 '히키아게샤'의 고난과 극복의 서사로 재구성되는 과정을 추적하는 것이 될 것이다. 그 다음으로 복원된 '식민'의 기억이 요청한 식민지적 타자 인식의 지점들을 짚어볼 것이다. 경성중학교 동창회의 한국방문과 한국인 동창과의 만남에서 그들에게 요구된 식민지적 타자 인식은 무엇이며 그것이 어떻게 '식민'의 기억을 재구성하는지를 탐색해보고자 한다. 마지막으로 경성중학교 동창회의 '모교' 방문 및 후원활동의 구체적인 양상을 살펴보고 이 속에서 그들이 해명하고자 했던 식민지적 모순은 무엇인지를 밝혀보고자 한다. 이로써 우리는 식민지 이후 전개된 '식민자'의 실천의 종착지가 '마음의 고향'임을 이해하게 될 것이다.

---

는 프랑스 국적 보유자는 68,400명으로 그 중 약 3만 명은 알제리의 독립 후 프랑스와의 경제협력을 위해 새롭게 유입된 인구였으며 나머지 '구'식민자'의 대다수는 '노인'이었다. (バンジャマン・ストラ(Benjamin Stora) (小山田紀子・渡辺司訳, 『アルジェリアの歴史』, 明石書店, 2012년)

## 경성중학교 및 동창회 개괄

경성중학교는 한일합방조약이 체결되기 일 년 전인 1909년 5월 22일, 경성거류민단이 일진회 소유의 독립관(獨立館)과 국민연설대(國民演說臺)를 무상으로 빌려 설립한 '경성거류민단립중학교(京城居留民團立中學校)'를 전신으로 한다. '경성거류민단중학교'는 1910년 4월 1일 통감부로 접수되어 '관립통감부중학교(官立統監府中學校)'로 명칭 변경되었다가 같은 해 10월 1일 '조선총독부중학교'로 개칭되었고 11월 경희궁터의 광대한 토지를 매입하여 신교사(新校舍)를 건립하고 이설했다. 그 후 1913년 3월 9일 제1회 졸업생 34명을 배출하고, 4월 1일 '관립경성중학교'라는 명칭을 얻었다.[5] 경성중학교는 당시 제국일본의 다섯 번째이자 외지에서는 첫 번째로 설립된 중학교로서,[6] 1913년 3월 24일 문부대신의 인정을 받아 졸업자에게는 문관임용의 자격이 주어졌다.[7] 게다가 1915년 4월 경성중학교에 설치된 평양분교실이 그 이듬해인 1916년 4월 평양중학교로 독립했고, 1917년 4월 설치된 대전분교실이 1918년 4월 독립하여 대전중학교가 되었으며, 1917년 4월 경성중학교 입학생의 한 학급이 용산중학교 1기생이 되는 등 경성중학교는 자타 공히 조선 각지에 설립된 제 중학교의 본거지였다. 조선에서 식민지체제가 '안정화'한 1930년대에 이르면 경성중학교 졸업생의 다수는 관공서와 은행에 취직하거나 상급학교에 진학하는 등(〈표 17〉 참조), 경성중학교는 조선 출신의 일본인 엘리트를 양성하는 교육의 산실로 자리매김했다. 또한 경성중학교는 경성사범학교, 경성농업학교, 경성공업학교, 경기상업학교 등 경성의 실업학교가 '내선공학'을 실시했던 것과 달리, 설립초기부터 1945년 '폐교'하기까지 용산중학교와 더불어 '재조선일본인'의 배타적 중등교육기관으로서, 조선인

---

5) 『慶凞史林』, 京城中学校, 1940년 9월 10일, 28쪽.
6) 『朝鮮の回顧』, 1945년, 367쪽.
7) 『朝鮮敎育要覽』, 朝鮮總督府, 1918년 1월, 133쪽.

재학생은 극소수에 불과했다(〈표 18〉 참조).[8]

〈표 17〉 조선의 중등교육기관 졸업자의 진로 상황 (1936년)

| | 관공서취직 | 교원 | 은행회사 | 가사 | 상급학교진학 | 기타 | 사망 | 총수 |
|---|---|---|---|---|---|---|---|---|
| 공립중학교 | 82 | 7 | 43 | 146 | 517 | 181 | 15 | 991 |
| 공립고등보통학교 | 119 | 85 | 87 | 201 | 481 | 136 | 6 | 1115 |
| 사립고등보통학교 | 39 | 37 | 34 | 247 | 338 | 19 | 4 | 718 |

※출처: 『學事參考資料』(조선총독부학무국, 1937년 11월).

〈표 18〉 경성의 중등 교육기관의 민족별 학생수 (1931년)

| 학교명 | | 조선인(백분율) | 일본인(백분율) | 총수 |
|---|---|---|---|---|
| 경성중학교(공립) | | 31(3.3) | 913(96.7) | 944 |
| 용산중학교(공립) | | 26(2.6) | 970(97.4) | 996 |
| 경성사범학교(관립) | 보통과 | 99(20.2) | 391(79.8) | 490 |
| | 연습과 | 65(27.9) | 168(72.1) | 233 |
| | 강습과 | 59(100) | – | 50 |
| 경성공업학교(관립) | | 35(20.1) | 139(79.9) | 174 |
| 경성농업학교(공립) | | 285(81.9) | 63(18.1) | 348 |
| 경성상업학교(공립) | | – | 467(100) | 467 |
| 경기상업학교(공립) | | 206(43.5) | 268(56.5) | 474 |
| 선린상업학교(사립) | | 225(45.3) | 272(54.7) | 497 |
| 동성상업학교(사립) | | 283(100) | – | 283 |
| 경성공립제일·제이고등보통학교 | | 1534(100) | – | 1534 |
| 경성사립고등보통학교<br>(양정, 보성, 배재, 숭문, 중앙) | | 3348(100) | – | 3348 |

※출처: 『昭和六年朝鮮總督府統計年報』(조선총독부, 1933년 3월)에서 재구성.

---

8) 1938년 3월 15일 조선총독부령 제25호로 공포된 제3차 조선교육령 개정에 의해 조선인과 일본인 각각의 교육기관이 제도상으로 통합되기 전까지, '중학교'에 입학하기 위해서는 6년제의 심상소학교를 졸업하고 일본어의 상용능력을 갖추어야 했다. 따라서 4년제(혹은 5년제)의 보통학교의 조선인 졸업자가 '중학교'에 진학하려면 '소학교'의 고학년 과정에 편입해야 했는데, 일본인으로 구성된 학교조합에 의해 운영되었던 소학교 및 중학교(『朝鮮教育の概観』, 朝鮮総督府学務局学務課, 1939년, 20쪽)의 조선인은 통상 일본인의 2,3배의 학비를 내야했기 때문에 소위 "양반집 자제"가 아니고서는 일본인 학교로 진학하기는 거의 불가능했다.

경성중학교 동창회는 '한국 출신 일본인'의 여타 동창회가 1965년 한일협정의 체결 이후 본격적인 활동에 돌입한 것과 달리, '히키아게'가 거의 완료된 직후인 1946년 7월에 경성중학교 졸업생의 명부 제작을 위한 준비모임을 결성하고 1950년 9월 9일 제1회 '동경경중회'를 개최함과 동시에 명부를 배포하는 등 비교적 일찍부터 그 활동을 개시했다.[9] 1950년 이래 '동경경중회'는 매년 대회를 소집했고, 한일협정이 체결된 그 이듬해인 1966년부터 한국 및 '모교'방문을 실시했으며, 1969년 9월에 동창회지 『慶凞』를 창간하여 1996년까지 총 26호를 발간했다. 경성중학교 동창회는 2009년에 '경중개교백주년기념전국대회'의 개최와 백주년기념지인 『さらば京中!』[안녕 경중!]의 발행을 끝으로 공식적으로 해산했다.

---

9) 『慶凞』에 기재된 '동경경중회'의 설립 경위는 다음과 같다. "복원(復員)[1945년 일본의 패전 이후 일본군의 귀환을 이르는 용어] 후 쇼와21년[1946년] 7월에 지주회사정리위원으로 일하게 되었다. 이 위원회는 GHQ의 지시에 따라 재벌해체의 실행기관으로 설립되어 흥은(興銀)[흥업은행], 산화은행(三和銀行) 등의 출신자를 중심으로 당장 일할 수 있는 인재가 필요한 탓에 직원의 대부분은 조선은행, 식산은행, 동양척식주식회사 등 히키아게샤(引揚者)로부터 채용되었다. 그래서 본인과 그 가족 중에 경성관계자가 많았다. … 전후(戰後) 동급생 이외의 경중 졸업생을 만나게 된 것도 이 때문이다. 그 후 위원회 내에 경중 선배 여섯 명이 있다는 것을 알게 되어, 쇼와21년[1946년] 12월 6일, 위원회 내의 회의실에서 첫 회합을 열고 … 경중(京中)에 대해 이런저런 이야기를 나누다가 동급생에 관한 꽤 많은 정보를 얻게 되었다. 경중회(京中会)도 하고 싶었지만, 우선은 명부를 만들어보자 하여 … 쇼와15년[1940년]에 작성된 명부를 기초로 해서 판명된 사람부터 채워나가기로 했다." (『慶凞』 26호, 1996년)

이 장에서는 경성중학교 동창회지인 『慶凞』에 실린 '경중시대'의 회고담
과 동창회의 활동 내용을 다룬다. 이와 더불어, 동창회지의 편집위원으로
활동한 인물들과의 인터뷰 조사를 통해 얻은 구술 자료를 참조했다.10) 구
술 자료는 2012년과 13년에 걸쳐 수집된 것으로, 『慶凞』의 발간 시기와 동
창회의 주요 활동시기(1960년대 중반부터 1990년대 중반까지)와 시기적으
로 상당히 떨어져있다. 따라서 본 장에서 활용한 구술 자료는 동창회 활동
의 후일담으로서 자기평가의 성격을 갖는다. 그 외에 기수별·지역별로 발
행된 동창회지 혹은 경성중학교 출신자들로 구성된 동호회에서 발행된 잡
지 등을 활용했다.11)

『慶凞』에 실린 '경중시대'의 회고담은 『慶凞』의 발간시기(1969~96년)에
재구성된 것으로써 내지 출신의 일본인과 구별되는 경험적 고유성을 띤다.
이 경험적 고유성은 동창회의 존립 근거를 제공한다. 즉 "과거의 구축은 자
기동일시(self-identification)의 행위이며 그것의 진정성, 곧 주체와 의미세계의

---

10) 인터뷰 및 서면 조사를 실시했던 경성중학교 출신자들은 모두 조선에서 태어났
으며, 그들의 인적사항을 표로 나타내면 다음과 같다.

〈표 19〉 경성중학교 동창회의 제보자 일람

| 연번 | 출생년도/기수 | 조선에서 부모의 직업 | 그 외 출신교 | 동창회에서 직책 |
|------|--------------|---------------------|-------------|----------------|
| 1 | 1924년/30회 | 소학교·보통학교 훈도 | 히노데소(日出小)·경성제대(京城帝大) | |
| 2 | 1926년/32회 | 동산농원(東山農場) 직원 | 수원소(水原小)·경성제대(京城帝大) | 회지 편집위원 |
| 3 | 1929년/35회 | 경성부 직원 | 고저소(庫底小)(강원도 고저) | |
| 4 | 1930년/36회 | 경찰관 | 종로소(鍾路小) | 회지 편집위원 |
| 5 | 1931년/37회 | 상점 운영 | 미사카소(三坂小) | 회지 편집위원 |
| 6 | 1932년/38회 | 경성부회 의원, 비료회사 운영 | 서대문소(西大門小) | 회지 편집위원 |
| 7 | 1932년/38회 | 소학교·보통학교 훈도 | 서대문소(西大門小) | 회지 편집위원 |

11) 『仁旺ケ丘』, 京嘉会(20회)「仁旺ケ丘」発行実行委員会, 1982년 1월 1일; 『仁旺ケ丘
懷想録』, 一誠会(35회), 2008년 6월 3일; 『潮流』, 9호(2004년 7월 31일)〜17호(2009
년 3월 15일), 文芸同人潮流社.

존재론적 관계로 해석되어야"하고 "역사적·공간적·사회적으로 결정된 환경 속에서 추동된 실천"(프리드먼 2009[1994]: 260)이라고 한다면, 그들의 과거는 지금 동창회가 존재할 수 있는 혹은 존재해야 하는 의미로서 고유하다. 이 존립근거로서의 의미는 경성중학교 동창회 활동의 성격을 크게 두 가지로 특징짓는다. 하나는 '경중시대'라는 공통된 경험을 갖는, 일본사회에서 내적으로 구획됨과 동시에 내부적으로 공유되는 경성중학교 출신자의 집단의식의 고유성이다. 다른 하나는 한국인과 관계를 지속해나가는, 외부적으로 표출되는 '한일교류'의 적극성이다. 경성중학교는 기수별·지역별로 다양한 수준의 동창회를 조직해왔고 한국 및 '모교' 방문을 수시로 실시해왔으며 '모교'를 실질적으로 후원해왔다. 나아가 경성중학교 동창회는 한국에 '서울경중회' 지부를 두어 일본의 '경중회'와 교류활동을 체계적으로 전개해왔다. 본 장에서는 '서울경중회'의 활동과 '모교' 방문을 포함하여 경성중학교 동창회의 활동양상 전반을 다루고자 한다.

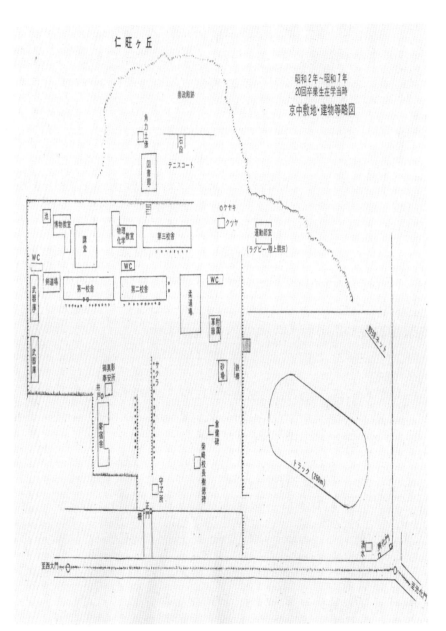

〈그림 15〉「京中敷地・建物等略図」[경성중학교 부지 및 건물 약도](1927~32년)
※출처: 『仁旺ヶ丘』, 경성중학교 20회 졸업 50주년기념지, 1982년 1월 1일.

# 훈육의 기억

## '경중혼(京中魂)'의 회복

경성중학교 동창회는 1969년 9월 발간된 『慶凞』[경희]창간호에서 '동경경중회'를 모태로 각 지부와 기수모임을 결집하여 총동창회를 설립했음을 공표하고 그 의의를 다음과 같이 명시했다. "제2차 세계대전의 패전에 의해 전국민이 심각한 타격을 받았지만 그중에서도 생활의 기반을 외지(外地)에 두었던 우리들이 걸어왔던 고난의 길은 이루 말로 다 형용할 길 없다. 그러나 이때야말로 전국 2천여 명의 회원은 '그까짓 것!(なにくそっ)'의 경중혼(京中魂 '케이츄우타마시이')의 진가를 발휘하여 온갖 고난을 하나하나 극복하고 각자 견실한 생활을 꾸릴 수 있었고"(59쪽), 이제는 "'天下의 京中'이라 자부하는 우리들이 새로운 일본의 대업에 일익을 담당할 때가 도래했다. 2천여 회원의 집결 및 경중혼의 환기를 기도하자"(59-60쪽)라고 주장하며, 전국대회의 개최, 회보의 발간, 조직체계의 확립 등을 향후 과제로 제시했다. 이에 따르면, 이들이 패전 후 '히키아게샤'로서 감당해야 했던 고난을 극복한 것도 '경중혼'이며, 앞으로 새로운 일본을 만들어가는 데에 일익을 담당하는 자신들에게 필요한 것도 '경중혼'이다. '경중혼'이란 경성중학교에서 습득된 것일 터인데,[12] 경성중학교가 1945년 일본의 패전과 함께 폐교했으므로 '경중혼'은 그 후에도 '혼(魂)의 고향인 경중(京中)에서 살아남은 혼'[13]이라 할 수 있다.

당시의 경중(京中)을 상징하는 것은 경희의 언덕에 높이 솟은 교사(校舍) 교정에 핀 벚꽃, 큰 뜻과 자존심에 뒷받침된 엄격한 교풍이 아닐까. 불굴의 정신도 이 속에서 길러졌고, 문무양도(文武両道)는 타의 추종을 불

---

12) 『慶凞』 14호, 18회, 1983년 12월, 86쪽.
13) 『慶凞』 2호, 1971년 6월, 29쪽.

허했으며, 전통에 빛나는 명문교라는 자부심이 전교 생도를 떠받치고 있었다. 경중혼(京中魂)이라는 것이 있다면 이러한 멋진 환경 속에서 배양된 것으로, 크게 울려 퍼지던 교가(校歌)의 가사 속에 면면히 살아있다고 생각한다. (『慶凞』 창간호, 1969년 9월, 29쪽)

경성중학교는 앞서 말한 것과 같이, 조선총독부의 전폭적인 지원을 받아 1913년 경희궁 내의 일만 평의 부지에 15만원의 거금을 들여 교사(校舍)를 짓고 7만 3천원의 비용으로 기숙사를 신축했다.[14] 또 1913년 '다이쇼천황'의 대전기념사업(大典記念事業)의 일환으로 학교 뒷산에 벚꽃과 단풍나무를 각각 300그루씩 식수했다.[15] 학생들은 조선의 궁궐과 계절의 풍취를 만끽하며 최적의 교육환경에서 학창시절을 보낼 수 있었다. 뿐만 아니라 경성중학교의 교육수준은 내지의 여느 중학교와 비교해도 뒤지지 않았으며 오히려 내지에서는 맛볼 수 없는 것들을 누린다고 자부할 정도였다.[16] 그러나 '경중혼'은 다만 당대 최고의 교육환경과 지위에 따르는 엘리트적 자부심만을 가리키지 않는다. 그보다 '경중혼'은 "단체훈련이 인간형성의 하나의 수단으로서 큰 역할을 했음을 이제야 절실히 느낀다"(『慶凞』 창간호, 29쪽)라는 대목에서 엿보이듯이, 경성중학교의 독특한 교육방식에서 더욱 찾아진다. 이

---

14) 『朝鮮教育要覽』, 朝鮮總督府內務部学務課, 1915년 12월, 105쪽.
15) 『慶凞』 4호, 6회, 1973년 12월, 5쪽.
16) "당시 내지의 고등사범 부속중학 이외에는 전국에서 유일한 국립중학이자, 한국에서는 일본인만의 중학교라는 것이 어린 마음에도 자랑스러워했다"(『慶凞』 창간호, 3회, 1969년 9월, 11쪽); "매년 신입생은 전 조선의 소학교로부터 엄선된 수재들이었으며, 총독부의 요청에 의해 경중에 온 일류급의 선생님(教諭)으로부터 수준 높은 교육을 받았기 때문에, 졸업생의 상급 진학률은 전국적으로도 뒤지지 않았고 다재다능한 인재가 배출되었던 탓에, 당시 경중은 일류의 명문교였다"(『慶凞』 2호, 5회, 1971년 6월, 55쪽); "인왕산 언덕에서의 5년간을, 천하의 경중의 건아라는 자부심으로 보냈다"(『慶凞』 3호, 17회, 1972년 11월, 22쪽); "경중과 같은 학교는 현대에서는 찾아볼 수 없다. 학문적으로는 물론이고, 정신적, 체력적으로도 철저한 교육을 받으며 청년시대를 보내었음에 감개무량하다"(『慶凞』 3호, 7회, 1972년 11월, 5쪽).

에 『慶煕』에서 언급된 학교행사를 중심으로 경성중학교의 교육양태를 검토해보고자 한다. 다음의 〈표 20〉은 경성중학교 출신자들이 주요하게 회고하는 학교행사를 연간 일정 순으로 재구성한 것이다.

〈표 20〉 경성중학교 학교행사(1913~45년)

| 연번 | 행사명 | 시기 | 장소 | 권호·쪽 | 기수/재학기간 |
|---|---|---|---|---|---|
| 1 | 조선총독의 학업시찰 | 5월 | | 창간호 12쪽 | 4회, 1911~16년 |
| 2 | | | | 2호 22쪽 | 6회, 1913~18년 |
| 3 | 북한산 등반 (北漢山登攀) | 한겨울 | | 창간호 15쪽 | 4회, 1911~16년 |
| 4 | | | | 창간호 26쪽 | 15회, 1922~27년 |
| 5 | | 5월 | | 2호 22쪽 | 6회, 1913~18년 |
| 6 | | 봄 | | 12호 1~2쪽 | 8회, 1915~20년 |
| 7 | | | | 15호 12쪽 | 17회, 1924~29년 |
| 8 | | 1917.4.29 1918.2.9 | | 21호 49쪽 | 10회, 1917~22년 |
| 9 | 한강수련 (漢江水練) | 7월 하순 | | 2호 22쪽 | 6회, 1913~18년 |
| 10 | 수학여행 (修学旅行) | | 滿洲(奉天→北陵→旅順→大連)(4학년) | 창간호 26쪽 | 15회, 1922~27년 |
| 11 | | | 학년별로 개성, 평양, 원산, 만주(奉天, 旅順, 大連) | 2호 22쪽 | 6회, 1913~18년 |
| 12 | | | 내지(下関→瀬戸内海→日光)(二週間)(5학년) | 12호 69쪽 | 28회, 1935~40년 |
| 13 | | | 내지의 日光견학(14일간) | 12호 65쪽 | 26회, 1933~38년 |
| 14 | | | 금강산(일주일)(4학년) | 15호 15쪽 | 17회, 1924~29년 |
| 15 | 노루·토끼 사냥 | | 눈밭의 왕복 10리 (雪の往十里) | 창간호 5쪽 | 교사, 1917년 부임 |
| 16 | | | 전곡(全谷) | 창간호 26쪽 | 15회, 1922~27년 |
| 17 | | 초겨울 | 38도선 부근 | 창간호 15쪽 | 4회, 1911~16년 |
| 18 | | 초겨울 | 장충단, 의정부 | 2호 22쪽 | 6회, 1913~18년 |
| 19 | | | 동소문(東小門) 밖 | 8호 10쪽 | 9회, 1916~21년 |
| 20 | | 엄동(嚴冬) | 노량진(鷺梁津) | 12호 65쪽 | 26회, 1933~38년 |
| 21 | | 겨울의 설산(雪山) | | 12호 68쪽 | 28회, 1935~40년 |
| 22 | | | | 15호 14쪽 | 17회, 1924~29년 |

| 23 | | | 수원까지 10리 왕복 | 창간호 23쪽 | 12회, 1919~24년 |
|----|----|----|----|----|----|
| 24 | | 12월15일 | 벽제관(碧蹄館) | 2호 23쪽 | 6회, 1913~18년 |
| 25 | | 12월14일 | 인천까지 | 5호 15쪽 | 11회, 1918~23년 |
| 26 | | | 인천까지 | 8호 10쪽 | 9회, 1916~21년 |
| 27 | 야간 행군<br>[夜行軍] | 11월17일<br>(경성일보) | 인천까지 | 11호 1~2쪽 | 7회, 1914~19년 |
| 28 | | | | 12호 65쪽 | 26회, 1933~38년 |
| 29 | | 12월14일 | 수원에서 학교까지(12里) | 15호 15쪽 | 17회, 1924~29년 |
| 30 | | | 인천, 수원, 남한산 | 21호 49쪽 | 10회, 1917~22년 |
| 31 | | 겨울 | | 창간호 12쪽 | 3회, 1910~15년 |
| 32 | | | | 창간호 23쪽 | 12회, 1919~24년 |
| 33 | 겨울 극기 훈련<br>[寒稽古]<br>(柔道·劍道) | | | 2호 23쪽 | 6회, 1913~18년 |
| 34 | | | | 2호 29쪽 | 11회, 1918~23년 |
| 35 | | | | 5호 16쪽 | 11회, 1918~23년 |
| 36 | | 한겨울 | | 15호 42~3쪽 | 22회, 1929~34년 |
| 37 | | | 삼각산(三角山) | 12호 65쪽 | 26회, 1933~38년 |
| 38 | 일주마라톤 | | 仁旺山(북문 → 성 외곽 →<br>독립문 → 학교) | 12호 69쪽 | 28회, 1935~40년 |
| 39 | | | 인왕산(仁旺山) | 24호 90쪽 | 35회, 1942~45년<br>(*패전 시 4학년 재학) |

※출처:『慶凞』창간호(1969년)~26호(1996년).

위의 표에서 연번 1과 2의 '조선총독의 학업시열'은 조선총독부에 의해
경성중학교가 "식민지조선의 차세대를 짊어질 인재를 육성하는"[17) 곳임을
확인하는 '의례'였다. 이 행사가 진행되는 동안 전교생은 학교 운동장에 군
대식으로 정렬하여 총독을 맞이했고, 총독이 돌아간 후에도 교장을 통해
총독의 소견을 전해들을 때까지 부동의 자세를 유지했다. 총독의 '망향에
정신을 뺏기는 일 없이 앞만 보고 나아가라'[18)는 '훈시(訓示)'는 '러일전쟁 이
래의 국시(國是)에 따라, 상무(尙武), 충군애국(忠君愛国), 실질강건(実質剛健)으로

---

17)『慶凞』22호, 17회, 1991년 12월, 4쪽.
18)『慶凞』2호, 6회, 1971년 6월, 22쪽.

써 차세대 국가의 인재양성'[19]이라는 경성중학교의 위상을 대변한다. 조선 총독의 시찰은 일 년 학업의 시작을 알리는 첫 교내 행사였으며, 이 행사를 비롯해서 학교 행사의 대부분은 훈련의 형식을 띠었다. 그 중에서도 '야행군(夜行軍)'(연번 23~30)과 '겨울 극기 훈련(寒稽占)'(연번 31~36)은 경성중학교의 교육방식을 가장 잘 보여주는 행사로『慶凞』에서 언급되는데, 이에 관한 부분을 발췌하면 다음과 같다.

● '야행군(夜行軍)'

경중시대(京中時代)의 엄격한 훈련에서 가장 먼저 떠오르는 것은 엄동설한의 야행군이다. 수원까지 눈과 얼음으로 덮인 10리의 밤길을 야간 보행했다. 새벽이 밝아오고 아침 해에 눈이 부실 무렵, 수원의 농장시험소에서 먹었던 야외의 돼지국의 맛은 내장 속을 파고드는 듯했다. (『慶凞』창간호, 12회, 1969년 9월, 23쪽)

12월 15일의 야행군은 아코우기시(赤穗義士)[20]를 본받고자 하는 결의로 매년 행해졌다. 그 해에는 벽제관 왕복의 십리의 길을, 와라지[일본짚신]를 신고 주먹밥만 챙겨 갔다. 12월 14일 심야, 학교에 집합한 후 자정에 출발해서 의주로를 북진했다. 15일 새벽, 벽제관에 도착하여 관내 야외 정원에서 밥을 지어 아침식사를 했다. 잠깐의 휴식 시간, 그곳의 내력을 들으면서도 머리는 꾸벅꾸벅 졸음을 참을 수가 없었다. (『慶凞』2호, 6회, 1971년 6월, 22-3쪽)

---

19) 『慶凞』2호, 5회, 1971년 6월, 55쪽.
20) '아코우기시'(赤穗義士)는 1703년 아코우(赤穗: 현 효고현의 아코우시) 지역의 다이묘(大名)인 아사노 나가노리(浅野長矩)가 이웃의 다이묘와 분쟁을 벌인 끝에 죽임을 당한 후, 분쟁의 상대에게 복수를 감행했다가 막부로부터 할복을 명받아 자결한 아사노의 신복 47인의 사무라이를 말한다. 이들은 메이지 시대 이후 '아코우기시'로 알려지게 되었고 일본 제국의 시대에 충절의 상징으로서 전국적으로 신화화되었다.

京中이라 하면, 12월 14일 밤 9시에 학교에 모여 영하 20도라는 혹한을 뚫고 인천까지 눈밭을 행진한 '의사제'(義士祭)를 잊을 없다. … 사열종대에서 팔짱을 끼지 않으면 걸으면서도 잠이 들었다. … 온 몸이 차갑고 흠뻑 젖은 채로 마치 젖은 빨래가 되어버린 전 생도는 인천에서 기차를 타고 돌아왔다. 그런데도 감기에 걸리지 않았으니 지금 생각하면 새삼 감탄스럽다. (『慶熙』 5호, 11회, 1975년 1월, 15-6쪽)

2학년 때의 수원 야행군(水原夜行軍)은 불가능을 극복할 수 있는 자신감을 심어주었다. 12월 14일, 기차를 타고 수원에 도착한 것은 오후 6시였다. 외투를 입어 춥지 않았지만, 걷기 시작하자 곧 눈이 내리기 시작했다. 사열종대의 선두에는 시바자키(柴崎) 교장과 선생님들. … 새벽 4시경 눈이 그쳤다. 저 멀리 초가지붕의 어느 집의 노란 불빛이 보였다. 저 집의 따뜻한 온돌에서 잘 수만 있으면 좋으련만! 이라는 생각이 들었다. 회색빛 새벽공기 속에 한강 철교가 보였다. 거기서부터 학교까지 어떻게 왔는지 모르겠다. 7시 반이었다. 정확히 12리. (『慶熙』 15호, 17회, 1984년 12월, 15쪽)

● '겨울 극기 훈련(寒稽古)'

유도장 탈의실의 작은 스토브 하나, 그것도 막 불을 지피기 시작한. 연습판에 걸어 놓은 딱딱한 도복이 피부의 온기에 닿을 때에는 정말 불쾌했다. 게다가 땀에 쩐 얼음장 같은 도복을 입을 때의 감촉이란. 그러나 땀을 한차례 흘리고, 김이 나는 알몸을 마른 일본 수건으로 닦을 때의 짜릿한 맛은 잊어지지 않는다. 추위를 이기는 훈련으로 말할 것 같으면 이 이상 좋은 것도 없다. (『慶熙』 창간호, 12회, 1969년 9월, 23쪽)

겨울방학이 끝나고 열흘 간, 유도 검도의 겨울 훈련이 행해졌다. 혹한의 이름 아침에 행해진 이 신체의 훈련을 학교에서는 모든 생도들에게 권했다. 이 훈련이 연중행사의 마지막을 장식했다. (『慶熙』 2호, 6회, 1971년 6월, 23쪽)

아침 5시 조금 넘어서 기상. 하루 중 가장 추운 시간대이기에, 때에 따라서는 영하 30도까지 내려갔다. … 유도장에는 석탄 난로가 벌겋게 불을 지피고 있었지만, 그래봤자 영하 8도 정도였기 때문에, 맨 몸에 유도복을 입을 때의 감촉은 눈물이 날 정도로 차가웠다. (『慶凞』5호, 11회, 1975년 1월, 16쪽)

극한지(極寒地)의 구제중학(旧制中学)에서 한겨울 매일 아침, 유도부이든 검도부이든 관계없이 전교생이 참가하는 '겨울 극기 훈련'[寒稽古]이 행해졌다. 나는 졸업까지 5년간 내내 훈련받았다. 자명종 소리에 깨어 코타츠[일본식의 탁자난방기구] 위에 놓인 지난밤 누이가 만든 도시락을 가방에 넣고, 도시락의 온기에 기대어 캄캄한 밖으로 튀어나갔다. 인기척을 찾을 수 없는 얼어붙은 길을 달려 학교로 향했다. 영하 16도나 되었을까. (『慶凞』15호, 22회, 1984년 12월, 42쪽)

'야행군'과 '겨울 극기 훈련'을 경성중학교의 학교행사로 처음 도입한 이는 시바자키 테츠키치(柴崎鉄吉) 2대 교장이다. 그는 1913년부터 1924년까지 12년간 경성중학교의 교장을 역임했다.[21] 『慶凞』에서는 그를 초대교장인 쿠마모토 아리타카(隈本有尚)와 대조적인 인물로 묘사한다. 쿠마모토 초대교장의 경우 그 자신이 전형적인 영국형의 신사로 '멋진 신사를 만드는 것'을 교육방침으로 내세우고 '자연교풍(自然校風)'을 지향한 인물로 묘사되는 반면, 시바자키 교장의 경우 우익사상이 확고한 인물로서 부임 후 유도와 검도를 정규 과목으로 설치하고 무도(武道)를 중시장려(重視獎勵)하는 '스파르타식 교육'을 확립한 '업적'을 강조된다.[22] 시바자키 교장은 그 당시 현직의 경찰관은 물론이고 군대에서도 시행하지 않은 '겨울 극기 훈련'를 도입하고[23] 그 자신도 직접 참가할 정도로 열성적이었으며 때로는 자신의 어린 아들을 대동하면서까지 훈련을 독려했다.[24] '야행군'에서 행렬의 맨 앞에서 진두지

---

21) 『慶凞史林』, 경성중학교, 1940년 9월 10일.
22) 『慶凞』, 창간호, 3회, 1969년 9월, 11-2쪽; 창간호, 4회, 15쪽; 2호, 6회, 1971년 6월, 22쪽.
23) 『慶凞』5호, 11회, 1975년 1월, 16쪽; 15호, 22회, 1984년 12월, 43쪽.
24) 『慶凞』창간호, 3회, 1969년 9월, 11-2쪽.

휘하는 등의 그의 '실천궁행(実踐窮行)'이 '경중혼'을 이끌었다는 것이다.25)

여기서 우리가 주의 깊게 살펴보아야 하는 것은 경성중학교에서 집중적으로 실시되었던 강도 높은 훈련이 결코 강제적이거나 억압적으로 회고되지 않는다는 점이다. '야행군'과 '겨울 극기 훈련'은 '아코우기시(赤穂義士)'라는 일본의 사무라이 정신으로 환유되며, 그들이 갖춰야 할 덕목을 길러내는 과정으로 받아들여졌다. 그리고 그들은 이 훈련이 전에도 후에도 맛볼수 없었던 일생일대의 잊을 수 없는 경험이었다고 회고한다.26)

그런데 그들은 왜 '야행군'과 '겨울 극기 훈련'에서 '혼(魂)'을 말하는 것일까? 이를테면, 군대의 훈련병이 야간보행훈련에서 인생의 어려움을 극복할수 있는 '용기'를 얻었다고 말하듯이 '야행군'을 '혼'이 아닌 '용기'와 연관시킬 수도 있었다. 그렇다고 이 훈련이 식민지조선의 '지도층'의 가치의 체득을 목적으로 하고 그 가치를 '혼'으로 명명한 것도 아니다. 왜냐하면, 바로 앞에서 말한 것과 같이, 극한을 뛰어넘음으로써 높은 덕목을 체현한다는 '야행군'과 '극기 훈련'에는 노고(勞苦)에 대한 대가로 성취감을 얻는 보상적 메커니즘이 자리하고, 그들은 보상적 메커니즘에 의해 성취한 덕목에 '혼'을 이름붙이기 때문이다. 그래서 이 질문에 답하기 위해서는 우선 두 가지를 짚어봐야 하는데, 하나는 경성중학교에서 그들에게 요구되는 덕목을 갖추는 방식이 어째서 하필 '극기 훈련'의 형식이었는가 하는 점이고, 또 하나는 훈련을 통해 획득한 덕목에 '식민자'의 특권적 가치가 부여되는 계기가 무엇이었는가 하는 점이다. 전자의 질문에는 경성중학교의 '극기 훈련'이 내지의 교육방식을 그대로 도입한 것으로, 분명한 것은 그 방식이 그와 같은 덕목을 체득하는 데 효과적이었다는 것이다.

---

25) 『慶凞』 2호, 11회, 1971년 6월, 29쪽.

26) "시바자키 교장은 스파르타 교육이라고 하지만, 나는 그렇게 생각하지 않는다. 그는 항상 주도면밀했으며, 불가능한 일을 가능하게 만들었다. 우리들의 인생에 귀중한 경험을 주었다고 생각한다. 이 경험은 오랜 학창시절을 통틀어 전에도 후에도 없었다."(『慶凞』 15호, 17회, 1984년 12월, 12쪽).

    그리고 후자의 질문에 관해서는 푸코의 '성의 장치'에 관한 논의의 틀을 가져와서 두 측면으로 나누어 답할 수 있다. 푸코에 따르면, 성의 장치는 처음에는 지배계급의 생명을 보존하거나 증대시키기 위해 고안된 것이다. 즉 성(性)은 역사적으로 부르주아적인 것이다. 그런데 그것이 법-권위적이고 강제적인 확대과정을 거치면서 계급적 효과를 유발했다. 다시 말해, '성의 장치'가 패권적 중심으로부터 일반화되면서 부르주아지는 자신의 성을 보호하고 차별화하려고 했다. 이에 따라 성의 장치에 금기가 부여되는 억압의 이론이 출현한다. 푸코는 억압의 이론이란 성의 확대 과정에서 사회계급에 따른 차별적 작용의 분석에 의한 것이라고 했다(푸코 2004[1976]: 142-50). 강도 높은 '극기 훈련'이라는 기법도 이와 마찬가지로 일본인에 의해 일본인에게 도입되었을 처음에는 '숭고한 덕목'의 지향으로 수용되었을 것으로 가정할 수 있다는 것이 그 첫 번째 측면이다. 그리고 두 번째 측면은 그것이 조선의 전 인민에게 확대 시행됨과 동시에 훈련에 내재된 덕목에 식민지적 가치가 차등 적용되기 시작하면서, '식민자'의 훈련이 특권적 가치를 띠게 된 것이 아닐까 하는 것이다. 이러한 관점에서 경성중학교 출신자는 훈련의 덕목과 그것의 식민지적 특권을 별개로 사고가능하다. 그 덕목이 추후 어떤 행위를 조장하더라도 그 행위의 결과마저 식민지적 맥락과 분리되어 덕목 그 자체만으로 해석될 수 있는 것이다.

    『慶凞』에서는 '경중혼'을 상징하는 인물로 카이누마 요우지(貝沼洋二)를 내세운다. 그는 경성중학교 11회(1923년 3월) 졸업생으로 '만주개척단(滿州開拓團)'의 단장으로 활약했다. 그는 태평양 전쟁의 막바지에서 그가 이끄는 개척단의 마을민 465명이 소련군에 포위된 끝에 1945년 8월 12일 집단자결로 막을 내린 '마산사건'(麻山事件)의 주역이다. 그는 1930년 홋카이도제국대학의 농학부를 졸업한 후 조선으로 돌아와 강원도 철원의 불이흥업주식회사(不二興業株式會社)의 농장에서 근무했다. 그리고 1932년 제1차 만주개척단의 수전 경작지도원(水田耕作指導員)을 거쳐, 1939년 제4차 만주의 하타오(哈達河) 개척단의 단장으로 참가했다. 『慶凞』 3호(1972년 11월)에서는 「카이누마 요우지의 할복」이라는 제목으로 그의 일생과 '마산사건'을 소상히 소개하는 한편, 동기생들의 추모의 글을 게재해 놓았다. 그와 '마산사건'은 "경중혼의 발로이자 우리들 동기생의 자랑"이며, "일본의 개척사 혹은 식민정책(殖民政策)은 대단한 것"(17쪽)이었다고 말한다. 이때 '경중혼'은 "일본의 개척사"가 품고 있는 식민지적 폭력성을 배제한 채 전쟁의 패배자가 자기목숨을 담보로 끝까지 저항하는 비장한 정신으로 승화된다. 그리고 1945년의 일을 1972년에 말하는 이유에 대해 "전후 27년, 국민경제는 생각지도 못할 번영을 이뤘지만, 거기에는 수많은 희생자들이 있었다. 이를 잊어서는 천벌을 받을 것이다. 우리 세대는 이미 끝났지만 이 사실은 자손에게 영구히 전해야한다"(18쪽)고 말한다. 이 대목에서 우리는 경성중학교의 '혹독한' 훈련을 통해 얻은 정신적 덕목이 '경중(京中)'과 '혼(魂)'이라는 합성어로 강조되는 데에는 경성중학교 출신자의 집단의식과 그 집단의식의 영속성을 담보하려는 의도가 놓여있음을 간파할 수 있다.27)

그들은 '시련 후의 성취'라는 보상의 메커니즘으로 잘 짜여진 '야행군'과 '극기 훈련'을 통과함으로써 그들에게 요구되는 덕목을 능동적으로 체득했고, 그렇게 체득한 덕목은 '거저 얻은 것'이 아니며 그 성취감은 신체가 기억하고 있다. 그러므로 그들은 '경중혼'에서 의심할 여지없이 귀환 후 일본에서 겪었던 인생의 위기를 극복할 수 있는 힘을 얻었다고 말한다. 경성중

---

27) "작금의 세상은 모든 것이 변했고 우리들이 경중시대에 기른 인간성과 정신력은 이제는 귀중한 것이 아니라고 생각될지 모르지만, 전국에 흩어진 동창제형은 경중스피릿이라고 말하는 자부심과 자존의 정신으로 마음을 지탱해왔을 것이라 생각한다."(『慶凞』 3호, 16회, 1972년 11월, 19쪽); "지금 여기서 '모두 경중혼을 가지고 있습니까?'라고 하면 아마도 '당신만 그런 것이 아니요. 나도 가지고 있소'라고 답할 것이라고 생각하며 그렇게 확신합니다. '경중혼'이란 단지 '천하의 경중이다'라고 하며 어깨에 힘을 주는 그런 것이 아닙니다. 마음깊이 경중을 사랑하고 경중에게 감사하고 경중을 자랑스러워하는 것이 '경중혼'이라고 생각합니다. 부디 전 회원일동이 경중혼을 발휘해서 전국경중회의 통일결성으로 나아가려는 의지를 가지길 바랍니다."(「1971년 총회기록」, 『慶凞』 3호, 1972년 11월, 80쪽).

학교는 사라졌지만 '경중혼'은 살아남아 자신들의 고난의 삶을 헤쳐 나갈수 있는 원동력이 되었다. 이렇게 하여 '경중혼'은 전쟁 패배자의 숭고한 정신을 거쳐 '히키아게샤'의 고난 극복의 힘으로 탈바꿈하여 일본의 '전후'가봉인한 '식민'의 기억을 해제한다.

### '경중시대'의 '자유': 은폐와 균열의 구조

앞에서 경성중학교의 훈련 덕목이 패전 후 '경중혼'이라는 이름으로 복원되어 가는 과정을 검토했다. 그것은 극기와 도약이라는 훈련의 내적 메커니즘을 기억하는 신체에 의거하여 '히키아게샤'의 고난 극복의 서사로서 위치 지어지는 과정에 다름 아니다. 여기서 식민지적 역학관계가 어떻게 배제되는지를 경성중학교의 특권이 행사되는 방식을 통해 논해보고자 한다. 이를 논하기에 앞서 경성중학교의 또 다른 학교행사인 '북한산 등반'과 '노루·토끼 사냥'의 회고담을 살펴보도록 하겠다.

『慶凞』에는 시바자키 교장의 특이한 언행이 자주 언급된다. 그는 술을 좋아하고 '나니와부시(浪花節)'28)를 즐겨서 한번은 학교의 모든 수업을 중지시키고 전교생을 집합시킨 후 '나니와부시'의 공연을 펼치기도 했다고 한다.29) 이처럼 즉흥적인 그의 스타일로 인해 '북한산 등반'과 '노루·토끼 사냥'은 '느닷없이' 실행되곤 했다. 『慶凞』에서 이에 관한 부분을 발췌하면 다음과 같다.

---

28) '나니와부시'(浪花節)는 메이지 시대에 만들어진 창(唱)의 일종으로, '샤미센(三味線: 일본의 전통 현악기)'의 반주에 맞춰 음률에 이야기를 싣는 일인 노래극이다.
29) 『慶凞』 창간호, 교사, 1969년 9월, 5쪽.

● 북한산 등반

학교에 도착하여 조회 시간에
시바자키 테츠키치(柴崎鉄吉) 교
장이 "오늘은 북한산에 설중행군
을 한다"고 하면, 우리들은 기숙
사로 뛰어 들어 고춧가루를 받아
가지고 양말 속에 뿌린다. 북한
산 행군은 힘들었지만 즐거웠다.
도시락의 바삭바삭하게 얼은 밥
을 입안에 물고 이로 깨물어 따
뜻하게 녹여 먹었다. (『慶凞』창
간호, 15회, 유아사 카츠에(湯淺克
衛)[30], 1969년 9월, 26-7쪽)

〈사진 32〉 북한산 등반(1940년 5월)
※출처: 『慶凞』 7호(1976년 12월)

민둥산으로 보이지만, 막상
올라가 보면 하얀 은방울꽃이 피
어있다. 산 정상의 성벽에 이르
러 산꼭대기의 석문을 빠져나와
산의 뒤편에 서면 바로 밑에는 깊은 계곡의 급류가, 건너편에는 줄지어
선 높은 산 봉오리가 보인다. 그리고 계곡물을 따라 산허리를 내려가면
벚꽃 마을을 만날 수 있다. (『慶凞』 2호, 6회, 1971년 6월, 22쪽)

어느 해 봄, 전교생의 등산이 행해졌다. 그때 나는 북한산의 야생화의
색깔의 변화를 관찰했고 그 즐거움을 평생 잊을 수 없다. … 북한산의
최고봉, 백운대는 836미터. 북한산 중턱에 위치했던 우이동은 벚꽃의 명
소였다. (『慶凞』 12호, 8회, 1981년 12월, 2쪽)

---

30) 유아사 카츠에(湯淺克衛) 1910년 2월 26일~1982년 3월 15일. 소설가로 식민지조
선의 경험을 작품의 주요 소재로 삼았다. 처녀작이자 대표작으로는 1919년 3·1
독립운동의 사회분위기 속에서 조선인 소녀와 일본인 소년의 우정을 다룬 『カン
ナニ』(간난이)가 있다.

시바자키 교장이 연단에 서서 "지금부터 북한산에 오른다"고 선언하면, 우와 환성이 터져 나오면서 모두들 기뻐했다. 오늘은 수업이 없다! 우리 일학년생들에게는 도시락을 가지고 모이라는 주의사항이 떨어지고, 소사(小使)가 큰 주전자와 필통을 짊어지고 우리 뒤를 따라왔다. (『慶凞』15호, 17회, 1984년 12월, 12쪽)

다이쇼 6년[1917], 입학하자마자 얼마 안 된 4월 29일 북한산의 雪中行軍. 이듬해에는 2월 9일, 느닷없는 북한산 종단행을 마치고 학교로 돌아와 보니 밤 9시반경이 되었다. 이 일을 가지고 신문에서 때려버렸지만, 시바자키 교장은 꿈쩍도 하지 않았다. (『慶凞』21호, 10회, 1990년 12월, 49쪽)

● 노루·토끼 사냥

"오늘은 전곡(全谷)에서 노루사냥이다"라고 하면, 기차를 탈 일이 즐거웠다. 전곡에 내려서 몇 개의 산을 넘어, 우리들은 산중턱에서 목청껏 소리를 지르며 사냥 몰이를 시작했다. 상급생은 탕! 탕! 발포를 했다. 산 위에 쳐 놓은 그물에 걸려든 것을 상급생이 야구 방망이나 목검으로 두들겨 팼다. 산 정상에서 노루가 튀어나와 산을 오르는 우리들 앞에 나타난다. … 대체로 노루 세 마리, 토끼 다섯 마리, 새 여섯 마리 등이 잡히고, 그것으로 부족하면 돼지나 닭을 잡아, 한꺼번에 조선식의 큰 솥에 넣고 끓였다. 상급생에게는 술이 나오고, 우리들은 그 주위를 맴돌았다. (『慶凞』창간호, 15회, 湯淺克衛, 1969년 9월, 27쪽)

토끼 사냥은 초겨울의 행사였다. 그 해, 오백인의 건아는 두 부대로 나뉘어, 한 부대는 장충단(奬忠壇)으로, 또 한 부대는 의정부(議政府)로 향했다. 장충단 부대는 5학년생과 1학년생으로 편성되었고, 5학년생은 잡는 역할을 맡아 유도복을 입고 낫을 가지고 갔다. 1학년생은 사냥 몰이꾼이 되어 대나무로 된 막대기를 두드렸다. 군복을 입은 선생의 통솔 하에, 아침 해가 밝아오기도 전에 사냥터인 장충단으로 향했다. 이때, 이른 아침부터 늦은 저녁까지 잡은 포획물은 열 마리였다. 다른 부대는 세 마리뿐이었다고 한다. 그리고 다음날 숭정전(崇政殿) 정원에서 선생과 생도는 점심으로 토끼탕-실제로는 돼지고기국-을 먹었다. (『慶凞』2호, 6회, 1971년 6월, 22쪽)

전교 육백여명의 생도 총출동으로 눈밭의 왕십리에서 포획한 수 마리의 토끼로 국을 끓여 옛 궁전(숭정전) 앞의 석단 위에서 점심을 먹었던 일을 지금도 잊을 수 없다. 오십이 넘은 교장에게서 '아귀대장'(餓鬼大將)을 발견했을 때의 즐거움이란. (『慶凞』창간호, 교사(1917년 부임), 1969년 9월, 5쪽)

경중시대의 추억으로는, 전교생이 함께 한 겨울설산에서의 토끼 사냥이 그립고 생각이 난다. 상급생이 산의 능선에 그물을 쳐 놓고 기다리면, 하급생은 산 중턱에서 몰이를 한다. 그물로 뛰어 들어간 토끼의 다리를 분질러 높이 쳐든다. 그 후 토끼가 아닌 돼지고기국, 말하자면 사츠마 국물을 내어 먹었는데, 그 맛을 평생 잊을 수가 없다. 사츠마 국물은 지금도 좋아하는 음식 중 하나이다. (『慶凞』12호, 28회, 1981년 12월, (68-9쪽)

위의 글에서 북한산을 누비며 경성의 외곽에서 사냥을 하는 그들의 모습에서 '정복자'가 읽힌다면, 그것은 생존이 아닌 취미로서 짐승을 포획하고 그 포획물을 섭취한다고 하는 '자연을 포식하는 방식' 때문이 아니라 그들의 산행과 사냥의 무대가 바로 조선의 산하이기 때문일 것이다. 그들이 조선에서 태어나고 자랐다 해도, 다시 말해 식민지조선에서 그들이 누린 지위가 그들 자신의 '선택'에 의한 것이 아닐지라도 그 지위의 연원이 일본의 조선침략이라는 역사적 사실에 있음은 당연하다. 그리하여 그들이 과연 조선에서 어떠한 사회적 규범(norm)을 지녔는가 하는 점을 되짚게 한다.

그들에게 시바자키 교장의 권위는 그것을 넘어서는 것은 존재하지 않을 정도로 절대적이었다.[31] '북한산 등반'과 '노루·토기 사냥'은 교장의 즉흥적인 명령에 따라 일상분란하게 실시되었다. 그들을 통제한 것은 교장을 정점으로 하는 경성중학교의 상하질서였으며, 이와 같은 교장의 권위와 질

---

31) 조선총독부 학무국장이 시바자키 교장에게 총독부로 올 것을 요청했으나, '나는 최전선의 부대장으로 수많은 학생을 책임지고 있다. 용건이 있는 그쪽에서 오라'며 일언지하에 거절했다는 일화가 학생들 입에 오르내릴 정도로, 시바자키 교장은 학생들에게 절대적인 권위를 지난 존재로 그려지고 있다. (『慶凞』2호, 11회, 1971년 6월, 29쪽)

서는 1945년 '폐교'할 때까지 이어졌다. 그런데 이와 같은 상하질서의 이면에 노정된 문제들이 식민지기에 해소되지 못한 채『慶熙』에서 표출되는데, 이를테면 다음과 같은 것들이다.

경성중학교에서는 수업 시작 전 교실 밖에서 학생들이 정렬한 채로 선생을 기다렸다가 선생이 오면 급장의 호령에 맞춰 이열종대로 교실 안으로 들어가는 관례가 있었다. 그런데『慶熙』에는 이때 학생들이 웃었다는 이유로 혹은 급장이 수업을 잊은 선생을 찾아다니다 교장과 마주치는 바람에 선생을 난처하게 했다는 이유로 수업은커녕 일방적으로 혼나고 잘못을 빌어야했던 일화가 실려 있다.[32] 또 교내에는 '빈타(ビンタ: '귀싸대기'를 뜻하는 일본 속어)'가 다반사인 악명 높은 물리적 폭력이 횡행했다. 이러한 체벌에 대해 몇몇은 그것은 '사랑의 채찍'이 아니었고, 그래서 '빈타'를 수도 없이 날린 '체조(體操)' 선생과 그 모습을 눈앞에서 방조한 교장을 '용서할 수 없다'고 말한다.[33] 이름 대신 별명[渾名]으로 기억되는 선생과 학생 사이가 반드시 자발적인 존경을 주고받는 사제지간이 아니었음을 짐작케 한다. 또 상급생이 하급생에게 '방과 후 숭정전(崇政殿) 앞으로 나오라'고 하면 그것은 하급생에 대한 상급생의 언어적, 물리적 폭력을 예고하는 것이기에 하급생은 그 말을 두려워했던 것과 같이 하급생에 대한 상급생의 '린치'는 공공연한 일이었다.[34] 그래서 실제로 27회(1939년 3월 졸업)의 총동창회 출석률이 저조한 이유에 대해, 동기회 간사는 "유감스럽게도 경중에 대한 나의 인상은 그다지 좋지 않다. 여기서 확실하게 말해둘 것은 그것이 동창생들과의 5년간의 중학생활에 대한 것이 아니라 경중이라는 학교의 체질 자체에 대한 혐오"라고 표명하고 있다.[35] 경성중학교의 "건강은 인생의 기초이며, 성실은 모

---

32)『慶熙』3호, 17회, 1972년 11월, 22-3쪽; 6호, 25회, 1975년 12월, 11-2쪽.
33)『慶熙』19호, 17회, 1988년 12월, 49-51쪽; 20호, 교사, 1989년 12월, 3-6쪽; 23호, 29회, 1992년 12월, 62-3쪽.
34)『慶熙』18호, 18회, 1987년 12월, 5쪽; 24호, 14회, 1993년 12월, 5쪽.
35)『慶熙』3호, 27회, 1972년 11월, 38쪽.

든 덕의 근원이다. 극기로서 자기를 갖추고, 인내로서 사람을 기다리라. 하루라도 충효의 대도를 잊어서는 안 된다"[36]라는 교훈과 "경중의 본령(本領)은 체육에 있다"[37]고 할 정도로 신체적 단련이 강조된 이면에는, 일상적인 폭력이 매개된 상하질서가 자리하고 있었던 것이다.

한편 상급생 중에는 흡연하는 학생이 드물지 않았고 음주는 교장에 의해 공공연히 허용되었으며,[38] 학교 밖 생활에 대해서는 영화관 출입 외에 엄격히 규제되지 않았다. 이처럼 훈련은 강도 높고 상하질서는 엄격하되 여타의 생활규제는 느슨했던 분위기에 대해 『慶凞』에서는 당시 일본인과 조선인의 생활·법적 권역이 분리되었던 탓으로 그 이유를 돌리기도 한다.[39] 그러나 일본인의 권역 내에서의 상하질서는 분명했던 반면 그 권역을 벗어나면 분명하지 않았다는 논리는 조선인의 권역에는 적용하기 어렵다. 식민지조선에서 일본인이 자신들의 생활·법적 권역이 독자적으로 존재한다고 느낀 만큼 조선인 또한 그러하다는 것을 가정해야 하는데, 식민지조선이 그들의 일상만큼 평온하지만은 않았음을 그들 자신도 '불온한 기운'으로 감지했던 바이다.[40] 이는 무라마츠 다케시(村松武司)가 "나는 일본인에 둘러싸

---

36) 『慶凞』14호, 14회, 1983년 12월, 1쪽.

37) 『慶凞』15호, 17회, 1983년 12월, 13쪽.

38) "그때 우리들은 담배를 'タンベ'(담배)라고 불렀다. 마코(マコ-), 피죤(ピジョン), 카이다(カイダ) 등의 담배가 있었는데, 자유항 대련(大連)과 내지를 연결하는 요충지였던 경성에서는, 당시 내지의 지방도시에서는 볼 수 없었던 스리캇스르(スリ-キャッスル), 웨스트민스타(ウェストミンスター), 게르베조르테(ゲルベゾルテ) 혹은 이집트(エジプト)의 키리아지(キリアジ) 등 고급의 외국담배도 있었다."(『慶凞』2호, 25회, 1971년 6월, 39쪽); "시바자키 교장은 … 상급생에게 술을 마시게 했으며"(『慶凞』 창간호, 15회, 1969년 9월, 27쪽).

39) "당시 생도의 교외생활에 관한 감시는 상당히 엄밀했을 터인데, 우리들은 특별히 은밀하다고 의식하며 행동한 것은 없었다. 생각해보니 식민지 특유의 인종별 부락이 조계(租界: 치외법권지역)의 양태로 존재하여, 그 속에서 생활하는 한 안전했기 때문이지 않을까 한다."(『慶凞』 9호, 28회, 1978년 12월, 51쪽).

40) "다이쇼 8년(1919)의 만세소요사건을 경중의 3학년 때 맞이했던 우리들은 각자 감회를 갖고 있을 테지만, 우리들의 청춘의 시점에서 그런 것들이 묵살되었다는 것에는 이의가 없을 것이다."(『慶凞』 2호, 10회, 1971년 6월, 27쪽); "다이쇼 8년

여 있었으면서도 일본을 몰랐다. 조선인 친구는 얼마 없었고 단지 조선 땅에서만 살았다"[41]고 말한 역설과 상통한다. 무라마츠는 조선 땅에서만 살았고 조선에서 살지 않았다. 그가 알던 일본은 관념(觀念)이며 가설(假說)이며 이상(理想)에 불과했지만, 조선에서의 삶을 보증해주는 것은 조선이 아니라 그러한 일본이었다(같은 책: 183). 이 관점에서 시바자키 교장의 절대적인 권위는 '일본의 인격화'로 풀이될 수 있다. 시바자키가 사임한 이후에도 그가 도입한 학교연례행사는 태평양전쟁이 발발하기 전까지 유지되었으며 시바자키가 교장을 퇴임한 이후 입학한 학생들에게까지 그는 경성중학교의 교풍을 확립한 인물로 기억되었다.[42] 또 시바자키 이후 짧게는 2년에서 길게는 4년까지 임기가 비교적 길지 않았던 교장을 제외하고, 시바자키 다음으로 재임 기간이 길었던 제6대 교장 에가시라 로쿠로우(江頭六郎) 역시 '군국교장(軍國校長)'으로서 절대적인 권위를 행사했다(〈표 21〉 참조).[43]

그들은 시바자키 등의 교장으로 인격화된 '일본'에 의해 훈육된 외지의 인재들이었다. 만주, 중국, 내지 등으로의 수학여행은 그들이 지향해야할 '대일본제국'의 전망을 제시해주었다. 경성중학교의 수학여행은 하급생의 경우 개성, 평양, 원산, 금강산 등의 조선의 북부 지역으로, 상급생의 경우 조선 이외의 곳이 선정되어 2주간의 일정으로 행해졌다.[44] 수학여행에서

<hr />

(1919) 3월1일의 '독립소동'의 으스스함, 불안함은 경험하지 않은 사람들은 모를 것이다"(『慶凞』 5호, 11회, 1975년 1월, 15쪽)
41) 村松武司, 『朝鮮植民者』, 1972년, 三省堂, 182쪽.
42) 『慶凞』 15호, 22회, 1984년 12월, 43쪽.
43) 『慶凞』 19호, 30회, 1988년 12월, 50쪽.
44) "쇼와 11년[1936] 5월, 우리 5학년은 2주간의 일정으로 내지(內地)로 수학여행을 갔다."(『慶凞』 창간호, 25회, 1969년 9월, 38쪽); "5학년 때 시모노세키(下關)에서 세토내해(瀨戸內海)를 배로 건너 닛코우(日光)까지 2주간의 수학여행은 어린 시절을 외지(外地)에서 보낸 사람에게는 강렬한 인상을 남겨주었다."(『慶凞』 12호, 28회, 1981년 12월, 69쪽); "우리들의 경중 시대에는 수학여행이라는 것이 있어서, 1학년생은 수원, 2학년생은 개성, 3학년생은 금강산, 4학년생은 만주로 갔다."(『慶凞』 6호, 16회, 1975년 12월, 4쪽).

<표 21> 경성중학교 역대 교장 일람

|  | 교장명 | 임기 | 비고 |
|---|---|---|---|
| 초대 | 쿠마모토 아리타카<br>(隈本有尚) | 1909.4.3~1913.2.1 | 1860.7.24~1943.11.26 동경대학 이학부 1기 졸업생으로 이학부 준교수 역임. 나쓰메 소세키의 소설 『도련님』의 수학선생의 실제 모델. 교장 퇴임 후 동경으로 귀일함. |
| 2대 | 시바자키 테츠키치<br>(柴崎鉄吉) | 1913.2.18~1924.12.9 | 수유관고등학교(修猷館高等学校) 졸업. |
| 3대 | 가토 츠네지로<br>(加藤常次郎) | 1924.12.24~1929.5.3 | 경성중학교 교장 퇴임 후 부산 공립중학교장으로 전임. |
| 4대 | 세키모토 코우타로우<br>(関本幸太郎) | 1929.5.3~1932.3.29 |  |
| 5대 | 사이토우 킨지<br>(斉藤欽二) | 1932.3.29~1934.3.13 |  |
| 임시 | 마노 주타<br>(間野重太) | 1934.3.13~1934.4.16 | 교유(教諭), 전임교장의 사망에 의한 임시 역임. |
| 6대 | 에가시라 로쿠로우<br>(江頭六郎) | 1934.4.16~1944.3 | 동경고등사범 졸, 경성사범학교 교장을 필두로 조선의 사범학교 교장 역임. |
| 7대 | 고우리키 토쿠오<br>( 高力得雄) | 1944.3~1945.8 |  |

그들은 아래의 회고담에서와 같이 현지의 선진문물을 만끽할 수 있었다.

　　4학년의 수학여행은 만주였다. 봉천(奉天)[심양(瀋陽)의 옛 지명]에서는 북릉(北陵)[심양에 소재한 청조 태종의 능]으로 가는 마차 행렬이 줄을 지어 섰다. 50대의 4인승 마차가 꼬리에 꼬리를 물고 이어졌다. … 상점에서는 중학생에게도 술과 담배를 팔았다. 술은 화이트호스, 담배는 웨스트민스트인가 스리캿스르. 우리 중학생은 처음으로 고급술을 마셨다. … 여순(旅順)에서 전쟁의 흔적을 발견하고는 감상에 빠졌다. … 그날 밤 우리들은 여순의 어느 언덕 위에 해병이 머무는 곳에서 묵었다. 언덕길에는 아카시아가 만개해 있었고 꽃잎은 간만에 내린 비로 촉촉이 젖어 있었다. 대련(大連)에서는 러시아 요리의 가게가 즐비해 있었고, 그곳에서 오리고기를 맛있게 먹었다. "호시가우라"(星ケ浦)[대련의 관광명소]에는 화려한 호텔이 들어서 있었고 식당에서는 커피가 서비스로 제공되었다. (『慶凞』 창간호, 15회, 1969년 9월, 27-8쪽)

이 해[1913년]에는 인천항이 1학년의 행선지였던 것으로 기억한다. 초대형 전함 "가와치"(河內)나 "콘고"(金剛) 등이 입항할 때마다 군함견학을 갔다. 수학여행의 목적지는 대체로 북쪽 지역이 선택되어, 학년별로 개성과 평양, 원산 방면으로 갔고, 최종학년은 만주의 봉천(奉天)·대련(大連)·여순(旅順)까지 갔다. (『慶凞』 2호, 6회, 1971년 6월, 22쪽)

이처럼 경성중학교의 수학여행은 낯선 세계를 맛보는 '관광'의 차원을 넘어서 제국일본의 현주소를 차세대에게 선보이는 장이었다. 수학여행을 통해 그들은 자신 앞에 펼쳐진 확장 일로의 '대일본제국'을 눈으로 직접 확인했고 그 침략의 정당성을 선진문물의 경험으로 대체했다.

이에 반해 조선은 자신의 의지로 선택하지 않은 주어진 환경이었고, 그들은 주어진 조선의 자연을 '음미'하고 조선의 풍물을 '관찰'했다. 가령 북한산 등반의 학교행사는 학생들의 취미생활과 산악부의 결성으로 이어졌는데, 매주 일요일 북한산 입구이자 전차 정류소 종점인 효자동(孝子洞)에는 배낭과 자일을 짊어진 경성중학교 학생들로 북적였을 정도로 북한산은 경성중학교 학생들에게 대표적인 여가 공간이었다.[45] 북한산의 암벽을 오르던 산악부는 등반도구를 전시하는 전람회를 개최하기도 했다.[46] 효자동에 거주했던 이즈미 세이이치(泉靖一)[47] 또한 중학교 시절부터 산악등반을 즐겨 '산사나이(山男)'로 불렸다고 한다.[48] 이와 같은 그들의 시계(視界)에서 조선

---

45) "경성중학교에서 아침저녁으로 바라다보는 북한산의 위용에서 젊은 우리들은 얼마나 많은 기운을 받았던가. 혹한의 야행군, 따뜻한 봄의 4월, 벚꽃이 필 즈음의 등산 등 실로 추억이 많은 명산이다. 학교 행사뿐만 아니라 홀로 북한산의 중턱까지 올라 영험한 기운을 쐬고, 혹은 두셋의 친한 친구들과 함께 소풍, 피크닉으로 산을 오른 경중생들이 많았다."(『慶凞』 12호, 8회, 1981년 12월, 1쪽); "제일의 놀이장소는 북한산. 자일을 가지고 암벽을 오르며 내려올 때는 자일을 사용해 한번에 내려오는 스릴을 즐길 정도였다."(『慶凞』 15호, 28회, 1984년 12월, 72-3쪽)
46) 『慶凞』 15호, 28회, 1984년 12월, 72-3쪽; 20호, 24회, 1989년 12월, 30쪽.
47) 이즈미 세이이치(泉靖一 1915~1970) 문화인류학자.
48) 『慶凞』 2호, 20회, 1971년 6월, 35쪽.

인은 이국적인 풍물을 재현하는 낯선 존재이자 그들을 낯설게 바라보는 존재로 그려진다.[49]

〈사진 33〉 산악부 전람회 (1939년 봄)
※출처: 『慶凞』 15호(1984년 12월).

---

49) "그 때 우리 집 주변에는 조선인 가옥이 많았다. … 도로를 사이에 두고 길 가로 질러에는 술집이 있어서, 오후가 되면 아버지나 영감이 삼삼오오 모여, 명태나 삶은 게를 안주 삼아 막걸리나 소주를 마시며 술에 취해 붉어진 얼굴을 하고 고성으로 대화를 나누곤 했다. 처음에 소주가 술이라는 것을 몰랐을 때는 물이 뭐라고 돈을 내고 마시는 걸까 의아하곤 했다. … 아버지가 축음기를 틀면, 창호지 문 밖의 조선인이 밖에서 안으로 구멍을 내어 안을 들여다보곤 했는데, 문을 열면 허리춤에 아가를 둘둘 말아 안은 어머니나 이가 빠진 할머니 일곱 여덟 명이 '아이유, 좋아' 했다. 아마도 군가나 나니와부시의 의미는 몰랐을 것이다."(『慶凞』 7호, 25회, 1976년 12월, 59-60쪽).

그들은 학창시절에서 '자유'를 만끽했고,[50] 그러한 학창시절을 "인생에서 고생을 모르던 가장 좋았던 시절"로 회고한다.[51] 그러나 돌이켜보면, "다이쇼 2년[1913년]부터 7년[1919년]까지 석담에 둘러싸여 평화롭게 보였던 학교 안에서 바위로 비유될 만큼 굳건한 교육을 받았지만, 바깥 세계에서는 역사상 처음으로 세계대전이 발발했고 러시아 혁명이 일어났다. 그리고 다이쇼 7년[1918년] 8월에는 내지(內地)에서 쌀 폭동이, 다이쇼 8년[1919년] 3월에는 조선에서 독립운동이 일어났"[52]다. 그들은 외부세계의 바람막이가 되어준 경성중학교에서 일본과 조선의 그 어디에서 불어오는 바람이든 자신들의 학창생활과는 관계가 없었다. 이와 같이 '시국과 무관했던 학창시절'은 폐교할 때까지 경성중학교의 일관된 교풍으로 여겨졌다. 1926년생으로 1944년에 경성중학교를 졸업(32회)하고 경성제국대학 예과 2학년에 재학 중 패전을 맞아 일본으로 귀환한 미사고 요시노스케(三砂善之助) 씨와의 인터뷰에서도 그러한 경성중학교의 '교풍'을 감지할 수 있다.

> 필자: 경성중학교 시절 학교생활은 어땠습니까?
> 미사고: 5년 중 3년은 아주 좋았지만, 전쟁이 격해지면서부터는.
> 필자: 1941년부터요.
> 미사고: 그래요. 1941년 뒤로도 일 년 정도는 좋았지만, 그 후로는 정
>   말로 뭐라고 할까, 시대적으로 힘들었어요, 중학생활이. 그래도
>   경성중학교는 혜택을 많이 입었어요. 그래서 육해군 학교, 육사,

---

50) "경중은 스파르타 교육이라고들 말하지만, 오히려 젊음의 배출구를 만들고, 자유롭게 개성을 늘리는 교육이었다고 생각한다." (『慶熙』 15호, 22회, 1984년 12월, 43쪽); "무엇이든 생각한 것을 말할 수 있고 좋아하는 것을 할 수 있는 자유를 존중하는 교풍"(『慶熙』 2호, 17회, 1984년 12월, 15쪽)

51) "내가 경중에 들어갔던 때는 다이쇼 12년[1923]의 봄이었다. 이 해 관동대진재(関東大震災)가 났다. 모라토리엄이 처음으로 실행되었고, 덕정(德政)인가라고 생각했던 것은 확실하게 기억나지만, 당시가 격동의 시대였다고 해도 어디서 바람이 불어온다 해도 우리들의 생활과는 관계가 없었다. 인생에서 고생을 모르던 가장 좋았던 시절이었다." (『慶熙』 15호, 17회, 1984년 12월, 11쪽)

52) 『慶熙』 2호, 6회, 1971년 6월, 21쪽.

해병 그런 데들 갔어요. 몸이 튼튼하고 또 공부를 잘하는 학생이 육해군에 간 것인데, 나는 그런 의식이 강하지 않았어요. 리얼리즘, 뉴트럴리즘(중립주의)의 생각으로 해군 학교에는 시험을 치지 않았어요. 그래서 '城大'("죠우다이")[경성제국대학]에 그것도 문과로.

필자: 그때 경성중학교의 학생과 선생 모두 머리가 좋은 사람들이었죠. 수업 수준도 높았고, 교육환경도 우수했다고 들었어요.

미사고: 우수했다고 한다면, 그것은 학교가 그렇게 위치 지어진 것이라 할 수 있죠. 선배들 중에는 이즈미(泉靖一) 씨와 같은 대단한 인물이 많았어요.

필자: 그 한편으로 군국주의도 점점 강해져가고, 그런 면에 대해서 지금은 어떻게 생각하시는지요. 여러 비판도 있고요.

미사고: 뭐 결론적으로 말하면, 그 안에 있는 생도는, 학생은 그런 것을 외부로부터 듣지 않으면 들을 수 없기 때문에 그 무엇도 느낄 수 없어요. 그렇지만 바깥 세상에 무슨 일이 생기면 서울에 있는 중등학교와 그 외 학교, 상업학교, 공업학교, 사범학교 모두가 시국에 영향을 받을 수밖에 없죠. 그런데 경성중학교만은, 경성중학교는 그런 분위기에 대해 상당히 자유로웠어요. 교장이 그런 것을 배격했고, 학교는 학문만을 해야 한다고 했어요. 그랬지만 결국 정부로부터 강한 압력을 받았지요. 나는 경성중학교의 그런 사상이 멋지다고 생각하고 우리들도 그런 사상을 강하게 가지고 있었어요. '城大'도 그렇고. 그렇게 나는 시대를 쭉 지나왔어요. 우리 주변에는 그런 부류들이 시대에 강해요. 압력에 굴하지 않거든요. (2012년 10월 26일 채록)

그러나 위의 회고에서 경성중학교가 시국에 영향을 받지 않았다 혹은 받으려 하지 않았다는 것이 총독권력에 대해 중립적인 입장을 취한 것이라고는 해석되지 않는다. 왜냐하면 경성중학교는 설립초기부터 조선총독부의 위임을 거쳐 전폭적인 지원을 받았다는 사실과 다수의 졸업생들이 조선총독부의 관료로 임용되었다는 사실로부터 조선총독부와 경성중학교가 유착관계에 있었음이 충분히 짐작 가능하기 때문이다. 따라서 '시국과 무관한 학창생활'은 식민지체제에서 벗어나 있는 것이 아니라 오히려 총독권력의 비호를 받았던 식민지체제의 직접적인 수혜물이다. 경성중학교의 석담 안쪽에서는 제복과 제모(制帽)를 갖춘 조선인 소사(小使)가 현관 앞에 서서 나팔을 불어 수업의 시작과 끝을 알려주었고,[53] 서른 명이 넘는 조선인 나팔병, 수위, 소사가 상존했다.[54] 이것들은 조선의 일본인들이 식민지체제가 아니고서는 누릴 수 없는 것들이었다.

그런데 왜 경성중학교 동창회원들은 경성중학교의 교풍을 '시국으로부터 자유로운 분위기'였다고 회고하는 것일까? 이제까지의 논의를 통해 추론할 수 있는 것 중 하나는, 경성중학교가 '외부세계와 단절된' 속에서 학생들은 식민지체제의 특권만을 향유한 채 그에 대한 시대적 인식을 요청받지 않았기 때문이다. 그들이 인식한 식민지체제란 관념(觀念)이며 가설(假說)이며 이상(理想)인 일본을 쫓으며 식민지조선을 순치(馴致)의 대상으로 바라보았던 '제국'의 시선에 다름 아니었고, '자유로운 분위기'였다는 경성중학교의 서사는 이 시선을 은폐하는 효과를 갖는다. 여기서 시선의 은폐는 중립성을 부각한다.

'자유로운 분위기'의 서사가 '외부세계와의 인식의 단절'을 가리킨다면, 그것은 그 다음 추론으로 이어질 수 있다. 그것은 앞서 논증한 '경중혼'의 서사적 맥락과 동일한 선상에서 일본의 패전 후 외지의 최상위 엘리트에서 내지의 '히키아게샤'로의 급격한 지위 변화에 대한 자기방어적 서사로서 집단 내의 식민지적 경험을 둘러싼 입장의 균열을 예고하는 판단중지의 언설이라는 것이다. 이 언설은 경성중학교 시절 시국에 휩쓸리지 않았던 것처럼 귀환 후 '달라진 세상'에 흔들리지 않음을 항변함과 동시에, 시대의 변화에 따라 균열된 동창회 내의 이전 시대에 대한 입장차를 예고하며 판단에 앞서 시국의 영향을 받은 자와 받지 않은 자를 선별해낸다. 이 두 번째의

---

53) 『慶凞』 15호, 17회, 1984년 12월, 12쪽.
54) 『慶凞』 창간호, 15회, 1969년 9월, 25쪽.

추론에 관해 좀 더 논의를 진행하기 위해, 1924년생으로 히노데 소학교를 거쳐 1942년 경성중학교를 졸업하고 경성제국대학부속 이과교원양성소를 수료한 어느 제보자와의 인터뷰의 일부를 인용해보겠다.

> 사람들은 다 다르잖아. 단지 한국에서 태어났고, 한국이 태어난 고향이니까 그립다고 말하는 사람이 있고. 자기가 태어난 곳은 그립잖아. 내가 태어난 곳은 서울이고, 서울이 발전하는 모습이 기뻐요. 다만 역시 귀환해서 다양한 환경과 난관에 부딪혔을 때 꿋꿋이 버텨내어 시대에 지지 않았던 사람이 있고 져버린 사람이 있다는 것이죠. 역시 우리 동창회에서 사람들을 만나다보면 생각하는 방식이 다 다릅니다, 같은 동급생이라 해도. 글쎄, 그러니까 당신이 여러 사람을 만났겠지요, 다양한 입장의 사람을. 본인은 자신이 선택한 방식이니까 그것으로 좋다고 생각한다고나 할까. 사람의 마음을 억지로 할 수는 없는 거니까요. (2012년 8월 17일 채록)

위의 구술에서 '귀환 후 난관에 굴하지 않은 자'를 '시국으로부터 자유로운' 경성중학교의 교풍에 대응시켜보면, 그러한 교풍이 변화된 시대에 맞서 시국에 휩쓸리지 않고 자신의 생각을 지킬 수 있게 해주었다는 논리로 엮어진다. 그러나 위의 구술의 제보자처럼 귀환 후 경성중학교의 교풍을 고수함으로써 새로운 시대를 견뎌낼 수 있었다고 말하는 사람이 있는 반면, 새로운 시대에 발맞추어 경성중학교의 교풍을 비판하는 사람도 있다. 전자의 사람은 이전 시대의 사고방식을 견지하는 자이고 후자의 사람은 변화된 시대의 사고방식에 조응한 자라고 도식적으로 가정해본다면, 후자의 사람에게 '경성중학교의 자유로운 교풍'은 더 이상 자유롭게 기억되지 않을 것이다. 이러한 가정의 전제 하에 동창회 내의 시대적 입장차가 '전후'라는 시대 환경과 맞물려 어느 지점에서 어떻게 표출되는지를 살펴보도록 하겠다.

## 군국(軍國)의 시대, 전후(戰後)의 시대

1931년 만주사변의 발발 이후 전쟁으로 치닫는 가운데, 경성중학교에서도 점차 '전시색'(戰時色)이 강화되어 군사교련과 맨몸체조(裸体操)(상의 탈의와 맨발)가 도입되었고 매년 대위급의 장교에 의한 사열(査閲)이 실시되었으며 '육사'(陸士) 진학이 명문교의 새로운 지표가 되었다.[55] 전쟁 승리의 기원과 전사자 추모를 위한 '조선신궁 참배'가 주요한 학교행사로 자리 잡았다. 또한 태평양 전쟁 이후 1944년부터 1945년의 패전까지 인천, 부평 등의 병기창에서 총이나 단검을 만드는 '봉임(奉任)'이 점차 수업을 대체해갔다.[56] 이 때의 분위기에 대해『慶凞』에서는 다음과 같이 회상하고 있다.

〈사진 34〉 맨몸체조(裸体操) (1940년)
※출처:『慶凞』 7호(1976년 12월).

---

55)『慶凞』 1호, 25회, 1969년 9월, 37쪽; "쇼와 18년[1943년] 군의 명령으로 육사, 해병 수험합격자 70명 이상(다른 우수학교는 25명 전후) 부립일중(府立一中), 고베일 중, 경성. 전국에서 세 번째라는 말이 돌 정도였다. … 별명은 조선의 학습원."『慶凞』 7호, 교사, 1977년 12월, 1쪽;『慶凞』 17호, 교사, 1986년 12월, 1-2쪽.
56)『慶凞』 24호, 35회, 1993년 12월, 90쪽.

때는 바야흐로 지나사변(支那事變: 중일전쟁)이 승화되어 가던 쇼와 14
년[1939], 전쟁의 성과는 확대되고 깃발이 파고를 이루었다. 국방색(카키
색) 제1호. 이것이 우리들이었다. 세상이 태평양전쟁에 취해 있을 때 학
도병에 동원되기 바로 직전 종전(終戰)을 맞이했다. 중학 4,5학년에 군대
에 갔던 동료들은 직업군인의 교육도 받지 못한 채 총화의 제일선으로
출격해야 했다. (『慶凞』 창간호, 32회, 1969년 9월, 44쪽)

입학했던 해는 기원후 1940년, 군국주의가 맹공을 떨치기 시작했다.
2학년 겨울, 태평양전쟁의 발발. 교련 시간이 늘었다. 그때 사진도 게토
르(ゲートル)를 한 모습뿐이다. 전쟁의 국면은 확대되고, 예과련(予科練)
지원자도 잇따랐다. 한적하고 고요한 산이었던 인왕산에도 방공호가 파
헤쳐졌다. 5학년생의 대부분은 부평의 조병창(造兵廠)으로 동원 생활. 카
미가제 특공대가 장려되었고, 마지막 5년제로 졸업. 4개월 후 종전(終戰).
(『慶凞』 창간호, 33회, 1969년 9월, 49-50쪽)

이처럼 『慶凞』에서 1937년의 중일전쟁 이후의 시기에 대해서는 학교의
자체행사보다 전시 동원과 군국주의에 관한 회고가 대부분을 차지한다. 이
속에는 '경중혼'이 보여준 것과 같은 경성중학교에 대한 자부심보다 군국주
의에 대한 비판이 더욱 짙게 배어난다. "침략전쟁을 지도했던 직업군인의
기사는 좋지 않습니다. 군국주의를 선언했던 것에 사죄의 문구가 단 한 문
장도 나와 있지 않습니다. 그들은 인간이 아닙니다. 자부심 높은 경중건아
의 명부에서 지워야한다고 생각합니다. 이런 책자를 강제로 배포하고 회비
를 걷는 것은 불합리합니다. 편집자의 반성을 바란다!"57)라는, 군국주의와
관련하여 어느 배속장교(配屬將校) 교사의 기고문에 대한 비판이 제기되기도
한다. 그러나 이 요구가 편집방침으로 수용되지는 않았다. 『慶凞』의 편집
방침이 '투고된 원고는 전부 게재'를 원칙으로 삼았기 때문이고,58) 이 원칙
은 수정되지 않았으며 이후로도 비판받았던 배속장교의 글과 전쟁참전의

---

57) 『慶凞』 7호, 불명, 1976년 12월, 114쪽.
58) 『慶凞』 26호, 편집자, 1996년 12월, 105쪽.

경험담은 이전과 같이 계속해서 실린다.

사실상 '경중혼'을 낳은 경성중학교의 훈련이 일본의 사무라이의 정신을 원형으로 하여 충절의 덕목을 내세웠다는 점과 군사훈련과 유사한 단체훈련의 형식을 띠었다는 점에서, 1937년의 중일전쟁 이후 교내의 군국주의의 강화가 경성중학교 학생들에게 예상치 못한 뜻밖의 변화로 인지되었다고 보기는 어렵다. 그리고 훈련을 받은 '시바자키 세대'가 1930년대에 이르러 식민지조선의 관료, 군인, 교원, 금융인 등의 '지도층'에 안착했다는 것은 이미 그 속에 세대적 연관성이 존재한다는 것을 말해준다. 그러나 '경중혼'과 군국주의는 각각 분리되어 개인의 경험적 차원에서 술회되고 만다. 이는 경성중학교 출신자들뿐만 아니라 재부산일본인(在釜山日本人)의 동창회지를 분석했던 조용숙의 연구에서도 드러나는 바, "군사교련이나 전쟁수행을 위한 노동동원 등의 경험이 식민지의 구조 속에서 행해졌음에도 자신의 개인적인 체험으로만 다뤄지고 있는 것"(2003: 67)이 귀환자의 회고담의 특징으로 언급된다. 조용숙은 그것이 '떳떳하지 못한(後ろめたさ)' 식민지 체제를 떠올리면 복잡한 심정에 휩싸이고, 현재적 시점에서 지금의 자신을 긍정하는 방향으로 서사가 구축되었기 때문으로 풀이한다.

그러나 식민지 체제를 떳떳하지 못한 것으로 생각하게 된 시기와 이유에 대해서는 좀 더 면밀한 검토가 필요하다. 더군다나 지금의 자신을 긍정하는 데에 식민지기의 '좋은 추억'이 필요한 것이라면, 그리고 그 '좋은 추억'을 구조적으로 비판해야 한다면, 그 비판은 '좋은 추억' 그 자체에서 기인하는 것이 아닐 것이다. 조용숙의 연구와 마찬가지로, '경중혼'과 군국주의의 분절적 회고는 결과적 소외로서 당대가 아닌 현재적 맥락에 놓여있다. 즉 '히키아게샤'의 고난 극복의 서사로부터 '경중혼'을 불러들이는 입장의 반대편에는, 일본의 패전에 의해 마침내 드러난 식민지적 폭력성을 비판하는 입장이 있다. 그리고 이 두 입장은 '경중시대'에 갈라선 것이 아니라, '전후'의 각기 다른 사회적 흐름과 연결되어 표출된다. '히키아게샤로서 그들이 지닌 상흔에는 이론(異論)의 여지가 없으나 군국주의적 경험에 대해서는 서로 다른 소회를 토로한다는 것은 그것이 경성중학교 출신자들 간의 합의에 다다르지 못한 '전후'의 어떤 아포리아를 품고 있기 때문으로 추정해볼 수 있다.

"'좋았다' '즐거웠다'만으로는 우리들이 할 수 있는 것은 없습니다. 아니, 알지 못했던 당시의 일본의 방향, 일본인의 무대에서의 화려함이었다고 생각하기 때문에 조금이라도 그 시대에 일본과 우리들이 인식하지 못하고 범했던 죄를 말하기 위해서, 예를 들어 재일한국인 학도의 면학조성에 힘쓰는 일을 천하의 경중의 동창회가 하는 것은 어떻습니까?"[59]라는 제언은 식민지체제에 대한 비판적 인식을 추궁한다. 그리고 "우리들은 왜 자신이 살았던 조선의 역사의, 그중에서도 가장 중요한 한일합병 이후의 역사적 사실에 대해서 무지한 채 보냈던 것일까?"[60]라는 의문에 대해 다음과 같이 말한다.

> 소·중학교시대에는 내지에 간 적이 없었고, 경성의 역사적 유물의 왕궁과 매일 통학할 때마다 지나쳤던 남대문, 남산의 허물어진 성벽, 다른 복장의 조선인을 봤어도, 태어날 때부터 보아왔기 때문에 당연한 것으로 생각했고, 특별한 감회를 느끼지 않았다. 따라서 우리들이 일한병합한 일합방에 의한 정복자라든가, 조선을 식민지로 경영했다든가 하는 의식은, 당시 내게 전혀 없었고, 그것을 느꼈던 것은 戰後 일본에서 한국이 일제 36년의 침략이라고 목소리를 높여 말했을 때부터였다. 그것은 내가 알지 못하고 저지른 것일지도 모르나, 중학, 예과, 대학을 통틀어 소수이지만 보통학교 출신의 조선인과 책상을 나란히 하고, 그들의 가정에서 여러 번 초대되었던 적도 있으며 그들에 대해 특별히 다른 감정을 가진 적은 없었다. 그러나 지금 생각해보면 그들의 입장에서 보면, 어떤 굴욕감을 강요당하는 날들이었음에 틀림없었을 것이며, 마음 깊은 곳에서 우

---

59) 『慶凞』 6호, 37회, 1975년 12월, 77-8쪽.
60) 『慶凞』 2호, 31회, 1971년 6월, 49쪽.

울함이 있었을 것이라는 것을 부정할 수 없다고 생각한다. (『慶凞』18호, 24회, 1987년 12월, 37쪽.)

식민지조선에서 그들은 '조선'을 알지 못했고 그러한 '조선'에 대한 무지의 자각은 귀환 후의 일이었다고 말한다. "패전, 그리고 상상도 할 수 없었던 모교의 소멸이라는 미증유의 사태"[61]가 일어나지 않았더라면, 위와 같은 역지사지가 시도되었을지는 알 수 없는 일이다. '경중시대'가 '좋았다'고 기억되는 것은 패전 후 '히키아게샤'로의 지위의 변화가 불러온 과거의 노스탤지어이면서도,[62] 그 노스탤지어로 인해 그들은 조선인보다 우위를 점했던 자신의 지위를 상기하며 조선인의 입장을 헤아려본다. 경성여자사범학교 출신자들과의 설문조사와 인터뷰조사를 행했던 사키모토 카즈코(咲本和子)는 조선에서 보통학교 교원으로 근무했으며 귀환 후 일본의 조선 식민지배에 대해 비판적 집필활동을 했던 스기야마 토미(杉山とみ)라는 인물의 남다른 행적을 소개하는데, 스기야마 토미 역시 일본의 식민지배에 대한 의문은 패전 후에서야 품게 되었다고 말한다. 물론 사키모토가 언급한 것과 같이, 당대에 식민지체제에 대한 비판적 인식을 가졌던 이들도 있다. 그 중에는 조선인 친구와의 교제를 통해 피식민자의 '정신적인 슬픔'을 알게 되었고 식민지의 경험을 그립다고 말하지 않겠다고 하는 경우도 있으며(咲本和子 1998: 91-2), 반전주의자였던 부친의 영향을 받아 식민지 체제를 부정적으로 인식했던 이도 존재한다.[63] 그러나 이러한 경우는 상대적으로 극

---

61) 『慶凞』10호, 17회, 1979년 12월, 8쪽.
62) "재학 중에는 아는 선후배가 극히 적었고, 최근 많은 선후배를 접하면서 경중이 좋았다는 것을, 그리고 경중생의 우수함을 새삼 알게 되었다."(『慶凞』12호, 28회, 1981년 12월, 69쪽).
63) "나의 아버지는 경성부 직원 등의 일을 했지만, 자유주의자이자 반전주의자로 조선식민정책(朝鮮殖民政策)에 비판적이었습니다. 과격한 행동은 하지 않아서 형무소에 들어간 적은 없었지만, 자신의 소신을 확실하게 표명하는 사람이었습니다. 경성부청에서는 조선인 측에 서서 일을 했다고 합니다. 아버지는 만날 때마다 식민정책에 희생이 되었던 사람들의 이야기를 자주 하셨습니다. 나는 식민정

소수에 불과하며 이들도 조선에서의 경험을 '좋은 추억'으로 회고한다. 따라서 다수의 귀환자가 가지고 있는 식민지체제의 비판적 인식은 '전후'라는 변화된 의미세계에 부응한 결과이지 식민지조선의 경험적 사실에서 추출된 것이 아니라고 말할 수 있다. 그래서 오히려 경험적 사실이 변화된 의미세계로의 인식의 전환을 가로막기도 한다.

> 경성에서 반평생을 보낸 나. 67년 전 인천 앞바다의 해전의 포성을 경성에서 듣고, 62년 전 경중창립과 동시에 입학했던 나. 25년 전 경성을 떠나기까지 친하게 지냈던 한국인도 많았고 특별히 그들을 학대한 적이 없는 나. 이조말기(李朝末期)의 악정으로부터 민중을 구했던 것은 일본이라고 믿고 있는 나. 현재의 한국의 위정자는 병합당시의 한국의 상황을 전혀 모르는 연령대의 사람들뿐이므로 일본의 학대만을 공격하고, 일본의 지도자 중에서도 그것을 전면적으로 시인하는 자가 많으며, 옛 일이 되어 진짜를 모르는 사람들이 있다는 것에 나는 슬프다. (『慶凞』3호, 2회, 1972년 11월, 57-8쪽)

'좋은 추억'의 경험은 동일하지만, 한편에서는 그렇기 때문에 시대적 무지에 대한 반성을 촉구하고, 또 한편에서는 그렇기 때문에 작금의 식민지체제에 대한 비판적 인식에 수긍할 수 없다. 이처럼 '좋은 추억'으로 기억되는 조선의 경험이 각기 다른 입장의 공통된 준거가 된다는 것은, 조선에서 실현했어야 할 '일본'이라는 그들의 이상(理想)이 오히려 경성중학교라는 성(城)에 갇힌 채 조선과 격리되어야만 보존될 수 있었던 '제국'의 모순을 드러낸다. 따라서 식민지 체제에 대한 동창회 내의 각기 다른 입장은 경험의 차이에 있지 않고, '제국'의 모순은 전후의 일본사회에서도 해명되지 않는다. 다시 말해 '좋은 추억'이 개인적 체험의 차원을 넘어 구조적 인식에 도달하

책의 비판과 함께 [어릴 때 자란] 북조선의 아름다운 바다의 추억을 소중하게 간직하고 있습니다."(모리야 아키라(守谷昭), 1929년생, 35회, 2012년 9월 2일자 필자에게 보내온 편지에서 발췌).

려는 순간, 그 구조적 인식에 '추억'을 유기적으로 엮으려는 순간, '제국'의 존재적 자기항변 혹은 자기비판은 조선인이 피식민자의 비애를 품고 있었다는 사실에 무지했거나 혹은 조선인과 사이좋게 잘 지냈다거나 하는 것과 같이 조선인을 향하게 된다. 경성중학교의 학교 밖 풍경에 머물렀던 조선인은 이제 식민지조선에서 경성중학교의 존재가 해명되기 위해서 더 이상 외부에 두어져서는 안된다. 경성중학교 동창회는 간과되었던 '너'에 의해 자기 지시된 '나'를 되새김질하기 위해 '나'의 대조항으로서 '너' 즉 '조선인'을 경성중학교의 외부에서 내부로 불러들인다.

## 패전 후 동창회 활동과 한국인

### 두 부류의 조선인과 '양반'

1942년 조선의 민족별 직업구성에서 일본인의 경우 공무자유업, 상업, 공업이 우위를 차지한 반면, 조선인의 경우 농업이 절대적인 우위를 차지했다는 것은 앞서 2장에서 논의한 바이다. 이것은 식민지의 민족별 편제에 따른 것으로 조선인과 일본인의 계층적 차이를 유발했다.[64] 이러한 사회적 조건에서 경성중학교의 일본인 학생이 접할 수 있었던 조선인은 이국적인 풍물을 재현하는 하층의 조선인이거나 소위 '양반'으로 지칭되었던 최상층의 조선인으로 크게 구분될 수 있다.

---

64) 월러스틴(I. Wallerstein)에 의하면, 자본주의 세계 경제는 에스닉 집단에 따른 노동력의 편성(ethnicization)과 차별을 제도화한다(1995: 28-9). 그리고 "이것의 事後 정당화의 수단으로서 인종적인 분류법이 사용되어 식민지주의적인 지배관계에서 지배자와 피지배자의 계급관계를 기축으로 인종의 범위를 토대로 주체가 분절화 되어간다"(酒井直樹 2003[1996]: 244).

본정통(本町通)의 길이 나쁘다는 것은 그 이름(泥: 진흙 진)이 말해주는 대로, 비 온 후에는 질퍽거리기 일쑤였는데, 그것보다 모두를 힘들게 했던 것은 음료수의 문제였다. 물론 아직 수도가 없었던 시절이었으므로 우물물을 가져다 먹어야했다. 본정통에서는 음료에 적합한 물이 나오지 않아 어느 집이라도 남산 중턱에 있는 대신궁(大神宮: '조선신궁') 옆에 흐르는 계곡물을 지게로 긴 막대기의 양쪽에 석유통을 연결하여 운반하는 선인(鮮人)에게서 매일 아침에 물을 사다가 큰 물통(김치를 담는 항아리 같은)에 담아 먹었다. (『慶熙』 2호, 4회, 1971년 6월, 15쪽)

나는 유년시절을 총독부 앞의 중학동(中學洞: 현재 일본대사관이 위치해있음)에서 보냈는데, 부모가 교직에 있어서 가사를 볼 사람이 없어서, 육아 겸 해서 신뢰할 수 있는 "어머니"를 두었다. "어머니"의 성은 강씨였던 것 같은데, 작은 체구에 흰 옷을 입고 검은 머리를 쪽 지고 바른 몸가짐의 세심한 여성이었다. 보통의 가정에서 고용인은 그 집의 남자 아이를 '도련님'이라고 불렀지만, 강씨는 언제나 나를 '타카짱'이라고 했다. (『慶熙』 18호, 34회, 1987년 12월, 62쪽)

앞서 언급한 것과 같이, 경성중학교 교내에는 '수위', '나팔병', '소사' 등의 조선인이 상존했고, 일본인 가정 내에는 조선인 가사사용인이 있었다. 그리고 학교와 가정 밖에서는 이국의 풍경처럼 관찰되는 이웃의 조선인이 있었다. 경성중학교의 일본인 학생은 이들과 친밀한 관계를 맺지 않았다. 그들이 일상적으로 접하고 관계 맺은 조선인은 학교의 동급생과 선후배인 소수의 '양반'의 자제들이었다. 그리고 이들과의 만남은 동창회지에서 '경중시대'의 조선인과의 특별한 교류의 경험으로 말해진다. 조선인 급우였던 박두병(朴斗秉, 17회)[65]의 집에 방문했던 경험담과 김수환(金修桓, 20회)과의 교유담(交遊談)을 일례로 들어보겠다.

---

65) 박두병(朴斗秉) 1910년~1973년. 박승직 상점가의 맏아들로 두산그룹의 창업자.

설날(旧正月), 종로 5정목(鐘路五丁目) 골목에서 큰 포목상을 하고 있는 그의 집에 놀러간 적이 있다. 부드러운 비단의 하얀 조선복에 분홍의 자수가 새겨져 있는 조끼를 입고, 헐렁한 바지의 발목 부분에는 물색의 리본을 매고 서있는 그에게서 귀공자와 같은 기품에 나는 기가 꺾였었다. 상다리가 휠 정도로 식탁 가득한 음식에 손도 댈 수 없었던 기억 등 이런저런 생각에 그 시절이 그립다. (『慶凞』 5호, 16회, 1975년 1월, 7쪽)

경성중학교의 수험은 일본인도 조선인도 기회 균등하게 응시할 수 있었다. 그렇기에 나의 반 친구 중에는 몇 명의 조선인이 있었다. 기회균등이라고 해도 일본의 국어, 역사 등은 조선인에게는 매우 어려웠다. 출제문제도 심술궂게 일본인에게도 난해한 옛 문장이 많았다. 매우 우수한 조선인도 합격하기 어려웠다. 따라서 경중에 입학한 조선인은 특별한 인재들로 머리도 가정도 좋고 경제적으로도 유복한 사람들뿐이었다. 김수환도 그 중 한사람이다. 그는 지금 서울에서 건재하다. 그 무렵 나는 음력 정월에는 김수환의 으리으리한 조선 양반의 가정에 초대되었다. 그리고 조선의 정식 정월음식도 대접받았다. 김수환과는 함께 일본 내지를 여행했다. (『仁旺々丘』 20회, 1982년 1월 1일, 18-9쪽)

위의 첫 번째 인용문에서 박두병의 집을 방문한 글의 필자는 박두병이 입은 조선의 전통복장을 세세한 부분까지 묘사하며 '귀공자의 기품'이라고까지 극찬한다. 이 극찬에는 분명 조선의 문화에 대한 경외의 시선이 담겨 있다. 식민지 당시에도 그러했는지는 알 수 없으나, 적어도 패전 후에는 조선의 문화를 존중한다. 두 번째 인용문의 필자도 경성중학교의 조선인 급우에 대해 칭찬을 아끼지 않는다. 같은 경성중학교 학생이라도 조선인이 일본인보다 더 뛰어났다고 말이다. 그리고 그와 같이 뛰어난 조선인과 함께 수학했음을 자랑스러워한다. 두 인용문에서 묘사된 조선의 문화와 조선인의 우수성은 식민지기의 일본인의 일반적인 견해라고 보기 어렵다. 오히려 두 인용문은 식민지기의 일본인의 조선인에 대한 '편견'을 뒤집으려는 의도를 품고 있다. 식민지기 내선일체의 대상이었던 조선의 전통문화가 이제 독자적인 문화로서 존중의 대상이 되어야 하는 작금에 이르러 '일본인화'의 대상이었던 조선인은 일본인보다 결코 열등하지 않았다고 말이다.

이것은 경성중학교 동창회의 한국인과 일본인의 교류가 제국-식민지의 질서의 소멸이후의 시대 속에서 재인식되는 과정을 보여준다. 식민지 당시 일본인 학생이 내지의 상급학교로 진학한 후 방학을 이용해 경성에서 '동기회'를 결성할 때에도 조선인 급우와 전혀 거리낌이 없었다는 회고담은,[66] '경중시대'에도 조선인과 일본인이 어떠한 차별 없이 잘 지냈듯이 식민지 이후에도 잘 지낼 수 있다고 말하는 듯하다. 이렇게 경성중학교 동창회에서 한국인과 일본인의 관계는 지체 없이 복구될 수 있었다. 다음 절에서는 이렇게 복원된 '서울경중회'와 '경중회'의 교류의 면면을 살펴보겠다.

### '서울경중회'와 한국 방문

1965년 한일기본조약이 체결된 이듬해인 1966년 일본에서는 첫 한국관광 여행단(122명)이 조직되었다. 이 여행단에 '동경경중회'가 합류하여 한국 및 '모교'방문을 처음으로 실시했고(4월 29일~5월 2일), 그 이듬해인 1967년에도 '동경경중회' 차원에서 자체적으로 한국방문여행단을 조직하여(10월 7~10일) 한국의 경중졸업생과 교류를 이어갔다.[67] 이와 같이 한국 및 '모교' 방문은 동창회의 주요한 활동 중의 하나였으며,『慶凞』에는 방문활동에 대한 보고와 '서울경중회'의 상황 및 회원동정이 매호 실려 있다. 먼저 '서울경중회'의 주요 회원의 명단을 정리하면 다음과 같다.

---

66) "졸업 후 2,3년(1924,5년경) 지났을 무렵이었을 것이다. 장소는 조선요리의 명월관으로, 출석자는 20명 정도. … 최(崔)와는 국적이 달랐다."(『慶凞』3호, 10회, 1972년 11월, 12쪽).
67) 『慶凞』창간호, 1969년 9월, 56쪽.

<표 22> 서울경중회의 주요 회원 명부

| 연번 | 이름 | 기수 | 직업 | 주요 약력 및 인적 사항 |
|---|---|---|---|---|
| 1 | 윤일선(尹日善) | 3회 | 의학자, 교육자 | 윤보선의 사촌,<br>서울대학교 총장(1956~1961) |
| 2 | 구용서(具鎔書) | 6회 | 금융인, 행정가 | 한국은행 초대총재(1950),<br>상공부상관(1958~1960),<br>한은동우회(韓銀同友會) 회장 |
| 3 | 최순문(崔淳文) | 10회 | 변호사 | |
| 4 | 장경(張慶) | 14회 | 의사 | 서울대학교 의과대학 교수<br>동양소주(주) 부속병원장 |
| 5 | 노영빈(盧永斌) | 14회 | 변호사 | 동경대학 법과 졸업<br>성균관대학 법학대학 학장<br>서울 제일변호사회 초대 회장 |
| 6 | 김범수(金範洙) | 16회 | 의사 | |
| 7 | 민주식(閔周植) | 17회 | | 민영은(閔永殷)의 장남,<br>殷成奬學會 이사장 |
| 8 | 박두병(朴斗秉) | 17회 | 기업가 | 박승직 상점가의 장남,<br>두산그룹 창업자 |
| 9 | 민복기(閔復基) | 19회 | 법학자 | 제5,6대 대법원장(1968~1978) |
| 10 | 김수환(金修桓) | 20회 | 기업가 | 광장(廣藏)(주)[동대문시장] 대표이사 |
| 11 | 남흥우(南興祐) | 21회 | 법학자 | 윤보선 전대통령의 사위,<br>고려대학교 법대 학장,<br>한국형사법학회 회장 |
| 12 | 이종찬(李鍾贊) | 21회 | 군인 | 육군참모총장(1951~1952),<br>육군대학총장(1952~1959),<br>제9,10대 국회의원(1976~1980) |
| 13 | 박간병(朴玕秉) | 21회 | 기업가 | 두산산업 대표 |
| 14 | 김철(金喆) | 22회 | 의학자 | 가톨릭대학 의과대학 교수 |
| 15 | 양창갑(楊昌甲) | 23회 | 교사 | 동래여자고등학교 교사 |
| 16 | 김정렬(金貞烈) | 23회 | 군인 | 초대공군참모총장(1949),<br>국방부장관(1957~1960),<br>민주공화당 초대의장(1963),<br>반공연맹이사장 |
| 17 | 김우열(金宇烈) | 24회 | 행정관료 | 일본대사관 공보관 |
| 18 | 송달순(宋達淳) | 25회 | 금융인 | 외국계은행 서울지점장 |
| 19 | 이종호(李鍾澔) | 25회 | 의사 | |

| 20 | 이남영(李南英) | 25회 | 의사 | |
|---|---|---|---|---|
| 21 | 이종홍(李鐘鴻) | 25회 | 의사 | 합동통신(주) 의무실장,<br>이종찬의 동생 |
| 21 | 장성환(張盛煥) | 26회 | 군인, 관료 | 공군참모총장(1962~1964),<br>주태국대사(1964~1967)<br>국제관광공사 총재(1967)<br>대한무역진흥공사 사장 |
| 22 | 신응균(申應均) | 26회 | 군인, 관료 | 1940년 일본육군사관학교 졸업<br>1959년 준장으로 예편<br>1965년 외교안보연구원 원장<br>1966년 과학기술연구소 부소장<br>1970년 국방과학연구소 초대소장 |
| 23 | 이상오(李相五) | 27회 | 기업가 | 일선실업(日綿實業)(주) |
| 24 | 김문기(金汶基) | 27회 | 교육행정가 | 한국외국어대학 서무과장 |
| 25 | 박성배(朴性培) | 28회 | 군인, 관료 | 공군준장<br>KAL 부사장<br>국제관광공사 부사장 |
| 26 | 안부호(安富浩) | 28회 | 의사 | 안성호(安商浩)(고종의 御醫)의 아들<br>1942년 경성의학전문학교 졸업,<br>카톨릭대학 의과대학 교수 |
| 27 | 남상덕(南相德) | 28회 | 행정관료 | 서울시 중앙구 토목국장 |
| 28 | 김승준(金乘俊) | 29회 | | 공립기업경영연구소 |
| 29 | 송성순(宋聖淳) | 29회 | 공인회계사 | |
| 30 | 조문환(曹文煥) | 31회 | 군인 | '학병지원 제1호'<br>육군준장<br>국방부 차관 |
| 31 | 김경갑(金京甲) | 32회 | 기업가 | 대한전기협회 |
| 32 | 김명기(金命起) | 32회 | 행정관료 | 주일한국대사관 |
| 33 | 홍성봉(洪性鳳) | 32회 | 의사 | 서울의과대학 졸업<br>고려대학교 의과대학 교수 |
| 34 | 방혁(方爀) | 32회 | 의사 | 방혁산부인과의원 원장 |
| 35 | 최준희(崔俊熙) | 33회 | 기업가 | 한국건업(주) 사장 |
| 36 | 서연삼(徐延三) | 34회 | 의사 | 연세대학교 의과대학 교수<br>서연삼내과의원 원장 |

※출처: 『경성공립중학교 동창회 명부』(1980년 1월 1일), 한국역사정보통합시스템 참조.

〈표 22〉에서 알 수 있듯이, '서울경중회'의 회원은 비록 적은 수이지만 한국의 각계각층의 최상위에 포진해 있었다. '서울경중회'는 자체적으로 정기적인 회합을 가졌을 뿐만 아니라, '일본경중회'의 단체 혹은 개인의 한국 및 '모교' 방문 시 안내자의 역할을 자처했다.[68] 반대로 '서울경중회'의 회원이 일본이 방문할 때에는 '일본경중회'의 회원들이 환영회를 열어주었다.[69] 또 '서울경중회'는『慶凞』을 통해 '일본경중회'에 서울고등학교의 동정을 알려주고, '일본경중회'에 관한 기사를 서울고등학교 동창회지에 실은 다음 다시 그 기사를『慶凞』에 소개하는 등[70] '일본경중회'와 서울고등학교 동창회를 중개했다. 21기 동기회인〈仁丘会〉의 방한여행기에는 서울 시내 관광이 끝난 후 이종찬(李鐘贊)(〈표 22〉의 연번 12번 참조)과 박간병(朴玕秉)(〈표 22〉의 연번 13번 참조)의 안내를 받아 고급차를 타고 '한국의 일류요정'인 봉황

---

68) "출발을 하루 연장하여 십수명의 경중회를 개최했다. 선배 1인, 동기 1인, 그 뒤로 10년, 20년의 후배들이었는데 모두 정부요직 혹은 실업계에 활약 중인 사람들이었다."(『慶凞』창간호, 12회, 1969년 9월, 22쪽); "우리들이 김포에서 서대문을 거쳐 앰버서더 호텔에 들어섰더니 동창생 환영의 저녁만찬이 기다리고 있었다"(『慶凞』창간호, 25회, 1969년 9월, 37쪽); "경성에 돌아온 것이 이십몇년만이다. 무엇보다 기뻤던 것은 뭐니 뭐니 해도 옛 친구를 만난 일이었다. 동기생은 안부호, 남상덕, 박성배의 3인이었다."(창간호, 28회, 1969년 9월, 42쪽); "회장에는 한국의 동창생이 기다리고 있었는데, 상공회의소 회장, 대학총장을 역임한 사람, 대법원장, 육군 소위, 회사 사장 등 모두 멋지게 성공한 사람들로 서울에서 이 정도로 유명한 사람들이 함께 회합한 적이 없다고 한다."(『慶凞』4호, 17회, 1973년 12월, 20쪽); "경중 29회 졸업의 송성순의 차로 경중으로부터 서대문 금화장의 예전에 살던 집으로 안내를 받았다."(『慶凞』5호, 교사, 1975년 1월, 6쪽); "서울에서는 장성환, 신응균이 1박 호텔로 초대를 해주어 추억담을 나누었다."(『慶凞』11호, 26회, 1980년 12월, 48쪽); "현대인력개발원의 송윤재 원장(서울고교 OB)의 안내로 구교내를 견학했다."(『慶凞』12호, 1981년 12월, 93쪽); "참가자의 과반수가 처음이라서 아침 일찍부터 시내관광. 김군과 방군의 안내를 받았다."(『慶凞』17호, 1986년 12월, 50쪽); "김포공항에 도착하자 서울의 유일한 동기생 민복기가 얼굴에 웃음을 띠고 우리를 맞아주었다."(『慶凞』18호, 1987년 12월, 18쪽) 등.
69) "송달순이 일본에 왔다. 송달순은 몇 번 왔지만, 동행한 이종호는 처음 일본에 오는 관계로 성대하게 환영회를 열어주었다."(『慶凞』6호, 25회, 1975년 12월, 14쪽)
70)『慶凞』3호, 崔淳文(10회), 1972년 11월, 8쪽.

각(鳳凰閣)에서 기생을 옆 좌석에 한명씩 앉히고 연회를 즐긴 모습이 상세하게 기술되어 있다. 그들은 기생의 노래와 춤에서 조선의 향수를 느끼고 한일의 동급생들이 함께 '인왕산별리의 노래'를 부르며 감격에 젖는다. 또 연회가 끝난 후 자정이 다가오자 '통행금지' 시간대를 피해 기생과 함께 호텔의 객실로 이동해 밤새 연회를 이어간다. 21기 동기생들은 이종찬과 박간병의 호의에 한국방문여행이 생애 잊을 수 없는 추억이 되었다고 기뻐한다.71) '일본경중회'의 공식적인 단체 방문 이외에도 개인적인 친분관계, 심지어는 현직 대통령의 초대를 받아 서울을 방문하면서72) '서울경중회'의 회원들과 친분을 유지했다.

> 나는 전전(戰前) 25년간 조선은행에 봉직했고, 현재는 선은(鮮銀)[조선은행] 교우회(交友会)의 회원인데, 이번에 선은교우회(해방 이후 조선은행을 개조해서 설립된 한국은행에 선은시대(鮮銀時代)부터 재적했던 사람들의 모임)로부터 초대를 받아, 선은교우회(鮮銀交友会)의 대표로서 혼자 서울을 방문하게 되었다. … 이번의 한은동우회(韓銀同友会)의 선은교우회(鮮銀交友会) 초대에 내가 대표로 추천되었던 것은, 경성중학교 출신인 구용서(〈표 22〉 연번 2번 참조)와 동기이며 구용서군과는 최근까지도 상호 연락은 물론, 전후(戰後) 서너 차례 일본을 방문했을 때마다 친분을 나눠왔기 때문이다. (『慶熙』 4호, 6회, 1973년 12월, 5쪽)

위의 글의 필자는 '서울경중회' 회원과의 친분을 '과시'하면서 그 덕에 한국을 방문할 수 있었다고 말한다. 이처럼 '서울경중회'와 '경중회'의 긴밀한 관계는 '경중회'가 한국을 방문하는 주요한 동기로 작용한다. 그리고 '경중회' 회원들은 '경중회'의 단체방문이나 개인적인 공무 혹은 여행이나 서울을

---

71) 『慶熙』 3호, 21회, 1972년 11월, 50-1쪽.
72) "올해 6월 박대통령의 꼭 만나고 싶다는 연락을 받고 서울에 갔습니다. 눈을 감으면 조선에서의 추억이 생각납니다. 어찌되었든 조선이 날로 번영하기를 바랍니다."(『慶熙』 3호, 회장, 1972년 11월, 4쪽).

방문하고 난 후의 방문기 혹은 여행기를 『慶熙』에 싣는다. 그들은 지면을 점차 늘려가며,[73] 과거 경성의 중심가를 돌며 변한 모습과 변하지 않은 모습을 상세하게 기술한다.[74] 이를 읽은 회원들은 '마음 깊은 곳의 거의 꺼져가는 장작에 불을 붙이는 것'과 같다는 감상의 글로 답례한다.

> 무궁화야말로 조선 이래의 국화. … 오랜만에 방문했던 망향의 서울의 거리. 육백만 인구가 넘는 대도시로 성장한 오늘날의 모습에 경외를 금할 수 없다. 그러나 그곳에서 무궁화를 발견한 나는, 잊고 있었던 청춘시절에 어느 낯익은 소녀를 우연히 만난 것과 같은, 따뜻한 설렘을 느끼지 않을 수가 없었다. 그리고 잠시 동안 나는 그곳에 우두커니 서있었다.
> (『慶熙』 5호, 16회, 1975년 1월, 18쪽)

한국 방문은 회가 거듭될수록 과거 그대로의 모습에 대한 감회의 차원을 넘어서 "무언가 다른 세계를 본 것 같다. 그러나 이것이 진짜 조선"[75]이라며 한국에 대한 재인식의 계기로 자리잡아간다. 나아가 총동창회에서는 '최근의 조선사정'이라는 제목으로 한국의 전문가를 초빙하여 강연회를 개최하기도 하고[76] 한국의 최근 정황을 계속해서 회지에 보고한다.[77] 이와 더

---

73) 『慶熙』에서는 단 1회에 불과하지만 북한방문기도 볼 수 있다. 북한방문기는 한국 방문기와 마찬가지로 북한의 변모된 상황과 각 분야의 최신정보를 소개했다. "1987년 7월, '아시아 평화의 배'로 2주간의 배 여행을 다녀왔다. 5천톤의 소련 배로, 코스는 니이가타-나호토가-원산-평양-개성-판문점-남포-상해-남경-하카타."(『慶熙』 19호, 1988년 12월, 47-8쪽)

74) '경중회'의 서울시내 관광은 대개 서울경중회의 회원의 안내로 과거 경성의 혼마치(本町)를 중심으로 식민지기의 주요 건물과 거리를 순회하는 코스로 짜인다. '남대문-쇼와거리(昭和通り)-장충단 공원-신당정-경성그라운드-황금정통-창경원통-명륜정-城大[경성제대]前-돈의문-총독부앞-광화문통-서대문통-경중앞-서소문정-남대문-태평통-대한문-경성부앞-조선호텔앞-명치정-본정-남대문시장-경성역-용산앞-한강철교-영등포-여의도-서울대교'(『慶熙』 7호, 27회, 1976년 12월, 69쪽).

75) 『慶熙』 11호, 18회, 1980년 12월, 62쪽.

76) 『慶熙』 1호, 1969년 9월, 55쪽.

77) 「最近の韓国」『慶熙』 10호, 17회, 1979년 12월, 9-12쪽; 13호, 1982년 12월, 24-7쪽; 「最近の韓国を訪ねて」『慶熙』 12호, 1981년 12월, 28-30쪽; 「ソウル駆け歩る記」

불어 한국인 동기생의 이름을 과거 일본식이 아니라 한국식으로 불러야 한다는 등[78] 과거처럼 조선과 조선인을 대해서는 안된다는 '주의사항'을 당부한다.

『慶凞』에서는 한국방문에서 그들이 체감하는 변화의 내용을 조목조목 밝혀놓고 있다. "독립 후 거리의 간판에는 한자, 영어가 완전히 없었는데, 올해 갔을 때는 한자와 영어가 보였다"(『慶凞』 3호, 회장, 1972년 11월, 4쪽). "일본어를 아냐고 물어보아도 모른다고 답한다. 조금은 한국어로 말할 수 있지만, 대화를 나누는 일은 역시 무리였다. 영어를 아냐고 물어보면 안다고 답한다"(『慶凞』 12호, 17회, 1981년 12월, 29쪽). "이제는 일본어가 유창했던 한국 민중에게도 일본어는 영어보다도 먼 외국어이다. 광고나 도로 표지판에도 일본문자는 찾아볼 수 없다. 한자도 사라지고 조선의 가타카나(한글뿐이다"(『仁旺々丘』 20회, 1982년 1월 1일, 13쪽). 한국방문에서 일본어로 말이 통하지 않는다는 사실은 일본어로 대화하는 것에 전혀 문제시하지 않았던 식민지기를 되돌아보게 한다. 식민지조선에서 일본어로 대화했던 조선인이 지금은 한국어로 대화한다는 사실, 자신과 일본어로 대화하고 일본식의 교육을 받은 조선인이 그의 가정에서는 한국어로 대화하고 조선의 옛 지식을 전수받았다는 사실을 생각조차 않았던 식민지기의 자신을 되돌아본다. 이처럼 '경중회'의 한국방문은 식민지조선에서의 자신의 모습에 대한 재평가를 수반한다.

> 국정(國情)에 대한 무지는 두려운 것으로, 타카하시 선생으로부터 외국담배를 부탁받고 사러갔다가 기내에서 판다고 하여, 돌아오는 비행기에서 착륙 직전에 스튜어디스에게 타바코, 타바코 라고 말해도 일본어가

---

『慶凞』 15호, 22회, 1984년 12월, 43-5쪽.

78) "나는 그를 '야스상'(安さん)으로 기억하고 있었는데, 동경에 와서 언제인가 '안상'(安さん)이라고 하는 것을 알고 조금 놀랐다."(『慶凞』 1호, 28회, 1969년 9월, 42쪽).

통하지 않아 "기집애, 담배 줍소"라고 말했다. 그랬더니 앞에 앉은 2,30명의 한국인이 단체로 뒤돌아보았다. 나는 '이 사람이 한국어를 하는 구나'라는 생각인 줄 알았는데, 앞에 앉은 한국인이 지금 당신이 말한 기집애라는 말은 하대하는 말이라고 일러주었다. 나는 여자를 부르는 말인 '언니'라는 뜻인 줄로만 알고 있었다. 아마도 일본인이 한국에 있을 당시는 모두 이 말을 하면서 그렇게 생각했을 것이다. (『慶凞』4호, 18회, 1973년 12월, 19쪽)

위의 글에서와 같이 식민지기에 '아무 생각 없이' 행했던 것들이 식민지 이후에는 민족차별을 인증한다. 나아가 한국이 독립국이라는 인식은[79] '좋은 추억'의 시절로 되돌아가려면 한국을 식민지로 되돌려야 한다는 인식으로 이어진다. 따라서 이 인식은 과거의 '좋은 추억'이 그리워 찾아간 한국방문에서 그 추억이란 식민지적 경험에 불과하다는 시대적 인식을 불가피하게 촉구한다. 그렇게 해서 "중국이나 조선의 구식민지주의자의 '꿈이여 다시 한 번!'의 부활의 조짐을 불쾌하게 생각하고",[80] "한국인의 대일감정을 이해하며"[81] "이순신 장군에 대한 경외"를 표하면서[82] 거북선의 우수함을 소개하는[83] 등 독립국인 한국의 현재로부터 과거의 역사를 재인식한다. 그리고 '조선총독부공죄론(朝鮮總督府功罪論)', '내선일체론', '황민화정책'과 같은 당시 식민정부의 구체적인 정책과 행적을 식민지조선의 역사에 재배치시

---

79) "한국에서 태어나서 자란 우리들은 자칫 한국이나 한국인을 안이하게 보는 것은 아닌가. 한국은 우리들이 있던 때와는 근본적으로 다르다. 말할 것도 없이 외국이며 독립국이다."(『慶凞』13호, 18회, 1982년 12월, 30쪽); "어느 순간 발전해서 이제는 의심할 여지없는 독립국이라는 것은 너무나도 자명한 사실이 되었다. 한국에서는 서울올림픽이라는 큰 행사를 개최하고 한강의 기적이라는 하는 비약적 발전을 하여 선진국의 대열에 합류하는 시대가 되었다." (『慶凞』25호, 28회, 1994년 12월, 77쪽)
80) 『慶凞』 2호, 9회, 1971년 6월, 58쪽.
81) 『慶凞』 4호, 18회, 1973년 12월, 25쪽.
82) 『慶凞』 8호, 18회, 1977년 12월, 23-36쪽.
83) 『慶凞』 25호, 24회, 1994년 12월, 45-52쪽.

키고자 하는 시도도 함께 일게 된다.[84]

> 8·15 이후 일본인에 대해 계속되는 조선인의 극도의 혐오감이나 반일정책은 우리들 조선에 자란 인간으로 감당하기 어려운 것이었다. 물론 나도 식민지 지배 하에서 차별대우를 받았던 조선인이 일본인에 대해 호감정을 품고 있다거나 혹은 다소의 반감을 품었던 것을 시간이 지나면 잊혀진다 라고는 결코 생각하지 않았다. 그렇다 해도 이렇게 긴 시간 동안, 이렇게 격하게 반일정책이 계속된다는 것을 나는 도저히 이해할 수가 없었다. … 나는 『소설 조선총독부』를 계기로 조선에 대한 책을 읽어보았다. 거기서는 일본의 식민정책의 무모함을 가르쳐주었다. 일본은 조선인으로부터 민족의 자주권을 빼앗고 조선인을 일본인과 동등하게 대우하지 않고 극단의 차별정책을 채택했다. (『慶熙』 2호, 30회, 1971년 6월, 49쪽.)

> 종전시(終戰時) 내가 살던 집이 그대로 남아있어서 현재 살고 있는 사람에게 인사를 할까 했지만 거부당했다. "일본인"이라는 이유에서였다. 나는 이때 처음으로 한국을 알았다. 한국인으로부터 환영을 받았던 것은 교육자였기 때문이고 다수의 한국인의 마음속에 있는 한(恨)과 불신감을 알지 못했다. 일본인은 겸허하게 반성할 필요가 있다. (『慶熙』 5호, 24회, 1975년 1월, 31쪽.)

그러나 그들은 결국 자신의 존재적 의미를 '조선인'에게서 구했으나 식민지기에 조선인이 '나'의 외부에 있었던 것처럼 패전 후에는 '나'가 '독립국'인 한국의 외부에 있을 수밖에 없음을 확인한다. 이제 식민지조선에서 그들의 존재적 의미는 전적으로 자신의 경성시절을 기억하는 한국인 급우와의 관계에 달려있다.

---

84) 「朝鮮総督府功罪論」 『慶熙』 12호, 1981년 12월, 42-5쪽.

왠지 나는 학습원 출신의 한국의 의사인 이종호(李鍾澔)(〈표 22〉 연번 19번 참조)의 사상 속에서, 지금은 완전히 잃어버린 전전의 일본의 상층계급이 가지고 있었던 양식을 느꼈다. (『慶凞』 2호, 25회, 1971년 6월, 42쪽)

위의 글의 필자는 의사의 직업을 가진 '서울경중회'의 회원에게서 '전전 (戰前)의 상층계급의 일본인'의 양식을 떠올린다. 그는 전후(戰後)에 잃어버린 엘리트 사상을 '서울경중회'의 한국인에게서 감지했다고 말한다. 그 자신도 '전전(戰前)의 엘리트 계급'이었을 터이다. 그렇다면 그가 식민지의 일본인과 식민지 이후의 한국인을 상층계급의 엘리트 의식을 매개로 하나로 묶어내는 것은 자신의 식민지기의 존재적 의미를 식민지 이후의 '서울경중회'의 한국인 회원에게서 산출하려는 의도로 보인다. '일본경중회'는 여전히 한국에서 상위계층의 지위를 누리는 한국인 급우에게서 식민지기 자신의 지위와 그 의식까지 동일시하는 것이다. 이처럼 '일본경중회'의 일본인은 식민지 이후 한국인 급우를 통해 일본에서 조선으로, 전후(戰後)에서 전전(戰前)으로 시공간을 거슬러간다. 이때 '일본경중회'에게 '서울경중회'는 '전후일본'에서 '식민지조선'으로의 시공간적 연속성을 담보하는 존재이다. 그래서 '일본경중회'는 '서울경중회'와의 관계를 매개로 '식민지조선'에서 '전후 한국'으로 다시 거슬러오기를 시도할 수 있다. 그것은 '모교' 방문과 지원활동을 통해 드러나는데, 다음 절에서 그 활동상을 구체적으로 다루보기로 하자.

### '모교'의 의미화

앞 절에서 '일본경중회'가 한국방문과 한국인과의 교류활동을 통해 시대적 변화를 인식해가는 과정을 살펴보았다. 이것은 일본 내에서 그들의 식민지 경험이 시대적 재인식의 계기를 찾지 못하고 더 이상 식민지가 아닌 한국에서 역사적 재인식의 계기를 맞이하게 되었을 때, 한국에서 자신의 존재적 의미가 더 이상 유효하지 않게 되었음을 자각하는 과정에 다름 아니다. 이처럼 '일본경중회'가 자신의 변화된 존재적 의미를 자각하는 곳은 조선/한국이었고, 조선/한국의 전전/전후의 변화된 모습에서 시대적 변화를 수긍한다. 그러나 그 한편으로 '일본경중회'는 시대가 변화한 가운데에서도 식민지기의 옛 모습을 간직한 한국인 급우에게서 자신의 존재적 의미를 읽어 들인다.

'일본경중회'는 '서울경중회'와의 관계를 매개로 한국방문활동을 개시한 처음부터 서울고등학교를 방문, 지원했고 경성중학교의 후신(後身)으로 받아들였다. 이후로도 '모교' 방문은 '일본경중회'의 주요 활동 중의 하나였다. 식민지 이후 한국인과의 관계를 거쳐 한국과의 새로운 교류활동의 장으로서 '모교' 방문이 '일본경중회'에 어떤 의미를 갖는지를 논하기 위해, 먼저 『慶凞』에 수록된 '모교' 방문담의 내용을 1965년 이후 약 30년간의 연대기순으로 정리해보았다.

〈표 23〉 '일본경중회'의 '모교' 방문기 (1960년대~90년대)

| 연번 | 방문일시 | 내용 | 권호 쪽수 | 기수 | 비고 |
|---|---|---|---|---|---|
| 1 | 1966년 4월 29일~5월 2일 | "구모교, 현 서울고등학교를 방문하여 7만 엔(약 10만원)의 장학금 기증" | 1호 56쪽 | | 有志여행단, 재한경중 졸업생의 환대를 받음 |
| 2 | 1967년 10월 7일~ 10일 | "구모교, 현 서울고등학교를 방문하여 3만 원의 장학금 기증" | 1호 57쪽 | | 有志여행단, 재한경중 졸업생의 환대를 받음 |
| 3 | 1964년 가을 | "경중의 교내에는 운동장, 교사, 유검도장, 기숙사 등의 옛 모습이 그대로 남아있었다. 노을 속에서 당시를 떠올리며 언제까지 머물고 싶었다." | 1호 22쪽 | 12 | |
| 4 | 2회(일시 미기재) | "경중은 서울중고교가 되었고 여전히 명문이다." | 1호 28쪽 | 15 | 1회: 펜클럽초대 2회: 한국일보 초대 |
| 5 | 1969년 5월 | "서울 방문 일정에 맞춰서 우리가 배웠던 경성중학교를 방문했습니다. 지금은 건물과 그 외 대부분의 모습 | 2호 4쪽 | 회장 | 한국중앙은행의 초청으로 서울방문차 |

| | | | | | |
|---|---|---|---|---|---|
| | | 은 예전과 달라졌지만, 자연환경은 옛날 그대로여서 회상에 잠겼습니다. 교장은 히로시마사범학교 출신으로 크게 환영해주었습니다. 그리고 떠날 때 방문 기념으로 '우등생 배지'를 가슴에 달아주었습니다. 지금 여러분에게 보여주고자 달고 나왔습니다. 저도 경성중학교를 졸업한지 50년 만에 우등상을 받게 되었습니다." | | | |
| 6 | 1971년 9월 23일 | "전용버스로 서대문의 모교 경중으로. … 경중은 지금도 한국제일의 고등학교이며 철근의 학교 건물은 몇 개 동으로 증축되어 있었다. 화단도 온실도 옛날보다 화려해졌다. 한국에 경중을 졸업한 동창생이 약 70명이 있다." | 3호 48쪽 | 21 | 21기(《仁丘會》)의 단체 방문 |
| 7 | 1971년 9월 23일 | "모교 경중-때마침 비오는 날의 모교방문에 교장은 부재했으나 박군의 말솜씨로 기분 좋게 교내의 자유산보를 허락받았다." | 3호 55쪽 | 21 | 21기(《仁丘會》)의 단체 방문 |
| 8 | 1973년 6월 13일 | "具군과 함께 잠시 교장과 회담을 했다. … 내가 '우리들을 가르쳤던 시바자키 테츠키치 교장은 철저한 스파르타 교육으로 지금 돌이켜보면 당시의 엄격함과 동시에 감사의 마음이 듭니다. 예를 들어 선생은 … 교복바지에 주머니가 불필요하다고 하여 없앴고 복장검사를 자주 했습니다'고 했더니 교장이 '그 기풍은 현재 그대로 남아있습니다. 지금도 교복바지의 양측에 주머니가 없습니다'고 말하며, 학생 한 명을 불러와 교복바지를 보여주는데, 역시 주머니가 없었다." | 4호 5~6쪽 | 6 | 한은동우회(韓銀同友會)의 초대로 서울방문차 |
| 9 | 1972년 12월 6일 | "명문의 고교로서 대한민국 청소년 교육의 중심이라고 했다. 더욱 기뻤던 것은 경성중학(현 고교)의 학생 20명이 환영회를 열어주었던 것이다." | 4호 12쪽 | 10 | 경희대학교 자매대학인 홋카이도대학의 교수자격으로 방문 |

| 10 | 1973년<br>5월 2일 | "드디어 경중방문이다. … 기대한 만큼 충분히 둘러보았고, 교장으로부터 홍차 대접을 받았으며 현관에서 기념사진을 찍었다." | 4호<br>22~3쪽 | 17 | 관서(關西)경중회 단체방문 |
|---|---|---|---|---|---|
| 11 | 1973년<br>5월 2일 | "현 교장인 이창신씨의 안내로 교내를 순회하다. 모교에 기부를 하고 마음을 남겨둔 채 버스에 오르다. 약 한 시간 반. 지금은 서울고교가 되었다고 하며, 직원 109명, 학생 1042명. 학생도 교직원도 모두 엘리트이다. 다만 국방훈련복을 입은 학생들의 모습에 가슴이 아팠다." | 4호<br>46쪽 | 26 | 26기 11명과<br>33기 7명의 단체방문 |
| 12 | 약 20회 | "나는 서울에 갈 때마다 MBC 호텔에 묵는다. 그렇게 해서 우리 모교구 경성중학교의 진면목을 관찰한다. 교내 전경은 물론, 현 서울고교생의 통학풍경이나 교정에서의 체조 등을 매일 아침 창 너머로 바라본다. … 경중의 정원은 지금도 아름답고 인왕산도 옛 모습 그대로이다. 이곳에서 자란 나는, 매일 신문을 펼쳐 이곳의 뉴스를 읽을 때마다 생각에 잠기곤 한다." | 6호<br>20~3쪽 | 32 | 방송관계 업무 출장차 |
| 13 | 1973년 8월 | "'나는 서울고교의 전신인 경성중학의 OB로 일본에서 모교를 방문하러 왔다. 예전에 이 학교는 일본인학교 중에서도 전통이 있는 명문교였다. OB로서 자랑스럽게 생각한다. 당신들도 서울고교의 전통을 간직하길 바란다'는 뜻을 통역을 통해 전달했다. 젊은 고교생도 나의 이 단순한 말의 뜻을 이해한 것인지, 하얀 이를 드러내며 웃는다. 그리고 머리를 숙이고 악수를 청해온다." | 6호<br>31쪽 | 38 | 개인여행 중 방문 |
| 14 | 1976년<br>4월 중순 | "그리운 모교는 교정, 교사, 나무 하나 풀 한포기 그립지 않은 것이 없습니다. 벚꽃은 정문입구 도로의 중앙과 교정의 동쪽에 옛날 그대로 피어있었습니다." | 7호<br>16쪽 | 17 | 충남 강경(江景)의 ㅎ 키아게샤 모임인 〈강경회〉의 단체방문 |

| 15 | 1976년<br>7월 29일 | "교장실에서 교감에게 서울고등학교의 역사, 근황, 현황 등을 물었다. 이어 교감선생의 안내로 교내순회. 마지막으로 현관에서 교감선생과 기념촬영. 감사할 뿐이다. 약 1시간 30분." | 7호<br>70쪽 | 27 | 27기 단체방문<br>(서울에서 동창회 개최) |
|---|---|---|---|---|---|
| 16 | 1976년<br>7월 29일 | "교정을 산책하면서 이런 저런 생각이 들었다. 그런데 당시 우리들은 조선총독부 측의 인간이었다는 것을 잊어서는 안된다. '고향의 추억'에 잠길 수 있게 허락해준 한국의 산하와 이 나라의 사람들에게 마음 속 깊이 감사를 전한다." | 7호<br>74쪽 | 27 | 27기 단체방문<br>(서울에서 동창회 개최) |
| 17 | 1976년<br>8월 중순 | "교사, 운동장은 완전히 달라졌지만, 소년시대가 물밀듯 떠올랐다. 수위실을 방문해서 그리움을 한가득히 내뱉었다. 관리자의 행정관을 만나 교내의 안내를 받았다." | 7호<br>90쪽 | 34 | 지방의원 방한의원단 |
| 18 | 1977년<br>5월 2일 | "경중에서는 교장을 공식방문. 교장은 예의를 다해 응대해주었다. 하마자키군은 감격해서 경중의 모자와 배지를 증정했고, 영구히 기념하겠다는 말을 들었다. 보답으로 현재 학교의 빼지를 받았다. 구노군은 김포공항의 검색대의 검사관이 배지를 보고 '졸업생인가' 물어와 그렇다고 답하자 '서울의 일류학교다'라는 말을 듣고 자랑스러워했다." | 8호<br>34쪽 | 21 | 21기 단체방문 |
| 19 | 1978년 8월 | "경성중학교도 내년에는 한강 이남으로 이전되고, 일부 공원이 조성된다고 한다. 옛 경성의 거리도 점점 옛 모습을 잃어간다. 방문할 때마다 쓸쓸함을 느낀다." | 9호<br>15쪽 | 17 | 한국정부로부터 일본고교교사 초청 서울방문차 |
| 20 | 1978년<br>7월 29일 | "현 서울고등학교 교장인 문선생은 1938년 경성사범을 졸업한 탓에 작년 3월 방문했을 때에는 〈문예춘추〉의 최근호가 놓여있었다. 애독자라고 한다. 우리나라의 현황에 대해서도 밝다. 입시가 까다로운 서울고교 | 9호<br>27쪽 | 22 | 쿠마모토(熊本) 경중회 단체방한 |

| | | | | | |
|---|---|---|---|---|---|
| | | 의 전통은 경중을 계승한 것인데, 입학평준화의 실시에 의해 입학선발의 방법이 바뀐다고 했다. 서울도시계획의 일환으로 경중은 이전할 수밖에 없다고 하여 뭐라 말할 수없는 쓸쓸함을 느낀다. 모교의 모습은 후년 경에는 볼 수 없게 되었다.” | | | |
| 21 | 1977년 8월 27일 | “작년 모교방문 시 금속배트를 증정했던 서울고교의 야구부가 올해 한국고교야구에서 우승했다.” | 9호 33쪽 | 25 | 서울에서 25기 동창회 개최 |
| 22 | 1978년 7월 29일 | “교장실에 보관되어 있는 경중의 모자(경중졸업생이 기증했다고 한다)를 보여주는데, 일순 삼십 수년을 옛날로 돌아간 듯한 기분이었다. … 뒷산은 개간되었고 신교사가 하나, 그리고 없었던 꽤 넓은 제3운동장이 생겼다. 나는 첫訪韓인데 시대가 변하고 역사가 바뀌었음을 절감했다.” | 9호 50쪽 | 27 | 쿠마모쿠(熊本) 경중회 단체방한 |
| 23 | 1978년 9월 16일 | “교감선생의 안내로 수업중의 본 교사를 필두로 교내외를 순회했다. … 교감의 인솔 하에 체육복의 학생들과 교련복의 학생들을 카메라에 넣었다. 학생들의 규율과 바른 예의에 모두 감탄. 본교는 경기고교, 경복고교와 순위를 다툰다고 한다.” | 9호 54~5쪽 | 28 | 28기 모교방문여행 |
| 24 | 1979년 11월 24일 | 서울고등학교에서 개최한 경중개교70주년 기념식 보고 | 11호 71~5쪽 | 32 | 경중개교70주년기념 동창회 서울에서 개최 (102명 참가) |
| 25 | 1981년 4월 15일 | “구고교를 일순 견학했다.” | 12호 93쪽 | 17 | 〈京楊會〉의 단체방문 (경중과 경성제일고녀 합동동창회) |
| 26 | 1981년 4월 15일 | “경중의 시설은 현재 한국 최대재벌인 현대그룹의 본부가 되어 있었다. … 봉안전, 기숙사, 총기고, 한국풍의 직원관사 등의 건물은 허물어져 지금은 없고, 그 외의 건물은 겉모습은 예전 그대로이다. 그러나 내부는 완전히 변했다.” | 12호 96쪽 | 27 | 〈京楊會〉(경중과 경성제일고녀 합동동창회)의 단체방문 |

| 27 | 1984년 5월 | "구 경중의 흔적(현재는 서울시의 시민공원이 되었으며 운동장의 담벼락도 파내어 공개되어 있는데)을 찾았다."<br>※서울고등학교에 장학금 증정(액수 미공개) | 17호<br>50쪽 | 32 | 유종회(有終會) 환력(還曆) 기념 서울여행 |
|---|---|---|---|---|---|
| 28 | 1987년<br>9월 29일 | "금회의 방한 목적의 하나인 경중의 흔적을 찾아 나섰다. 교사는 콘크리트 건물로 변했지만 창문의 유리 등은 파손되어 완전히 空家가 되었다. … 뒷길을 돌아 숭정전 앞에 서서 지금도 남아있는 석단을 보자 당시의 '빈타'가 떠올랐다." | 18호<br>19쪽 | 19 | 〈昭六會〉<br>(쇼와6년[1931] 3월 졸업생)의 단체방문<br>(22명, 부인 5명) |
| 29 | 1986년 5월 | "그리운 경중의 교문까지의 완만한 언덕길을 걸으며, 좀 더 경사가 지지 않았나 하는 생각이 들었다. 교문 앞에서 보니 학교 건물에 현대재벌의 인재양성원과 복지연구원의 간판이 걸려있었다." | 18호<br>39쪽 | 24 | 개인여행 중 방문 |
| 30 | 1987년<br>10월 25일 | "신문로(서대문통)의 경중의 흔적을 찾았다. 정문에서 본 교사 등은 변하지 않은 것처럼 보이나 거리와 접했던 담은 없어지고 보도에서 직접 운동장으로 들어갈 수 있게 되었다. 경희궁 복원 중의 시민공원으로 일반시민에게 공개되어 있다." | 18호<br>49쪽 | 27 | 27기 단체서울여행 |
| 31 | 1988년 여름 | "현재는 건물도 전부 바뀌어 현대적인 주거와 외국대공사관이 들어서있고 옛 모습을 떠올릴 수 있는 것은 도로 우측의 석단뿐이다." | 21호<br>8쪽 | 17 | 서울올림픽 관광차 |
| 32 | 1994년<br>9월 27일 | "경중의 추억의 건물이 없어지는 것은 시간문제이다. 그러나 경중의 흔적은 더 옛날로 돌아가 '경희궁공원'으로 영구히 서울의 명소로 보존된다." | 25호<br>77쪽 | 28 | 28기 서울에서 동창회 |

※출처: 『慶凞』 창간호~26호(1969년 9월~1996년 12월).

〈사진 35〉 서울고등학교 야구부원에 금속배트 증정
(1977년 8월 27일)(〈표 23〉의 연번 21 참조)
※출처:『慶凞』9호(1978년 12월)

‘모교’는 ‘일본경중회’가 단체별(기수별·지역별) 혹은 개인별로 서울을 방문할 때에 반드시 찾아가는 곳이었다. 그들은 ‘모교’를 찾아가서 옛 학창시절의 교정과 지금의 모습을 비교하고 남아있는 옛 건물이나 정취를 『慶凞』를 통해 회원들에게 알려주었다. 그렇게 해서 『慶凞』에는 경희궁터의 ‘모교’ 교정의 변천과정이 매호 담겨있다. 『慶凞』를 보면, 1964년까지 경성중학교의 옛 운동장, 교사, 유검도장, 기숙사 등이 그대로 남아있었음을 알 수 있다. 1971년에는 학교 건물이 몇 개동으로 증축하고 화단과 온실이 더 화려해졌다고 하고, 1976년에는 교사(校舍), 운동장이 완전히 달라져서 옛 모습과 일치하는 것은 정문 입구의 도로의 중앙과 교정의 동쪽에 피어있는 벚꽃이었다고 한다. ‘일본경중회’의 회원들은 1978년 뒷산이 개간되고 신교사(新校舍)가 들어서고 운동장이 넓어지는 등의 옛 교정의 변화된 모습을 보고 시대와 역사의 변화를 절감한다. 『慶凞』에서는 1980년 5월 31일에 서울고등학교 교사(校舍)가 경희궁터에서 한강 이남의 서초구로 이전되었음을 알리고,[85] 서울고등학교 이전기념 구 ‘모교’의 전경사진을 실어놓았다.[86] 1981년 ‘모교’를 찾아간 이들은 ‘모교’ 대신 현대그룹 본부가 들어선 것을 본다. 그럼에도 ‘모교’ 방문은 계속 이어지는데, 이제는 강남으로 이전

---

85) 『慶凞』11호, 1980년 12월, 80쪽.
86) 『慶凞』13호, 1982년 12월.

한 서울고등학교가 아니라 숭정전(崇政殿)의 석단, 교문까지의 완만한 언덕
길 등의 경희궁의 주변 환경까지 포함해서 경중의 흔적을 찾아 나선다.
1984년 32회 졸업생들은 환력기념의 서울방문에서 뜻을 모아 서울고등학교
에 장학금을 기증하지만, 모두 가지 않고 서울경중회의 회원과 대표자만
이전한 서울고등학교의 신교사(新校舍)로 찾아가서 교장을 만난다. 그 외 회
원들은 2박3일의 바쁜 일정 속에서도 옛 경성중학교가 자리했던 현 시민공
원을 방문한다. 1988년의 방문에서는 주변 환경도 완전히 바뀌었음을 확인
한다. 『慶熙』22호(1991년 12월)와 23호(1992년 12월)에는 경희궁 복원계획
이 상세하게 기록되어 있다. 25호(1994년 12월)에서 '모교'가 공원으로 조성
되어 경성중학교가 들어서기 이전 모습으로 돌아간다는 보고를 끝으로 '모
교' 방문담은 더 이상 등장하지 않는다.

  '모교' 방문은 다만 교정의 외관을 관찰하는 것뿐만 아니라 교장 혹은 교
감과 면담을 하고 학생들과 대화를 나누는 정식의 교류의 형식을 취했다.
〈표 23〉의 연번 1과 2와 21과 27을 보면, 장학금과 야구부 물품을 증정하는
실질적인 후원활동을 했다. 교장과의 면담 내용은 명문교로서 경성중학교
의 전통이 서울고등학교로 이어지고 있음을 확인하는 것 정도였는데, 가령
〈표 23〉의 연번 8에서는 경성중학교 시절 주머니가 없었던 교복바지의 모
양이 서울고등학교와 같다며 그 기풍이 남아있다고 한 교장의 말을 전한
다. 또 그들은 경성중학교의 모자와 배지를 증정하고 서울고등학교의 배지
를 받아온다. 『慶熙』7호(1976년 12월)에는 서울고등학교 요람에 실린 학교
연혁을 소개하면서 "1909년 5월 22일 경희궁터에 일본인자제 교육을 위한
경성중학교 개교"가 명시되어 있음을 알리고, '일본경중회'에 보내온 교감의
편지를 소개한다. 『慶熙』17호에는 장학금 증정에 대한 보답으로 서울고등
학교의 학부모가 보내온 감사의 편지를 게재한다. 그뿐만 아니라 동창회지
를 통해 서울고등학교 교직원과 학생현황 및 학교 연혁을 비롯해서 학교
개괄 등의 구체적 정보를 공유하고,[87] 서울고등학교를 방문했을 때에 학생

들에게 '서울고교의 전통을 이어가길 바란다'는 '선배'로서 당부의 말을 잊지 않고 전하기도 한다. 1979년 11월 24일 경중개교 70주년 기념식을 서울고등학교에서 개최하기에 이른다.

〈사진 36〉 '일본경중회' 회원과 서울고등학교 학생의 단체사진
(1978년 9월 16일)(〈표 23〉의 연번 23 참조)
※출처:『慶凞』9호(1978년 12월).

그런데 이처럼 서울고등학교와 경성중학교의 연속성을 추구했던 '일본경중회'는 1980년 서울고등학교의 교사(校舍)가 한강 이남으로 이전하자 이전한 서울고등학교의 신교사에는 더 이상 방문하지 않고, 경희궁터에 남아있는 옛 경중의 흔적만을 계속해서 찾는다. 서울고등학교 측에서도 경성중학교를 처음부터 '전신(前身)'으로 받아들인 것은 아니었다. 실제로 경희궁터에 1946년 3월 5일 들어선 서울중학교(1953년 이후 서울고등학교)는 경성중학교의 학교건물과 부지만을 가져왔을 뿐 '해방' 이후 신설된 학교로 경성중학교와

87)『慶凞』4호, 6회, 1973년 12월, 7쪽.

직접적으로 관계된 것이 없다.[88] 여기서 우리는 '일본경중회'가 추구했던 서울고등학교와 경성중학교의 연속성의 성격을 파악할 수 있다.

> 종전(終戰) 후, 교장에게 동창회의 회장(會場)으로서 교실을 빌려주십사 간청했지만, 교장은 이 부지와 학교 건물은 옛 그대로의 일본인 중학교의 것이지만, 우리들은 여기에 새롭게 한국의 고교를 건설했습니다. 당신들의 중학교와는 아무런 관계도 없다고 일언지하에 거절당했다고 한다. 그로부터 십 수 년이 지나고, 경중동창생 중에서 육군참모총장, 상공회의소회장, 몇몇의 장관이 배출되자, 교장이 전에 한 말은 잊은 모양으로, 경중의 동창생은 우리 서울교교의 명예로운 선배입니다. 동창회를 하나로 합시다 라고 제언하여, 지금에서는 전전(戰前), 전후(戰後)의 구별 없이 일체화되어있다고 한다. (『慶凞』 3호, 21회, 1972년 11월, 49쪽)

위의 내용에 따르면, '서울경중회'의 회원들조차 처음부터 서울고등학교의 선배로 받아들여진 것이 아니고 '서울경중회'의 회원들이 한국 정부의 주요 요직에 자리 잡으면서 서울고등학교 동창회와 '서울경중회'가 합쳐진 것이다. 따라서 서울고등학교와 경성중학교의 연속성은 학교 자체의 역사와 전통의 차원에서 공식적으로 인정된 것이 아니라 학교 외부의 사회분위기에 의해 임의적으로 부여된 것임을 알 수 있다. 이것은 시대의 변화에 의해 그 연속성이 언제든 부정될 가능성이 있음을 뜻하며, 실제로 2015년 현재 서울고등학교의 연혁에서 경성중학교의 연혁을 찾아볼 수 없다. 현재 서울고등학교 연혁은 1946년 2월 1일 경희궁터에 신설중학교의 사무를 개시하고 3월 5일 개교식 및 입학식을 거행한 것부터 시작된다.[89]

---

88) 서울중학교는 1951년 학제변경으로 서울중학교와 서울고등학교로 분리되었고, 1980년 강남구의 신교사(新校舍)로 이전하기까지 서울고등학교는 경희궁터에 자리했다.
89) 서울고등학교 홈페이지 학교연혁 참조.

이 '언제든 부정될 수 있는 연속성'을 '일본경중회'의 회원들도 모르지 않았다. 모교 방문 시 교장 및 학생들의 환대는 경성사범이나 히로시마사범을 졸업한 교장의 이력이 일부 작용한 것이라는 것을 알고 있었고, '모교' 방문을 통해 "잃어버렸던 청춘의 추억이 부활했다"[90]는 소회에서와 같이 지금까지 서울고등학교 교사(校舍)에 남아있는 옛 경중의 흔적을 연속성의 물증으로 삼아왔던 것이다. 그러므로 그 흔적이 사라지면 연속성 또한 자신의 물증을 잃게 된다. '경중회'는 강남으로 이전한 서울고등학교의 교사(校舍)에서 경성중학교의 흔적을 더 이상 찾을 수 없게 되자 서울고등학교와의 연속성은 곧바로 단절되고 만다. 『慶凞』 20호(1989년 12월)에 이르러 '서울경중회'는 '한국경중회'로 명칭 변경되었다.

> 서울고등학교가 이전한 후 옛 이미지가 없어서 쓸쓸했다. … 한국의 동창생도 하다못해 교정의 뒷 궁전의 돌의 일부라도 가져와서 경중회관이라도 세우고 싶은 기분이지만 자금이 없고, 일본의 경중회도 돈이 없다. 무언가 대안이 없을까 생각한다. (『慶凞』 12호, 17회, 1981년 12월, 30쪽)

그런데 '일본경중회'가 경성중학교와 서울고등학교의 연속성이 언제든 부정될 수 있다는 것을 충분히 인지했음에도 불구하고 서울고등학교를 경성중학교와 동일시한 데에는 무엇보다 '서울경중회'의 존재가 크게 작용한다. 이렇게 '일본경중회'가 '서울경중회'를 통해 서울고등학교의 현재와 이어질 수 있다고 '오인'하는 데에는 '서울경중회'를 '일본경중회'의 '지부(支部)'로 인식해버리는 제국의식의 관성이 자리한다.

---

90) 『慶凞』 4호, 6회, 1973년 12월, 7쪽.

## 기억의 관성과 역사의식: '마음의 고향'과 식민지적 타자성

경성중학교는 자신을 에워싼 담 안에 안주한 채 담 너머의 조선과 소통하지 않아도 '대일본제국'이라는 이상(理想)을 보존할 수 있었다. 경성중학교에게 조선이라는 타자는 이국적 풍물을 재현하는 풍경에 불과했으며, 식민지조선에서 자신의 존재적 의미는 그러한 풍경의 조선만으로도 구축될 수 있었다.

그런데 경성중학교 출신자들은 '전후의 시대'에 이르러 풍경의 조선만으로는 과거 경성중학교의 존재를 해명할 수 없게 되었다. 식민지조선과 전후 일본 사이에서 존재의 의미를 구축하고자 했던 그들은 '히키아게샤'의 담론공간에서 식민지의 경험을 이야기할 수 없었기 때문이다. 그것은 다름 아닌 전후 일본의 '히키아게샤'에 대한 시선에서 비롯된다. 이 시선은 '히키아게샤'의 존재를 귀환 이후부터 허용한다. 그러나 그들은 '히키아게샤' 이전에 외지의 일본인이었다. 그들은 전전(戰前)에서 전후(戰後)로의 시대적 변화를 외지의 내지인에서 내지의 외지인으로 감지한 것이지, '히키아게샤'가 아닌 자에서 '히키아게샤'로 감지한 것이 아니다. 그런데도 '히키아게샤'에 대한 '전후일본'의 시선은 그들의 시대적 변화인식—제국일본의 신민에서 패전국 일본의 국민으로의 변화—을 묵살하고, 무에서 유—'히키아게샤'가 아닌 자에서 '히키아게샤'—로 존재할 것을 주문해왔다.

그럼에도 불구하고 경성중학교의 '경중혼'은 '히키아게샤'의 고난과 극복의 서사를 통해 전전과 전후를 이어붙이고자 했다. 그들은 '경중혼'을 회복하고 그것을 기치로 '일본경중회'를 결성했다. '일본경중회'는 '히키아게샤'의 담론공간에서 말하지 못한 식민지조선의 '좋은 추억'을 회고하며 그 '좋은 추억'의 의미를 재구축하기 위해 소통하지 않았던 타자에서 소통하고자 하는 타자로 조선/한국을 불러들였다. 즉 한국을 타자로 삼고 현재와 소통함으로써 과거 소통하지 않았던 조선의 기억을 풀어내고자 했다. '일본경중회'는 서울고등학교를 경성중학교의 후신(後身)으로 삼고 '모교' 방문과 지원 활동을 전개했다. 그들은 조선의 기억과 조우할 수 있는 장소로 '모교'를 선택한 것이다.

물론 이것은 '서울경중회'가 있었기에 가능했다. '일본경중회'는 '서울경중회'가 서울고등학교와 연계된다면, 자신도 서울고등학교와 연계될 수 있다고 믿었다. '일본경중회'는 경성중학교가 있었던 자리에 서울고등학교가 들어섰다는 그 한 가지 사실만으로 경성중학교의 역사와 전통이 서울고등학교로 이어지길 바랐고, 한국에서 '서울경중회'의 활약으로 그것이 보증될 수 있다고 보았다. 경성중학교는 식민지에 있었고 '모교'는 식민지가 아닌 한국에 있지만, '일본경중회'는 자신이 기억하는 조선의 풍물과 습속이 '서울경중회'도 기억하기 때문에, 경성중학교의 옛 터에 들어선 서울고등학교를 '모교'로 의미화 할 수 있었다. 그렇게 '일본경중회'는 경성중학교와 서울고등학교를 동일시했다. 만약에 그들이 식민지조선에서 누렸던 내지인의 특권을 '모교'에서 재현하고자 했다면, '모교' 방문에서 더 이상 식민지가 아닌 현장을 목도하는 순간 '모교'의 의미화는 중단되었을 것이다. 그러나 그들은 그 반대로 '모교'의 변화에 부응하여 조선이라는 타자를 경성중학교라는 성(城)에서 꺼내어 한국인과 공유하고자 했다. '일본경중회'는 경성중학교가 왜 조선을 자신의 의미세계의 안쪽에 두지 않았는지, 그 결과 왜 조선과 소통할 수 없었는지에 대해 잘 알고 있으면서도, 조선에서 한국으로의 시대적 변화에 자신의 실천적 개입이 허용되기를 바랐던 것이다.

그런데 '일본경중회'는 1980년 5월 서울고등학교의 강남 이전을 기점으로 더 이상 '모교'를 방문하지 않았다. '일본경중회'는 경성중학교의 옛 터가 식민지기 이전의 경희궁으로 복원한 모습을 확인한 후에야 비로소 '모교'에 실천적으로 개입할 수 없음을 자각하고 '모교'의 의미화를 중단했다. 그 이전까지 경성중학교를 전신(前身)으로 간주하고 연혁의 시초로 삼으며 '일본경중회'와 활발하게 교류했던 서울고등학교 측에서도 이제 '일본경중회'와 교류하지 않았다. 2015년 현재 서울고등학교의 연혁에는 경성중학교가 전혀 언급되지 않고 있다. 이제 '일본경중회'는 경성중학교와 서울고등학교와 그들 자신을 동일시할 수 있었던 조선의 습속과 풍물만을 '마음의 고향'[91]에 남겨두었다.

무라마츠 다케시(村松武司)는 '조선'을 길이 어긋나 만나지 못한 친구에 비유한다. 자신은 약속시간에 되어도 나타나지 않는 친구를 찾아 친구가 올 것 같은 길을 거슬러 걸어가 보지만 끝내 만나지 못하고, 행여 지나쳐서 뒷모습을 보게 되는 것은 아닌지 되돌아보기만 할 뿐이다(1972: 11-2). '일본경중회'는 식민지조선에서의 '나'의 존재적 의미를 찾기 위해 '너'인 '조선'을 불러들이지만, '너'인 한국은 이미 '나'를 참조하지 않는다. 그리하여 '너'인 '조선'은 '나'의 '마음의 고향'으로 '나'에게만 존재할 뿐이다.

그러므로 '한국 출신 일본인'의 '마음의 고향'은 다만 잃어버린 세계에 대한 노스탤지어의 감각만을 의미하지 않는다. 그것은 그들과 조선/한국이라는 타자와의 소통의 불가능성을 표현한다. 그들은 조선인과 소통하지 않았고, 바로 그 점 때문에 조선/한국이라는 타자에 어떠한 실천적 개입도 할 수 없다. 그리하여 '한국 출신 일본인'은 귀환 전의 자신의 존재적 의미를 묻지 않는 전후 일본사회에서도, 귀환 전에는 자신의 존재적 의미를 가졌으나 귀환 후에는 자신에게 더 이상 그 의미를 부여하지 않는 한국에서도 자신의 존재적 실체를 찾을 수 없다. '마음의 고향'은 '한국 출신 일본인'의 기억이 지속적으로 만들어낸 실천의 결과인 것이다.

---

91) 『慶凞』 25호, 24회, 1994년 12월, 54쪽.

# 결론
## 기억의 영토와 실천의 서사

이제 이 책의 서두에서 제기한 질문으로 돌아가보자. 같은 식민지를 살았던 사람들의 기억이 서로 다른 이유는 무엇일까? 왜 조선에서 태어난 일본인은 식민지 이후에야 식민지를 인식했을까? 그들은 왜 귀환 후에야 조선을 고향으로 자각한 것일까? 도대체 그들에게 식민지란 무엇인가?

식민지는 역사적으로 "물리적 폭력을 둘러싼 제 관계의 재편과정"(板垣竜太 2008: 14)으로 규정된다. 이 속에서 식민지조선의 일본인은 소위 '위로부터의 식민지적 재편과정'에서 유리한 위치를 차지했다. 그러나 그것만으로 그들의 삶은 해명되지 않는다. 식민지의 역사는 인구집단의 대규모 이동을 초래하였고, 역사와 문화가 서로 다른 여러 집단을 같은 시공간에 모아놓았다. 이 과정에서 식민지인은 다만 지배자와 피지배자의 이항만으로 범주화되지 않는다는 것은 주지의 사실이다.[1] 이를테면, 식민지조선의 '중간지배층'과 같이 식민정부에 협력하면서도 일상적 저항을 꾀한 결과 조선

---

[1] 쿠리모토 에이세이(栗本永世)·이노세 쿠미에(井野瀬久美恵), 『植民地経験-人類学と歴史学からのアプローチ』, 일본: 인문서원, 1999년, 13-4쪽.

의 자치를 강화한 조선인들도 있고,[2] 조선독립운동에 가담한 일본인들도 소수이지만 없지 않다.[3]

일상의 측면에서 식민지조선의 일본인은 본토를 떠나 자신들만의 사회를 구축했다. 이 일본인사회는 조선인사회와 물과 기름처럼 유리되면서도 식민지적 혼합물의 구성요소로 기능했다. 그래서 이 일본인사회는 일본사회와 또 다른 문화적 속성을 지닌다. 이로 인해 조선출신의 일본인은 식민지 이후 그것을 식민지적 혼종성의 기억으로 재생하며 본토출신의 일본인과 또 다른 정체성을 구성해왔다.

그런데 그것이 왜 문제인가? 왜 그들은 그들 자신의 정체성을 본토출신의 일본인의 시선에서 자기 검열할 수밖에 없는 것일까? 어느 조선출신의 일본인은 조선에서 태어난 사실을 주변의 이웃에게 털어놓기 시작한 것이 최근의 일이라고 말한다. 또 그들 중 몇몇은 본토출신의 일본인의 시선에서 자신이 '완전한 일본인'이 아니라고 말한다. 이처럼 식민지적 혼종성을 용인하지 않는 '완전한 일본인'은 조선출신의 일본인을 일본사회의 중심부 밖으로 밀어낸다.

'완전한 일본인', 즉 패전국 일본의 '일본인론'은 일본의 국민적 동일성을 상정한다. 그러나 그것은 조선출신의 일본문학가인 무라마츠 다케시가 말한 것과 같이 '관념'이자 '가설'에 불과하다. 그런데도 그러한 '일본인론'이 패전국 일본의 정체성의 근저를 이루는 것은 '완전한 일본인'의 불가능성을 은폐하기 위한 것이 아닐까? 사실상 '완전한 일본인'은 처음부터 존재하지

---

2) 윤해동, 2006, 「식민지기 촌락 지배와 '중간지배층'」, 대동문화연구 54: 75-120.
3) 당시 조선고등법원 검사국 사상부에서는 일본인이 조선독립운동에 가담하는 것에 대해 '민족해방은 조선통치의 파괴행위이자 조선에 있는 일본의 배격인데, 일본 내지인으로서 허용하기 어려운 것으로 매우 이례에 속한다'고 논평하였다(소노베 히로시(園部裕之), 「在朝日本人の参加した共産主義運動――一九三〇年代における一」). 그럼에도 조선의 일본인이 조선독립운동에 가담할 수 있었던 것은 당시 민족개념의 포용성에서 이해될 수 있다. 이에 대해서는 『근대성의 역설』(헨리 임 외, 2009, 후마니타스) 참조.

않는다. '상상의 공동체'가 '우리 안에 있지 않은 사람들'을 만들어내고 그렇게 만들어낸 사람들과 다른 우리를 '정상'이라고 판정하는 것처럼,[4] '일본인론'은 '불완전한 일본인'을 지정함으로써 스스로를 '완전한 일본인'으로 가정하는 것에 다름 아니다.

'불완전한' 조선출신의 일본인은 일본사회에서 여러 이름으로 호명되어왔다. 그중에서도 '히키아게샤'는 일본으로 귀환한 구식민지의 일본인에게 '돌아왔음'을 고지하며 내지와 외지로 구획된 제국의 영토가 소멸되었음을 표명한다. 그러므로 '히키아게샤'는 식민지 이후의 존재로서 그 이전의 존재를 묵과한다. 이로써 패전국 일본은 제국일본과 단절되었다고 간주된다. 그러나 앞서 언급한 것과 같이 패전국 일본의 '일본인론'은 외지 출신의 일본인과 본토출신의 일본인을 내적으로 구획하며 제국일본의 중심부/중변부의 이중구조를 재생해왔다. 여기서 조선출신의 일본인은 '히키아게샤로서 주변부의 위치를 지정받았을 따름이다. 나아가 '히키아게샤'는 고난과 극복의 서사를 창출하며 전쟁의 가해자에서 피해자로의 일본의 국민적 전향에 일조해왔다.[5]

그런데 조선에서 태어나고 자란 일본인에게 '히키아게'는 관념상의 개념일 뿐으로 실제로는 새로운 곳에 정착하는 '이주'로 경험된다. 다시 말해 그들은 '히키아게샤가 아닌 자'에서 '히키아게샤로 출현한 것이 아니라 외지에서 내지로 '이주'한 것이다. 그들의 삶의 지평 속에서 조선은 현재의 '낯선

---

4) 호미 바바, 『문화의 위치』, 소명출판사, 2002[1994], 7장 참조.
5) 전후 일본사회의 담론공간에서 '히키아게샤'는 히로시마·나가사키 원폭의 피해자 담론과 동일선상에 놓이지 않는다. 무엇보다 히로시마·나가사키 원폭의 피해자 담론에는 가해자가 있는 반면, '히키아게샤'의 담론에는 가해자가 존재하지 않는다. '히키아게샤'의 담론에서 그들의 고난은 '히키아게'의 과정 그 자체에 있는 것이지 특정한 가해자로 인한 것이 아니다. 오히려 '히키아게샤'의 담론에서 '조선인'은 일본인의 귀환을 도와주거나 그 고난을 덜어주고 위로한다. 게다가 식민정부는 '외지'의 일본인의 철수를 책임지지 못하고 방기하는 패전국가의 무능력한 정부로 묘사된다.

곳'을 바라보는 과거의 '익숙한 곳'으로 자리한다. 그래서 그들은 '히키아게샤'에서 묵과된 '조선적인 것'의 경험적 특질을 집합적 기억으로서 서사화하고 그로부터 한국 및 '모교' 방문 등의 활동을 적극적으로 전개하면서 문화적 실천의 핵심적인 논리를 재구성해왔다. 비로소 우리는 그들이 '조선인을 차별하지 않았다'고 말하는 이유를 이해할 수 있다. 그 언명은 '히키아게샤'의 담론공간에서 배제된 그들 자신의 경험세계를 보호한다.

조선출신의 일본인은 '조선에서 조선인과 잘 지냈으며 귀환 후 일본에서 살기 어려웠다'고 말한다. 이 이야기는 표면적으로 외지의 '우월한 지위'에서 내지의 '비참한 지위'로 하락된다는 드라마틱한 서사적 흐름을 보이지만, 그 심층으로 더 깊이 파고 들어가 본다면 '조선의 고마운 경험'은 '히키아게샤'의 외피를 두르고 어떠한 서사적 실천을 조직한다. 그들의 이야기는 '일본인론'의 담론 공간에서 배제된 식민지의 기억을 보존하기 위해 가장 근저에서 '고마운 경험'이라는 보호막을 친다. 이것이 바로 '원체험'으로 지지되는 조선의 서사이며 '조선적인 것'으로 형상화되는 조선화이다.

물론 그들 모두가 '순진무구한 눈빛'으로 조선의 경험을 말하는 것은 아니다. 별도의 질문이 필요하지 않을 정도로 귀에 익은 편린의 한국어를 섞어가며 조선의 경험을 술술 풀어놓는 이가 있는가 하면, '무덤덤한 눈빛'으로 '기억나지 않는다' 혹은 '다 잊어버렸다'고 말하는 이가 있다. 역설적이게도 '순진무구한 눈빛'은 집합적 서사의 징표이다. 지난 2012년 10월 15일 도쿄에서는 경성출신의 일본인학교의 연합동창회 모임이 있었다. 그 자리에서 사람들은 각자 준비해온 옛 사진과 자료를 서로에게 보여주며 저마다의 유년시절을 이야기했다. 누군가가 조선의 놀이를 말하면 누군가는 그것을 더 세밀하게 묘사한다. "아, 그래", "그렇지"라는 호응의 말들을 주고받으며 이야기하는 그들의 모습은 '순진무구한 눈빛'의 서사가 공유된 기억임을 말해준다.

그리하여 조선화는 '히키아게샤'에서 배제된 식민지의 기억을 현재로 끌어온다. 그리고 이 식민지의 기억은 '히키아게샤'의 담론공간과는 다른 차원에서 그들의 경험세계를 설명하고 해석한다. '히키아게샤'의 담론공간에서 그들은 미래를 위해 현재의 고난을 감내하는 존재로 그려지는 반면, 조선화는 과거로부터 현재를 해명하고 실천을 조직한다. 1965년 한일협정의 체결을 기점으로 조선출신의 동창회가 한일교류활동을 활발하게 전개해온 것도 조선화의 실천으로 이해될 수 있다.

그런데 조선화의 조선은 식민지이다. 1945년 일본의 패전과 함께 일거에 조선을 떠난 그들의 기억에서만 존재하는 곳이다. 그래서 조선화가 식민지를 탈맥락화해도, 한국과의 대면의 장에서 그들은 조선이 더 이상 식민지가 아님을 목도하고 식민지적 역사인식을 요청받는다. 그들은 한국방문에서 자신의 의식과 태도가 식민지체제의 것임을 깨닫는다. 경성중학교 출신의 어느 일본인이 1966년 한국방문을 마치고 일본으로 돌아오는 기내에서 한국인 여승무원에게 '기지배'라고 부르다 창피를 당했다는 일화는 20년만의 귀향이 그들에게 무엇을 의미하는지를 단적으로 보여준다. '기지배'가 젊은 여성을 하대하는 호칭이라는 것을 처음으로 알게 되었다고 고백했을 때, 그는 조선에서 일상적으로 사용했던 '기지배'가 식민지의 용법이라는 것을 비로소 깨달은 것이다. 나아가 그는 동창회의 다른 회원들에게 한국의 문화와 역사에 대해 공부할 것을 당부한다. 이처럼 그들은 한국방문을 통해 식민지를 성찰하고 그 시대적 변화에 부응하고자 했다. 즉 한국 및 '모교' 방문은 조선화와 식민지적 역사인식이 조우하는 탈식민화의 장으로 기능했다.

나아가 그들은 한국 및 '모교' 방문을 통해 한국의 문화적 위상을 받아들인다. 물론 그들이 이 과정에 충실할 수 있었던 것은 조선의 기억을 집합적으로 구성할 때에 이미 한국의 문화적 위상에 부응하기로 '선택'했기 때문이다. 그렇기 때문에 그들은 한국인과의 관계를 지체 없이 복구할 수 있었고 복구된 관계를 지연관계로 의미화할 수 있었다. 그리하여 '한국 출신 일본인'의 기억의 무대는 식민지조선에서 해방 후의 한국으로 옮겨온다.

　이와 같이 '한국 출신 일본인'의 조선화의 실천은 그들이 경험한 '조선적인 것'을 식민지적 역사인식의 시험대에 올리는 일이다. 물론 그들은 이때 식민지적 역사인식에서 삼은 과제는 '식민지조선에서 자신의 의식과 행위를 식민지적인 것으로 깨닫지 못했던 것처럼 한국인도 그러했는가?'를 묻지 않는다. 왜냐하면 그들은 자신의 식민지적 무자각을 시대의 변화와 그에 따른 역사인식을 통해 이미 자각했기 때문이다. 그보다 그들은 조선화의 실천이 한국인에게 어떻게 받아들여지는지를 알고 싶어 한다. 집합적 기억으로서 조선화를 탈식민화의 문화적 규정에 의거해 재구성하고 그 실천을 한국인으로부터 검증받고자 할 때에, 궁극적으로 그들은 자신이 발 딛고 있는 패전국 일본의 사회문화적 맥락에 위치하기를 바랐던 것이다.

　'한국 출신 일본인'의 조선은 한일협정이 체결된 1965년까지 '돌아갈 수 없는 고향'의 노스탤지어에 둘러싸여 있었고, 단절된 시간적 간극만큼 상호주관성을 잃고 서사적 관념으로만 존재했다. 1965년 이후 그들은 한국을 주기적으로 방문하면서 조선화의 서사를 한국에 구현하고자 했다. 조선화는 그들의 일상을 조직하는 '실물'로 드러난 것이다.

　그러나 조선화의 실천의 대상으로서 한국은 더 이상 일본이 아니다. 그래서 조선화의 실천은 '한국 출신 일본인'이 한국에 뿌리내릴 수 없다는 역설을 드러낸다. 이제는 타국이 되어버린 한국에서 식민지조선에서 태어난 일본인은 타자이며, 한국인은 타자의 조선화를 받아들일 수 없다. 결국 '한국 출신 일본인'의 조선/한국은 '마음의 고향'으로 되돌아온다. 출신지로서 한국과 유대관계를 지속하고 시대적 변화에 따라 조선화의 문화적 위상을 현재적으로 재규정하고자 했던 그들의 실천은 패전국 일본에서 외지인의 경험적 특질로 발현될 뿐이다. 즉 그들은 식민지조선의 내지인에서 패전국 일본의 외지인으로 통합되어왔고, 바로 그러한 통합의 원리에 의해 한국에서 조선화는 구현될 수 없다. 이처럼 조선화의 실천이 갖는 시간적 역순—

전후(戰後)의 시대인식으로 서사화되는 전전(戰前)의 경험—과 공간적 역립
—패전국으로 영토화되는 제국—은 식민지의 기억을 타자의 정치학에 얽어
맨다.

# 참고문헌

## 1. 자료

### 1-1. 동창회지

『青葉』(京城青葉会) 1976.12(창간호)~1996.6(11호 · 최종호).

『敦義』(京城西大門小学校同窓会) 1977.12(창간호)~2007.11(15호 · 최종호).

『蔦』(京城師範学校附属小学校同窓会) 1972.3.18.(창간호)~2010.11.19(39호).

『鐘路』(京城鐘路公立小学校同窓会) 1978.11(11호), 1989.5(16호)~2008.3(30호 · 최종호).

『桜井』(京城桜井小学校同窓会) 1970.1.15(창간호).

『同窓会創立30周年記念集』(京城鐘路小学校同窓会) 2001.6.

『京城鐘路小学校創立88周年記念集』(京城鐘路小学校同窓会).

『鉄石と千草』(京城三坂小学校記念文集 京城三坂会事務局) 1982.11.5.

『坂道とポプラと碧い空と』(京城南山小学校創立70周年記念誌 京城南山小学校同窓会) 1996.5.30.

『慶熙』(경성공립중학교 동창회지) 1969.9(창간호)~1996.12(26호 · 최종호).

『さらば京中―時人を待たず―』(경성중학교개교 100주년 기념집) 2009.12.

『名簿』(경성공립중학교 동창회) 1980.1.1.

『仁旺が丘懷想録』(京城公立中学校 第35回生 一誠会) 2008.6.3.

『仁旺力丘』(京城中学卒業五十周年記念誌 제20회) 1982.1.1.

『尚友』(京城師範学校 1937年卒業者 50주년 기념호 尚友会) 1987.6.6.

『大愛至醇』(京城師範學校史, 醇和會) 1987.12.1.

『醇和新潟』(醇和會新潟県支部 지부결성 24주년) 1984.7.10.

『潮流』8호, 9호, 11~17호.


## 1-2. 기타 회고록(잡지 포함)

伊藤勇, 『私の中の朝鮮』1982년, 晧星社.

堀内純子『ハルモニの風』1999년 9월, ポプラ社.

馬宮勉『追憶の大地』1993년 8월. (*비발매)

------『追憶の大地続』1996년 3월. (*비발매)

宇野田由美子『偲ぶ草』1976년 11월 30일, 谷岡印刷. (*비발매).

山川靖夫『私の中の京城 (ソウル』2003년 4월 25일, 編集工房. (*비발매)

吉原勇『降ろされた日の丸』2010년 7월 20일, 新潮社.

崔惠淑『恨の彼方に』1999년 9월 30일, 右文書院.

渡部学・梅田正『望郷朝鮮』1980년 9월 20일, 国書刊行会.

김교신(노평구 엮음)『金教臣全集』1976년, 耕知社.

佐藤司郎『また逢う日まで』1977년. (*비발매)

志田時晴『自分勝手史: 存えて』1991년. (*비발매)

村松武司『海のタリョン』(村松武司著作集) 1994년 8월 28일, 晧星社.

吉原勇『降ろされた日の丸』2010년 7월 20일, 新潮社.

備仲臣道『ある在朝日本人の生涯』(*비발간)

高杉志緒『日本に引揚げた人々』2011년 12월 24일, 図書出版のぶ工房.

『季刊三千里』1978년 봄호, 三千里社.

『聖書の日本』1978년 11월.

『友情海峡』1981년.

『北新潟引揚教員会報』1997년.

『博多港引揚』2011년 12월 24일, 図書出版のぶ工房.


## 1-3. 식민시기 문헌

『統監府第一次統計年報』1906년, 조선통감부.

『朝鮮總督府統計年報』1910년, 조선총독부.

『朝鮮総督府統計年報』昭和17年版1942년], 조선총독부.

『京城府勢一班・昭和十七年版』1942년, 京城府.

『昭和五年朝鮮國勢調査』1930년, 조선총독부.

『昭和十年朝鮮國勢調査』1935년, 조선총독부.

『京城發達史』京城居留民團役所, 1912년, 日韓印刷株式會社.

『朝鮮の聚落』1933년, 조선총독부.

『緑旗』1936년 9월호; 1937년 4월호; 1938년 3월호, 京城: 緑旗聯盟.

『朝鮮思想通信社』1927년 1월 17일.

『學事參考資料』1937년 11월, 조선총독부 학무국 학무과.

『朝鮮諸學教一覽』1934년, 조선총독부 학무국.

『朝鮮教育の概觀』1939년, 조선총독부.

『朝鮮の郷土娛楽』1941년 3월, 조선총독부.

『國民總力』1943년 6월 15일.

『京城師範学校総覧』1929년, 1934년.

『歴史と歴史教育』1932년, 경성사범학교 역사연구실.

『方言集』1937년, 경성사범학교 조선어연구실.

『京城師範学校一覽』1943년.

『ペスタロッチ先生の復活』1927년 2월 17일, 경성사범학교 교육연구부.

『朝鮮の人物と事業』1930년, 京城新聞社.

『大京城公職者名鑑』1936년, 京城新聞社.

『事業と郷人』제1권, 高橋三七 著, 1939년, 京城: 實業タイムス社.

增田收作 「現下農村の窮狀對策より觀たる京城師範學校演習科生の農村實施研究施設」『朝鮮
　　初等教育研究會』1932년.

高尾甚造 「改正教育令の実施まで」『文教の朝鮮』152:139-145, 조선교육회, 1938년 4월 1일

鎌田沢一郎 「日本海中心時代来る」『朝鮮は起ち上がる』2011년 6월 25일[1933년 6월 26일],
　　東京: 千倉書房版.

朝鮮總督府學務局社會教育課・朝鮮體育協會 「皇國臣民體操の精神と實施上の注意」『文教
　　の朝鮮』151: 55-58, 조선교육회, 1938년 3월 1일.

中根晃 「三大教育綱領を具現せる學校経営案」『文教の朝鮮』163:9-53, 조선교육회, 1939년
　　3월 1일.

塩原時三郎 「朝鮮教育令の改正に就て」『文教の朝鮮』152:11-13, 조선교육회, 1938년 4월 11일.

『日本植民地教育政策史料集成』

『植民地帝国人物叢書』

## 2. 한글문헌

가라타니 고진 2013[2010] 『트랜스크리틱』(이신철 옮김), 도서출판b.

강영심 외 2008 『일제시기 근대적 일상과 식민지 문화』, 문학과 지성사.

강정원 2013 「민속인(民俗人; Homo Folkloricus)과 탈식민주의」 『한국민속학』 57: 141-76, 한국민속학회.

고야스 노부쿠니 2011 『일본 내셔널리즘의 해부』(송석원 옮김), 그린비.

공제욱 외 2006 『식민지의 일상 지배와 균열』, 문화과학사.

권상기 2010 『일제말기 초등교육에 관한 구술사 연구』, 서울교육대학교 석사학위 논문.

권숙인 2008 「식민지배기 조선 내 일본인학교-회고록을 통해 본 소·중학교 경험을 중심으로-」 『사회와 역사』 77: 57-91.

_____ 2006 「'도한(渡韓)의 권유'-1900년대 초두 한국이민론 속의 한국과 일본」 『사회와 역사』 69: 185-214.

권영배 2008 「일제말 전시체제하 중등학교의 동원과 저항-대구지역을 중심으로」 『역사교육논집』 40: 355-89.

기유정 2011 「식민지조선의 일본인과 지역의식의 정치효과: 1920년대 조선재정에 대한 일본인 상업자들의 정책개입을 중심으로」 『한국정치학회보』 45(4): 197-218.

_____ 2012 「일본제국과 제국적 주체의 정체성 ―『綠旗』(『錄人』)속 모리타 요시오의 국체론과 정체성 분석을 중심으로」 『일본학』 35: 119-154.

김경미 2003 「'황민화' 교육정책과 학교교육―1940년대 초등교육 '국사' 교과서를 중심으로―」 『동방학지』 124: 659-700, 연세대학교 국학원연구원.

김명구 2008 「중일전쟁기 조선에서 '내선일체론'의 수용과 논리」 『한국사학보』 33: 371-402.

김성학 1999 「경성사범학교 학생 훈육의 성격」 『경희대학교 교육문제연구소 논문집』 85-115.

김종근 2010 「식민도시 京城의 이중도시론에 대한 비판적 고찰」 『서울학』 38: 1-68.

들뢰즈 · 가타리 2001[1980] 『천개의 고원』(김재인 옮김), 새물결.

로잘도, 레나토 2000[1989] 『문화와 진리』(권숙인 옮김), 아카넷.

리쾨르, 폴 2002[1986] 『텍스트에서 행동으로』(박병수 · 남기영 편역), 아카넷.

마커스, 조지 · 피셔, 마이클, 2006 「재조선(在朝鮮)' 일본인 지식 사회 연구―1930년대의 인문학계를 중심으로―」 『일본학연구』 19: 119-43.

박용규 2006 「일제시기 재조선 일본인과 지방신문의 역할」, 한국언론학회 가을철 학술대회 자료집: 67-79.

박찬승 2002 「서울의 일본인 거류지 형성 과정―1880년대~1903년을 중심으로―」 『사회와 역사』 62: 64-100, 한국사회사학회.

사이드, 에드워드 1991[1978] 『오리엔탈리즘』(박홍규 옮김), 교보문고.

사카이 나오키 2003[1996]『사산되는 일본어 일본인』(이득재 옮김), 문화과학사.

_____ 2005[1997]『번역과 주체』(후지이 다케시 옮김), 이산.

소순열 2005 「일제하 조선에서의 일본인 지주경영의 전개와 구조 :몇 가지 지주 경영 사례를 통하여」『농업사연구』4(1): 105-125, 한국농업사학회.

_____ 2003 「일제하 일본인 지주의 일 존재형태: 「부민협회」의 설립과 농장경영」『농업사연구』2(1): 123-145, 한국농업사학회.

송효정 2006 「모던 경성(京城)의 감각의 공간」『한국문예비평연구』29: 293-318.

신주백 2001a 「일제의 새로운 식민지 지배방식과 재조일본인 및 '자치' 세력의 대응 (1919~22)」『역사와 현실』39: 35-68.

_____ 2001b 「日帝의 敎育政策과 學生의 勞動動員 1943-1945」『歷史敎育』78: 75-109.

안홍선 2005 「경성사범학교의 교과과정과 교수방법론 연구」『교육사연구』15: 55-85.

오사와 마사치 2010『전후 일본의 사상 공간』(서동주 외 옮김), 어문학사.

오트너, 셰리 편 2003[1999]『문화의 숙명』(김우영 옮김), 실천문학사.

오성철 2000『식민지 초등교육의 형성』, 교육과학사.

우치다 준 2008 「총력전 시기 재조선 일본인의 '내선일체' 정책에 대한 협력」『아세아연구』51(1): 14-52, 고려대학교 아세아연구소.

윤건차 2013 「식민지 일본인의 정신구조 ―'제국의식'이란 무엇인가―」『제국과 식민지의 주변인: 재조일본인의 역사적 전개』(동국대학교 일본학연구소 연구총서), 보고사.

윤해동 2006, 「식민지기 촌락 지배와 '중간지배층'」, 대동문화연구 54: 75-120.

윤희승 1999 「日帝統治時代 皇民化 敎育政策에 關한 硏究(初等敎育을 中心으로)」『교육논총』1:511-534, 부산외국어대학교 교육대학원.

이규수 2007 「개항장 인천(1883~1910)―재조일본인과 도시의 식민지화―」『인천학 연구』6: 5-34.

이기훈 2008 「1920~30년대 보통학교와 지역사회」『한국민족운동사연구』54: 119-155.

이동훈 2011 「'경성'의 일본인 사회와 자녀교육-통감부 시기와 1910년대를 중심으로」『서울학연구』45: 105-141.

이준식 2007 「일제강점기 경성부의 공간구조 변화와 인구변동: 1925~1935의 민족별 거주지분리를 중심으로」『鄕土서울』69: 301-48.

전경수 2010『손진태의 문화인류학: 제국과 식민지의 사이에서』, 민속원.

鄭昌石 2003 「植民과 原住民-注入과 感染―崔載瑞와佐藤淸―」『일본학보』54: 477-97, 한국일본학회.

정태준 2003 「국민학교 탄생에 나타난 천황제 사상교육」『일본어교육』23: 191-216, 한국일본어교육학회.

鄭惠瓊·李昇燁 1999 「일제하 綠旗聯盟의 활동」『한국근현대사연구』10: 329-69.

李惠恩 1984 「京城府의 民族別 居住地 分離에 관한 研究-1935년을 中心으로-」『地理學』 29: 20-36.

조나단 프리드먼 2009[1994]『지구화 시대의 문화정체성』(오창현 외 옮김), 당대.

최길성 편저 1992『日帝時代 한 漁村의 文化變容』上下, 아세아문화사.

최인훈 1988[1967]『總督의 소리』, 문학과 지성사.

최진성 2009 「종교의 장소성: 전주, 목포, 군산을 사례로」『문화역사지리』 21(1): 135-148, 한국문화역사지리학회.

기무라 켄지 2012 「在朝日本人史研究の現状と課題」『日本學』 35: 1-15, 동국대학교 문화 학술원 일본문화연구소.

클리포드, 제임스; 마커스, 조지 2000[1986]『문화를 쓴다』(이기우 옮김), 한국문화사.

타무라 히데아키(田村栄章) 2009 「재조일본인의 조선·도시로서의 경성(京城)-다나카 히데 미쓰(田中英光) ≪사랑과 청춘과 생활(愛と靑春と生活)≫」, 한국현대문학회 학술 대회 발표자료집.

하라 토모히로(原智弘) 2011 「재조일본인 교원의 조선체험-어느 사범학교교원의 사례-」 『한국사연구』 153: 311-341.

헨리 임 외 2009『근대성의 역설』, 후마니타스.

호미 바바 2002[1994]『문화의 위치』, 소명출판.

홍성찬 외 2006『일제하 만경강 유역의 사회사』, 혜안.

홍순권 2003 「1910-20년대『부산부협희외』의 구성과 지방자치-협의회의 임명과 선거 실태 분석을 중심으로」『역사와 경제』 60: 177-219.

20세기 민중생활사 연구단 2011『스기야마 토미 杉山とみ 1921년 7월 25일생』(기록 혼마 치카게, 번역 신호).

조선민주주의인민공화국 사회과학원 역사연구실 편 1978『日本帝國主義統治下朝鮮』, 朝 鮮青年社.

## 3. 일본어문헌

浅野豊美 2004.6 「折りたたまれた帝国——戦後日本における『引揚』の記憶と戦後的価値」 『記憶としてのパールハーバー』(細谷千博·大芝亮·入江昭 編), ミネルヴァ書房.

安秉珆 1977『朝鮮社会の構造と日本帝国主義』, 龍溪書舍.

伊藤幹彦 1997 「皇民化運動と戦時動員体制-日本人意識と台湾人意識-」『アジア文化研究』 4: 125-137.

岡部牧夫 2002『海を渡った日本人』, 山川出版社.

板垣竜太 2008『朝鮮近代の歴史民族誌』, 明石書店.

稲葉継雄 1998「塩原時三郎研究—植民地時代のおける皇民化教育の推進者—」『九州大学大学院教育学紀要』創刊号: 185-208.

_____ 2001『旧韓国~朝鮮の日本人教員』, 九州大学出版会.

_____ 2002「京城日出小学校について—在朝鮮「内地人」学校の事例研究—」『九州大学大学院研究紀要』第5号(通算 第48号): 105-121.

_____ 2004「京城帝国大学予科について—「朝鮮的要素」と「内地的要素」を中心に—」『九州大学大学院教育研究紀要』7(50): 35-49.

_____ 2005『旧韓国~朝鮮の「内地人」教育』九州大学出版会.

_____ 2006「京城師範学校「演習科」第一期生について」『九州大学大学院研究紀要』第9号(通算 第52号): 39-52.

_____ 2010『朝鮮植民地教育政史の再検討』九州大学出版会.

任展慧 1978「朝鮮統治と日本の女たち」『ドキュメント女の百年 5: 女と権力』, 平凡社.

小沢有作 1962「植民地の教育」『現代教育学5 日本近代養育史』, 岩波書店.

笠井潔・白井聡 2014『日本劣化論』, 筑摩書房.

梶村秀樹 1965「現在の「日本ナショナリズム」論について」『歴史学研究』300: 58-63, 青木書店. 1971「「京城」ということば」『朝鮮研究』102: 17-21, 日本朝鮮研究所.

_____ 1992[1974]「植民地と日本人」『朝鮮史と日本人』(梶村秀樹著作集), 明石書店.

姜尚中 1996『オリエンタリズムの彼方へ』, 岩波書店.

姜元鳳 2012「一九六〇年代梶村秀樹の朝鮮史認識—戦後朝鮮史研究における内在的発展論の展開と分岐」『史海』59: 27-41.

木村健二 1989『在朝日本人の社会史』, 未来社.

_____ 1996「朝鮮居留民における日本人の生活態様」『一橋論叢』115(2): 42-62.

_____ 2001「植民地下新義州在住日本人の異文化接触」『交錯する国家・民族・宗教: 移民の社会適応』, 不二出版.

金富子 2011「植民地教育が求めた朝鮮人像とジェンダ-—皇民化政策期を中心に—」『朝鮮史研究会論文集』49: 111-49, 朝鮮史研究会.

栗本永世・井野瀬久美恵 1999『植民地経験-人類学と歴史学からのアプローチ』, 人文書院.

小林勝 1975-6『小林勝著作集』전5권, 白川書院.

高吉嬉 2001『在朝日本人二世"のアイデンティティ形成—旗田巍と朝鮮・日本』, 桐書房.

酒井直樹・磯前順一(編) 2010『「近代の超克」と京都学派: 近代性・帝国・普遍性』, 以文社.

坂部晶子 2008『「満州」経験の社会学: 植民地の記憶のかたち』, 世界思想社.

咲本和子 1998「「皇民化」政策期の在朝日本人—京城女子師範学校を中心に—」『国際関係学研究』25: 79-94.

沢井理恵 1996『母の「京城」・私のソウル』, 草風館.

白井聡 2013『永続敗戦論—戦後日本の核心』, 太田出版

鈴木文子 2007 「玩具と帝国」—趣味家集団の通信ネットワークと植民地『佛教大学文学部論集』93.

_____ 2009 「山陰から見た帝国日本と植民地—コレクションにみる人の移動と情報ネットワークの分析を中心に—」『国立民族学博物館調査報告』69.

千田夏光 1980『植民地少年ノート』, 日中出版.

曺龍淑 2003 「在朝日本人二世の朝鮮・朝鮮人に対する意識形成の研究—在釜山日本人を中心に—」『アジア社会文化研究』4: 50-80.

高崎宗司 2002『植民地朝鮮の日本人』, 岩波書店.

高橋哲哉 2001『歴史／修正主義』, 岩波書店.

_____ 2005『国家と犠牲』, 日本放送出版協会.

竹国友康 1999『ある日韓歴史: 鎭海の旅の桜』, 朝日新聞社.

田村栄章 2012 「植民地下「京城」・カフェーをめぐる欺瞞と覚醒-金聖珉『恵蓮ヘレン物語』」日本語文学 54: 201-222 한국일본어문학회.

田村吉雄 1953『秘録大東亜戦史』, 富士書苑.

内藤正中 2000『竹島をめぐる日朝関係史』, 多賀出版.

中村均 1994『韓國巨文島にっぽん村』, 中央公論社.

中村顕一郎 2004 「十五年戦争下の朝鮮・台湾における教員「研修」—国民精神文化研究所の役割を中心に—」『創価大学大学院紀要』26: 241-59, 創価大学大学院.

成田龍一 1998『「故郷」という物語—都市空間の歴史学』, 吉川弘文館.

_____ 2010『「戦争経験」の戦後史—語られた体験／証言／記憶』, 岩波書店.

西順蔵 1983『日本と朝鮮の間: 京城生活の゛その他』, 影書房.

野家啓一 2009 「歴史を書くという行為」『歴史/物語の哲學』, 岩波書店.

原佑介 2010「朝鮮植民者二世作家小林勝と「内なる懐しさ」への抵抗」『コリア研究』1: 23-37.

樋浦郷子 2010「一九三〇年代後半の朝鮮/神宮における夏季早朝参拝」『朝鮮学報』215: 129-178.

_____ 2006「朝鮮神宮と学校」『日本の教育史学』49: 110-122.

広瀬玲子 1999「稲垣万次郎の植民論」(その１)『北海道情報大学紀要』11(1): 1-10.

_____ 2012「帝国の少女の植民地経験—京城第一高等女学校を中心に」『科学研究費成果報告書』, 藤井浩基

_____ 1995「京城師範学校における音楽教育（Ⅰ）—1925年〜1935年を中心に—」『北東アジア文化研究』1: 21-44.

穂積真六郎 2010[1974]『わが生涯を朝鮮に』, ゆまに書房.

村松武司 1969「植民者はなぜ回想するか」『朝鮮研究』82: 36-40.

_____ 1972 「植民者作家の死―小林勝について―」『朝鮮研究』113: 38-47.

_____ 1972 『朝鮮植民者』, 三省堂.

_____ 1994 『海のタリョン』(村松武司著作集), 皓星社.

松本武祝 2005 『朝鮮農村の〈植民地近代〉経験』, 社会評論社.

宮本常一 1968 『ふるさとの生活・日本の村』(宮本常一著作集), 未来社.

三ツ井崇 2008 「第2部 第3章 朝鮮」『日本植民地研究の現状と課題』, 日本植民地研究会, ア
    テネ社.

水野直樹 2004 『生活の中の植民地主義』, 人文書院.

宮田節子 1985 『朝鮮民衆と「皇民化」政策』, 未来社.

森田芳夫 1964 『朝鮮終戦の記録: 米ソ両軍の進駐と日本人の引揚』, 巌南堂書店.

森本豊富 2009 『移動する境界人「移民」という生き方』, 現近史料出版.

山下達也 2007.6 「植民地朝鮮における教育研究―朝鮮初等教育研究会を中心に―」『国際
    教育文化研究』7: 109-20.

山路勝彦; 田中雅一 2002 『植民地主義と人類学』, 関西学院大学出版会.

湯浅克衛 1946 『カンナニ』, 講談社.

L.ヤング 2001.2[1998]『総動員帝国：満洲と戦時帝国主義の文化』(加藤陽子 訳), 岩波書店.

# 4. 영어문헌

Bartlett, Frederic C. 1995[1932] *Remembering: A Study in Experimental and Social Psychology*.
    Cambridge University Press.

Bauman, Richard 1986 *Story, performance, and event*. Cambridge University Press.

_____ 1992 *Folklore*. In *Folklore, cultural performances, and popular entertainments:*
    *a communications-centered handbook*, ed. Richard Bauman. Oxford University Press.

Bausinger, Hermann 1990[1961] *Folk Culture in a World of Technology*, trans. Elke Dettmer.
    Indiana University Press.

Beals, R. 1962 Acculturation. In *Anthropology Today*, S. Tax (ed.), Chicago: University of
    Chicago Press.

Ben-Amos, Dan 2005[1983] The idea of folklore: an essay. In *Folklore: Critical Concepts in*
    *Literary and Cultural Studies*, ed. Alan Dundes. Routledge.

Benjamin, Walter 1968[1955], *Illumination*, trans. Harry Zone. New York: Schocken Books.

Berliner, David 2005 The Abuses of Memory: Reflections on the Memory Boom in
    Anthropology. *Anthropological Quarterly*, 78(1): 197-211.

Birman, D. 1994 Acculturation and Human Diversity Society. In *Human Diversity: Perspectives on People in Context*, E. J. Trickett; R. J. Watts; D. Birman (eds.)

Bissell, William C. 2005 Engaging Colonial Nostalgia In *Cultural Anthropology*, 20(2): 215-248.

Blunt, A.; McEwan, C. (eds.) 2002 *Postcolonial Geographies*. New York: Continuum.

Boyer, Pascal; Wertsch, James V. (eds.) 2009 *Memory in Mind and Culture*. Cambridge University Press.

Boym, Svetlana 2001 *The Future of Nostalgia*. New York: Basic Books.

Braid, Donald 1996 Personal Narrative and Experiential Meaning. In *The Journal of American Folklore*, 109(431): 5-30.

Bruner, Jerome 1991 The Narrative Construction of Reality. In *Critical Inquiry*, 18: 1-21.

_____ 1998 What is a Narrative Fact? In *Annuals of the American Academy of Political and Social Science*, 560: 17-27.

_____ 2003 *Making Stories: Law, Literature, Life*. Harvard University Press.

_____ 2008 Culture and Mind: Their Fruitful Incommensurability. In *Ethos*, 36(1): 29-45.

Cohn, Bernard S. 1996 *Colonialism and Its Forms of Knowledge*. Princetone University Press.

Cole, Jennifer 2001 *Forget Colonialism?: Sacrifice and the art of Memory in Madagascar*. University of California Press.

Csordas, Thomas J. (ed.) 1994 *Embodiment and experience: the existential ground of culture and self*. Cambridge University Press.

Dirks, Nicholas B. 1992 Introduction: Colonialism and Culture. In *Colonialism and Culture*, ed. N. Dirks. Ann Arbor: University of Michigan Press.

Dundes, Alan (ed.) 1999 *International Folkloristics: Classic Contributions by the Founders of Folklore*. Rowman & Littlefield Publishers, INC.

Foucault, Michel 1977 *Language, counter-memory, practice*. New York: Cornell University Press.

Geertz, Clifford 1973 *The Interpretation of cultures*. New York: Basic Books.

_____ 1983 *Local Knowledge*. New York: Basic Books.

Goody, Jack 1998 Memory in Oral Tradition. In *Memory*, eds. Patricia Fara and Karalyn Patterson. London: Cambridge University Press.

Kiefer, Christie W. 1974 *Changing Cultures, Changing Lives*. Jossey-Bass Publisher.

Kuper, Adam 1999 *Among the anthropologists: History and context in anthropology*. New Brunswick: Athlone Press.

Labov, William; Waletzky, Joshua 1997 Narrative analysis: Oral versions of personal experience.

In *Journal of Narrative & Life History*, 7(1-4): 3-38.

Marcus, George E. 1986 Contemporary problems of ethnography in the modern world system. In *Writing Culture: The Poetics and Politics of Ethnography*, eds. Clifford James and George E. Marcus. L.A: University of California Press.

Neisser, Ulric; Fivush, Robyn (eds.) 1994 *The remembering self: Construction and accuracy in the self-narrative*. Cambridge University Press.

Padilla, Amado M.; Perez, William 2003 Acculturation, Social Identity, and Social Cognition: A New Perspective In *Hispanic Journal of Behavioral Sciences*, 25(1): 35-55.

Passerini, Luisa 2003 Memories between silence and oblivion. In *Contested Pasts: The Politics of Memory*, eds. Katharine Hodgkin and Susannah Radstone. London; and New York: Routledge.

Rosaldo, Renato 1989 Imperial Nostalgia. In *Representation, Special Issue: Memory and Counter-Memory*, 26: 107-122.

Shohat, Ella 1992 Notes on the "Post-Colonial". In *Social Text, Third World and Post-Colonial Issues*, 31/32: 99-113

Teske, Raymond Jr.; Nelson, Bardin H. 1974 Acculturation and Assimilation: A Clarification. In *American Ethnologist*, 1(2): 351-67.

Tulving, Endel 1983 *Memory; Recollection*. Oxford Oxfordshire and New York: Clarendon Press.

Wolf, Eric R. 1982 *Europe and the People without History*. L.A: University of California Press.

Wolf-Knuts, Ulrica 2003 Contrasts as a Narrative Technique in Emigrant Accounts. In *Folklore*, 114(1): 91-105.

Wertsch, James V. 2008 The Narrative Organization of Collective Memory. In *Ethos*, 36(1): 120-135.

Williams, P.; Chrisman, L. (eds.) 1993 *Colonial Discourse and Post-Colonial Theory: A Reader*. New York: Columbia University Press

Young, Robert J. C. 2003 *Postcolonialism: A Very Short Introduction*. London: Oxford University Press.

# 찾아보기

# 저자소개

## 차은정

서울대학교에서 인류학박사학위를 받았다. 큐슈대학교 한국연구센터 방문연구원(2008년 11월~2010년 3월)과 히토츠바시대학교 객원연구원(2012년 4월~2013년 3월)을 역임했다. 논문으로는 「한말貢人의 선물 교환과 사회관계: 「荷齋日記」를 중심으로」, 「在朝日本人二世のノスタルジアと再現される朝鮮—京城の日本人小学校の出身者たちの経験談を中心に」 등이 있으며, 역서로는 『지구화시대의 문화정체성』(2009년, 당대, 공역)이 있다. '식민지 이후의 식민지'를 주제로 역사의식과 신화세계를 연구 중이다. 서강대와 연세대에서 문화인류학을 강의하고 있다.